KB242853

마오타이

茅台传

마오타이

茅台传

MOUTAI BIOGRAPHY

우샤오보 지음
홍승직 옮김
양원준 감수

일러두기

　- 원문에서 '마오타이茅台'는 '마오타이주茅台酒'라는 술을 가리키기도 하고, '마오타이진茅台镇'이라는 지명
을 가리키기도 하고, 마오타이주를 양조하는 공장을 가리키기도 하고, 이 모든 것을 포괄하는 일종의 문화현
상을 가리키기도 한다.

　- 중국의 인명 표기는 국내 출판계의 관례를 따라서, 신해혁명(1911년) 이전의 인물은 한국 한자음으로 표기
하고, 신해혁명 이후의 인물은 중국 음으로 표기하는 것을 원칙으로 했다.

　- 중국의 지명 또한 앞에서 언급한 인명 표기와 같이 하는 것이 현재 출판계의 관례이지만, 이 책의 경우 옛
날과 지금의 지명을 번갈아 언급하는 경우가 많아서 오히려 혼란을 초래하는 경우가 많기에, 지명은 한국 한
자음으로 표기하는 것을 원칙으로 하였다. (예) 北京〔市〕: 북경〔시〕. 다만 현대 중국어 발음으로 익숙해진
경우에는 현대 중국어 발음으로 표기하고, 행정구역 단위는 한국 한자음으로 표기했다. (예) 茅台〔镇〕: 마오
타이〔진〕. 또한 예로부터 국내 독자에게 익숙한 또다른 표기가 있는 경우에는 예외로 하였다. (예) 香港: 홍
콩(샹강), 澳门: 마카오(아오먼). 또한 어느 범위나 지역 또는 상품을 일컫는 말에서 지명의 준말 또는 일부
가 쓰일 경우에는 앞서 말한 원칙을 기계적으로 적용하지 않고, 한국어 독자의 입장과 관례를 감안하여 융통
성 있게 처리하였다. (예) '천남川南'은 '사천 남부'를 일컫는 말로, '천남'이라고 표기하거나 '사천 남부'라고
풀이하여 표기했으며, '천주川酒'는 '사천에서 생산되는 백주 또는 술'을 일컫는 말로, '천주'라고 표기하거나
'사천 백주' 또는 '사천 술'로 풀이하여 표기했다.

　- 단행본은 『　』, 논문이나 단편 등은 「　」, 공연 및 영화, 예술 작품 등은 〈　〉로 표기했다.

　- 중국의 인명, 지명, 고유명사 등은 중국식 간체자로 병기했다.

한국어판 서문

중국의 '국민주國民酒' 이야기

동아시아에서 술은 단순한 음료가 아니다. 사람과 사람을 이어주고 관계를 맺으며 공동체의 정서를 나누는 문화적 매개이다. 이러한 술 문화의 중심에는 오래전부터 '소주燒酒'라 불리는 증류주가 자리해왔다.

전 세계에서 소주를 이야기할 때 중국, 한국, 일본을 빼놓을 수 없다. 중국은 동아시아 증류주 문화의 종주국이며, 한국과 일본은 이를 받아들여 각자의 방식으로 발전시킨 대표적인 생산지이다. 세 나라는 모두 동아시아 문화권에 속하며 오랫동안 유가儒家의 예교禮敎 사상의 영향을 받아왔다. 이 문화권에서 술은 단순한 기호품을 넘어 사람과 사람을 이어주는 중요한 사교의 매개로 자리잡아왔다.

중국 문헌에서 '소주'라는 표현은 당송唐宋 시기부터 나타나지만, 오늘날과 같은 곡물 증류주로서의 소주는 원나라 이후 널리 퍼진 것으로 알려져 있다. 당시 서역에서 전해진 증류 기술이 중국 양조 기술과 결합하면서 '아랄길阿剌吉'로 불리던 증류주가 확산되었고, 이것이 이후 중국 백주와 동아시아 증류주 문화의 중요한 기반이 되었다.

소주가 한반도에 전해진 것도 이러한 역사적 흐름 속에서였다. 사료에 따르면 13세기 여몽전쟁 시기 몽골군을 통해 증류 기술이 고려에 전해졌고, 이후 안동·개성·제주 등 몽골군 주둔지를 중심으로 소주 제조법이 확산되었다. 이는 기록으로 확인되는 한국 소주의 가장 이른 기원으로 여겨진다. 초기의 소주는 제조 과정이 복잡하고 원료도 많이 필요했기 때문에 주로 귀족과 상류층이 즐기는 귀한 술이었다.

세월이 흐르면서 중국과 한국의 소주는 서로 다른 방향으로 발전했다. 중국의 증류주인 백주白酒는 고량, 옥수수, 밀 등 다양한 곡물을 원료로 사용하며 풍미의 폭을 넓혀왔다. 특히 고체 발효법은 자연 환경 속의 미생물을 적극적으로 활용해 복합적인 향미를 만들어낸다. 이러한 발효 과정에서 생성된 다양한 향기 성분이 결합해 오늘날 중국 백주의 독특한 향형香型 체계를 형성하게 되었다.

반면 한국의 소주는 20세기 산업화 과정에서 큰 변화를 겪었다. 전통적인 증류식 소주가 명맥을 이어온 한편, 고순도 주정을 물에 희석해 만드는 '희석식 소주'가 대중화되면서 소비 구조가 크게 달라졌다. 오늘날 한국의 대중 소주는 전통 증류주에 비해 한층 부드럽고 깔끔한 맛으로 변화해왔다. 최근에는 과일향 등을 더한 저도주 제품도 등장하며 새로운 소비 경향을 만들어가고 있다. 현재 일반적인 대중 소주의 알코올 도수는 약 15~17도 수준으로 비교적 낮은 편이다.

이러한 독특한 저도주 문화는 한국인의 일상 속에 깊이 자리 잡았다. 세계보건기구WHO의 보고서에 따르면 한국은 세계적으로도 알코올 소비 수준이 높은 국가 가운데 하나이며, 소주는 그 중심에 있는 대표적인 술이다.

한국 소주 산업을 상징하는 브랜드가 바로 '진로'다. 영국의 주류 전문지 〈드링크 인터내셔널Drinks International〉에 따르면 진로는 20년 넘게 세계에서 가장 많이 팔리는 증류주 브랜드 1위를 유지하고 있다. 1924년 평안남도 용강에서 시작된 이 브랜드는 2024년 창립 100주년을 맞이했으며, 오늘날 한국 소주 시장에서 가장 상징적인 '국민주'로 자리잡았다.

한국에 진로가 있다면 중국에는 마오타이茅台가 있다. 두 브랜드는 단순한 술을 넘어 각 나라의 역사와 문화를 상징하는 존재가 되었다. 특히 마오타이는 중국 서남부의 작은 양조장에서 출발해 오늘날 세계에서 가장 높은 브랜드 가치를 지닌 주류 기업으로 성장했다. 영국의 브랜드 평가 기관 브랜드 파이낸스Brand Finance가 발표한 「2024년 전 세계 주류 브랜드 가치 순위」에 따르면, 마오타이는 약 501억 달러의 브랜드 가치를 기록하며 9년 연속 세계 1위를 차지했다.

마오타이는 어떻게 산간 지역의 작은 양조장에서 출발해 세계적인 주류기업으로 성장할 수 있었을까. 전통 양조 기술의 계승과 혁신, 엄격한 품질 관리, 시장 개척 전략, 그리고 독특한 기업 문화의 형성에 이르기까지, 마오타이의 발전 과정은 중국 현대 경제의 성장과 변화를 상징적으로 보여준다. 동시에 이 과정에서 우리는, 평범한 수수와 밀, 그리고 물이라는 재료가 어떻게 역사적 자산이 되는 세계적인 가치를 만들어냈는지를 살펴볼 수 있다.

나는 이 책을 통해 마오타이의 역사 속에서 우리가 무엇을 배울 수 있는지 탐색하고자 했다. 또한 독자들이 마오타이의 깊은 향기 속에 숨겨진 역사와 이야기를 흥미롭게 읽으며, 동아시아 술 문화의 독특함과 가치에 대해 새롭게 느끼길 바란다.

교유당(싱긋) 출판사와의 뜻깊은 인연으로 한국 독자들과 이 책이 만나게 된 것을 매우 기쁘게 생각한다. 한국의 많은 독자와 술을 사랑하는 이들이 마오타이의 향기와 역사에 담긴 이야기를 즐겁게 읽어주기를 바란다.

목차

**상편:
소주방
시대
(1704~1950)**

중편: 양조장 시대 (1951~1978)

수수, 밀, 물

— 마오타이주 원료배합표

취하여 하늘이 물에 비친 걸 모르니, 배 안 가득 맑은 꿈이
은하수를 누르는 듯하네

—원나라 당공唐珙, 「용양현 청초호題龙阳县青草湖」

디오니소스의 찬가 속에서 인간은 고양되어, 자기의 모든
상징적 능력을 극한까지 끌어올린다.

—니체, 『비극의 탄생』

머리말

마오타이 6법:
마오타이주에서 무엇을 배울 것인가?

마오타이주의 원료 배합표에는 단 세 가지만 적혀 있다. 수수, 밀, 그리고 물.

나는 왜 『마오타이』를 쓰게 되었는가? 한 가지 질문에 대한 답을 찾기 위한 것이 전부였다.

지극히 평범한 이 세 가지 물질이 어떻게 이토록 복합적이고 깊은 풍미의 술이 될 수 있었을까? 그리고 어떻게 전 세계 주류 기업 중 가장 높은 가치를 지닌 기업이자, 중국 A주 시장에서 시가총액 1위의 제조업체가 되었을까?

『텐센트腾讯传』에서 『마오타이』까지

나는 계획적인 성격이다. 하지만 예상치 못한 일들이 불쑥불쑥 튀어나와, 마치 '호기심 많은 고양이'처럼 내 허리를 들이받을 때가 있다.

텐센트와 마오타이에 관한 책을 쓰게 된 과정도 다르지 않았다.

2011년 봄, 텐센트 공동 창업자인 장즈둥张志东과 쉬천예许晨晔가 항주杭州로 나를 찾아왔다. 나는 그들과 용정촌龙井村에서 차를 마시며 이야기를 나눴다. 자리에 앉자마자 그들은 물었다. "텐센트에 대한 책을 한 권 써주실 수 있겠습니까?" 당시는 IT 업계를 뒤흔든 '3Q 대전'*이 막 끝난 직후였다. 텐센트는 시장에서 승리했지만, 여론에서는 완전히 패배한 상황이었다. 사내 분위기는 침울했고, 직원들은 답답해하고 있었다. 그래서 그들은 텐센트의 성장 과정과 비즈니스 논리를 제대로 설명할 책을 내야겠다고 생각했다.

나는 두 달간 고민한 끝에 이 작업을 맡기로 했다. 단, 두 가지 조건을 걸었다. 인터뷰 대상과 자료 접근을 제한하지 말 것과 내 창작의 자유를 침해하지 말 것이었다. 텐센트는 이 조건을 흔쾌히 받아들였다.

『텐센트』는 원래 회사 창립 15주년에 맞춰 2013년에 출간할 계획이었다. 그러나 예상과 달리 집필에 6년이나 걸려, 지난 2017년 초에서야 출간되었다. 그사이 텐센트는 위챗微信, WeChat을 출시하며 모바일 인터넷 시대의 핵심 승선권을 거머쥐었고, 두 차례 대규모 조직 개편과 과감한 벤처 투자로 시가총액이 3,000억 위안에서 2조 위안으로 폭등하며, 중국 상장기업 1위가

---

* 　　중국 최대 IT 기업 텐센트와 최대 백신 업체 치후奇虎360 사이에 2010년부터 2014년까지 벌어진 치열한 법정 공방을 일컫는다. 인터넷에서의 반反불공정 경쟁 사건의 대표적 사례로 꼽힌다.(역자 주)

되었다. 나 역시 2014년 개인 미디어인 '우샤오보 채널吴晓波频道'을 개설하며 미디어 창업의 흐름에 몸을 실었다.

기업을 깊이 연구하고 기록하는 것은 마치 새로운 지식을 탐험하는 과정과 같다. 정리하고 기록하는 과정에서 더 많은 것을 배우게 된다. 『텐센트』를 쓰면서 나는 '생산품'이라는 개념을 다시 생각하게 되었고, 생태형 조직이 어떻게 형성되는지에 대해 고민하게 되었다. 또한, 텐센트가 강조하는 '작은 걸음으로 빨리 달리며, 시행착오를 반복한다'는 방식이 기업 성장에 어떤 의미를 가지는지 깊이 이해하게 되었다. 이러한 깨달음은 처음부터 계획된 것이 아니었다. 마라톤을 하듯 조사와 연구를 한 끝에 얻어낸 결과다. 어떤 의미에서, 작가와 창작 대상은 일방적인 관계가 아니다. 서로를 탐구하며, 함께 성장해나가는 '협력자'와 같은 존재다.

『텐센트』를 끝낸 뒤 나는 앞으로 단일 기업의 전기는 더이상 쓰지 않겠다고 결심했다. 너무 많은 시간과 에너지가 소모되는 작업이기 때문이다. 하지만 뜻밖에도 마오타이 앞에서 그 결심을 깨고 말았다. 그리고 이번이 정말 마지막이길 바란다.

마오타이주 공장에서 나를 찾아온 것은 2020년이었다. 1951년 창립된 이 기업은 창립 70주년을 맞아 책을 출간하고 싶어했다. 나는 술을 잘 마시지 못하고, 백주업계에도 문외한이었다. 그래서 처음에는 정중히 거절했다. 하지만 마오타이 관계자는 책을 쓰지 않더라도 일단 한번 공장에 들러달라고 초대했다. 그렇게 반년 동안 두 차례 마오타이진茅台镇을 방문했고, 결국 나는 이 프로젝트를 맡기로 했다.

내가 마오타이 전기를 쓰기로 결심한 것은 결국 '호기심' 때문이었다.

젊고 생기 넘치는 심천深圳의 텐센트와 달리, 마오타이주 공장은 운귀云贵(운남云南·귀주贵州) 지역의 깊은 산속 계곡에 위치한 전형적인 전통 공예 기반의 제조업체다. 그 발전 속도는 마치 그들이 빚어내는 술과 같다. 겉보기에는 정지해 있는 듯하지만, 실제로는 강렬한 변화를 내포한 채 시간과 함께 천천히 나아간다. 마오타이가 공예와 기술을 바라보는 방식은 인터넷 기업과는 완전히 다르다. 만약 텐센트의 기업 역사가 '0에서 1로' 폭발적으로 성장한 과정이라면, 마오타이의 역사는 전통에서 현대로, '현학玄學'에서 과학으로 변모해온 양조의 역사라고 할 수 있다.

이는 중국식 기업 성장의 두 가지 극단적인 모델인지도 모른다. 하나는 혁신에서 출발했고, 하나는 전통에서 출발했다. 하지만 결국 둘 다 조 단위 시가총액을 기록하는 거대 기업이 되었다. 이들의 성장 과정은 그 자체로 교과서가 될 만하다.

과연 마오타이에서 배울 것이 있을까?

"『마오타이』를 쓰고 있다며?"

이렇게 묻는 사람들은 대부분 의아하다는 표정을 짓는다. 그러고는 대체로 두 방향으로 말이 이어진다.

"마시게 몇 병 좀 가져올 수 있어?"

"마오타이에서 배울 게 뭐가 있어?"

내 친구와 제자 중에서 마오타이주를 좋아하지 않는 사람은 거의 없다. 하지만 대부분 이 기업을 너무 신비롭게 생각하고, 무엇을 배울 수 있을지 궁금해했다.

사실 마오타이주 공장은 100년 기업이 아니라, 황폐한 상태였던 세 개의 소주방燒房[*]이 합병된 때를 기준으로 하여, 내가 책을 쓰기 시작했을 당시 겨우 70년이 된 기업이라고 말해주면 다들 놀란다.

이어서, 이 기업은 처음부터 빛을 본 것이 아니라, 무려 16년간 적자를 기록했고, 2003년에 이르러서야 연간 생산량 1만 톤을 돌파했다고 말하면 더욱 놀란다.

마오타이주는 우리에게 아주 익숙한 술이다. 그러나 동시에, 우리가 제대로 알지 못하는 술이기도 하다.

마오타이 전기를 쓰는 일은 쉽지 않았다. 너무 전통적이고, 너무 단일하며, 명성이 지나치게 자자하고, 언뜻 혁신적인 요소가 적어 보였기 때문이다.

마오타이주의 원료는 딱 세 가지뿐이다. 수수, 밀, 그리고 물. 그런데 이것으로 빚어낸 술이 어떻게 현대 상품 역사에서 전설이 될 수 있었을까?

---

[*] 역대 각종 사료에서 酒房, 酒坊, 燒房, 燒坊 등 다양한 용어로 언급되는데, 여기서는 독자의 편의를 위해서, 역사 자료를 인용하는 경우 이외에는 모두 '燒房'으로 통일하여 표기했다.(저자 주) '소주방'은 술을 빚는 공장, 그중에서도 증류하는 작업장을 일컫는다. 소주방, 소방 등으로 표기할 수 있으며, 여기서는 '소주방'이라고 표기한다.(역자 주)

이 질문에는 세 개의 핵심 키워드가 있다.

첫째, 복합적이면서도 깊이 있는 맛이다. 마오타이주가 없었다면, 세상에는 '장향醬香'이라는 독특한 향이 존재하지 않았을 것이다. 이 향은 첫번째 병이 탄생한 순간부터 완전히 자리를 잡기까지 147년이라는 긴 시간이 걸렸다. 이는 여러 세대에 걸쳐 계승된 노력의 결과이며, 단순한 필연적 과정이 아니라, 제품이 탄생하고 정착되는 과정에서 수많은 시행착오와 극적인 변화를 거친 결과다.

둘째, 초특급 단일품목이다. 마오타이주는 중국 최고급 백주 브랜드이며, 단 하나의 제품만으로 연매출 1,000억 위안을 넘긴다. 전 세계적으로 이와 비견될 만한 '초특급 단일품목'은 단 세 개뿐이다. 코카콜라, 펩시콜라, 그리고 애플 아이폰이다. 하지만 마오타이주는 제품 특성에서 이들과는 완전히 다르다.

셋째, 시가총액 1위 기업이다. 제품의 매출총이익률GPM이 93%에 달하는 기업으로, 그 시가총액은 중국 내 모든 제조업, 은행, 에너지 기업을 뛰어넘었으며, 이로 인해 자본 시장에서 하나의 이단적 존재가 되었다. 오늘날까지도 누군가는 이를 '수치'라고 여기고, 누군가는 '영광'이라고 여긴다.

마오타이주의 표본적 가치는 단순히 '유일무이한 존재'라는 점에 있지 않다. 오히려 그것이 보여주는 '보편성'에 있다. 마오타이주는 중국 전통 수공업이 현대 제조업으로 발전해가는 과정에서 하나의 모델이 되었고, 중국 문화적 요소가 소비재 시장에서 어떻게 가치를 실현할 수 있는지를 보여주었으며, 기업이 문화 마케팅과 가격 설정 전략을 통해 경쟁 우위를 확보하는 방법을 제시한 대표적인 사례다.

'마오타이 6법' ① 지금 사람이 반드시 옛사람보다 뒤떨어지는 것은 아니다

마오타이에 대한 연구를 하다보니, 많은 사람들이 마오타이에 대해 이렇게 생각하고 있다는 걸 알게 되었다. 마오타이 사람들은 "조상이 술을 내려주었으니", 대대로 전해내려오는 양조 비법만 성실하게 지켜나가면 영원히 번영할 수 있다고 말이다.

이것은 마오타이주 및 중국 전통 공예 산업 전반에 대한 가장 큰 오해이다.

중국의 역사학자 퉁수예는 『중국 자기 소사』에서 "발전의 관점에서 보면, 어떤 사물이든 과거보다 현재 것이 더 낫다"[1]고 했으며, 나는 이 말에 깊이 공감한다.

옛 기술이 반드시 가장 좋은 방법은 아니며, 지금 사람이 반드시 옛사람보다 뒤떨어지는 것도 아니다.

수작업으로 만든 작품, 예를 들면 옥기를 조각하거나, 의자를 제작하거나, 봉황 무늬를 수놓은 관을 만드는 일은 옛사람들이 정교하게 작업한 덕분에 후세 사람들이 뛰어넘기 어려울 수 있다. 하지만 조금이라도 기술이 필요한 분야에서는 후세 사람들이 옛사람들을 능가할 수밖에 없다.

백주의 양조 공정은 원료, 발효구덩이窖池, 물, 블렌딩 및 저장 등 다양한 요소가 결합되어 있다. 마오타이주 한 병을 만들기 위해서는 30개의 공정과 165개의 세부 작업을 거쳐야 하며, 전체 양조 과정에 최소 5년이 소요된다. 따라서 이 모든 과정에는 지속적으로 개선할 수 있는 요소들이 존재한다. 제조 공정을 최적화할 수도 있고, 새로운 원재료를 도입할 수도 있으며, 기술을 통해 효율성과 품질을 향상시킬 수도 있다.

더욱 중요한 것은, 오늘날 우리는 생산 요소와 원리에 대해 옛사람들보다 훨씬 깊이 이해하고 있다는 점이다. 과거의 장인들은 '그렇게 되는 현상'은 알았지만, '왜 그렇게 되는지'는 몰랐던 경우가 많다.

예를 들어, 술을 마시면 머리가 아픈 이유를 옛사람들은 몰랐을 것이다. 하지만 우리는 알고 있다. 이는 발효 과정에서 생성된 에스테르ester의 비율이 균형을 이루지 못하고, 알데히드류, 퓨젤 오일fusel oil 등 낮은 비점의 물질이 과도하게 포함되어 있기 때문이다. 따라서 이러한 성분의 비율을 낮추면, 숙취가 덜한 술을 만들 수 있다. 1965년, 지커량季克良은 실험을 통해 마오타이주의 기주基酒를 2년간 숙성시키면 술 속의 황화수소H_2S 성분이 현저히 줄어든다는 사실을 발견했다. 이는 다른 백주에서는 관찰되지 않은 변화였다.

또한, 소주방 시대에는 맑고 깨끗한 샘물을 사용한다는 사실을 강조했다. 일반적으로 샘물이 강물보다 품질이 좋다고 여기기 마련이다. 실제로 구양수欧阳修의 『취옹정기醉翁亭记』에는 "샘물을 길어 술을 빚으면, 샘물이 향기로워 술이 맑다"라는 문장이 있다. 그러나 후대의 마오타이 양조 장인들은 샘물은 '중수重水'

에 속하고, 적수하赤水河의 강물은 '경수輕水'에 속하며, 마오타이주를 빚는 데는 경수가 중수보다 좋다는 사실을 발견했다. 그래서 오늘날 마오타이주는 모두 강물로 양조한다.

또다른 예로, 마오타이주의 발효구덩이는 일반적인 농향형 백주에 사용되는 흙 발효구덩이泥窖와 다르다. 마오타이주는 지역에서 채취한 석재로 발효구덩이 벽을 만든다. 소주방 시대의 것을 조사해보면, 대부분 자갈을 쌓아 만든 구조였으며, 이는 공기 투과성이 높아 발효 과정에서 효율적인 발열과 건조가 가능했다. 현대의 마오타이 발효구덩이는 보다 정교한 장석長石으로 만들어져 있다.

이 밖에도 수많은 기술적 개선이 이루어졌다. 예를 들어, 누룩의 종류와 사용량, 술을 추출하는 온도, 블렌딩 비율, 술덧酒醅의 적층 면적 등 모든 요소가 지속적으로 연구되고 있다.

한편, 현대적인 방식으로 개선되었다가 다시 전통적인 방식으로 돌아간 사례도 있다. 대표적인 것이 누룩 제조 방식인 채국踩麴*이다. 소주방 시대에는 사람이 직접 누룩을 밟아 만들었다. 그러다 1967년 누룩 제조 기계가 개발되면서 기계 생산 방식으로 전환되었다. 그러나 1986년, 마오타이주는 다시 전통적인 인력 방식으로 회귀했다. 연구 결과, 사람이 직접 밟아 만든 누룩이 품질

---

* 누룩을 만드는 공정으로, 분쇄한 밀을 일정한 공정에 따라 처리한 후, 전용 틀에 삽으로 퍼 담고, 채국공踩麴工이 빠른 속도로 위아래로 뒤집으면서 밟아, 가운데는 높고 네 모서리는 낮으며 적절한 점도를 가진 '거북등 모양'의 누룩 덩어리를 만드는 작업이다.(역자 주)

면에서 더 우수하다는 것이 과학적으로 입증되었기 때문이다.

따라서 1920년대의 마오타이 장인과 2020년대의 장인이 같은 조건에서 한 병의 술을 만든다면, 우열을 가리기 어려울 수도 있다. 하지만 만약 100톤의 술을 제조한다면, 현대의 장인이 압도적으로 우세할 가능성이 100%에 가깝다.

마오타이주에서 나타난 이러한 변화는 한약, 도자기, 비단, 차茶 산업 등 중국 전통 공예 산업 전반에도 동일하게 적용된다.

'마오타이 6법' ② 규칙을 정하는 자가 천하를 얻는다

프랑스에는 이런 속담이 있다. "좋은 장인은 엄격한 규칙 속에서 창의력을 발휘하지만, 위대한 장인은 규칙 자체를 창조하려 한다."

이는 상업 경쟁의 첫번째 법칙을 정확히 짚어낸 말이다. 규칙을 만드는 자가 세상을 지배한다.

많은 브랜드가 자신들만의 '신화적 기원'을 만들어내려 한다. 유구한 역사, 위대한 조상, 신의 계시, 대대로 전해내려온 비법 등 온갖 이야기가 등장한다. 그러나 그 기원을 자세히 들여다보면, 제대로 검증을 견뎌낼 만한 것은 거의 없다.

강한 도수를 자랑하는 중국 백주는 역사가 그리 오래되지 않았다. 대체로 14세기 원나라 말기에서 명나라 초기에 이르러 본격적으로 자리잡았다. 백주의 증류 기술은 본래 중국에서 개발한 것이 아니라, 중동의 페르시아인들에게 배운 것이다. 이시진李時珍 또한 『본초강목』에서 증류주 제조법이 서양에서 전래된 것이라고 기록하고 있다. 이와 관련해 학계에서는 논란이 있지만, 나는 이시진의 견해를 따른다. 청나라 말기와 민국 초기까지만 해도, 문인과 관리들은 황주黃酒를 귀하게 여겼고, 백주는 격조 높은 술로 여기지 않았다. 초기 백주 생산이 가장 번성했던 지역은 산서山西와 섬서陝西였으며, 그 제조법이 전해져 새롭게 만들어진 것이 천주川酒(사천 백주)다.

20세기에 들어서면서, 중국 백주는 두 개의 주요 유파로 나뉘었다. 바로 산서 행화촌杏花村에서 탄생한 '분형주汾型酒'와 사천四川 노주瀘州에서 발전한 '노형주瀘型酒'다. 마오타이주는 곡물 소모량이 가장 많고, 양조 기간이 가장 길어 가격 역시 가장 높은 백주였다. 중화민국 시기, 파나마 만국박람회에서 상을 받으면서 국제적으로 유명해졌고, 1952년 중화인민공화국 수립 이후 열린 제1회 전국주류품평회에서 백주 4대 '국가 명주' 중 하나로 선정되면서 그 명성을 확고히 했다. 백주 계보상 마오타이주는 줄곧 사천과 귀주의 전통을 잇는 '천귀川貴 유파'에 속한다.

현대 백주 역사에서 마오타이주의 가장 놀라운 성취 중 하나는, 수백 년간 내려온 백주의 평가 기준을 '맛'에서 '향'으로 전환시켰다는 점이다.

1964년 '마오타이 파일럿 프로젝트'* 과정에서, 마오타이 연구

---

*   1964년, 경공업부 식품국 엔지니어가 파일럿 프로젝트 작업팀을 이끌어 마오타이주 공장에서 파일럿 프로젝트를 진행하고 '마오타이주 파일럿 프로젝트 위원회'를 설립했다. 이것이 바로 역사적으로 유명한 '마오타이 2기 파일럿 프로젝트'이다.(저자 주)

진은 마오타이주 향의 세 가지 대표적인 특징을 발견했다. 그리고 이를 토대로 '장향'을 마오타이주의 핵심적 특징으로 정의했다. 1979년, 제3회 전국주류품평회에서 처음으로 중국 백주를 '향형'에 따라 구분하는 방식이 도입되었다. 처음에는 장향, 청향淸香, 농향浓香, 미향米香 등 네 가지 향형이 설정되었으며, 이후 점차 발전하여 오늘날 12가지 향형 체계로 세분화되었다. 이로써 백주 산업은 '향으로 승부하는 시대'에 접어들게 되었다.

'향형 혁명'을 주도한 마오타이주는 이 변화의 가장 큰 수혜자가 되었다. 새로운 업계 평가 기준을 수립하는 데 기여했을 뿐만 아니라, 기존의 '노형泸系'에서 벗어나 독립된 하나의 유파를 이루는 데 성공했다.

이후 20여 년간, 지커량 등의 노력으로 마오타이주 공장은 장향형 백주의 모든 생산 공정과 기술을 표준화했고, 이를 통해 기업의 생산 기준을 국가 차원의 품질 기준으로 승격시키는 데 성공했다. 21세기 초, 마오타이주 공장은 또한 '원산지 보호' 전략을 강력히 추진하여, "마오타이진을 벗어나서는 마오타이주를 생산할 수 없다"는 개념을 내세워 지리적 보호 체계를 구축했다.

이처럼 향형 이론 수립에서 국가 표준화, 나아가 원산지 보호로 이어지는 과정을 통해, 마오타이주는 어느 누구도 쉽게 넘볼 수 없는 강력한 진입 장벽을 만들어냈다.

기업이 '우수함'을 넘어 '탁월함'에 도달하고, 치열한 경쟁 속에서 '유일무이'한 존재가 되기 위한 길은 단 두 가지뿐이다. 하나는 독점적인 기술을 보유하는 것, 다른 하나는 업계의 규칙을 만들어내는 것이다. 마오타이주는 후자의 길에서 완벽한 성공을 거두었으며, 이는 모든 기업이 참고할 만한 가장 현실적인 사례라 할 수 있다.

'마오타이 6법' ③ 품질지상을 신앙으로 삼다

마오타이주 공장에 기업 신앙이 있다면, 품질이 유일한 신앙이다.

심지어 극도로 열악했던 격동의 시대에도 이 신앙을 결코 포기하지 않았다. 그 시기의 '운동' 속에서 공장의 지도층은 여러 차례 변동이 있었지만, 1956년에 임명된 세 명의 기술 부공장장은 정년퇴직 때까지 안정적으로 자리를 지켰다.

이는 기업이 주도적으로 견지한 결과라기보다 마오타이주만이 가진 특수한 배경 덕분이었다. '삼도적수三渡赤水'*라는 역사적 인연으로 마오타이주는 저우언라이周恩来 총리와 고위급 지도자들의 각별한 사랑을 받았고, 개국 기념식 당시 국가급 연회용 술로 지정되었다. 이뿐만 아니라, 마오타이주는 중국 외교와 무역 부문에서도 독보적인 역할을 담당했다.

---

* 적수하를 세 번 건넌다는 뜻으로, 중국 국민당 군대의 추격을 피하여 탈출 및 장정을 감행한 홍군이 국민당 군대를 교란시켜 출로를 뚫기 위해 1935년 1월부터 3월까지 적수하를 세 번 건넌 작전을 일컫는다. 이후 사도적수四渡赤水, 즉 네 번째로 적수하를 건너 최종적으로 탈출에 성공하여 홍군을 궤멸 위기에서 구출하고 최종 승리를 거둘 수 있는 전환점이 되었다는 점에서 장정 중 중요한 의미가 있는 작전이다.(역자 주)

계획경제 시대에 마오타이주의 품질관리 체계는 매우 엄격했다. 공장 입장에서는 "품질이 최대의 정치"였기에, 기업이 이윤을 내지 못해도, 규모가 작아도 상관없었다. 실제로 오랜 기간 이러한 어려움을 겪어야 했지만, 어떤 상황에서도 술의 품질만큼은 철저히 보장해야 했다.

세월이 흐르면서 '품질 신앙'은 기업의 혈액 속에 녹아들어 마치 유전자처럼 불변의 요소가 되었다. 시장경제가 도래했을 때, 이 '편집증적' 집착 덕분에 마오타이주는 대규모의 충성스러운 고객층을 얻었다.

심지어 마오타이주의 시장가격 또한 소비자에 의해 결정되었다. 1980년대 초, 마오타이주의 공시 소매가는 병당 8위안이었지만, 내수 시장에서 공급이 수요를 따라가지 못하면서 암시장에서의 가격이 140위안까지 치솟았다. 오늘날까지도 마오타이주 공장에서 제시하는 소매가격과 실제 시장 판매 가격 사이에는 여전히 상당한 차이가 존재하며, 이는 중국 소비재 시장에서 보기 드문 현상이다.

기업이 오랜 세월 품질을 고집하며 소비자의 신뢰를 얻으면, 그로 인해 창출되는 이익과 리스크 방어 효과는 상상을 초월할 정도다. 마오타이주의 역사를 살펴보면, 수십 년 동안 마오타이주 공장이 숱한 난관을 극복할 수 있었던 것은 어떠한 기발한 전략이나 탁월한 경영 방식 때문이 아니라, 마오타이주를 포기하지 않은 소비자들 덕분이었음을 알 수 있다.

자본시장에서 마오타이 주식이 가치 투자의 전형으로 평가받는 것도 같은 이유에서다. 그 본질을 들여다보면, 이는 결국 투자자들이 마오타이주의 품질을 절대적으로 신뢰하기 때문이다. 기업의 지속 가능한 발전을 위한 유일한 전제 조건이 있다면, 그것은 의심할 여지 없이 '품질'이다. 이 단순한 진리는 '하나 마나 한 말'처럼 들릴 수도 있다. 하지만 70년 동안 이를 철저히 지켜온 중국 기업은 아마도 손에 꼽을 정도일 것이다.

'마오타이 6법' ④ 바보의 전략, 느린 세월

마오타이는 느린 회사이다.

술 한 병이 나오기까지 무려 5년이 걸린다. 원료가 공장에 들어와 양조되는 데 1년, 그후 3년간 저장을 거친다. 또한 저장 기간 동안 기주는 단순히 보관되는 것이 아니라, 저장 1년 후부터 '반구盤勾'*를 시작해야 하고, 반구가 끝난 기주는 다시 2년을 더 숙성해야 블렌딩에 사용할 수 있다. 블렌딩이 끝난 술도 다시 반 년이 지나야 비로소 출하 검사를 거쳐 포장된다. 이러한 과정을 거치기 때문에, 한 병의 마오타이주가 출하되기까지 최소 5년이 소요된다.

---

* 　반구 : 술의 각 배치의 일관된 맛을 보장하고 원료 차이로 인한 풍미 변동을 방지하고자 품질, 산도, 알코올 비중 및 기타 지표의 균형을 맞추기 위해 행하는 다양한 작업으로, 각 증류 차수별 기주를 혼합하는 행위이다. 반구는 두 가지로 나뉘는데, '소반구'는 기주를 3년 숙성시킨 후, 같은 연도 및 회차의 술을 혼합하여 순도를 높이는 것이고, '대반구'는 혼합 비율을 더 확대하여 다양한 향형의 기주를 결합하는 것이다.(역자 주)

지커량은 내게 여러 번 말했다. "우린 모두 '바보'입니다. 바보에겐 바보의 전략이 있죠. 어떤 문제든 우리는 천천히 보고, 천천히 생각합니다. 적어도 10년은 걸립니다."

오랫동안 중국 시장은 빠른 자가 승리하는 곳이었다. 세상 모든 무공武功은 빠를수록 패하지 않는다. 느린 기업과 '바보'들이 무대 중앙에 서는 것은 쉽지 않았다.

'바보의 전략' 첫번째 원칙은 영리한 사람들을 따라가지 않고, 모든 변화에 불변으로 대응하는 것이다. 중국 백주 산업이 생산 확장기에 접어들었을 때, 정책 결정층부터 산업 현장까지 '액태법液态法 백주 운동'**이 한차례 일어났다. 많은 주류기업들이 인공 향료와 인공 발효조를 이용해 생산량을 급격히 늘렸다. 이런 흐름 속에서도 마오타이주는 전통적인 고체 발효 방식을 고수했다. 또한 오직 '술과 술을 섞는' 방식만을 고집하여 절대 물을 섞지 않았고, 전통적인 발효구덩이를 고수했다. 그 때문에 한때는 낙후된 모델의 대표로까지 인식되었다.

마오타이진은 독특한 자연환경을 갖추고 있다. 이곳의 핵심 양조 구역에서는 1,940종 이상의 미생물이 발견되었다. 마오타

**   전통적으로 백주는 고체발효법으로 만들었는데, 중화인민공화국 수립 이후 소련의 보드카 제조 기술을 참고하여, 고농도 주정을 만든 다음 물과 향을 첨가하여 백주를 제조하는 액체발효법을 신기술로 보급하기 시작했다. 액체발효법은 전통적 고체발효법에 비해 생산효율이 높아서, 원재료인 곡물이 절약되고, 원가가 낮으며, 균일한 품질을 유지하기 쉽고, 유해물질이 적게 나오며, 위생적이라는 장점이 있었다.(역자 주)

이주는 중국 백주업계 최초로 '백주 미생물 균종 자원은행'을 설립했다. 내가 연구소를 방문했을 때, 연구원은 현재까지 확실하게 확인된 미생물이 200여 종이며, 매년 20종 정도를 추가로 밝혀내고 있다고 말했다. 그 말에 내가 다 조급해졌다. "이 속도라면 여러분 평생을 바쳐도 다 밝히지 못하겠는데요." 그는 쓴웃음을 지으며 대답했다. "그럴 수밖에 없습니다."

시장 마케팅 측면에서 보면, 백주 산업도 다른 소비재 산업과 마찬가지로 규모 경쟁, 가격 경쟁, 유통망 경쟁, 브랜드 포트폴리오 경쟁을 거쳐왔다. 그 과정에서 수많은 신생 브랜드가 등장했고, 수많은 마케팅 '기적'이 창조되었다. 그러나 이러한 모든 새로운 전술 앞에서도 마오타이는 가장 '둔하고 굼뜬' 모습을 보였다. 철저하게 한정된 공급량을 유지했고, 높은 가격 정책을 고수했으며, 브랜드 확장 전략에서도 극도로 신중하고 절제된 태도를 보였다.

'바보'의 강점은, 아무도 그보다 더 '바보'가 되려고 하지 않는다는 점에 있다. 총명함에는 끝이 없지만, 둔함에는 바닥이 있다. '바보'가 가장 아래에 자리잡고 있으면, 더이상 경쟁 자체가 불가능하다.

'바보'의 대가는 느림, 둔함, 그리고 높은 비용이다. 그러나 그 대가를 치르고 나면, 단단한 요새를 쌓고, 묵묵히 싸우며, 한 걸음씩 진지를 구축하면서 전진해나간다. 그렇게 얻어낸 것은 좀처럼 빼앗기지 않는다. 예전에 증국번이 태평천국군과 싸울 때 사용한 방법도 바로 이것이었다. "천하에서 가장 둔한 자만

이 천하에서 가장 교묘한 자를 이길 수 있다." "욕심이 많은 자는 비분강개할 절개가 없고, 말이 많은 자는 진실한 마음이 없으며, 용맹한 자는 문학적 품격이 없다."

마오타이는 바로 그런 존재다. 욕심이 적고, 말이 적고, 용기가 없으며, 둔하고 묵직한 무기로 싸운다. 그렇기에 세상 누구도 마오타이주와 겨룰 수 없다.

'마오타이 6법' ⑤ 초특급 단일품목 집중 공략

지난 40여 년 동안, 중국 백주업계는 세 차례의 '제왕 시대'를 거쳤다.

1980년대부터 1990년대 중반까지는 '분주 큰형님汾老大' 시기였다. 당시 산서 행화촌 분주汾酒 공장은 연간 생산량 1만 톤을 초과한 최초의 백주 기업으로, 대규모 생산을 통해 시장을 장악했다.

1994년부터 2009년까지는 우량예五粮液가 업계를 지배했다. 우량예는 1,000개에 달하는 자매 브랜드를 출시하며, 강력한 유통망과 브랜드 포트폴리오 전략을 통해 성공을 거두었다.

그후 비로소 '마오타이 시대'가 시작되었다. 이 시기 중국의 1인당 GDP가 1만 달러를 돌파하면서, 중산층의 소비력이 증가했다. 이에 따라 가성비보다 브랜드 가치와 희소성이 핵심 경쟁 요소로 자리잡았다.

소비력 증가와 소비 트렌드 변화에 따라, 강력한 문화적 상징성을 가진 중국 브랜드는 필연적으로 높은 브랜드 가치를 인정받게 되었다. 그리고 경쟁 측면에서 볼 때, 마오타이가 후발 주자로서 성공할 수 있었던 이유는 모험적인 고가 전략과 초특급 단일품목 전략을 유지했기 때문이다.

2022년, 귀주마오타이주식회사는 1,241억 위안의 매출을 기록했으며, 이중 마오타이주 매출은 1,000억 위안을 넘어 전체 매출의 85% 이상을 차지했다. 이 비율은 2004년 이후 ±3% 이내에서 안정적으로 유지되고 있다.

오랜 기간 마오타이는 53도 비천마오타이주飞天茅台酒(흔히 '푸마오普茅'라고 불림)를 핵심 제품으로 삼고, 그 아래에 한장주汉酱酒, 마오타이 왕자주茅台王子酒, 마오타이 영빈주茅台迎宾酒를 배치해 중고급 백주 시장과 경쟁해왔다. 2022년에는 시장 소매가격이 약 1,200위안인 '마오타이 1935'를 출시했다. 또한, 진년주陈年酒 및 생초주生肖酒(12지신 기념주) 시리즈는 모두 '푸마오'보다 상위 카테고리로 자리잡았다.

마오타이는 2014년부터 한정판 생초주를 출시했다. 출시 초기에는 시장에서 큰 반응을 얻지 못했으나, 시간이 지나면서 브랜드 가치가 지속적으로 상승했다. 이에 따라 생초주는 점차 수집 가치가 있는 제품으로 자리잡았으며, 중고 시장에서의 가격도 꾸준히 상승했다. 2023년 기준, 신축년 소띠 해 생초주의 중고 거래 가격은 약 3,400위안이며, 생산량이 가장 적었던 을미년 양띠 해 생초주는 무려 2만 8,000위안까지 치솟았다.

초특급 단일품목 전략 덕분에 소비자들은 마오타이주를 명백한 고급 브랜드로 인식하게 되었고, 유통업체들은 안정적인 판매와 높은 수익을 확보할 수 있었다. 전 세계적으로 이러한 성공

사례는 애플 아이폰 정도밖에 없다.

이 전략은 '바보 철학'의 실천이기도 하다. '확장하지 않고, 과도하게 시장을 점유하지 않으며, 무분별하게 침투하지 않는다.' 오직 소비자의 인식에만 집중하며, 제품의 유일성을 통해 시장의 열정을 이끌어낸다. 한 가지 흥미로운 점은, 1982년 이후 53도 비천마오타이주의 중고 시장 가격이 꾸준히 상승해왔으며, 연평균 복합 성장률이 약 8%에 달한다는 것이다. 이는 마오타이주가 금과 같은 '경통화硬通貨'의 속성을 지니고 있음을 의미하며, 경제 사이클의 영향을 거의 받지 않는다는 점에서 더욱 놀랍다.[*]

'마오타이 6법' ⑥ 생태공동체 구축

백주업계에는 이런 말이 있다. "중국에는 두 가지 백주가 있는데, 하나는 마오타이주이고, 다른 하나는 기타 백주이다."

이 말을 하는 사람은 대부분 부러움과 질투는 있지만, 미움은 없다.

나는 주류기업 대표 수십 명을 만나봤는데, 마오타이 이야기가 나오면 대부분이 존경심을 표했다. 마오타이주의 높은 가격과 집중화 전략이 백주 산업의 단계적 발전을 촉진하여, 다른 저명한 브랜드의 생존과 신제품 출현에 공간을 마련해주었다고 여

---

[*] 국제 명품 브랜드의 공통 목표는 가격의 안정적인 상승이다. 예를 들어, 롤렉스 시계는 1971년 이후 연평균 6~8%의 가격 상승률을 유지해왔다. 그러나 마오타이주의 가치 상승이 롤렉스와 다른 점은, 마오타이주의 가격은 브랜드 자체가 아닌 시장 거래 가격에 의해 결정된다는 것이다.(저자 주)

기기 때문이다.

나는 인회시仁怀市와 마오타이진을 탐방하면서 흥미로운 사실을 발견했다. 마오타이진에는 1,000여 개의 주류 공장과 수만 개의 판매상이 있는데, 거의 모든 백주업계 종사자들이 마오타이를 스승으로 삼고, 마오타이주와 견줄 만한 백주를 양조하는 것을 영광으로 여긴다. 그들의 술을 한 모금 맛보고 "음, 마오타이주 같은 느낌이 나는데요"라고 말했을 때, 그 얼굴에 번지던 놀람과 기쁨의 표정을 잊을 수 없다.

그러나 처음부터 그랬던 것은 아니다.

20년 전, 마오타이진의 주류업계는 혼란스러웠고, 장향형 백주 시장은 난전 상태였다. 심지어 '라이마오赖茅' 브랜드의 귀속권을 둘러싼 법적 분쟁이 7년간 지속되기도 했다. 또 10여 년 전까지만 해도 마오타이주 공장은 '업계 공공의 적'이었다. '국주國酒'라는 개념을 둘러싸고 대형 주류기업들이 일제히 반발하여, 소송이 북경의 관련 부처까지 이어졌다.

오늘날 마오타이가 업계에서 현재의 위상과 명성을 얻게 된 것은 생태계를 잘 이해하고 보호한 덕분이다.

한 산업의 생태계는 소비자, 판매상, 동업자, 주변 환경이라는 네 가지 요소로 구성된다. 마오타이는 이들과의 관계를 조율하는 과정에서 균형과 절제를 갖춘 대가다운 면모를 보여주었다.

『상서尚书·대우모大禹谟』에는 "사람의 마음은 위태롭고, 도를 지키는 마음은 은미하니, 정성과 한결같은 마음으로 중용을 지켜야 한다"라는 말이 있다.

마오타이는 수십 년 동안 품질을 철저히 지켜 백주 애호가들의 진정한 신뢰를 얻었으며, 동시에 온화한 경쟁과 협력의 자세로 다른 저명한 주류기업과 업계 생태계 전체의 존중을 받았다.

개혁개방 이후, 마오타이주는 세 차례의 심각한 판매 위기를 겪었다. 1989년 경제 불황, 1998년 아시아 금융위기, 그리고 2012년 중앙 8항 규정中央八项规定* 시행 이후였다. 이 위기들은 기업을 붕괴 직전까지 내몰았다. 그러나 위기는 곧 개혁의 계기가 되었다. 마오타이주 공장의 중요한 전환점들은 모두 이 세 차례의 위기와 맞물려 있었다. 첫번째 위기는 국영 전매 시스템과의 연결고리를 완전히 끊는 계기가 되었고, 두번째 위기는 판매회사 설립을 촉진했으며, 세번째 위기는 공무원 소비 의존도를 낮추는 전환점이 되었다.

이 몇 차례의 위기 속에서, 마오타이주 공장은 시종일관 판매상을 '은인'으로 여기며, 그들의 이익을 보호하는 데 최선을 다했다. 이로 인해 기업의 시장 판로가 시련을 견뎌낼 수 있었고, 그 과정에서 강한 충성도를 지닌 지지층을 형성했다.

마오타이주는 공동의 이익을 창출하고, 오랜 시장 경쟁 속에서 서로를 인정하며 다른 명주들과의 갈등을 해소했다. 이 과정

---

* 공무원의 부패와 낭비를 방지하기 위해 2012년 12월 4일 중국공산당 중앙정치국에서 회의를 소집하여 심의·통과시킨 '업무 태도를 개선하고 대중에게 가까이 다가가는 것에 관한 여덟 가지 규정'을 말한다. 의전접대, 회의활동, 문서보고, 출국수행, 경호통제, 언론홍보, 경축활동, 주택차량 등을 간소화하도록 규정하였으며, 2017년 10월 27일 시행세칙이 통과되었다.(역자 주)

에서 마오타이는 주도적으로 양보하며 넓은 시야를 갖추었고, 결국 비교적 조화로운 업계 분위기를 조성했다.

마오타이주 공장이 장향형 백주 생산지역 내 기업들을 지원해 온 사실도 명백하다. 진주珍酒의 출현은 마오타이주 공장이 생산지를 달리하여 실험한 결과였다. 1990년대 중반, 습주习酒가 어려움에 처하자 마오타이주 공장은 손을 내밀어 지원했다. 그후 수십 년간의 발전을 거쳐, 습주는 다시 한번 100억 규모의 주류 기업으로 성장했다.

전통적인 공예 기법을 바탕으로 강한 지역적 특성을 지닌 마오타이주 공장은 2001년 원산지 및 핵심 생산지 보호를 주장했고, 중국 백주업계 최초로 국가 품질검사총국에 원산지 지역을 신청해 승인받았다. 이것이 바로 현재의 '국가지리표시제품 보호 시범구역'이다. 이는 마오타이진을 중심으로 한 장향형 백주 생태 구역의 발전에 이론적·법률적 근거를 마련해주었다. 2022년, 마오타이그룹은 '산·물·숲·땅·강·미생물' 생명 공동체를 구축할 것을 제안하며 생태 건설 개념을 한 단계 더 발전시켰다.

생태 공동체에 대한 이해와 실천은 '가치 혁신'의 한 경지라고 할 수 있다. 유럽 경영대학원INSEAD 블루오션 전략연구소의 주임인 김위찬은 『블루오션 전략』에서 다음과 같이 설명했다. "가치 혁신을 추구하는 기업은 경쟁자를 이기는 데 집중하지 않고, 소비자와 자사 모두를 위해 비약적인 가치를 창출하는 데 전력을 다한다. 이를 통해 새로운 시장 공간을 개척하며 경쟁에서 완전히 벗어난다."

마오타이주 전기의 주인공: 술, 그보다 사람

『마오타이』를 집필하는 3년 동안, 나는 20여 차례 마오타이진을 찾았고, 우량예, 노주노교泸州老窖, 양하洋河, 고정공주古井贡酒, 분주 등 중국의 저명한 주류기업들을 조사했다. 새벽 세시에 증류소 현장을 참관하고, 누룩 제조 작업장에서 여공들과 함께 누룩을 밟았으며, 깊은 산속 홍잉쯔红缨子* 수수밭에서 농부들과 이야기를 나누기도 했다.

그 과정에서 많은 양조인들과 친분을 쌓았으며, 특히 지커량과는 세대를 뛰어넘는 우정을 나누게 되었다.

처음 그를 인터뷰했을 때, 그는 지팡이를 짚고 걸어왔으며 얼굴에는 피로가 역력했다. 인터뷰 직전 발을 삐어 집에서 요양중이라고 했다. 그는 소파에 기대어 내 질문에 건성으로 대답했다. 아마도 해마다 나 같은 방문객을 수없이 맞이해왔기 때문일 것이다. 하지만 내가 초창기의 특정 인물과 오래된 일화를 묻자, 그는 갑자기 몸을 곧게 세우고 나를 똑바로 바라보며 물었다. "이런 이야기를 어떻게 알았소?"

그후 우리는 허심탄회하게 대화를 나누는 친구가 되었다. 그가 항주에 올 때면 미리 연락을 주었고, 시간이 맞으면 함께 술을 마셨다. 안타깝게도 내 주량이 약한 탓에 그는 늘 아쉬워했다.

---

* 마오타이진 장향형 백주의 양조 원료가 되는 수수로, 마오타이진 장향형 백주의 순정한 장향은 여기서 나온다. 마오타이진 특유의 자연 환경에서만 파종할 수 있어서, 마오타이진 장향형 백주를 다른 지역에서 복제할 수 없는 이유 중 하나이기도 하다.(역자 주)

한번은 그와 함께 적수하 강가를 거닐었다. 그는 손을 휘휘 내저으며 내 앞을 걸어갔다. 약간 구부정한 그의 등을 바라보며, 거의 60년 전, 스무 살 갓 넘긴 남통南通 출신의 대학생이 운귀 산골짜기에 처음 도착했을 때, 자신의 인생이 이렇게 흘러갈 것이라 예상했을까 하는 생각이 스쳤다. 그러자 나도 모르게 웃음이 나왔다. 그가 돌아보며 물었다. "뭘 웃는 거요?" 나는 "아무것도 아니에요"라고 답했고, 우리는 계속 걸었다.

마오타이주의 이야기는 내가 오랫동안 믿어온 신념을 다시금 확인시켜주었다. '하늘이 내려준' 기업과 브랜드는 존재하지 않는다. 그것은 한 세대, 나아가 몇 세대에 걸쳐 수많은 사람들이 각고의 노력을 기울인 결과다. 이루기는 어렵지만 무너지는 것은 한순간이다. 모든 성공의 중심에는 언제나 기업가가 있다.

비즈니스 세계에서 '기적'이라 불리는 것들은 늘 신비로운 베일에 싸여 있어 사람들이 경외하며 쉽게 다가서지 못한다. 그러나 기적은 하늘에서 내려온 것이 아니라, 본질적으로 기업가의 창조 정신이 만들어낸 산물이다. 기적은 분명한 발전 궤적을 지니며, 내재된 비즈니스 논리와 가치 모델을 갖추고 있다. 그것은 이성의 인식 너머에 존재하는 것이 아니다.

사람이 모든 것의 출발점이며, 궁극적인 목적지이기도 하다.

마오타이주처럼 많은 이들이 '하늘이 점지한' 제품이라 여기는 술조차 수많은 어려움을 헤쳐나온 끝에 오늘날의 위상을 갖게 되었으며, 숱한 고난을 겪으며 끊임없이 발전해왔다. 『묘법연화경』에서는 "부처의 길은 멀고 험하니, 오랜 정진과 고난을 거쳐야만 성취할 수 있다"라고 말한다. 세상사의 수련도 마찬가지다. 마오타이진에서 처음으로 장향형 백주를 빚은 장인에서부터 화련휘华联辉, 라이융추赖永初, 그리고 리싱파李兴发, 저우카이량邹开良, 지커량을 거쳐 오늘날의 경영진에 이르기까지, 300여 년 동안 그들은 살얼음 위를 걷듯 신중하게 한 걸음씩 내디뎠다.

이 한 병의 술과 그 술을 빚어온 사람들에 대한 이야기를 그 탄생의 첫 순간부터 시작하려 한다.

길고 긴 이야기이니, 끝까지 함께해주길 바란다.

양조 용어

술덧酒醅
쪄서 발효한 양조 원료.

채국踩麯(누룩 밟기)
누룩을 만드는 공정으로, 분쇄한 밀을 일정한 공정에 따라 처리한 후, 전용 틀에 삽으로 퍼 담고, 채국공이 빠른 속도로 위아래로 뒤집으면서 밟아, 가운데는 높고 네 모서리는 낮으며 적절한 점도를 가진 '거북등 모양'의 누룩 덩어리를 만드는 작업.

상증上甑(증류기 투입)
발효된 술덧을 증류기에 담는 과정. 가볍고輕, 성글며鬆, 얇고薄, 균일하고勻, 평평하며平, 고르게准 담으며, 김이 올라오는 상태를 확인하면서 진행한다.

하교下窖(발효구덩이 투입)
뒤섞어 발효된 술덧을 키나 손수레 등을 이용해 발효구덩이窖池 안에 넣는 과정.

탄량攤晾(식히기)
증류기에서 꺼낸 술덧을 널찍한 건조대에 펼쳐 뒤섞으며 식히는 과정.

퇴적堆积
식힌 술덧에 누룩을 충분히 섞은 후, 반구형의 작은 산처럼 쌓아두는 과정. 온도 조절이 다소 다르며, 마오타이주 고체 발효에서 중요한 공정 중 하나이다.

미주尾酒(후류)

증류하여 술을 채취할 때, 가장 나중에 흘러나온 백주를
미주라고 한다.

하사下沙(첫 재료 투입) / **조사**造沙(두번째 재료 투입)

매년 음력 9월 9일 중양절 전후로 처음으로 재료를 투
입하여 생산하는 것을 '하사'라고 한다. 하사 후 한 달
뒤, 두번째 원료 투입이 진행되는데, 생사生沙 절반과 첫
번째 발효구덩이에서 발효된 숙사熟沙 절반을 섞어 증
류하는 과정을 '조사'라고 한다.

블렌딩勾酒

마오타이주의 각각 다른 향형, 증류 횟수, 숙성 연수, 등
급의 원주를 적절한 비율로 배합하여 원하는 맛, 바디
감, 향을 조정하는 과정.

장향형醬香型

백주의 한 가지 향형으로, 대국大麯 백주 계열에 속한다.
술빛이 미황색을 띠며 투명하고, 장향이 뚜렷하며 우아
하고 섬세한 특징을 가진다. 술의 질감이 부드럽고 깊으
며, 여운이 길고 빈 잔에서도 오랫동안 향이 지속된다.

상편

성의소주방 개조 이후의 발효구덩이

소주방 시대

1704 ~ 1950

01 마오타이진의 밤

술은 귀주가 최고, 소금배는 적수하를 흘러가네.

—청나라 정진郑珍,「마오타이촌茅台村」

새벽 세시의 마오타이진

마오타이진의 하루는 새벽 세시부터 시작된다. 대부분의 도시나 시골에서는 모두가 깊이 잠든 시각이다. 넓은 논밭과 거리, 건물 위로 달빛이 쏟아지고, 시끄럽게 지저귀던 참새나 밤길을 어슬렁대던 고양이조차 더이상 모습을 드러내지 않는다.

하지만 이 시각, 마오타이진의 주류 장인들은 하루의 일을 시작한다.

2021년 9월 초 어느 날, 나는 간신히 잠에서 깨어 차를 몰고 마오타이주 공장의 작업장으로 향했다. 구불구불한 산길을 따라 운전하는 동안, 이따금 불빛이 새어나오는 집들이 눈에 들어왔다. 이미 일을 시작한 개인 소주방들이었다. 작업장에 도착했을 때, 생산실은 이미 열기로 가득차 있었다. 거대한 증류기가 공중

반국(왼쪽), 탄량(오른쪽 위), 퇴적(오른쪽 아래)

새벽 세시의 마오타이진

에 매달려 있었고, 그 안에는 방금 술을 모두 채취한 술덧이 담겨 있었다. 온도는 약 섭씨 98도. 작업자들은 빠르게 그것을 바닥에 펼쳤고, 젊은 작업자 몇 명이 맨발로 술덧 위를 걸으며 약 30센티미터 너비의 작은 길을 만들어나갔다. 이 과정을 '탄량'이라고 한다.

약 한 시간 뒤, 술덧의 온도가 내려가자 작업자들이 삽으로 약 1.8미터 높이의 더미로 쌓았다. 이것이 '퇴적'이다. 작업자들은 키는 그다지 크지 않고 체격은 건장한 남자들이었다. 자세히 관찰해보니, 두 팔의 근육이 특히 탄탄해 보였다. 늘 이처럼 사沙를 삽으로 퍼올린 결과이다. 사천과 귀주의 소주방에서 '사'는 현지 방언으로, 모래가 아니라 수수를 말한다.

잠시 후, 또다른 술덧이 증류기 안으로 투입되어 쪄지기 시작했다. 이를 '상증'이라 한다. 이 과정은 상당한 기술이 필요한데, 술덧을 증류기 안에 고르게 담기 위해서는 '가볍고, 성글며, 얇고, 균일하고, 평평하며, 고르게' 작업해야 한다. 약 30분 후 증류가 시작되었고, 주액이 옆쪽 냉각 파이프를 따라 흘러나왔다. 술을 받는 작업자는 온도계를 확인하며 주액의 온도를 섭씨 37도에서 45도 사이로 조절했다. 온도가 너무 높으면 술의 향이 지나치게 빨리 날아가고, 온도가 너무 낮으면 자극성이 강한 저비등점 물질이 생겨버린다고 한다.

마오타이주 양조는 아홉 차례 찌고, 여덟 차례 퇴적하여 발효한 후, 일곱 차례 증류하여 술을 받아내는 과정을 거친다. 작업자들은 조를 이루어 새벽 세시부터 소주방에 들어가기 시작해,

네시에 불을 지피고 점심때까지 작업하여 매일 다섯 번의 증류 작업을 완료한다.

다른 향형의 백주와 달리, 마오타이주 양조는 '3고三高 공법'을 따른다. 즉, 고온에서 누룩을 만들고, 고온에서 증류하며, 고온에서 퇴적발효하는 방식이다. 특히 탄량 과정에서 작업장 내부의 최고 온도는 섭씨 40도를 넘는다. 술 제조는 두 개 조로 나뉘어 진행되며, 새벽 조는 대략 새벽 네시 반부터 시작하고, 오전 조는 대략 열한시부터 시작한다. 모든 작업자들은 마오타이 전통 양조 공법을 철저히 준수하여 작업을 수행한다.

중국에서 가장 신비로운 '알코올 밸리'

내가 다녀본 경험 중, 전 세계에서 고급 소비재 제조에 종사하는 장인들이 모여 있는 곳 중 가장 특징적인 곳이 두 곳 있다. 하나는 스위스의 발레드주Vallée de Joux이고, 다른 하나는 바로 마오타이진이다.

발레드주는 스위스 남서부에 있으며, 프랑스의 프로방스 지역과 인접해 있다. 좁고 긴 형태의 계곡으로, 너비는 불과 수백 미터이며 길이는 10여 킬로미터에 이른다. 계곡에는 설산과 커다란 호수가 자리하고 있으며, 경사진 지붕의 작은 집들이 사방에 흩어져 있다. 언뜻 보면 별다른 특징 없이 평범한 스위스 전원 마을처럼 보인다.

17세기 초, 취리히 등 도시의 시계 장인들이 이곳으로 피난을 오면서 이 외진 산골 마을은 점차 유럽에서 가장 유명한 시계 제조지로 자리잡았고, 나아가 '명문 혈통'이라 불릴 만한 전통을 형성하게 되었다. 발레드주에서 태어난 젊은이의 90% 이상이 시계 학교에 입학해 기술을 배운다. 시계 산업은 이곳에서 40여 개의 세부 직종으로 나뉘어 있으며, 점차 독자적인 제조 생태계를 이루었다. 현재 세계적인 명품 시계 브랜드인 오데마 피게Audemars Piguet, 블랑팡Blancpain, 브레게Breguet, 바쉐론 콘스탄틴Vacheron Constantin 등의 공장이 모두 이곳에 위치하고 있으며, 명품 시계의 무브먼트movement 중 절반 이상이 이곳에서 생산된다.

　발레드주와 매우 유사하게, 마오타이진 역시 적수하를 따라 형성된 남북 방향의 좁고 긴 계곡이다. 이곳은 "들어설 때는 마을의 머리가 보이지 않고, 나설 때는 꼬리가 보이지 않는다"는 표현이 어울릴 정도로 길게 뻗어 있다. 강물은 남쪽에서 북쪽으로 흐르다가 북쪽의 주왕타朱旺沱에 이르러 황공아黃孔埡 산맥의 채자산寨子山에 가로막힌다. 이후 강물은 맞은편 주사보朱砂堡를 따라 방향을 서쪽으로 틀어 흐른다. 양안의 평지는 극히 협소하며, 특히 동쪽 기슭은 강을 따라 거의 바로 구릉으로 이어져 있어 숨막힐 듯 비좁다.

　마오타이진은 강이 흐르고 삼면이 산으로 둘러싸여 있어, 움푹 파인 분지를 감싼 듯한 지형을 이루고 있다. 이로 인해 겨울에는 온화하고 여름에는 무덥고 강수량이 적은, 이곳만의 독특한 기후가 형성되었다. 평균 해발 2,700미터에 달하는 운귀고원에서 마오타이진의 해발은 불과 400여 미터에 불과하다. 이곳의 연평균 기온은 섭씨 17.4도이며, 겨울철 최저 기온은 2.7도, 여름철 최고 기온은 40도를 웃돈다. 한여름의 무더운 날씨가 반년 이상 지속되며, 연 강수량은 800~1,000밀리미터에 불과하다. 또한, 연간 일조 시간은 1,200시간이 넘으며, 이는 운귀고원에서 가장 긴 수준이다. 이곳의 공기 중 습도와 온도는 미생물 군집이 번식하는 데 최적의 조건을 제공한다. 마오타이진의 전체 면적은 87제곱킬로미터이지만, 실제로 중심지로 여겨지는 진鎭 지역의 면적은 불과 2제곱킬로미터에 불과하다. 이 작은 지역 안에 크고 작은 장향 백주 소주방이 1,700여 개 밀집해 있다.

이 책에서 다루게 될 기업, 중국귀주마오타이주창(그룹)유한책임회사中国贵州茅台酒厂(集团)有限责任公司는 마오타이진의 핵심 지역을 차지하고 있으며, 적수하 오른쪽 기슭의 비교적 평탄한 지역

강을 따라 형성된 마오타이진. 산들에 둘러싸여 있다.

대부분을 소유하고 있다. 만약 이 기업이 없었다면 마오타이진은 지금처럼 중요한 의미를 가지지 못했을 것이다. 그러나 이 기업의 존재로 인해 마오타이진뿐만 아니라 중국의 백주 산업 전체가 새로운 방향으로 나아갔고, 더 나아가 현대 중국의 소비 문화와 미적 감각까지도 변화했다고 할 수 있다.[*]

이것은 신비로움과 우연이 가득한 길고도 흥미로운 이야기이다. 상업적인 동시에 문화적이며, 역사적이면서도 현대적인 이야기이기도 하다.

복료, 야랑국, 아영만

마오타이진은 동경 106도 22분, 북위 27도 51분에 위치해 있으며, 귀주성 준의시遵义市의 인회시에 속해 있다.

인류 문명사에서 북위 25~35도는 특별한 의미를 지닌 위도 구간이다. 중국의 장강, 이집트의 나일강, 시리아와 이라크를 흐르는 유프라테스강, 미국의 미시시피강이 모두 이 위도 구역에서 바다로 흘러간다. 또한, 중국의 양저良渚와 삼성퇴三星堆, 이집트의 피라미드, 고대 바빌론 왕국도 이 위도대에 위치해 있다.

전 세계 주류 양조업에서 포도주의 최적 재배지는 북위 37도이며, 중국의 백주 산지는 북위 30도 전후에 집중 분포되어 있다.

---

[*] 마오타이진은 마오타이주로 인해 경제적으로 우수한 진이 되어, 2023년 중국전자정보산업발전연구원CCID 고문과 CCID 사천이 발표한 전국 100대 우수 진 리스트에서 전국 3위에 올랐다.(저자 주)

그중 마오타이주와 우량예는 북위 27도, 노주노교, 랑주郎酒, 주귀주酒鬼酒는 북위 28도, 검남춘劍南春은 북위 31도, 고정공주와 양하는 북위 33도에 위치한다.

다른 백주 생산지와 비교하면, 마오타이진은 지리적·역사적·경제적으로 가장 변두리에 있었다. 마오타이진이 속한 귀주성은 중국 서남부에 자리하며, "하늘은 사흘 맑은 날이 없고, 땅은 삼 리 평탄한 곳이 없으며, 사람들은 삼 푼 돈도 없을 정도로 가난하다"라는 말이 전해질 만큼 척박한 지역이었다. 중세 시대, 이곳은 중원 문명과 동떨어진 서남이西南夷 지역으로, 대대로 거주한 민족은 '복료濮僚', 즉 현재의 부랑족布朗族, 더앙족德昂族, 거라오족仡佬族의 선조였다.

복료는 고대 백월百越 계통의 한 갈래로, 장동어족壯侗语族에 속한다는 견해도 있다. 역사적 시기에 따라 다른 민족과 혼거하며 다양한 명칭으로 불렸다. '복濮', '료僚', '복卜', '백복百濮', '제료诸獠', '갈료葛獠' 등 여러 이름이 존재했다. 『신당서新唐书·남만하南蛮下』에는 "융戎과 로泸 사이에 갈료가 있는데, 산골짜기와 숲속에 의지해 거주하며, 수백 리에 걸쳐 분포하고 있다"라고 기록되어 있다. 이는 갈료가 주로 사천 남부, 귀주 북부, 중경重庆 남부 지역에 분포했다는 뜻으로, 현재의 사천 의빈宜宾, 노주 남부, 귀주 준의, 필절毕节 일대에 해당한다.

전국시대, 이 지역에는 야랑夜郎이라는 작은 나라가 있었다. 사마천은 『사기·서남이열전』에서 "서남이에는 여러 군장이 통치하는 10여 개 나라가 있는데, 그중 야랑이 가장 크다"라고 기록했다.

한漢 왕조가 야랑국에 사신을 파견했을 때, 야랑국 왕은 사신에게 진지한 표정으로 물었다. "한나라와 우리 나라 중 어느 나라가 더 큰가?" 그의 질문에 사신은 어찌할 바를 모르고 당황하며 쓴웃음을 지었고, 이후 '야랑자대夜郎自大'라는 고사성어가 생겨났다. 야랑국의 도성이 정확히 어디에 있었는지는 아직 의견이 분분하다. 어떤 학자는 현재의 귀주 준의시 고평진高坪鎮에 있었다고 주장하고, 또다른 학자는 동재현桐梓縣의 야랑진이었다고 본다. 두 곳 모두 마오타이진에서 200킬로미터 이내의 거리다.

마오타이진에서 약 120킬로미터 떨어진 습수현 토성진土城鎮은 서한 때 건위군犍為郡 부현符縣에 속하였고, 인회, 적수, 습수를 관할하였으며, 당시 정치·문화의 중심지였다. 토성 천당구유적天堂口遺址에서 발굴된 동한 시기의 암묘崦墓는 그 묘장 스타일이 북방 고대 한족의 장례 풍습의 영향을 뚜렷하게 받았다. 이곳에서는 또한 많은 도기가 출토되었는데, 그중에는 도자기로 만든 양주기釀酒器와 음주기飮酒器도 포함되어 있었다. 여용女俑(여성 인형)의 헤어스타일은 반결盤結 모양으로, 전형적인 묘족의 올림머리 스타일이었다. 이를 통해, 양한 시기에 적수하 유역은 이미 한족과 묘족이 함께 거주하던 지역이었으며, 당시 묘족은 중원 문화의 영향을 받아 도기 제작과 주류 양조 기술을 익혔음을 추론할 수 있다.[2]

인회는 수나라 때는 노주에 속했고, 당나라 때에는 파주播州에 속했다. 송나라 때에 이르러 적수하 중하류 지역은 동천부로潼川府路에 속하고, 습수와 인회 일대는 자주滋州에 속했으며, 치소治所

는 여전히 토성에 있었다. 위밍셴禹明先의 고증에 따르면, 토성은 자기瓷器 시장이 있어서 자성磁城이라고도 했다.[*]

당시 이 일대에 거주한 소수민족은 '아영만阿永蛮'이라 불렸다. 해마다 동지 이후, 부족의 수령이 2,000명 규모의 상단을 이끌고, 현지에서 양조한 '풍국법주风麴法酒'를 싣고 노주의 관영 시장으로 가서 물물교환을 했다.[3] 풍국은 뽕잎으로 싼 생국麴曲을 바람이 통하는 곳에 걸어두어 만든 누룩을 의미하며, 법주는 당시 관청의 법 규정에 따라 양조한 술을 뜻한다. 송나라 사람 장능신张能臣의 『주명기酒名记』에 "자주, 풍국법주"라는 기록이 남아 있다.[**]

이로 인해, 비교적 공식적인 역사 기록에서 검북黔北(귀주 북부) 적수하 일대에서 처음으로 등장한 술의 명칭은 '풍국법주'였다.

마상만, 마오타이, 적수하

마오타이진의 선민은 복료 사람들로, 이후 거라오족의 한 갈

래로 발전했다. 후세에는 복료인에 대한 기록이 많지 않지만, 이들은 분명 생활의 정취와 지혜가 뛰어난 민족이었을 것이다. 일전에 운남에 가서 찻잎의 역사를 탐구한 적이 있는데, 보이차 제조 기술을 가장 먼저 발명한 사람 역시 복료인이었다. 맹해勐海와 인회는 비록 천리 멀리 떨어져 있지만, 같은 산맥과 하천 계통에 속한다.

이 지역은 처음에는 마상만马桑湾이라고 불렸다. 산골짜기에 마상나무가 빼곡하게 자라 있었기 때문이다. 그러다가 강 동쪽 기슭에서 샘물을 발견하여 현지 사람들이 네모 모양 우물을 깎았는데, 그때부터는 '사방정四方井'이라고 불렸다. 명나라 초기에 이르러, 마오타이 거리에 만수궁万寿宫이 건립되었고, 그 앞에는 보기 드문 반변교半边桥가 세워졌다. 이때부터 관청의 공식 문서에 '반변교'라는 지명이 나타났다. 명나라 중기에 이르러 적수하 양안에 대형 사찰 아홉 채가 지어졌는데, 그중 관음사观音寺, 영선사쿳仙寺, 우왕궁禹王宫 안에는 동한 시기에 복료인들이 주조한 동고铜鼓가 소장되어 있어, '운고진云鼓镇'이라고도 불렸다.

위와 같은 지명들에 비해, '마오타이'라는 이름은 비교적 오랜 세월에 걸쳐 자연스럽게 정착된 것이다.

'마오茅'는 수생식물의 일종으로, "줄기가 길고 잎맥이 두꺼워 묶기 쉬운" 특징이 있어, 상고시대 한족 및 주변 소수민족의 제사 활동에서 종종 점복과 식물숭배의 대상으로 쓰였다. 공영달孔颖达이 주석한 『상서·우공禹贡』에도 '열토분모裂土分茅(땅을 나누고 띠풀로 묶는다)'라는 의식이 기록되어 있

1954년, '茅苔酒'라는 글자가 찍힌 술병. 이 시기의 술병은 인회 본지에서 생산된 원통형의 도자기병을 그대로 사용하였는데, 술을 담으면 잘 샜기 때문에, 1966년부터 점차 유백색 유리병으로 대체하기 시작했다.

다. 지금까지 전해지는 거라오족의 희곡 나희傩戏에는 '모초무茅草舞'가 있으며, '권모劝茅'와 '함모喊茅'*라는 의식 절차도 남아 있다.

『인회시지仁怀市志』에는 다음과 같은 기록이 있다. "역대 복료 사람들은 모초가 무성한 이 땅에 대臺를 쌓고 조상을 제사하였는데, 이를 '모초대茅草台' '모대茅台'라 불렀다." 때로 '모태茅苔'라

---

*   '권모'와 '함모'에서는 먼저 모초茅草로 '모인茅人(띠풀로 만든 사람 형상)'을 만든다. '권모'에서는 노래와 말로 '모인'에게 병자의 액운을 가져가도록 권하며, '함모'는 일련의 의식을 통해 잃어버린 혼백을 불러들이는 것이다.(저자 주)

고도 불렸는데, 내가 본 초기 마오타이주 병 일부에는 '茅台酒'
가 아니라 '茅苔酒'라고 인쇄된 것이 있었다.

현지 학자에 따르면, 사실 인회 지역에는 '마오'라는 이름이 붙
은 촌락이 적지 않아, 마오바진茅坝镇에는 "아홉 개의 우물, 여덟
개의 사당, 열 개의 마오타이"라는 말이 있을 정도라고 한다. '마
오타이촌茅台村'이라는 지명이 가장 일찍 기록된 것은 원말명초
의 『안씨족보安氏族谱』로, 회덕사怀德司 안씨安氏 초대조인 안조화
安朝和가 '마오타이촌 높은 대'에 묻혔다고 적혀 있다.[**]

마오타이진의 흥망성쇠는 이곳을 가로질러 흐르는 적수하와
늘 깊은 관련이 있었다.

적수하는 옛날에는 적훼하赤虺河라 불렸다. '훼虺'는 독사의 일
종으로, "훼가 500년을 살면 교蛟로 변하고, 교가 천년을 살면 용
이 된다"는 설이 있다. 적수하는 장강 상류의 지류 중 하나로, 운
남성 진웅현镇雄县에서 발원하여, 필절, 금사金沙, 서영叙永, 고린
古蔺, 인회, 습수, 적수를 거쳐, 합강현合江县에서 장강으로 흘러든
다. 전체 길이는 445킬로미터, 유역 면적은 2만 400제곱킬로미터
에 이른다. 적수하 유역은 산이 끊임없이 이어지며, 경작지가 적
고 인구가 드물어, 강이 지나가는 12개 현 중 6개가 국가급 빈곤현

[**]　안씨는 이족彝族 출신으로, 명대 4대 토사土司 중에서 파주 양씨杨氏와 수서
水西 안씨의 세력이 가장 강했다. 마오타이촌은 수서가 지배하던 지역에 속했다. 원
나라 이후 '마오타이촌'이라는 지명이 정식으로 정해졌고, 여러 차례 변경을 거쳐서,
청나라 때 '마오타이진'이라고 했다. 2015년 12월 귀주성 인민정부 문서에 따라 설
치된 새로운 마오타이진은 과거보다 더 넓은 지역을 포함하게 되었다. (저자 주)

이었다.* 장향형 백주 산업이 발흥하지 않았다면 이 지역의 경제가 발전하는 데 확실한 기반이 마련되지 못했을 것이다.

전국의 수많은 하천 중에서도 적수하가 특별한 점은 바로 '붉은 색赤'에 있다.

일 년 중 대부분의 시기에는 강물이 맑고 투명하지만, 단오절(음력 5월 5일)이 되어 우기가 닥치면 강물이 갑자기 붉은빛을 띠기 시작한다. 그리고 중양절(음력 9월 9일)이 되면 다시 맑

철마다 다른 적수하 모습

아진다. 이러한 현상은 천년 동안 반복되었다. 옛날 사람들은 이를 신비롭게 여겨, 독사가 요술을 부리는 것이라고 생각했다. 그러나 현대 과학은 이를 보다 합리적으로 설명한다. 적수하 유역은 단하지모丹霞地貌에 속하며, 이곳의 자홍색 토양에는 모래와 자갈이 다량 함유되어 있다. 우기가 되면 빗물에 씻긴 토양이 강으로 흘러들어가 강물의 색깔을 붉게 변화시키고, 가을이 되어 강우량이 줄어들면 강물이 다시 원래의 맑은 빛을 되찾는 것이다.

---

* 　　그 6개 현은 각각 운남의 진웅, 위신威信, 귀주의 대방大方, 습수, 사천의 서영, 고린이다.(저자 주)

인안과 염상

적수하 천리 물길에서 마오타이진은 중요한 지리적 요충지다. 이곳을 기준으로 위쪽은 상류, 병탄丙灘까지는 중류, 그 아래 합강合江까지는 하류로 나뉜다.

운귀고원은 중국에서 네번째로 큰 고원으로, 해발 400여 미터밖에 안 되는 마오타이진은 산악지대 속의 특이한 '저곡지대'에 자리잡고 있다. 이러한 특수한 지리 조건은 또한 특별한 기후를 형성하여, 마오타이진은 귀주성에서 가장 더운 지역이 되었다. 현지인들의 말에 따르면, 한여름에는 실외 온도가 섭씨 40도까지 올라가, 길가 돌판 위에 달걀을 놓아두면 금세 익는다고 한다. "6월 6일, 태양 볕에 달걀이 익는다"라는 속담이 전해질 정도이다. 인회의 옛 현청소재지였던 중추진中枢镇(현재의 중추가中枢街)은 마오타이진에서 불과 10여 킬로미터 떨어져 있는데, 연평균 기온이 마오타이진보다 4~6도 낮다.

오랜 세월 극심한 무더위를 겪어온 마오타이진은 줄곧 거라오족, 부랑족 등 소수민족이 밭을 갈며 살아온 곳이었다. 실제로 마오타이진은 운귀고원 구석의 작은 산골짜기였기에, 명대 이전에는 역사 기록에도 거의 등장하지 않을 만큼 변화가 미미했다.

그 운명의 첫번째 변화는 청대 건륭乾隆 연간에 일어났다.

건륭 10년(1745년), 운귀 총독 장광사张广泗가 조정에 상소를 올려 적수하 준설을 건의했다. 그의 목적은 두 가지였다. 하나는 귀주에서 생산되는 구리와 납을 외지로 운반하는 것이고, 다른 하나는 사천의 소금을 들여오는 것이었다. 중국은 역대로 염철 전매제를 시행해왔고, 귀주 시장의 소금은 대부분 북쪽의 사천에서 가져왔다.

그해 11월, 적수하 준설 공사가 시작되어 다음해 윤3월에 준공되었다. 총 3만 8,000여 냥의 은이 투입되었으며, 68곳의 험한 물길을 소통시켰다. 공사가 완성된 후, 적수하는 사천 소금을 귀주로 들여오는 중요한 수상 운송 통로가 되었고, 마오타이진은 수운의 종착지이자 육상 운송의 출발지가 되었다. 즉, 사천의 소금은 합강에서 배에 실려 500여 리를 거슬러올라와 마오타이진에서 하역된 뒤, 육로를 통해 귀주의 각 부府로 운반되었다.

당시 사천 소금이 귀주로 들어오는 통로는 넷 있었는데, 이 노선이 가장 짧고 운송 원가도 가장 낮아, 한때는 전체 사천 소금의 3분의 1이 이 길을 통해 들어왔다. 마오타이진은 수륙 운송 전환의 중추지가 되어, '인안仁岸'으로 불리게 되었다. 당시 100여 척의 소금선이 이 항로를 오갔으며, 배 한 척마다 소금 약 1만 근을 실어, 사람이 말을 부려 운반하던 것에 비해 운반비가 100근당 은 한 냥이 절약되었다. 『인회직례청지仁怀直隶厅志』에서는 "사천 소금이 해마다 하천 운송을 통하여 인회 마오타이촌에 이르러 끊임없이 공급되고 판매되어, 지금에 이르기까지 소금 가격이 매우 안정되었으니, 하천을 준설한 덕이다"[4]라고 하였다.

'인안'의 출현은 천년 동안 조용했던 마오타이진을 갑자기 번성하게 만들었다. 당시 서남 지역 소금 무역은 섬서 상인들이 장악하고 있었다. 소금길이 개통됨에 따라 많은 섬서 상인이 마오타이진으로 몰려들었고, 상업이 활기를 띠면서 마오타이진은 한 소금이 마오타이진에 도착한 뒤에는 산이 높고 길이 험하여 오로지 사람의 힘으로 운반해야 했고, 이에 전문적으로 소금을 등에 지고 운반하는 것을 생업으로 삼는 '염파로盐巴佬'가 생겼다. 그 소금 운반업의 생애는 이루 말할 수 없이 고달프고 처참했다.

적수하 부두에 서 있는 운반선

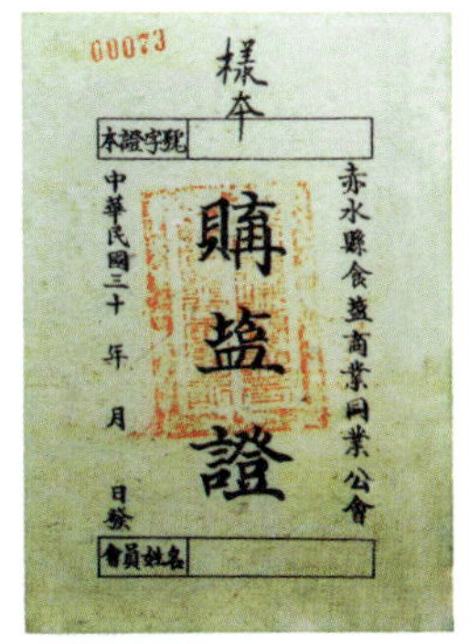
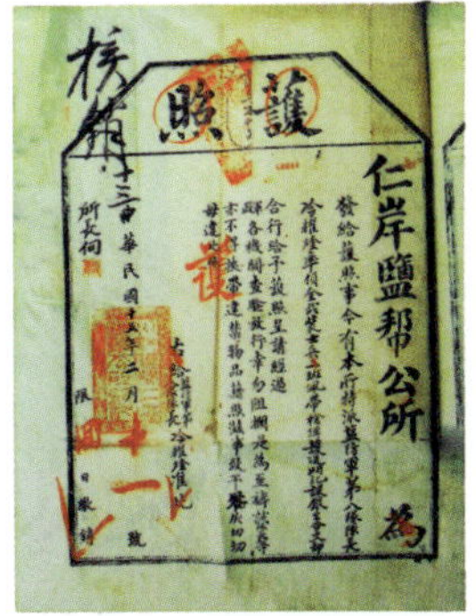

소금 운반 규정, 소금 구매증, 화물 운송 증명서

때 '익상진益商镇'으로 명칭이 바뀌었다. 준의 출신의 청나라 시인 정진은 이를 다음과 같이 읊었다.

사천 소금 귀주로 가고, 섬서 상인 마오타이로 모여드네.

정진(1806~1864)

정진은 도광道光 연간의 유학자로, 그가 막우지莫友芝와 함께 편찬한 『준의부지遵义府志』는 지방지 학계에서 매우 유명하며, 양계초梁启超는 이를 '천하제일부지天下第一府志'라고 평가했다. 그가 살던 시대는 장광사가 하천을 준설한 때로부터 이미 반세기 이상 지난 뒤였으며, 이는 바로 마오타이진의 첫번째 '황금시기'에 해당한다. 그는 『준의부지』에서 『전거잠실록田居蚕室录』을 인용하여 다음과 같이 기록하였다.

인회성 서쪽 마오타이촌에서 술을 만드니, 귀주에서 첫번째로 손꼽힌다. 재료로 순수하게 수수를 사용하는 것이 최고급이며, 잡곡을 사용하는 것은 그다음이다. 제조법은 곡식을 삶아 누룩과 섞은 다음, 지하 저장고에 넣고, 한 달쯤 지난 뒤 꺼내 증류하는 것이다. 누룩은 밀로 만들며 백수국白水麯이라 부르고, 귀주 사람들은 대국이라 통칭한다. 이 술을 일명 마오타이소茅苔烧라고도 부른다. 인회는 땅이 척박하고 백성들은 가난하지만, 마

　　　오타이 소주방은 20곳이 넘고, 사용하는 곡식은 2만 섬 이상에 이른다.[*]

　　정진은 소금과 술을 모두 언급한 유명한 시 한 수를 남겼는데, 제목은「마오타이촌」이다.

　　　먼길 떠나 고을 끝자락에 이르니

　　　오래된 마을이 언덕에 옹기종기 모였구나.

　　　술맛은 귀주의 으뜸이요,

　　　소금은 붉은 뱀강에 실려오네.

　　　가을비 몰아쳐 어둑하고,

　　　건너편엔 촉나라 산들이 겹겹이 둘렀구나.

　　　강물은 거슬러오를 배도 없고,

　　　객지의 시름에 이틀이나 머물렀네.

　　마오타이주에 관한 가장 이른 지방문헌기록은 건륭 14년(1749년) 귀주 순무巡抚 애필달爱必达이 저술한『검남식략黔南识略』에 등장한다. 그는 '준의부 인회현' 조항에서 "마오타이촌은 강가에 자리잡고 있으며, 술을 잘 빚는다. 현지 사람들은 이 술을 '마오

---

[*]　　　청나라 때 한 섬石은 180근이다. 그밖에, 청나라 가경嘉庆 연간(1796~1820)에 우파禹坡가 편찬한『인회현초지仁怀县草志』에 "성 서쪽 마오타이촌 술이 귀주 전체에서 제일이다"라는 기록이 있어, 도광 연간에 지어진『준의부지』보다 이 설이 더 이르다.(저자 주)

역사 그림 속 마오타이 '계성주호'와 '대화소방'

타이춘茅台春'이라 부른다"고 기록하였다. 고대에는 소주烧酒를
통칭하여 '춘春'이라고 했다.

최초의 주조 작업장 상호 역시 이 시기에 나타났는데, 이름은
'계성주호偈盛酒号'였다. 이에 관해 확실한 사료 두 개가 있다.

하나는 1784년에 편찬되어 근세에 발견된 마오타이촌 『오씨족
보鄔氏族谱』로, 오씨 일가가 집단 거주하던 지역의 지형도가 실려
있는데, 거기에 '계성주호'라고 표기된 소주방이 그려져 있다.

다른 하나는 1990년, 마오타이진과 이웃한 삼백제촌三百梯村에
서 발견된 길가 비석이다. 비석에는 "청 건륭 49년 마오타이 게
성주호"라는 글씨가 새겨져 있다(건륭 49년은 1784년이다).

이외에도 양류만杨柳湾이라는 곳에서는 청나라 가경 8년

(1803년)에 세워진 화자로化字爐가 발견되었다. 이 '화자로'는 글자를 소중히 여기기 위해 세운 작은 탑 모양의 구조물인데, 상단 기부자 명단에 '대화소방大和烧房'이 기록되어 있었다.

또한 귀주의 명사이자 청말의 저명한 정치가 장지동张之洞의 어린 시절 스승 장국화张国华 역시 마오타이를 유람하고, '마오타이촌'이라는 제목으로 죽지사竹枝詞 석 수를 남겼다. 이를 통해 당시 마오타이 지역의 모습을 엿볼 수 있다.

귀주와 사천이 맞닿아 물길이 통하니
풍속은 노주처럼 위아래로 비슷하구나.
가득한 소금배들 강가에 앞다투어 정박하고
석양 속 난간 따라 점점이 이어지네.

옛적부터 마오타이에는 마을이 있었고
수많은 술도가 이웃하여 몰려들었네.
군수는 술에 취함을 탓하지 말지니,
명리에 얽히는 것 또한 사람을 취하게 하네.

오늘날에도 좋은 술은 마오타이에 있으니
운남 귀주 사천 호남에서 객이 모여드네
술을 사다 천리 밖 시장에 가서 파니
뛰어나다 감탄치 않는 이 드물구나!

이 죽지사 몇 수를 통해 당시 마오타이진의 모습을 매우 직관적으로 '목도'할 수 있다. 이곳은 사천과 귀주를 잇는 수로가 반드시 지나는 곳으로, 번화한 노주와 풍습이 크게 다르지 않았다. 식염을 가득 실은 목선이 수로에 가득하고, 양안에는 소주방이 온통 줄지어 늘어섰다. 운남, 귀주, 사천, 호남의 상인들이 도처에 널린 술집에서 마음껏 마시고 즐겼으며, 향기로운 마오타이주는 그들 손에 들려 천리 밖까지 팔려나갔다.

가경 도광 연간에 마오타이진에는 이미 20여 곳의 소주방이 있었고, 1840년대 전후에는 마오타이진의 소주 생산량이 약 170톤에 달했다.

구장과 마오타이의 술

마오타이주의 역사에 관해서 쓰려면, 그냥 지나칠 수 없는 '의문'이 몇 가지 있는데, 그중 첫번째는 바로 마오타이주의 원류가 어디인가 하는 문제다.

가장 오래된 기록을 살펴보면, 이 지역에 대대로 살아온 민족 중 하나인 거라오족은 술을 잘 빚는 것으로 유명했다. 거라오족 문자로 기록된 『복조경濮祖经』*이라는 책에는 다음과 같은 전설이 적혀 있다. "산속에서 열매가 떨어져 구덩이 속에 쌓이면서

---

*   2009년 귀주 북부 거라오족 취락 지역에서 발견되었다. 2만 4,000여 글자이며, 모두 거라오족 문자로 기록되었고, 거라오 선민의 농경, 차 제작, 양조 등 역사를 상세하게 기록했다. 이 책이 만들어진 시기에 대해서는 역사학계에서 아직 정설이 없다.(저자 주)

변해 향기로운 물이 되었고, 원숭이가 그 물을 마신 후 바닥에 쓰러져 깊은 잠에 빠졌"는데, '달귀达贵'라는 복濮 사람이 이를 보고 채취했다는 내용이다.

『복조경』에서 전하는 이 이야기는 인류의 여러 민족이 술을 처음 발견한 과정과도 거의 일치한다.

당분이 함유된 야생 과일은 원숭이가 좋아하는 먹거리로, 그것이 익어 떨어진 뒤 움푹 파인 곳에 쌓이거나, 원숭이가 따서 먹다 남긴 열매가 돌의 움푹한 틈에 방치된 채 시간이 지나면, 공기와 빗물 혹은 토양 속의 야생 효모에 의해 자연 발효된다. 이로 인해 향기롭고 새콤달콤한 원시 과일주가 탄생하는 것이다. 로드 필립스Rod Phillips는 『알코올의 역사Alcohol: A History』에서 이렇게 말했다. "인류가 술을 만든 역사는 기원전 7000년까지 거슬러올라갈 수 있다. (……) 그러나 선사시대 인류가 과일과 열매에서 자연스럽게 발생한 술을 발견해 마시기 시작한 역사는, 이보다도 수천 년 더 이를 것이다. (……) 애초에는 의도치 않은 발효였고, 그것이 인류의 눈에 띄었을 뿐인 것이다."[5]

중국의 옛 서적에도 원숭이가 술을 만든 이야기가 많이 기록되어 있다. 명나라 때 이일화李日华의 『봉롱야화篷栊夜话』에도 『복조경』과 유사한 기록이 있다.

황산黄山에 원숭이가 많아, 봄여름에 꽃과 과일을 마구 따다가 돌의 움푹한 곳에 모아두었는데, 이것이 발효되어 술이 되었고, 향기가 흘러넘쳐 수백 보 멀리까지 퍼졌다. 산속 깊이 들어간 나뭇꾼이 이를 몰래 훔쳐 마셨다.

'원숭이에게서 술 빚는 법을 배웠다'는 오래된 전설 외에도, 마오타이주에는 또다른 독자적인 기원이 있다. 이는 '구장枸酱'이라고 하는 일종의 발효 식품과 관계가 있다.

마오타이진에는 중국술문화성中国酒文化城이 있다. 입구를 들어서면 광장 한가운데에 한무제汉武帝 유철刘彻의 전마戰馬 소상이 웅장하게 서 있다. 마오타이 사람들이 말하는 술의 기원은 바로 이 황제에서 시작된다.

『사기·서남이열전』에는 마오타이 사람들이 술을 빚었다는 가장 이른 기록으로 여겨지는 구절이 실려 있다.

건원建元 6년(B.C. 135년). (……) 왕회王恢가 군사력으로 위협해 남월南越을 회유하라고 당몽唐蒙을 보냈다. 남월은 당몽에게 촉蜀에서 가져온 구장을 대접했다. 당몽이 어디서 가져온 것인지 묻자, 남월 사람들이 대답했다. "서북쪽 장가牂柯에서 왔습니다. 장가강牂柯江은 너비가 몇 리에 이르며, 번우성番禺城 아래를 지나갑니다." 당몽이 장안으로 돌아온 뒤, 촉에서 온 상인에게 물으니, 상인이 말했다. "구장은 오직 촉에서만 나옵니다. 많은 사람들이 몰래 가지고 나가 야랑에서 팝니다. 야랑은 장가강에 인접해 있고, 강폭이 백여 보에 달해, 배가 다닐 수 있습니다."

장가강은 지금의 북반강北盘江으로, 당시에는 야랑국에 속했다.『준의부지』의 기록에 따르면, 구장은 구수枸树 나무 열매로 빚은 술을 가리키며, 색이 짙고 맑지 않았기에 '장醬'자를 써서 '구장'이라 한 듯하다. 한나라 시기 변방 무역이 싹틀 무렵 유통된 물품 가운데 구장이 있었다. 이는 사천의 특산품으로, 현지 상인들이 이를 대량으로 야랑에 운반했다. 그러나 야랑 사람들은 이를 모두 소비할 수 없어, 남은 것을 장가강을 통해 월越의 시장까지 운송하여 이익을 얻었다.

고서에는 때로 '구장蒟酱'으로 기록되기도 했는데, 구枸와 구蒟는 서로 다른 식물이다. 아마도 옛날 사람들은 이를 명확히 구분하지 않았던 듯하다. 원나라 때 송백인宋伯仁은『주소사酒小史』에서 구장을 일종의 과일주로 보았고, 현대 식물학자 위징랑于景讓*은 구가 고추의 일종일 가능성이 있다고 보았다.

정진과 같은 시대 사람으로 인회 직례청直隶厅 동지同知를 지낸 진희진陈熙晋은 시를 통해 당몽의 이야기와 마오타이주의 기원을 확증했다.

절세의 미물이 사람을 유혹하여 술잔 건네니,

여지荔枝 언덕 위에 막혔던 열대 안개가 흩어진다.

한나라의 구장이라는 것이 대체 무엇이었기에,

당몽을 속여 이곳까지 이끌어 왔던가.

---

*   대만 식물학자(1907~1977).『재배식물 연구栽培植物考』등을 저술하였다.(저자 주)

중국 백주 중에서 구장을 기원으로 삼는 것은 마오타이주뿐만이 아니다. 우량예도 그 계통을 구장에 두고 있다. 명나라 때 주홍모周洪谟는 「변육현비야랑고지辯六县非夜郎故地」라는 글에서 구장이 원래 의빈의 장녕현长宁县에서 생산되었다고 주장했다. "오직 촉 지방에서만 구장이 나오지만, 역대 군지郡志에서는 모두 구장이 장녕에서 나왔다고 기록하고 있다."[6]

지리 문화적 관점에서 보면, 마오타이와 의빈은 모두 '서남이'에 속하며, 각각 복료인과 북인僰人이 집단 거주하던 지역이다. 한무제 시대에도 이 지역들은 아직 한화漢化되지 않았으며, 당시 선조들이 과일로 술을 빚거나 장醬을 만드는 것은 자연스러운 일이었다. 다만 엄밀히 말하면, 이들은 이후 발전한 중국 백주와는 거리가 아주 멀다.

국가의 역사든, 민족의 역사든, 브랜드의 역사든, 모든 역사는 초기 '신화' 단계에서 상상과 연역의 요소를 모두 지니고 있다. 역사의 여러 세세한 마디는 서술의 매듭을 이루지만, 각각의 매듭과 매듭 사이에는 흐릿하고 모호한 공간이 존재하며, 이러한 공간들이 거대한 서사의 탄력성과 극적 효과를 함께 만들어낸다.

02   백주의 기원

10월에 수확하여, 봄에 익은 술, 장수를 기원한다네.

—『시경 诗经』

술과 주신 정신

야랑국의 복료인이 구장을 빚을 무렵, 지구상의 거의 모든 고대 문명에서도 술을 빚는 법이 전해지고, 함께 주신酒神 숭배 문화가 나타났다.

옛 이집트 사람들은 술은 오시리스가 발명한 것이라고 여겼고, 메소포타미아 사람들은 술의 시조는 노아라고 여겼다.[*] 옛 그리스에서는 디오니소스가 식물신이자 포도주의 신으로 숭배되었다. 헤로도토스는 『역사』에서 멜람푸스라는 인물이 이집트에서 그리스로 주신 문화를 전했으며, "멜람푸스는 디오니소스

---

[*] 수메르 신 중에는 주신이 여럿 있다. 글에서 언급한 노아 이외에, 맥주의 상징 및 양조업의 수호자 닌카시, 포도주의 신 게슈틴안나 등이 있다.(저자 주)

의 이름, 그에 대한 제사의식, 그리고 남성 생식기를 상징하는 행렬 문화를 그리스에 소개했다"고 기록하고 있다.[*]

그리스인들은 매년 봄 포도덩굴에 새잎이 돋거나 가을에 포도가 무르익을 때, 야외에서 포도주를 나누며 흥겹게 술잔을 기울이는 방식으로 디오니소스에게 제사를 지냈다. 아리스토텔레스는 『시학』에서 그리스 비극의 기원이 바로 디오니소스 제사 의식에서 비롯되었다고 보았다.

집단생활 속에서 인간은 점차 이성과 질서에 대한 경외심을 키워갔다. 그러나 인간의 무의식 깊은 곳에는 여전히 충동적이고 야만적인 원초적 욕망이 잠재해 있었다. 디오니소스 제사 의식 속에서 사람들은 알코올의 힘을 빌려 개인적 경계와 세속의 억압을 깨뜨리고, 자아를 해방시키면서 비이성적 본능을 분출하여 자연과 하나가 되고, 영원한 생명 의지와 일체가 되어 말로다 할 수 없는 고통과 환희를 동시에 체험했다.

19세기에 서양 현대철학이 탄생할 무렵, 철학자들은 주신 정신을 인간성 각성의 중요한 표지로 보았다.

니체는 『비극의 탄생』에서 인간의 예술적 충동을 태양신 정신과 주신 정신으로 구분했다. 태양신 정신은 '환각을 향해 나아가는 충동'으로, 아름다운 외관을 얻으려는 힘을 뜻한다. 하지만

---

[*] 그밖에, 기독교 문명에서 술의 역할 역시 매우 두드러지면서도 미묘하니, 『성경·요한복음』의 기록에 따르면, 예수의 첫번째 기적이 바로 물을 술로 변하게 한 것이다.(저자 주)

이 아름다운 외관은 실상 일종의 환각에 불과하다. 반면 주신 정신은 '방종을 향해 나아가는 충동'으로, 개체적 존재를 초월하고 원시적 자연으로 돌아가는 체험을 추구한다.

니체는 그리스 비극 예술을 태양신적 예술과 주신적 예술이라는 두 가지 이원적 충동의 결합체로 보았다. 그는 시적인 언어로 주신 정신을 인류 의지에 대한 '최고의 긍정'으로 표현했다. 그것은 바로 생명 속의 모든 고난을 긍정하는 것이기 때문이다.

그리스 신화를 소재로 한 유화. 인물들이 흥청망청 술을 마시고 광란의 축제를 벌이는 모습 속에, 원초적 자연으로 돌아가려는 욕망이 담겨 있다.

우리가 이곳에 있는 헤아릴 수 없는 원시적 환희와 하나가 된 듯한 순간, 우리가 디오니소스적 광희狂喜 속에서 이 쾌락을 절대로 놓칠 수 없고 또한 영원하다는 것을 예감할 때, 그와 동시에 우리는 극심한 고통의 광포한 창끝에 찔리게 된다. 공포와 동정이 우리를 휘감더라도, 우리는 여전히 행복한 생명체다. 개별적 존재로서가 아니라, 하나의 생명 그 자체로서—우리는 이미 생식의 환희와 합일한 것이다.[7]

생명 자체를 긍정하라. 가장 낯설고 가장 고통스러운 난관 속에 있는 생명일지라도, 생명 의지는 최고 차원의 희생 속에서도 자신의 무궁무진함을 기뻐한다―나는 이것을 '디오니소스적'이라고 부른다.[8]

누룩: 5대 발명

화하문명의 대지에서 조상들은 술을 빚는 천부적 재능만큼은 누구에게도 뒤지지 않았다.

내 고향 항주杭州에는 양저 문화 유적지가 있는데, 약 5,000년 전 문명으로 추정되며, 태평양 서안에서 최초로 도시의 형태를 갖춘 곳으로 여겨진다. 양저 유적 발굴 과정에서 고고학자들은 술을 거르는 기구를 발견했다. 본체는 도기그릇이며, 옆면에는 상대적으로 높은 누출구漏钵가 있고, 바닥에는 칸막이판이 덧대어져 있다. 이 장치를 통해 술밥이 섞인 미주米酒나 과일주를 걸러내어 술의 순도를 높일 수 있었다.

비천 문양의 송나라 때 묘 석각. 인회에서 출토되었다. 비천 선녀는 나중에 마오타이주의 상표 도안이 되었으니, 재미있는 조합이다.

　고대 중국에서는 모든 분야에 '조사祖師(시조)'가 있었다. 약업의 조사는 신농神農, 목공업의 조사는 노반魯班, 도기 제조업의 조사는 범려范蠡, 그리고 술 양조의 조사는 두강杜康이다. 두강은 하夏나라 사람이라고 전하며, 한나라 때 편찬된 『설문해자说文解字』에는 "두강이 수수로 술秫酒을 만들었다"는 기록이 남아 있다. 옛날에는 '두강'이라는 이름이 술의 대명사로 쓰였으며, 조조曹操는 「단가행短歌行」에서 "어떻게 근심을 풀까? 그저 두강뿐이라네"라고 읊기도 했다.*

　세상의 술은 크게 두 가지로 나눌 수 있다. 하나는 누룩을 사용하는 술, 다른 하나는 누룩을 사용하지 않는 술이다. 그리고 누룩을 만들어낸 조상은 바로 중국인이다.

　서양에서는 술을 빚을 때, 포도주든 위스키든 보드카든 모두 곡물이 발아할 때 생성되는 효소를 이용해 원료를 당화시키고, 이후 효모를 통해 당분을 알코올로 전환한다.

　반면 중국에서는 먼저 발효한 곡물로 누룩을 만들고, 그 누룩에 함유된 효소와 효모를 이용해 원료를 당화·발효시켜 술을 만든다. 중국 양조에서 누룩은 매우 중요한 위치를 차지하여, "누룩은 술의 뼈, 곡물은 술의 살, 물은 술의 피"라 했으며, "첫째는 누룩, 둘째는 발효조, 셋째가 기술"이라 하고, "황금 만 냥은 쉽게 얻지만, 좋은 누룩 한 냥은 얻기 어렵다"는 말까지 있다.

---

*　　그밖에 하우夏禹 시기의 의적仪狄이 술을 양조하는 기술을 발명했다는 설도 있는데, 『여씨춘추吕氏春秋』에서는 "의적이 술을 만들었다"고 했다.(저자 주)

누룩은 이미 주나라 때 발명되었다. 고대 문헌인 『상서』에는 "술을 만들 때에는 누룩과 싹튼 곡식麴蘗이 있어야 한다"는 기록이 보인다. 여기서 '국얼麴蘗'이 발효되거나 싹튼 곡식을 뜻한다. 일본의 미생물학자 사카구치 긴이치로坂口謹一郎는 누룩을 중국 고대 4대 발명에 견줄 만한 '5대 발명'이라 높이 평가하기도 했다.[9]

『예기礼记』에는 술을 빚는 과정을 매우 구체적으로 기록한 부분이 있다.

> 이에 대추大酋에게 명하여, 수수秫와 벼는 반드시 모두 잘 손질하고, 누룩麴과 발아한 곡식蘗은 반드시 제때 마련하며, 담금과 불 조절湛炽은 반드시 청결하게 하고, 사용하는 물은 반드시 향기로워야 하며, 그릇은 반드시 질이 좋아야 하고, 불의 세기는 반드시 알맞아야 하니, 이 여섯 가지를 모두 제대로 갖추게 하되, 대추가 감독하여 차질이 없도록 하라.

출秫은 수수를 말하고, 얼蘗은 발아한 곡물을, 국麴은 밀로 만든 누룩을 가리킨다. 대추는 술 양조를 책임지는 관직이다. 이 기록에 등장하는 '여섯 가지 필수 조건'은 술을 빚을 때 곡물, 물, 기구, 불 조절 등에 관한 구체적인 요건을 제시한 것으로, 세계에서 가장 이른 양조 기술 규정으로 평가되기도 한다.

인회에서 출토된 상나라 시기 바늘 무늬 둥근 바닥 병(위)과 괴수가 고리를 물고 있는 서한 시기 술항아리(아래)

"모든 의례 모임에는 술이 빠질 수 없다"

동양인과 서양인의 문화적 유전자 차이는 '술'이라는 주제에서 극명하게 드러난다.

그리스인들은 주신 디오니소스에게 제사를 지내며 자아를 해방시켰지만, 중국 전통에서는 이와 비슷한 기록이 거의 없다. 오히려 술은 아주 이른 시기부터 정치적 선언과 '문화적 효모'의 역할을 맡아왔다.

선진시대 문자에서 '예醴'는 단술을 가리키며, 이 글자는 '예禮(예의)'와 통한다. 이로 인해 술은, 오래 전부터 '인공적으로 만들어진 신성한 액체'로서 제사 예의의 필수 요소가 되었다.

『한서汉书·식화지食货志』에는 "모든 의례 모임에는 술이 빠질 수 없다"는 기록이 있고,『주개酒概』에는 "술의 기원은 제사에 있다"고 적혀 있다. 후대에 대량 출토된 상주시대 청동기들은 대부분 제사용 술그릇이다. 위진魏晋시대에 이르러, 최고 학문 기관의 행정장관을 '국자좨주国子祭酒'라 불렀으며, 박사博士들의 수장이 되어 천하의 학자를 대표해 천지에 술을 올리고 제사를 지냈다.

술이 신앙과 정치 질서에 깊이 관련되었기에, 술을 빚고 마시는 과정은 매우 정결하고 고상한 의식감을 띠게 되었다. 중국인의 신앙과 세속 생활에서는 "술이 없으면 풍속이 이루어지지 않고, 술이 없으면 자리가 완성되지 않는다"고까지 할 수 있다. 하늘과 조상에게 제사를 지내고, 혼인을 하고 자녀를 얻고, 집을 짓고 가게를 열고, 손님을 맞이하고 떠나보내는 모든 순간에 술이 빠지지 않는다. 영빈주迎賓酒, 송별주送別酒, 희주喜酒(결혼 축하주), 교배주交杯酒(신랑 신부가 맞교환해 마시는 술), 회문주回門酒(신부가 친정에 돌아갔을 때 마시는 술), 만월주滿月酒(아기 탄생 한 달 기념주), 상량주上梁酒(상량식 기념주), 개업주开业酒, 수세주守岁酒(섣달그믐에 마시는 술) 등 일일이 열거할 수도 없다. 기쁜 일이 있으면 당연히 술로 축하했고, 술이 없으면 기쁘지 않았다. 슬픈 일이 있어도 술로 마음을 달래고 슬픔을 풀었다.

문화사 속에서 문인들과 술의 인연은 더 말할 것도 없다. 술이 없었다면, 중국문학은 한없이 메마른 모습이었을지도 모른다.

2,000여 년 전 굴원屈原이 초사楚辞를 지을 때, 술은 이미 연회의 주인공이 되었다.

> 요석瑤席에 옥진玉瑱을 놓고,
>
> 경방琼芳 가득 뿜어내며,
>
> 혜초蕙草에 고기 삶고 난초로 자리 깔아
>
> 계주桂酒와 초장椒浆으로 제사를 올리네.

양한 시기에는 술과 소금, 철을 국가가 독점해 '삼각三榷'이라 불렀다. 위진 시기에 이르러 술 제조 금지가 풀리면서 민간에서도 자유롭게 술을 빚을 수 있게 되었고, 속세를 떠나 은거하는 명사들은 술을 마시는 것을 현실을 피하는 최고의 행위예술로 삼았다. 이른바 '위진풍도魏晋风度'란, 술 없이는 완성될 수 없

는 것이었다. 루쉰魯迅은 「위진풍도와 문장, 약과 술의 관계」에
서 이렇게 말했다. "그들의 태도는 대체로 술을 마실 때 옷을 입
지 않고, 모자도 쓰지 않았다. 평소 같으면 무례하다고 여겼겠지
만, 그들은 달랐다."

　동진東晋 영화永和 9년(353년), 왕희지王羲之는 친한 벗 41명을
초대해 회계會稽 산음山陰(지금의 절강浙江 소흥紹興)의 난정兰亭에
서 '수계修禊'를 열었다. 사람들은 시냇물 양쪽에 늘어 앉아, 상
류에서 술잔을 띄우고, 술잔이 흘러가다 누군가의 앞에 멈추면,
그가 잔을 들어 시를 읊었다. 술에 살짝 취한 왕희지는 그 자리
에서 「난정집서兰亭集序」를 써, '천고제일첩千古第一帖'이라는 칭송

명나라 문징명文徵明 〈난정아집도권兰亭雅集图卷〉(일부). 서양의 방종과 달리, 동양의 음주
문화는 매우 함축적이다.

을 얻게 되었다.

당대唐代에 이르러 시풍이 크게 융성하면서, 술은 시인들이 흥취를 돋우는 최고의 효모가 되었다. 궈모뤄郭沫若가 통계한 바에 따르면, 세상에 전해지는 두보杜甫의 시 1,000수 중에서 술과 관련되어 있는 것이 약 200수로 21%를 차지하고, 이백李白은 1,500수 중 약 240수로, 약 16%가 술을 노래했다. 백거이白居易는 2,800수 중 술과 관련된 것이 무려 800수에 달한다.[10]

모든 시인 중에서 술에 관한 명성이 가장 높은 이는 역시 이백이다. 그래서 그는 '주선酒仙', '시선詩仙'으로 불렸다. 그는 이렇게 읊었다.

꽃 사이 술 한 주전자,
함께할 이 없어 홀로 잔 기울이네.
술잔 들어 밝은 달에게 한잔 권하니,
나와 달과 그림자가 어울려 세 사람 되었네.

더욱 목청 높여 이렇게도 노래했다.

사람이 태어나 득의하면 마음껏 즐겨야 하니,
금 술잔 헛되이 달만 마주하게 하지 말게나.
하늘이 나를 낳았으면 필시 쓸 데가 있으리니,
천금 다 흩어져도 다시 돌아오리.
양 삶고 소 잡아 즐기세,

한번 마시면 삼백 잔을 마셔야 하리니.

이보게 잠부자, 단구생,

술잔 권하노니 잔 멈추지 말게.

그대에게 노래 한 곡 부를 테니,

귀기울여 들어주게.

종 치고 북 치며 옥으로 장식한 진수성찬도 부럽지 않으니,

그저 오래 취해 깨지 않기만 바랄 뿐.

예로부터 성현은 외로웠지만,

오직 술 마신 이만이 이름을 남겼다네.

황주와 백주: 명사와 깡패

그렇다면 이제 궁금해지는 것이 있다. 굴원, 왕희지, 이백에 이르기까지, 그들이 마신 술은 과연 무엇이었을까?

굴원이 마신 술은, 시의 묘사를 통해 짐작할 수 있다. 계화와 산초로 빚은 과실주였을 것이다. 왕희지와 이백이 마신 술은 황주였을 가능성이 크다. 황주는 밀로 누룩을 만들고, 기장이나 찹쌀을 원료로 빚은 술로, 알코올 도수는 10~20%이다. 중국술의 역사에서 황주는 '모든 술의 어머니'로 일컬어지며, 한족이 독자적으로 발명한 술이다. 왕희지가 「난정집서」를 지은 소흥이 바로 가장 유명한 황주 산지로, '소흥주紹興酒'가 한때는 황주의 대명사처럼 여겨졌다.

민간전설에서 술과 관련하여 가장 널리 회자되는 이야기는 양산梁山 호걸 무송武松이 경양강景阳冈을 지나갈 때, 술을 연거푸 열

여덟 사발 마시고 산에 올라가 호랑이를 때려눕힌 일화다. 『수호전水滸传』에 따르면, 무송이 마신 술은 '투병향透瓶香' 또는 '출문도出门倒'라 불렸다. 주막 점원은 "우리 술은 비록 시골 술이지만 노주老酒 못지않은 맛이 있습니다요"라며 권한다. 당시 북송 시대에 '노주'는 황주를 가리켰다. 이 점에서 볼 때, 이 시골 술은 노주보다 도수가 낮고, 제조법도 더 간단한 미주米酒였을 것이다. 『수호전』 후반부에서 시내암施耐庵은 이 시골 술을 '촌료수백주村醪水白酒'라고 부르는데, 이때 '료醪'라는 글자가 그 정체를 드러낸다. 오늘날 섬서 지방의 유명한 미주 '황계조주黄桂稠酒'도 '백료주白醪酒'라 불린다.

한편, 이들이 마신 술이 마오타이주처럼 도수가 높은 백주일 수는 없다. 증류주 제조 기술은 원말명초에 이르러서야 중국에 전해졌기 때문이다.

명대의 이시진은 증류주 기술이 서방에서 왔다고 분명히 기록했다. 『본초강목』의 '포도주' 항목에서 그는 다음과 같이 적었다.

> 옛날 서역에서 만들어졌다. 당나라 때 고창국高昌国을 정벌하고 그 방법을 얻을 수 있었다.

또 '소주' 항목에서는, '화주火酒', '아랄길주阿剌吉酒'라고도 부르며, 다음과 같이 구체적으로 설명한다.

> 소주는 예로부터 있었던 방법이 아니다. 원나라 때 처음 만들

어졌으며, 진한 술과 술지게미를 시루에 넣고 쪄서 증기를 올린 다음, 방울방울 떨어지는 술을 받아낸다. 산패한 술도 모두 이렇게 증류해 쓸 수 있다.

당나라가 고창국을 멸망시킨 것은 정관貞观 14년(640년)의 일이다. 『본초강목』의 이 두 항목을 결합하면, 이시진의 관점이 명백해진다. 즉, 증류 양조 기술은 당나라 초기에 서역에서 전래되었고, 원나라에 이르러 사람들이 이를 개량하고 응용하여 중국식 백주(옛날에는 '소주'라 불림)가 탄생했다는 것이다. 아랄길은 arrack의 음역으로, 쌀과 종려즙으로 빚은 증류주를 가리킨다.

요약하자면, 중국 백주는 동서양 문명이 융합된 전형적 산물이라 할 수 있다. 독창적인 누룩 기술에, 증류 기술은 외부로부터 들여온 것이다.

비록 백주 제조 기술은 600여 년 전에 이미 크게 발전했지만, 청나라 말기에서 중화민국 초기까지 사대부 계층은 여전히 황주를 음주의 표준으로 삼았다. 건륭 연간, 성령파性灵派 문학의 대가인 원매袁枚는 『수원식단随园食单』에서 황주와 백주를 각각 '명사名士'와 '깡패'에 비유했다.

소흥주는 마치 청렴한 관리와 같아, 조금도 거짓이 섞이지 않아 그 맛이 진실하다. 또한 명사와 현인과 같아, 오랫동안 세상살이를 겪으며 그 본질이 더욱 깊어진다.
(……) 내가 보기에 소주는 사람으로 치면 깡패요, 고을에서

는 혹리酷吏이다. 패싸움에는 깡패가, 도적을 소탕할 때는 혹리가 필요하듯, 감기를 몰아내거나 체기를 풀 때는 소주가 필요하다. (……) 10년을 묵히면, 술빛이 녹색으로 변하고, 맛 또한 부드럽고 달아진다. 오랜 세월이 지나면 깡패도 불같은 기운이 사라져 특별히 사귈 만한 인물이 되는 것과 같다.

원매의 '명사·깡패론'은 고전문학 속에서도 여실히 드러난다. 예를 들면 『홍루몽』에서는 술이 없는 장면을 찾기 어려울 정도인데, 책 전체 120회 중 '술'이라는 단어가 580번 이상 등장한다. 그중 가장 많이 등장하는 것은 황주로, 중요한 연회에는 반드시 황주가 곁들여졌다. 대관원의 도련님들과 아가씨들은 저마다 좋아하는 과일주가 있었는데, 임대옥은 합환화주合欢花酒를, 보채는 국화주를, 보옥은 청문을 제사 지낼 때 계화주를 언급한다. 소주는 단 한 번 등장하는데, 임대옥이 게를 먹으며 "가슴이 살짝 아려오니, 뜨거운 소주 한모금 마셔야겠다"고 말한 장면이다.

이로 보아, 수백 년 동안 중국인의 음주 문화는 탁주에서 청주清酒로, 낮은 도수에서 높은 도수로, 황주에서 백주로 오랜 진화를 거듭해온 것이다.

행화촌에서 술의 역사를 말하다

이어서 살펴볼 문제는, 순전히 곡식만을 증류해 빚은 중국 백주의 기원이 어디냐는 것이다. 이 답을 찾기 위해 나는 북쪽으로 올라가 산서 분양汾阳을 찾아갔다.

명청 시기 마오타이 시장 백주 무역도

분양은 진중晉中 지역에 있다. 성 동쪽에는 행화촌 옛터가 있는데, 이는 앙소문화仰韶文化의 한 갈래에 속한다. 1982년 이곳에서는 주둥이가 작고 바닥이 뾰족한 도옹陶瓮이 발굴되었는데, 그 모양이 갑골문에서의 '주酒' 자와 비슷하여, '가장 이른 주류 발효 용기'로 인정받았다. 위진시대에는 현지 사람들이 음력 10월에 채취한 뽕잎을 원료로 술을 빚었는데, 이것이 그 유명한 '상락주桑落酒'이다. 6세기에 들어서 행화촌 사람들은 양조 기술을 개량하여, 탁주를 청주로 정련해 '분청주汾清酒'를 만들었다. 당나라 말기에 이르러 분주는 중원에서 이미 크게 명성을 얻었다. 당시 두목杜牧이 남긴 유명한 시 「청명清明」에서도 이를 엿볼 수 있다.

청명 무렵 비는 부슬부슬,

길 가는 행인은 혼이 끊어지려 하네.

술집이 어디에 있는가 물으니,

목동은 저 멀리 살구꽃 핀 마을을 가리키네.

분양 사람들은 이시진의 설을 인정하지 않는다. 그들은 행화촌에서 당나라 때 이미 증류 기술이 발달했다고 굳게 믿는다. 그 근거는 '간화소주干和燒酒'라는 술이다. 사료에 따르면, 이 술은 양조할 때 물 사용량을 극도로 줄여 "마른 재료를 섞는다"고 했고, 고체 상태 술덧과 유사하게 만든 뒤, 도교에서 증기를 이용해 수은을 추출하는 기술에서 착안해 증류하여 술을 얻었다고 한다.

만약 이 주장이 입증된다면, 중국 백주의 역사는 600년에서 1,200년으로 단숨에 두 배 늘어난다. 다만 아쉽게도, 당나라 때 사용된 증류 기구는 아직 고고학적으로 발굴되지 않았다.[*]

명나라 초기에 산서 지역에서 대규모 이주가 일어나, 800여 성씨의 산서 사람들이 홍동현洪洞縣 대괴수大槐樹 아래에서 전국으로 흩어졌다. 이와 함께 진인晉人들의 양조 기술도 각지로 전파되었다. 청나라 중기 이후에는 표호票号로 집안을 일으킨 진상晉商

---

[*] 증류주 기술에 관하여, 학계에는 또한 더욱 이른 서한 때 기원했다는 설도 있다. 2011년 남창南昌에서 해혼후海昏侯 유하刘贺 묘를 발굴할 때, 청동 증류기 세트가 온전한 상태로 출토되었는데, 그 용도에 대해 줄곧 정설이 없다. 서한 초기에 도가가 성행하여 왕후들이 연단煉丹에 열중했는데, 이 증류기 세트는 약을 달이거나 혹은 화로수花露水를 증류하는 데 썼을 가능성이 높다.(저자 주)

이 크게 융성하여, 천하제일의 상방商帮이 되었다. 그들은 장강 이남과 이북을 누비며 소주를 마시는 기호와 기술을 전국에 퍼뜨렸다. 민간에서는 분주를 가리켜 '분주 큰형님'이라 부르며 그 명성을 기렸다.

명청 양대를 거쳐 중화민국 시대에 이르기까지, 분주는 백주 업계의 선도적 브랜드였다. 고렴高濂의 『준생팔전遵生八笺』, 원매의 『수원식단』, 그리고 인기 소설 『경화연鏡花缘』 등에서도 소주를 언급할 때는 항상 분주가 가장 먼저 손꼽혔다.

마오타이주의 세 가지 기원설

"마오타이주의 기원에 대해 어떻게 생각하십니까?"

인회시 주류업계협회 사무실에 앉아 이 화제를 꺼내자, 저우산룽周山荣의 말 속도가 눈에 띄게 느려졌다. 그는 주류업계협회의 부비서장으로, 마오타이주에 관한 책을 여러 권 썼으며, 2007년에는 보름 동안 적수하 전 유역을 도보로 완주하기도 했다. 내가 이 책을 집필하는 동안 자주 찾아가 조언을 구했던 전문가 중 한 사람이다.

저우산룽이 수집한 자료에 따르면, 마오타이주의 기원에는 세 가지 설이 있다. 내가 참고한 추가 자료를 반영하여, 관련 논거와 역사적 사실을 정리하면 다음과 같다.

첫째는 현지 기원설이다.

이 설의 근원은 바로 구장에서 시작된다. 마오타이 일대의 농후한 음주 문화는 이미 상주시대에 형성되었고, 서한 시기에는 제법 규모 있는 양조 생산 능력을 갖추게 되었다.

당송시대 이후, 귀주는 이미 술의 고장으로 알려졌으며, 지역 내 각 민족 모두 술을 즐기고, 양조 기술 또한 뛰어났다.

청나라 초기, 마오타이촌은 "사천의 소금이 귀주로 들어가는" 중요한 물류 창구였다. 이때 증류주 기술이 이 지역으로 유입되었고, 건륭 연간에 이르러 현지 양조 장인들은 기존의 성숙한 양조 기술을 토대로 외래 기술을 흡수하여 독특한 개성을 지닌 마오타이주 양조법을 확립했다. 허찬증許缵曾은 『전행기정滇行纪程』에 이렇게 기록했다. "귀주성 각 지역에서 생산되는 쌀은 향이 뛰어나고, 그로 빚은 술 또한 감미롭고 향기롭다. 이 두 가지는 초楚 지방에서도 따라잡지 못한다."

마오타이주의 발전은 진한시대에 시작되어, 당송시대에 성숙하고, 명청시대에 이르러 더욱 정교해졌다. 이 지역의 오랜 양조 역사에 대해서는 이견이 없다.

1980년, 언론인 차오딩曹丁은 「마오타이주고茅台酒考」라는 글에서 다음과 같이 밝혔다. "마오타이주는 진秦이나 진晉에서 전해진 것이 아니다. 뛰어난 양조 기술을 가진 현지 주민들이 고안한 것으로, 수수를 재료로 선별하고, 밀로 누룩을 빚으며, 맑은 강물을 취해 아홉 차례 발효 과정을 거쳐 정성껏 빚은 증류 대국주大麯酒이다. 그 제조 방법은 상주 시대의 주주酎酒, 동한 시대의 구온춘주九醞春酒, 그리고 이후 등장한 노주炉酒가 승화된 결과물이다."

둘째는 산서 기원설이다.

이 설은 1939년 장샤오메이张肖梅가 지은 『귀주경제贵州经济』

에서 처음 등장한다. "마오타이주의 연혁과 제조법은 함풍咸丰(1851~1861년) 이전, 산서 지역의 소금 상인이 마오타이 일대에 와서, 산서 백주 제조법을 본떠 밀로 누룩을 만들고 수수를 원료로 하여, 일종의 소주를 만든 데서 비롯된다. 이후 섬서 지역의 소금 상인 송宋 아무개와 모毛 아무개가 제조법을 개량해, '마오타이주'라는 이름으로 불리게 되었다."

1979년, 귀주성 공상연합회는 『귀주마오타이주사贵州茅台酒史』를 편찬하면서 마오타이진 노인들을 인터뷰했다. 그중에는 양조 장인 정이싱郑义兴도 포함되어 있었다. 고증 결과는 장샤오메이의 기록과 비슷했다. 인안이 개통된 이후, "당시 소금을 운반하고 판매하던 상인과 표호는 대부분 산서와 섬서 출신이었다. 이들은 막대한 부를 자랑하며 하루종일 술을 마시고 연회를 열었다. 술의 품질을 높이기 위해 산서 지역에서 백주 양조 기술자를 고용하여 마오타이촌으로 데려왔고, 현지 기술자들과 함께 연구·개량을 거듭했다. 1704년경 최초로 산서 소금 상인 곽郭 아무개가 기술자를 고용해 제조를 시작했고, 이어서 섬서 소금 상인 송 아무개와 모 아무개가 기술자를 고용해 가공하고 개량했다고 전해진다".[11]

1980년, 라이마오 창시자 라이융추가 「내가 '라이마오' 마오타이주를 만든 과정」을 구술했는데, 여기에서도 역시 마오타이주는 행화촌 기술자들의 도움을 받았다고 언급된다. "마오타이주는 확실히 산서에서 행화촌 술을 빚던 기술자를 고용해 마오타이촌으로 데려와, 현지 양조 기술자들과 함께 연구하여 만든 것이다. 그러나 물과 토양의 차이로 여러 차례 시험을 거치고, 후대의 발전을 거치면서 여러 면에서 분주와는 다르게 되었다."[12]

셋째는 섬서 기원설이다.

광서光绪 20년(1894년) 조이빙赵彝凭이 편찬한 『동재현지桐梓县志』에는 다음과 같은 기록이 있다.

최근 마오타이 방식으로 군성(동재현)에 가서 술을 빚은 사람이 있었는데, 맛이 마오타이주와 같았으니, 누룩의 공로임을 알 수 있다. 마오타이는 바로 약양略阳 누룩이다.

약양은 섬서 한중汉中 지역의 한 현으로, 청나라 시기 품질이 뛰어난 '백수국白水麯' 생산지로 유명했다. 적수하 수로가 정비된 이후, 섬서 상인들이 약양의 대국을 노주, 준의 일대까지 운반하여 판매했고, 이는 사천 지역 양조 기술의 발전에 적지 않은 기여를 했다.

1959년 7월, 허스홍何世红이 「마오타이주의 고향茅台酒之乡」이라는 글을 〈인민일보人民日报〉에 발표했다. "1704년, 섬서 봉상부凤翔府 기산현岐山县에 살던 곽씨 성을 가진 소금 상인이 이 지역까지 장사를 다녀오다가, 이 작은 어촌이 산을 등지고 물을 끼고 있는 아름다운 풍광을 가진 것을 보고 정착하였다. 이후 이곳에서 기술자를 고용해 작은 양조장을 열고, 산서 행화촌 분주와 섬서 봉상 서봉주西凤酒 양조 방법을 본떠 마오주를 만들었다."

1960년, 경공업부는 전문가를 조직하여 『귀주 마오타이주 정리 총괄 보고』를 편찬할 때 '섬서 기원설'을 채택하며 이렇게 밝혔다. "마오타이주의 기원에 관해서는 정확히 언제, 누가 만들었는지는 고증할 방법이 없다. 다만 청나라 시기에 섬서에서 전해졌다는 설이 있다."

마오타이주의 기원에 대해서, 나는 많은 시간을 들여 현지 탐방, 사료 조사, 전문가 교류를 거듭한 끝에, 대략 다음과 같은 흐름으로 정리할 수 있었다.

― 마오타이 일대의 양조 전통은 선진시대의 야랑국 시기까지 거슬러올라간다. 당시 복료 사람들은 구장주를 잘 만들었다.

― 적수하 유역의 지리적 요충지였던 마오타이촌은 청나라 초기, 사천 소금이 귀주로 유입되는 주요 관문 중 하나가 되었으며, 이곳까지 장사하러 찾아온 이들은 대부분 섬서 상인이었다. 1704년 전후, 그들은 증류주 제조 기술을 이곳에 가지고 들어와, 현지 양조 기술과 융합시켜 최초의 소주방을 열었다.

― 1745년, 장광사가 적수하를 준설하면서 마오타이촌은 사천 소금이 귀주로 들어오는 가장 중요한 수륙 운송 거점이 되었다. 이로 인해 섬서 상인들이 대거 몰려들고, 소주 산업이 번성하기 시작했다. 이후 100여 년 동안 산서와 섬서의 양조 장인들을 마오타이로 초빙하여, 현지에서 발전한 양조 기술을 기본으로 하고 외지 기술을 보조로 삼아, 보다 완성도 높은 양조 기술을 확립했다. 이로써 마오타이는 귀주에서 가장 명성이 높은 주류 제조 마을이 되었다.

— 1851년 전후, 마오타이 양조 장인들은 현지 특산인 홍잉쯔 수수를 원료로 하여, 퇴적, 회사, 고온 누룩 제조 및 증류 등의 공정을 독자적으로 개발해냈다. 이 시기에 이르러 독특한 풍격을 지닌 마오타이주 양조 기술이 성숙기에 접어들었다.

『근천거잡록近泉居杂录』은 광서 연간(1875~1908)에 작성된 필기류 문헌으로, 이 가운데 기록된 마오타이 소주 제조법이 『속준의부지』에 인용되었다. 이 기록은, 그보다 반세기 앞선 정진의 묘사와 비교할 때 이미 큰 차이를 보인다.

> 순전히 수수로 사沙를 만들어 쪄서 익힌 뒤, 밀가루를 3할 섞어 지하 저장고에 넣어 숙성시킨다. 한 달 뒤 꺼내어 찌고 말린 뒤 다시 숙성시킨다. 이 작업을 여러 차례 반복해야 완성된다. 첫 번째 것을 생사生沙, 3~4차례의 것을 수사熟沙, 6~7차례의 것을 대회사大回沙라 부르며, 이후를 소회사小回沙라 한다. 마침내 마실 수 있는 술이 완성된다. 맛을 보면 순수하고 향기로운데, 이는 인위적인 누룩과 향료를 더한 결과가 아니라 자연스럽게 이루어진 것이다. 제조법이 쉽지 않아, 다른 지역에서 모방하여 만들기 어렵고, 오직 마오타이에서만 생산된다.

여기서 '사'란 귀주 방언으로, 잘고 붉은색을 띠는 수수를 가리킨다. 온전한 수수 알갱이는 곤사坤沙, 잘게 부순 것은 쇄사碎沙라 부른다.

이 제조법 기록에서 처음으로, 누룩을 여러 차례 첨가하고 발

1950년대, 증류할 때 사용한 냉각기 '천과天锅'

당시 마오타이주 생산 공정에서 사람이 병에 담는 단계

효와 증류를 반복하여 술을 얻는 회사回沙 공정이 등장했다. 이는 수수를 여러 번 쪄서, 한 번에 알코올을 모두 추출하는 것이 아니라, 여러 차례에 걸쳐 누룩을 추가하고 발효시키는 과정을 의미한다.

저자는 특히, 마오타이주의 향기롭고 순한 맛은 단순히 누룩과 향료 때문이 아니라, 여러 차례 발효 및 증류 과정을 거쳤기 때문이라고 강조하며, 제조법이 복잡하고 까다로워 다른 지역에서는 쉽게 모방할 수 없음을 지적하였다.

마오타이주 기술: 지역에 맞추고, 시기에 순응하다

여러 사료와 현지 조사연구를 종합해보면, 늦어도 1850년대에 이르면, 북방의 분주나 같은 유역에 속하는 노주 소주, 의빈 소주와 비교해서, 마오타이주는 이미 독자적인 양조 특색을 형성하고 있었다. 내가 이 책을 쓰면서 특별히 비교 연구를 해본 결과, 여러 세세한 부분에서 미묘한 차이를 발견했고, 마오타이주 장인들의 세심한 노력과 창의력을 뚜렷이 엿볼 수 있었다.

누룩 제조 측면에서, 마오타이주는 완두를 사용하지 않고 밀을 유일한 원료로 삼았다. 분주는 낮은 온도에서, 노주는 중간 온도에서 누룩을 제조하는 것과 달리, 마오타이주는 과감하게 높은 온도를 채택했다. 내가 직접 찾아가 조사했던 여러 주류기업—분주, 노주노교, 우량예, 양하 등—중에서, 오직 마오타이만이 볏짚 사이에 누룩 덩어리를 넣어 발효시키는 방식을 취하고 있었다. 창고 내 누룩의 발효 온도는 섭씨 60도에 달했다.

주요 원료 곡물에서도 차이가 있었다. 분주는 보리, 완두, 수수를 사용하고, 노주는 수수, 쌀, 옥수수를 사용한다. 우량예는 이름 그대로 수수, 쌀, 찹쌀, 소맥, 옥수수 등 다섯 가지 곡물을 원료로 한다. 반면, 마오타이주는 수수 하나만을 사용하며, 그중에서도 인회 현지 특산인 홍잉쯔 수수만을 고집한다.

이런 홍잉쯔 수수는 낟알이 붉은 갈색을 띠며, 아밀로펙틴 함량이 무려 95%에 달한다. 이는 중국 내 다른 생산지 수수에 비해 15~30% 높은 수치이다. 또한 낟알이 속이 꽉 차고 껍질이 두꺼워, 찌거나 삶는 것을 잘 견딘다. 이러한 원료 특성 덕분에 마오타이주 장인들은 여러 차례 증류하여 술을 채취하는 방식('고주烤酒'라고도 한다)을 개발했으며, 술덧 발효를 촉진하기 위해 독

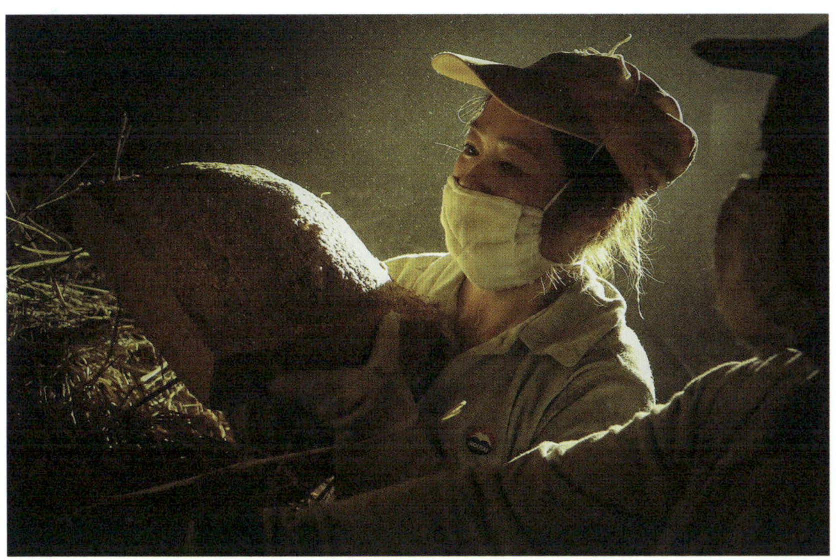

누룩 건조창고 안에서 직원이 고온 속에서 누룩을 뒤집고 있다.

수확중인 훙잉쯔 수수

창적으로 퇴적 공정을 고안해냈다. 이러한 일련의 창의적 공정 때문에 마오타이주의 생산주기는 다른 백주보다 훨씬 길고, 원료비 등 생산원가도 더욱 높다. 또한 각 증류 차수마다 술의 향과 맛이 조금씩 달라지기 때문에, 정교한 블렌딩을 거쳐 복잡하고 풍부한 술의 개성을 완성하게 된다.

발효 저장 방식에서도 차이가 있다. 분주는 도기 항아리, 노주는 진흙 발효구덩이를 사용하는 반면, 마오타이주는 쇄석碎石 발효구덩이와 조석粲石 발효구덩이를 채택했다. 마침 마오타이 지역의 자색 사혈암 토양은 산알칼리도가 적당하고 공극률이 커서, 술덧 발효에 유리하며 다양한 미량 원소의 이동을 촉진하는 효과를 낸다.

찌는 공정에서, 분주는 쪄낸 후 발효하여 1차 증류를 하고, 다시 누룩만 추가하여 2차 발효 빚 증류를 한다. 노주는 술덧을 전부 꺼내지 않고 일부 남긴 상태로 다시 발효한다. 반면, 마오타이주는 아홉 번 찌고, 여덟 번 발효하고, 일곱 번 술을 채취하는 복잡한 과정을 거치며, 저온으로 발효구덩이에 넣어 느리게 발효하는 방식과는 반대로 고온 퇴적하고 고온 적주*한다.

모든 명주들은 양조 과정이 절기와 밀접한 관련이 있다. 분주는 북방에 위치하여 "입동에 양조를 시작해 경칩에 마무리"하는 방식이고, 마오타이진에서는 "단오에 누룩을 만들고 중양절에

---

*　　'적주摘酒'는 증류된 술을 기술적으로 선택하여 받아내는 것을 가리킨다.(저자 주)

하사下沙한다"는 전통이 이어진다. 이는 지역의 기후조건과 적수하 강변의 특성과도 깊은 관련이 있다.

단오 전후, 밭에서는 밀이 익어가며, 운귀고원은 우기로 접어들고 적수하도 붉은빛을 띠기 시작한다. 마오타이 사람들은 제맥祭麥 의식을 치른 뒤, 밀을 탈곡하고 방아를 찧어서, 누룩을 발로 디뎌 덩어리로 만든다. 음력 9월 9일 중양절에는 수수가 익어가고, 적수하 강물도 맑아져 양조용 물을 뜨기에 알맞은 시기가 된다. 이때 발효구덩이를 열고 '하사下沙' 작업을 시작한다.

기후적으로 중양절 이후 마오타이 하천의 골짜기는 기온이 섭씨 30도에서 25도 안팎으로 내려가, 술덧 발효와 미생물 생육에 가장 적합한 온도가 된다. 마오타이주의 원료는 약 한 달 간격으로 두 차례에 나누어 투입하는데, 이는 특별한 비법이 아니라 자연 조건에 따른 결과다. 큰 산에 심은 수수는 해발 고도에 따라 익는 시기가 달라서, 음력 9월이면 산자락 부근의 수수가 먼저 고개를 숙이고, 한 달쯤 뒤 산 위쪽 수수가 익을 차례가 된다. 이처럼 시기에 따라 원료를 투입하기 때문에, 마오타이주의 술덧은 훨씬 풍부하고 다양해진다.

중첩형 혁신의 산물

모든 제품 혁신에는 통상적으로 세 가지 경로가 있다.

첫째는 기술형 혁신이다. 과학자가 어떤 기술을 발명하고, 이로 인해 새로운 산업의 응용이 촉발되고 추진되는 방식이다. 인류 상업문명사에서 거의 모든 중대한 진보가 이 유형에 속한다.

예를 들면, 전화(1876년), 내연기관차(1885년), 무선전신(1895년), 비행기(1903년), 컴퓨터(1939년), 핵무기(1945년), 인터넷(1983), 와이파이(무선통신기술, 1998년) 등이 있다.

둘째는 모델형 혁신이다. 기업가가 시장 수요에 따라 기술을 미세하게 혁신하거나 요소를 새롭게 재구성함으로써 산업의 효율성을 높이고, 경쟁 구도를 재편하는 방식이다. 의류, 전자제품, 식품, 백화점 소매, 인터넷 응용 분야 등에서 주로 볼 수 있다.

셋째는 중첩형 혁신이다. 이는 선행자가 만들어놓은 기반 위에서 제품의 생산 공정과 절차를 재창조하여, 새로운 제품 형태를 만들어내고, 이를 통해 독자적인 특징과 핵심 경쟁력을 형성하는 방식이다.

마오타이주 장인들의 백주 기술 혁신은 바로 이러한 중첩형 혁신의 전형적 사례라 할 수 있다.

실리콘밸리 투자자 피터 틸Peter Thiel은 미국 IT 산업의 혁신 역사를 연구하면서, 많은 위대한 제품 혁신이 모두 중첩형 혁신의 결과였음을 발견했다. 그는 네 가지 대표적 사례를 제시했다. 애플 컴퓨터의 원형은 제록스회사 팰로앨토 연구소의 알토Alto 개인용 컴퓨터였고, 마이크로소프트의 윈도우즈Windows 운영체제는 애플 매킨토시Macintosh 컴퓨터의 그래픽 사용자 인터페이스를 본떠 개량하여 설계한 것이었다. 구글 검색 엔진은 잉크토미Inktomi와 알타비스타AltaVista 기술의 발전형이었고, 테슬라 전기차가 탄생하기 전에도 제너럴 모터스는 이미 EV1 전기차를 개발한 바 있었다.

　이 네 회사는 모두 선행자가 상상하지 못했던 성취를 이룩했는데, 그 핵심은 기존 기술을 기반으로 중첩형 혁신을 단행하고, 이를 최적화하면서 원형을 뛰어넘었다는 데 있다.

　마오타이주의 역사와 양조의 모든 과정들을 세밀하게 살펴보면, 마오타이 사람들의 독특한 혁신 지점을 명확히 분해해낼 수 있다. 이들은 무無에서 창조한 것이 아니라, 지역의 자연환경과 조건에 따라 끊임없이 개량하고 창조해냈다.

　'좋은 술은 하늘이 만든다佳釀天成'는 말에서 '하늘'은 말 그대로 하늘을 가리키기도 하고, 선조의 전통 계승과 후대의 끊임없는 정진을 의미하기도 한다.

　마오타이진에서 절세의 좋은 술이 나올 수 있었던 것은, 천혜의 자연조건과 지리적 이점 덕분이기도 하지만, 동시에 마오타이 사람들이 과감하게 옛 규범을 돌파하고 스스로 혁신을 거듭해온 결과였다. 100년 동안 전해져온 규칙과 기술 혁신은 과연 어느 마오타이 장인이 만들어낸 것인지는 지금에 와서는 알 수 없다. 다만, 이 모든 것은 여러 세대에 걸친 지속적인 탐구와 구전, 그리고 심혈을 기울인 전수의 결과임은 틀림없다.

03 화씨와 왕씨 집안

외교 의례에 술은 마오타이 아닌 것이 없다.

—1920년대 귀양 신문

1862년: 성의소주방

마오타이주 기술이 한창 무르익던 1850년대, 한차례 전란이 일어나 마오타이진은 폐허로 변해버렸다.

1855년, 귀주의 백련교白蓮教 신도들이 봉기를 일으켰다. 역사에서는 이를 '호군号军 봉기'라고 부른다. 농민군과 청나라 군대가 마오타이에서 몇 차례 격전을 벌여, 마을의 건물이 불타버리고, 상업과 무역이 중단되었으며, 모든 소주방이 전쟁의 불길에 훼손되었다.

1860년, 화华씨 성을 가진 27세의 선비가 마오타이진에 왔다. 그의 눈앞에 펼쳐진 것은 "허물어진 담벼락과 황량하기 그지없는" 마을 풍경이었다. 그가 이곳에 온 것은 90세 조모의 바람을 이루어주기 위해서였다. 조모는 젊은 시절에 마셔본 마오타이주 생각이 간절하다고 했다.

이 노부인은 성이 팽彭이었으나 이름은 전해지지 않는다. 그러나 손자는 귀주에서 이름 높은 인물이었으니, 바로 화련휘(1833~1885)이다.

화씨 가문은 본래 강서江西 임천臨川 출신으로, 청나라 강희 연간에 귀주로 이주해 장사를 시작했다. 준의 단계團溪에 정착한 뒤 대를 이어 소금 장사를 하며 현지의 유력 가문으로 자리잡았다. 화련휘는 공부하여 거인擧人에 급제하면서 관직과 인연을 맺게 되었다. 많은 세월이 지나, 화련휘의 손자 화원취華问棗는「귀주 성 의모주(화모) 기략贵州成义茅酒(华茅)纪略」이라는 글에서 집안의 술 양조 이야기를 전하고 있다.

하루는 한담을 나누던 중에, 고조모께서 젊은 시절 마오타이에서 만든 술을 마셨던 기억을 떠올리며, 그 술맛을 다시 보고 싶다고 내 조부에게 부탁했다. 조부께서 마오타이진에 도착했을 때는 전쟁의 상흔이 아직 여기저기 남아 있었다. 술을 양조하던 작업장은 이미 폐허가 되었지만, 터는 남아 있었다. 작업장 주인의 행방은 알 길이 없었고, 땅은 이미 관가 소유로 넘어가 있었다. 그때 마침 관가에서 이 토지를 매각하려고 하여, 조부께서 그 땅을 사들였다. 또한 과거 술을 빚던 장인을 찾아내어 함께 작업장을 세우고, 원래 자리에서 시범적으로 양조를 해보았다. 고조모께서 새로 빚은 술을 맛본 뒤, 젊었을 때 마셨던 바로 그 맛이라며 반겼고, 그래서 술 양조는 계속 이어지게 되었다.

이 구술 기록은 두 가지 중요한 사실을 전한다. 첫째, 1855년부터 1860년을 전후하여 전란으로 인해 마오타이주 양조와 판매가 완전히 중단되었고, 준의부에서는 더이상 술을 구할 수 없게 되었다. 둘째, 화련휘가 땅을 매입하고 작업장을 세워 다시 술을 빚기까지 적어도 1년은 걸렸을 것이니, 새로 만든 술을 노부인이 마신 때는 1861년 말이나 1862년 초로 추정되며, 이 시기가 마오타이주 생산이 재개된 때이기도 하다.[*]

노부인은 1865년에 세상을 떠났지만, 화씨 집안은 마오타이의 양조장을 계속 운영했다.

처음에 빚은 술은 집안에서 마시거나 친지에게 선물하거나 손님 접대용으로만 사용했다. 그런데 술을 맛본 친지들이 너도나도 칭찬하며, 값을 치를 테니 조금만 나누어달라고 요청했다. 고조모께서 세상을 떠난 뒤에는 술을 찾는 사람들이 더욱 늘어났다. 이에 선조는 양조장을 확장하고 생산량을 늘려, 정식으로 외부 판매를 시작하기로 결심했다. 본래 양조장은 별다른 이름이 없었는데, 이때 비로소 성의주방成义酒房이라고 이름을

---

[*] 원래 검군黔军 장령이자 국민당 소장인 뤼신민吕新民은 화씨 집안의 먼 친척으로, 그의 넷째 외숙모가 화원취의 여동생이다. 이 넷째 외숙모의 회상에 따르면, 당시 화련휘는 옛 발효구덩이 안에서 비석을 하나 발견했는데, 비석에는 강희 5년 이곳에 작업장을 만들고 비석을 묻어 기념한다는 글씨가 새겨져 있었다고 한다. 이 말이 사실이라면 1666년 마오타이촌에 이미 일정한 규모의 소주방이 등장했음을 의미한다.(吕茂廷, 『茅酒沧桑曲』, 贵州民族出版社, 1994)(저자 주)

정하고, 술 이름은 '회사모주回沙茅酒'로 명명했다.[13]

성의소주방은 적수하 오른쪽 강변에 자리했으며, 지금도 터가 남아 있다. 마오타이주 공장 1작업장 옆이다. 현장을 탐방했을 때 만난 한 노인에 따르면, 옛날 이 일대는 만자두灣子头라고 불렸다고 한다.

화씨 집안이 브랜드 이름에 '회사回沙'를 직접 넣은 것은 자신들의 독특한 양조 공정을 강조하기 위한 것이었다. 이는 우연히 터득하게 된 것일 수도 있고, 장인들이 공법에 대한 자신감을 드러낸 것이었을 수도 있다. 마케팅 관점에서 보면, 기술과 공정을 새롭게 정의하여 새로운 제품 인식을 세운 것과 같다.

성의소주방은 생산량이 많지 않았다. 초기에는 발효구덩이가 두 개뿐이어서, 연간 생산량이 3,500근에 불과했다. 후에 약간 확장되었으나, 연간 8,000~9,000근 수준에 머물렀다. 이 소주방의 특징은 원료비를 아끼지 않고 오로지 술맛만을 추구했다는 점이다. '화마오华茅'의 출주出酒 비율은 6:1, 즉 술 1근을 얻기 위해 수수와 밀을 6근이나 소모해야 했다. 당시 전국 모든 소주 가운데 곡물 소모량이 최대 수준이었고, 심지어 오늘날의 마오타이주보다도 곡물을 더 많이 썼다.

화원취의 회고에 따르면, '화마오'는 원료 비율이 수수 70%, 밀 30%였다. 이는 오늘날 마오타이주가 수수와 밀을 1:1로 배합하는 것과는 다르다. 사실, 이후 등장한 '왕마오王茅'와 '라이마오' 역시 원료 배합이나 누룩 성분 면에서 각각 차이를 보인다.

제1대 '마오타이 마니아': 저우시청 성장

성의소주방이 설립된 초기 10여 년 동안, 마오타이에서 화씨 집안의 사업은 그다지 두각을 나타내지 못했다. 그러나 광서 2년(1876년) 이후 상황은 급변했다. 화련휘가 갑자기 마오타이진 최대의 소금 상인이 된 것이다.

그해, 귀주 출신인 정보정丁宝桢이 사천 총독으로 부임했다. 오랜 전란으로 적수하의 소금 수송로는 파괴된 상태였는데, 정보정은 장광사를 모방해 제2차 수로 정비 공사를 벌였다. 이 공사에는 은 2만 냥이 들었고, 완공까지 3년이 걸렸다. 수로가 다시 열리자 마오타이진은 점차 활기를 되찾았다.

소금 산업을 정비하기 위해, 정보정은 '관가에서 운반하고 민간에서 판매하는' 새로운 염정盐政을 시행했다. 화련휘는 관직과 상업 양쪽에 모두 발을 담그고 있었기에 사천염법도四川盐法道의 총문안总文案으로 기용되었다.

사실 모든 정책 개혁은 기존 이권의 재분배다. 새 염정 시행과 함께 특허 소금 상인에 대한 새 면허가 발급되었고, 유리한 위치에 있던 화련휘는 단숨에 인안의 두 개 면허를 따냈다. 당시 마오타이진에는 특허 염호盐号(소금 상점)가 총 네 곳 있었는데, 화씨 집안의 영륭유永隆裕, 영발상永发祥, 그리고 섬서 출신 상인이 운영하던 협흥륭协兴隆, 의륭성义隆盛이 그것이다. '화마오'는 이 가운데 마오타이와 귀양에 있는 염호인 영륭유를 통해 일괄 유통되었으며, 독자적인 판매망을 갖춘 적은 없었다.

화련휘가 세상을 떠난 뒤, 그의 아들 화즈훙华之鸿이 가업을 계

'관가에서 운반하고 민간에서 판매하는' 새로운 소금 정책을 추진한 사천 총독 정보정

제1대 '마오타이 마니아' 저우시청

승했고, 집안 자산은 백은 100만 냥을 넘길 정도로 불어났다. 당시 귀양에서는 "은이라면 화씨, 갓끈이라면 당씨, 곡식이라면 고씨"라는 말이 유행했을 정도였다. 이는 화씨 집안의 부유함을 방증한다. 중화민국이 성립된 후, 화즈흥은 귀주상무총회 회장, 군정부 재정부 부부장, 귀주은행 총리 등을 역임하며, 귀주 전역 상업계를 총괄하는 최고 실력자가 되었다.

화씨 가문의 사업은 소금에 국한되지 않았다. 금융, 부동산, 교육, 물류는 물론, 서남 지역 최대의 인쇄소도 보유하고 있었다. 양조업은 이 많은 사업 중 아주 일부에 불과했으며, 애초에 본격적인 사업으로 치지도 않았다. 그렇기에 성의소주방에서 생산된 '화마오'는 원가와 품질 면에서 최고 수준을 유지했다. 화련휘와 화즈흥 부자는 이 술을 이용해 사천과 귀주의 군·정계 인사들을 접대했고, 화마오는 점차 이 지역에서 가장 각광받는 고급 소주로 자리매김했다.

중화민국 시기, 성의소주방의 마오타이주에 가장 열광했던 귀주의 지도자는 바로 저우시청周西成이었다. 그는 인회 북쪽의 동재현 출신으로, 1926년부터 1929년까지 귀주성 성장을 지냈다. 당시 30대 초반이던 그는 청년 군벌이었고, 자신이 임명한 관리들 대부분이 고향 사람들로, 친인척과 지연으로 얽힌 이들이었다. 그는 일상 행정이 끝난 후 늘 술자리를 가졌고, 그 술자리에는 마오타이가 빠지지 않았다. 윗사람이 좋아하면 아랫사람이 따르는 법, 마오타이주는 곧 귀주 정계에서 필수적인 '공식 술'이자 일종의 통용 화폐가 되었다. 당시 귀양의 한 지역 신문은 대련으로 이 현상을 풍자했다.

내정 방침에 관리는 모두 동재 사람이요,
외교 의례에 술은 마오타이 아닌 것이 없다.

화원취의 증언에 따르면, "저우시청이 성장으로 재임하던 시기, 마오타이주는 그가 대외 교류를 하는 데 중요한 수단이 되었다. 그는 해마다 1,000병에 달하는 성의마오주成义茅酒를 남경 정부와 사천, 광서, 광동 등지의 요인들에게 선물로 보냈다".[14] 이를 통해, 마오타이주가 민간 소주에서 권력층의 외교 술로 발전하고 귀주에서 전국으로 위상을 넓혀가는 과정에 저우시청이라는 청년 군벌이 의도치 않게 촉진자 역할을 했다고 볼 수 있다. 그를 '제1대 마오타이 마니아'로 봐도 조금도 손색없을 것이다.

1879년: 영화소주방

준의의 화씨 집안이 마오타이주를 권세가들의 예절과 외교 수단으로 활용했다면, 이를 본격적인 '사업'으로 받아들이고 경영한 쪽은 인회 토박이 왕씨 집안이었다. 이 가문을 일으킨 인물은 왕진발王振发이다.

이와 관련된 역사를 조사하기 위해, 나는 직접 인회의 수당촌水塘村을 찾았다. 나와 동행한 사람은 왕씨 집안의 사위인 라오추老邱였다.

수당촌은 인회 시내에서 약 5킬로미터 정도 떨어진 작은 마을이다. 여러 산으로 둘러싸였지만, 최근 새로 개통된 용준蓉遵 고속도로가 마을 인근을 지나면서 교통이 한결 편리해졌다. 왕진발의 묘는 말발굽 모양의 산중턱에 있었다. 당시 귀주 지역의 부유층은 묘를 매우 특이하게 지었는데, 묘 앞에 놓인 평대平臺의 개수가 자손 가문의 수를 나타냈다. 왕씨 가문의 묘에는 산기슭에서부터 묘지까지 다섯 개의 평대가 있어, 다섯 방房의 자손이 있었음을 알 수 있었다. 평대마다 향로, 제단, 화표신수華表神獸가 있어서, 당시 얼마나 웅장했는지를 짐작하게 했다. 그러나 지금은 형태를 알아보기 힘들 정도로 황폐해졌고, 산 아래에서 올려다보면 묘비는 잡초에 묻혀 잘 보이지도 않았다.

우리는 무성한 풀과 덤불을 헤치고 묘지 앞까지 숨을 헐떡이며 올라갔다. 비석은 기울어지고 벽돌은 무너져 과거의 화려함을 상상하기 어려웠다. 비석은 이미 풍화되어, "봉정대부 왕공 휘진발 부군지묘"라는 글자만 희미하게 보였다. 라오추는 비석

뒷면에 묘지명이 새겨져 있었지만 지금은 한 글자도 알아볼 수 없다고 말했다.

그날 라오추는 왕씨 집안의 옛날 일을 많이 들려주었다. 왕진발은 젊은 시절 장씨 성을 가진 주인이 운영하는 객잔에서 일하던 종업원이었다. 그의 성공담은 유럽의 로스차일드 가문 이야기와도 닮은 점이 있었다. 어느 날, 사천에서 급히 온 통신사가 객잔에 투숙했다. 그를 접대하던 왕진발은 이런저런 말을 주고받다가 사천의 관염官鹽 가격이 곧 오를 것이라는 사실을 알게 되었다. 이 신사는 운남으로 명령서를 전하러 가는 길이었다. 왕진발은 즉시 주인 장씨에게, 일정 금액을 선지불해 마을 내 모든 염포의 소금을 미리 확보하라고 조언했다. 얼마 지나지 않아 과연 소금 가격이 대폭 상승했고, 장씨는 순식간에 엄청난 이익을 얻었다. 주인 장은 왕진발의 총명함에 감탄해 외동딸을 시집보냈다.

1820년대, 왕진발은 천화염호天和鹽号를 창립하고 끊임없이 토지를 사들여, 결국 인회현에서 제일가는 지주가 되었고, '왕반가王半街'(거리 절반이 왕씨 땅)라는 별칭을 얻었다. 마오타이 아래쪽 나루터는 왕씨 집안의 개인 나루로, 1935년 홍군이 적수를 세 번 건널 때 이 나루터를 이용했다. 왕씨는 관음사 흑정자黑箐子 일대에 커다란 장원을 지었고, 강가에 발효구덩이 두 곳을 파서, 술을 자가 양조해 마셨다. 이 옛터는 지금까지 남아 있어 라오추가 나를 데려가 보여주었다. 수당촌의 묘지 구조에서 알 수 있듯, 왕진발에게는 다섯 아들이 있었고, 막내아들 왕용병王用兵이 외동아들 왕립부王立夫, 즉 왕택리王泽履(1858~1931)를 낳았다. 이 왕

초목이 삼켜버린 왕씨 가문의 묘 앞에서. 비석 글자는 이미 희미해졌다.

라오추와 함께 흑정자 장원의 옛 소주방에서. 2차 발효된 마른 누룩이 쌓여 있다. 이 낡은 건물은 몇 년 후 철거될지도 모른다.

립부가 바로 '왕마오'의 공동 창시자 중 한 명이다.

1879년, 아마도 성의소주방의 영향을 받아, 왕립부는 석영소石荣霄, 손전태孙全太와 함께 각각 은 200냥씩을 출자해 영태화소주방荣太和烧房을 설립했다. 상호는 석영소와 손전태 두 사람의 이름과 천화염호에서 각각 한 글자씩 따온 것이다. 2년 후, 손전태가 물러나면서 영화소주방으로 이름을 바꿨다. 왕립부는 생산과 판매를, 석영소는 회계를 담당했다.

영화소주방은 성의소주방 옆에 자리를 잡았다. 역시 만자두에 있었다. 발효구덩이는 처음에는 2개였다가 나중에 6개까지 늘려, 연간 생산량이 2만 근을 넘기면서 진에서 가장 큰 소주방이 되었다. 초기의 포장은 '치자厄子'라고 하는 용기를 사용했다. 대나무 조각을 엮어 틀을 만들고, 여기에 석회, 찹쌀, 발효구덩이 속 자주색 진흙, 돼지 피를 섞어 반죽한 재료로 겉을 바른 것이다. 하나의 무게는 약 50근이었다. 치자는 비교적 유연해서 장거리 운송중에도 깨지거나 술이 새는 일이 없었다. 저우산룽이 2개 수집한 게 있어서 나도 실물을 직접 볼 수 있었다.

왕립부는 판매망을 조직해 영화소주방의 마오타이주를 준의와 귀양의 여러 염호를 통해 판매했을 뿐 아니라, 중경의 도향촌稻香村에 위탁해 사천과 주변 지역으로까지 판매망을 넓혔다. 마오타이주의 지역 시장 개척은 영화소주방에서 시작되었다고 할 수 있다.

양곡 소모량이 많고 양조 기간이 긴 데다가 생산능력에도 한계가 있었기 때문에, 성의와 영화의 마오타이주는 처음부터 고

'왕마오' 창시자 왕립부

가 전략을 택했다. 화원취의 증언에 따르면, 1870년대 말 '화마오'와 '왕마오'의 1근 가격은 생은生銀 9푼으로, 당시 현지의 다른 고량 백주보다 5~6배 비쌌다. 1902년에는 근당 생은 1전 1푼까지 올랐고, 이후 물가 상승과 함께 주류 가격도 올라 중화민국 초기에는 1~2은원銀元을 유지했다. 당시 물가로는 마오타이주 1근으로 쌀 40근과 바꿀 수 있었다.

라오추의 장모는 학생 시절 인회에서 준의 여자중학교로 유학을 갔는데, 집에서 가져간 마오타이주 한 병으로 한 달 치 식량을 해결할 수 있었다고 회상했다.

중국 내 다른 백주들과 비교해 마오타이주의 가격은 줄곧 가장 높았다. 중화민국 초기에는 마오타이주가 화북華北과 동북東北 등지까지도 판매되었다. 내가 『하얼빈시지哈尔滨市志』를 열람해보니, 1920년대 하얼빈에서 마오타이주는 병당 1은원, 분주는 0.55은원, 일반 백주는 약 0.14은원 수준이었다.

전 세계 고급 소비재 산업에는 '3고'의 특성이 있다. 즉, 높은 재료 소모, 높은 정가, 높은 마진이다. 당시 귀주는 오지에 속하고 주민들 역시 가난했지만, 마오타이주는 이미 이 세 가지 조건을 갖춘 제품이었다.

1862년 처음 건설된 성의소주방 전경

성의소주방 옛터. 1985년에 마오타이주 공장에서 옛터 위에 1작업장 생산실을 세웠다. 대량식 푸른 기와지붕의 작은 고건축물로, 대문 위쪽에 '마오주의 원천茅酒之源'이라고 크게 쓰인 글자가 보인다.

마오타이주 공장 1작업장 생산실 뒤편에는 성의소주방이 마오타이주를 생산할 때
사용했던 양류만 옛 우물이 있다. 마오타이주 초기의 수원이었다.

영화소주방 누룩제조실과 증류실 옛터

1879년에 세워진 영화소주방 누룩건조장.
1935년, 홍군 장정이 마오타이진을 지나갈 때 여기에서 숙영했다.

초기 마오타이주 포장 용기인 '치자'

1915년: 파나마 만국박람회 수상

20세기에 들어서며 청 왕조는 기울기 시작했고, 사람들의 마음속에도 변화의 바람이 일었다. 그 시기 화즈훙은 귀양貴阳 정치계에서 활발히 활동하고 있었다. 공립 남명중학南明中学 창설에 참여했고, 〈검보黔报〉의 주요 투자자이기도 했다. 1907년에는 귀주상무총회贵州商务总会 회장으로 선출되었고, 1909년 청 정부가 헌정 개혁을 시도하며 설치한 귀주의 자의국谘议局에서는 39명의 의원 중 한 명이 되었다. 그는 정치적으로 헌정당宪政党에 속했고, 혁명을 주장하는 자치당自治党 인사들과는 때로 갈라지고 때로 협력하는 관계였다.

1911년 신해혁명이 발발하자, 귀주는 유혈 충돌 없이 평화적으로 광복을 이루었다. 이후 화즈훙은 신정부의 재정부 부부장 겸 관전국官钱局 총책임자로 임명되었다. 그 시기 그는 성의소주방의 경영에는 거의 신경쓸 여력이 없었다.

이러한 시대의 변화는 흑정자 장원에서 조용히 지내던 왕립부에게는 먼 세상의 이야기처럼 느껴졌을 것이다. 영화소주방의 마오타이주는 갈수록 잘 팔렸다. 1910년 10월, 남경南京에서 열린 남양권업회南洋劝业会는 근대 중국 최초의 대형 박람회였다. 이 박람회에 '왕마오'가 귀주 농림서农林署의 추천으로 참가했고, 수상까지 하게 되었다. 1914년에는 왕립부의 외아들 왕청쥔王承俊이 태어났다.

1915년 연말, 왕립부는 영화의 마오타이주가 또하나의 상을 받았다는 소식을 들었다. 이번에는 파나마 만국박람회 수상이었다. 그는 아마도 '파나마'가 어디고, '만국박람회'가 어떤 것인지 알지 못했을 것이다. 그러나 이 이야기를 하는 사람들이 점점 많아지자, 그는 이것이 꽤 중요한 일일 수 있겠다는 생각을 하게 되었다.

박람회는 산업혁명의 산물로, 상품을 집중 전시하는 방식으로 그 시대의 최첨단 기술과 한 국가의 경제력을 보여주는 자리였다. 쉽게 말하자면, '국력 과시의 장'이다.

세계 최초의 산업 박람회는 1851년 런던에서 열린 만국박람회였다. 영국 정부는 이를 위해 거대한 수정궁을 특별히 건설했다. 이 박람회에서 사람들은 새롭게 발명된 방적기, 양수기, 와이어 드로잉 머신 등을 보았고, 이들 기계는 보일러실에서 만들어진 증기로 함께 구동되었다. 이는 산업혁명의 위대한 동력을 보여주는 장면이었다.

1904년 미국은 세인트루이스에서 세계박람회를 개최했다. 당시 미국의 철강 생산량은 이미 영국을 넘어섰다. 에디슨은 직접 전기관을 찾아와 무선 전신으로 시카고와 통화를 연결해 보였다. 디트로이트를 비롯한 미국, 영국, 독일 각지에서 온 자동차 140대가 전시되어 관람객들의 시선을 사로잡았다. 청나라 정부는 부륜패자博伦贝子가 이끄는 대표단을 파견했고, 중국관도 설치했다. 이는 중국이 처음으로 참가한 국제 박람회였다. 당시 박람회를 찾은 관람객 중에는 혁명을 준비중이던 손중산孙中山도 있었다.

1915년 파나마 만국박람회는 미국이 파나마 운하 개통을 기념하기 위해 개최한 성대한 행사로, 개최지는 샌프란시스코였다.

1915년 미국 파나마 만국박람회 중국관 정문 패루

미국 파나마 만국박람회 개막식 현장

박람회는 2월에 개막하여 12월에 폐막했으며, 전시 기간이 9개월 반에 달했다. 총 관람객 수는 1,800만 명을 넘어, 역대 박람회 중 가장 긴 개최 기간과 최다 관람객이라는 기록을 세웠다.

북양 정부는 이보다 2년여 전, 박람회 참가 초청을 받았다. 당시 실업총장이었던 저명한 실업가 장젠張謇은 천치陳淇를 준비국장으로 임명하고, 박람회 참가 준비를 적극 추진하도록 했다. 각 성의 열띤 추천과 선발을 거쳐, 준비국은 총 10만 점에 달하는 출품작을 조직하여 상해 항구에서 대형 목재 상자 1,800개에 실어 출항시켰다. 이들 출품작은 당시 중국 실업계의 최고 수준을 대표하는 것이었다.

그렇다면, 외진 산골 마을에서 만든 마오타이주는 어떻게 세계 박람회 무대에 나서게 되었을까?

저우산룽의 고증에 따르면, 귀주 출신의 웨자짜오乐嘉藻가 중요한 역할을 했다. 그는 당시 직예상품진열소直隶商品陈列所 소장을 맡고 있었고, 전국의 명품과 우수제품 선발을 담당하고 있었다. 그가 선발하여 귀주에서 출품한 품목에는 인회의 마오타이주 외에도 과학기술 교육기구인 '승방적목乘方积木'이 포함되어 있었다.

출품 관련 통지는 농상부로부터 귀주 순안사巡按使 공서로 전달되고, 다시 인회현 공서를 거쳐 현 상회商会로 전달되었다. 당시 '소주방'이라는 표현은 국제관례와 맞지 않아, 북경의 준비국에서는 '마오타이조주회사茅台造酒公司' 및 '귀주공서주贵州公署酒'라는 명칭을 사용했다.

중국은 파나마 만국박람회에서 총 1,211개의 상을 받아, 31개 참가국 중 최다 수상의 영예를 안았다. 그중에서도 주류 부문에서 많은 상을 받았으며, '귀주공서주' 역시 수상 명단에 이름을 올렸다.

이와 관련해 후세에 널리 전해지는 일화가 있다. 전시관에 진열되어 있던 마오타이주는 포장이 조잡해 처음에는 사람들의 관심을 끌지 못했다. 그러던 어느 날, 술을 옮기던 관계자가 기지를 발휘해 술병을 일부러 떨어뜨렸고, 깨진 병에서 퍼진 진한 향이 전시관 안에 가득 퍼지면서, 향기에 이끌린 참관객들이 마오타이주 주위로 몰려들었다.

소주방 소송, 성장의 절충 판결

마오타이주가 해외에서 상을 받았다는 소식이 귀주로 전해지자, 현지 신문들이 이를 앞다투어 보도했고, 소주방 주인들도 그 광고 가치를 즉시 인식하게 되었다. 그러나 곧 한 가지 문제가 제기됐다. 박람회에 출품된 술이 과연 성의의 술이었는가, 아니면 영화의 술이었는가?

당시 두 소주방의 술병은 사천성과 귀주 일대에서 흔히 쓰이던 고량주 병과 크게 다르지 않았다. 둥글고 배가 불룩한 도기병으로, 짧은 목에 주둥이가 작고, 병 윗부분에는 노란 유약이 칠해져 있었으며, 병 입구는 나무 마개로 막은 뒤 돼지 방광 가죽으로 덧씌워 밀봉하고, 병목은 가는 마끈으로 단단히 묶었다. 병 몸체에는 붉은 종이에 목판으로 인쇄된 라벨을 붙였으며, 가운데에는 검은 글씨로 "○○소주방 회사마오주"라 적혀 있었다. 당시에는 사진 기술이 아직 인회 지역에 보급되지 않았고, 정보 전달도 매우 폐쇄적이어서, '귀주공서주'가 도대체 어느 소주방의 술을 가리키는지 누구도 확실히 알 수 없었다.

그래서 두 소주방은 법적 분쟁을 시작하게 되었다.

소송은 먼저 인회현 상회에 접수되었으나, 작은 현 단위 상회로서는 판정을 내릴 근거도 부족했고, 어느 쪽도 섣불리 건드릴 수 없어 결국 현 관공서에 문서를 올렸다. 하지만 현 지사도 마찬가지로 뚜렷한 판단을 내릴 수 없었고, 끝내 성 정부에까지 문건을 올려 분쟁을 넘기게 되었다.

이 소송은 지지부진 2년 이상을 끌었고, 마침내 1918년 6월에 이르러 귀주성 성장 류셴스劉顯世가 판결을 내렸다. 출품은 두 소주방이 공동으로 한 것이므로 앞으로 두 업체 모두 이를 홍보에 이용할 수 있고, 다만 상장과 상패는 한 벌뿐이므로 현 관아에 보관하도록 한다는 것이었다. 판결령 원문은 다음과 같다.

귀주성장 관공서 지시

인회현 지사 탄광롼에게 명함:

다음과 같은 소송장 1건을 접수하였음. 파나마 박람회에 영화, 성유成裕* 두 업체가 마오타이주를 공동으로 출품하여 상을 하

---

* 　　성장 관공서 지시와 이후 글의 현 관공서 문서에서 '성의成义'가 모두 '성유成裕'로 잘못 표기되었다.(저자 주)

나 받았으나, 이를 분할하여 수여하기가 어려우니 검토 후 지시 바람.

검토 결과, 해당 사안은 해당 현에서 모집하여 본성에 보고할 때 하나의 조주회사 명의로 제출된 것으로, 상장과 상패는 각각 1개뿐임. 소송장에 기재된 각 사정은 사실이나, 당일 두 업체를 구분하지 않았으며, 해당 상장 또한 중복 발급이 불가능하므로, 분쟁을 피하고 기념의 의미로 상장과 상패는 소주방에 지급하지 말고, 현 지사가 이를 수령하여 현 상회 사무소에 전달하여 전시하도록 할 것. 영화와 성유 두 업체는 모두 수상의 주체로 인정되므로, 향후 양측이 상품 광고나 상표를 인쇄할 시 상장 이미지를 사용할 수 있으며, 굳이 실물을 소지해야만 명예가 되는 것은 아님. 이 지침을 즉시 하달하고 준수할 것을 명함.

중화민국 7년(1918년) 6월 14일

성장 류셴스

현에서는 성장의 판결령을 받아들고 한숨을 돌린 뒤, 곧장 현 관공서 명의로 상회에 문서를 보냈다.

성장 지시: 파나마 박람회와 관련하여, 영화와 성유 두 소주방이 공동으로 출품하여 수상하였으나 상장과 상패는 한 벌뿐이라 나누어줄 수 없어 그 처분을 문의한 바, 다음과 같은 명령을 받았다. 상장과 상패는 상회 사무소로 이관하여 진열함으로써 기념하도록 하니, 영화와 성유 두 소주방은 이를 준수할 것. 또

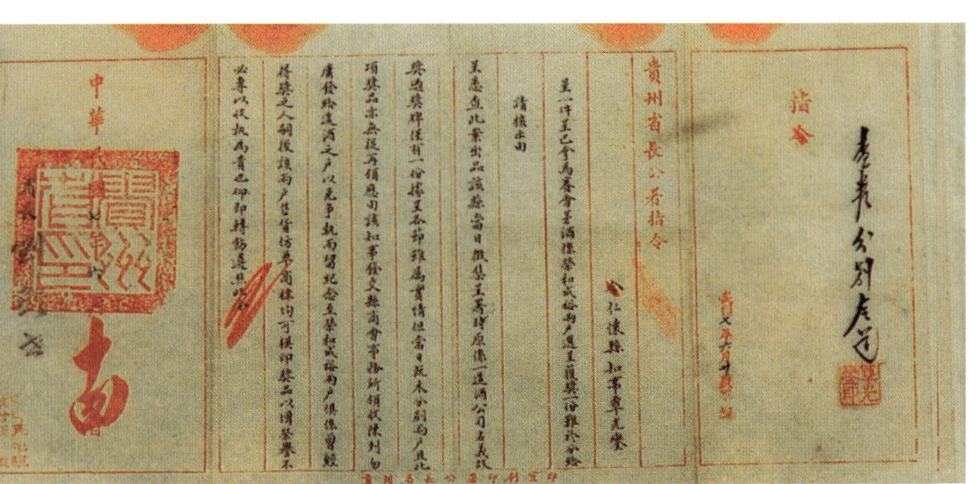

1918년 마오타이주 수상 분쟁에 관한 귀주성장 관공서의 판결문

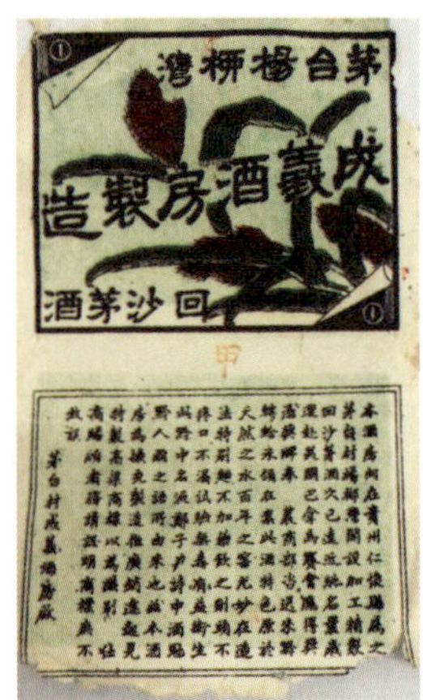

성의소주방 상표(왼쪽)와 영화소주방 상표(가운데, 오른쪽)

한 두 소주방은 상회에 직접 방문하여 상장 도안을 복제하고, 이를 자사 제품의 상표에 인쇄함으로써 명예를 더할 수 있도록 하라.

마오타이촌 영화와 성유 소주방은 본 지시를 철저히 따를 것.

두 소주방 주인들은 이 절충식 판결에 대체로 만족했고, 더는 다툼을 이어가지 않았다. 화씨와 왕씨 집안은 각각 현 상회와 마오타이진에서 연회를 베풀고 각계 인사들을 초대하여 경축했다.

이 소송을 계기로 두 소주방은 브랜드 의식에 눈을 떠 각각 상표 등록을 추진했다. 성의는 상표에 붉은 수수 세 다발, 영화는 노란색 밀 이삭 세 다발을 새겼다. 술병 라벨지 또한 고급 인쇄 용지로 바꿨고, 뒷면에는 "양류만의 천연 샘물을 사용하고 전통적인 방식으로 양조하였다"는 설명과 함께 "파나마 만국박람회에서 수상한 바 있다"는 점이 특별히 강조되었다.

중국 근대 상업사에서 1915년 파나마 만국박람회는 출품 수와 수상 수가 많았던 까닭에 학계에서 줄곧 중시되어왔다. 중국근대박물관 사업의 개척자 중 한 명인 옌즈이严智怡는 이 박람회가 중국이 민주국가로서 처음으로 열강과 세계무대에서 직접 마주한 사례일 수 있다고 평가하였다.

마오타이주 역사에 있어서도 파나마 만국박람회는 상징적인 의의를 갖는다. 박람회 참가와 그 뒤를 이은 소송 과정을 통해, 마오타이 사람들은 현대적 브랜드 감각을 배우는 기회를 얻게 된 것이다. 비록 그들이 여전히 '파나마'가 무엇인지 정확히 알지는 못했을지라도, 이 낯선 외래어가 불러온 전파 효과를 통해, 그들은 어렴풋이 더 넓은 세계의 존재를 감지하게 되었다.

마오타이주의 현대적 유전자는 바로 이 뜻밖의 수상을 계기로 확립되었다.

04　"마오쩌둥이 여기에서 강을 건너다"

> 웅장한 누산관 강철처럼 험하였으나, 지금 발걸음 내디뎌
> 다시 건너려네.
>
> —마오쩌둥毛泽东 , 「억진아忆秦娥·누산관娄山关」

1935년: 마오타이에서 세 차례 적수를 건너다

누산관에 올랐을 때, 가장 인상 깊었던 것은 의외로 산속의 계화나무였다.

그때는 9월 초로 막 여름이 지난 시점이었다. 더운 기운이 아직 남아 있었지만, 귀주 북부의 높은 산속에는 벌써 계화가 피어 있었다. 항주보다 한 달 가까이 이른 시기였다. 그윽한 계화 향이 어느 바위 모퉁이에서 퍼져나와, 뜻밖의 기쁨을 안겨주었다.

아무리 중국의 군사 요충지 목록에 이름을 올린 곳이라 해도, 만약 1935년에 벌어진 두 차례의 전투가 없었다면 누산관은 별로 주목받지 못했을 것이다. 이곳은 준의와 동재가 만나는 경계로, 예부터 '사천과 귀주의 목구멍'이라 일컬어졌다. 산 정상에 서서 바라보면, 사방이 험한 바위산으로 둘러싸인 좁은 지세로, 일단

전투가 벌어지면 전술이나 기교는 의미가 없고, 오직 죽음을 불사한 용기와 결의로 승패가 갈릴 수밖에 없는 곳이다.

1934년 10월, 제5차 반反 '포위 토벌전'이 실패하자 중앙 홍군은 부득이하게 장정에 나서게 되었다. 이듬해 1월, 홍군은 준의를 점령하고, 이곳에서 중공중앙은 그 유명한 '준의 회의'를 소집해 마오쩌둥의 지도적 지위를 사실상 확립했다. 그 과정에서 홍군은 누산관을 두 차례 탈환하고, 귀주군 600여 명을 섬멸하여 장정 이후 첫번째 결정적 승리를 거두었다. 이때 마오쩌둥은 호연지기가 넘치는 시 「억진아·누산관」을 지었다.

서풍은 매섭고, 기러기 울며 긴 하늘 가로지르네.

서릿발 선 새벽 달 아래, 말발굽 소리 부서지고, 나팔 소리 울린다.

웅장한 누산관 강철처럼 험하였으나, 지금 발걸음 내디뎌 다시 건너려네.

다시 넘어, 푸른 산은 바다 같고, 석양은 피처럼 붉었노라.

당시 홍군은 생사의 벼랑 끝에 몰려 있었다. 뒤에서는 장제스蔣介石의 중앙군이 맹렬히 추격했고, 사방에서 귀주군, 사천군, 운남군이 에워싸며 막아섰다. 이 위기 속에서 마오쩌둥은 탁월한 군사적 지략을 발휘했다. 그는 각종 반대를 물리치고, 귀주 북부 산악지대를 누비며 기동전을 벌였고, 적수강을 네 차례 건너며 적의 포위망을 돌파했다. 이후 귀주에서 운남으로 빠져나가 금사강金沙江을 건너고, 대도하大渡河를 돌파한 뒤, 노정泸定에서 설산을 넘어 사천 서부의 초원을 지나 최종적으로 섬서 북부에 도착했다.

장정은 1년에 걸쳐 진행되었으며, 이 가운데 중앙 홍군이 귀주에 머물렀던 넉 달은 중국공산당 역사상 가장 위태로운 시기였다. 바로 이 시기에 마오쩌둥은 당내 지도력을 확립하고, 저우언라이, 주더朱德와 이른바 '철인삼각'을 형성했다. 이로 인해 '준의 회의'와 '사도적수'는 당사와 군사에서 모두 상징적인 사건으로 기록되었다.

홍군이 세번째로 적수하를 건넌 곳이 바로 마오타이진이었다. 마오쩌둥이 강을 건넌 정확한 지점은 영화소주방 왕씨 가문의 개인 나루터였다. 오늘날 그곳 황각수黃桷树 아래에는 '마오쩌둥이 여기에서 강을 건너다'라고 새겨진 비석이 세워져 있다.

술이 강철 같은 뱃속에 들어가, 백번 굴러 호기를 빚어내다

홍군이 마오타이진을 점령한 것은 1935년 3월 16일 새벽이었다. 바로 전날, 홍군은 20킬로미터 떨어진 노반장鲁班场에서 첨예하게 전투를 벌였으며, 사상자가 너무 많아 마오쩌둥은 자발적으로 철수를 명령했다.[15]

홍군이 마오타이진에 진입하자마자, 적군의 항공기 4대가 뒤따라 날아와 상회, 무묘武庙, 아문에 폭탄 10여 발을 투하했고, 이로 인해 민가 여러 채가 불탔다. 홍군은 서둘러 마을 사람들과 함께 화재를 진압했으며, 전사 두 명이 고루鼓楼와 감옥 근처에서 폭격을 받아 희생되었다.[16] 기록에 따르면, 당시 전투중 홍군이 기관총으로 적기 한 대를 격추한 이례적인 일도 있었다. 〈홍성보红星报〉는 다음과 같이 보도했다. "장제스의 검은 대형 비행기 한 대가 저공비행하며 장패조长坝槽에 이르렀는데, 우리 경위영警卫营 방공부대가 85발을 발사해 마오타이 부근에 격추시켰다." 이 신문은 지금도 준의 회의기념관에 보존되어 있다.

홍1군단 교도영教导营 영장이었던 천스쥐陈士榘는 특수임무를 받았다. 바로 교도영과 군위공병영军委工兵营을 지휘

1979년 인회현 정부가 마오타이진 나루터에 세운 기념비. '마오타이 나루'라고 새겨져 있다.

하여 마오타이진에 부교 두 개를 설치하는 일이었다. 천스쥐는 지형을 살펴보고, 최종적으로 부교 설치 위치를 선정했다. 하나는 주사보朱砂堡, 다른 하나는 관음사였다. 주사보는 왕씨 가문의 사유 나루인 '천화호天和号'에 있었고, 관음사는 영화소주방 근처였다.

홍군은 마오타이진에 진입한 뒤, 주민을 괴롭히지 말라는 엄명을 내렸다. 그때 '천화호' 주인 왕립부는 이미 병으로 세상을 떠났고, 외아들 왕청쥔이 가업을 맡고 있었다. 왕청쥔은 개방적인 사고를 가진 인물로, 과거 지하당원이자, 중화인민공화국 수립 후 귀주성 성장으로 재임한 저우린周林과 동창이었다. 홍군이

진입했다는 소식을 듣고 왕청쥔은 즉시 일꾼들에게 술 두 동이를 지여 보내 군을 위문하게 했다.

　저녁 무렵, 마오쩌둥 등은 하장구下場口의 부교를 통해 강을 건넜다. 마오쩌둥을 업고 부교를 건넌 사람은 뱃사공 라이잉위안賴应元으로, 마오쩌둥은 그에게 사례로 은팔찌를 주었다. 1958년, 당시 경호원이었던 천창펑陈昌奉이 마오타이로 조사를 나와 사진을 보여주자, 라이잉위안은 그제야 자신이 등에 업었던 사람이 중국 역사에 큰 족적을 남긴 인물이었음을 알게 되었다.[17]

　홍군이 마오타이진에 주둔한 기간은 고작 사흘도 채 되지 않았다. 그 짧은 시간 동안 줄곧 긴장 속에서 적과 맞서 싸우고, 인민을 동원하고, 전투에 대비하느라 숨 돌릴 틈조차 없었다. 죽음의 그림자는 떠나지 않고 늘 따라다녔다. 그런데도 당시를 회상하는 장병들은 하나같이 마오타이주 이야기를 빼놓지 않았다. 오히려 훗날 '마오타이의 추억'이라는 이름으로, 장정중에서도 드물게 밝고 낭만적인 이야기로 남게 되었다.

　천창펑의 회고에 따르면, 주석의 마부였던 라오위老于는 속이 뚫린 긴 대나무통에 술을 담아 짊어지고 다녔다. 그 모습이 마치 기관총을 메고 가는 것 같았는데, 그가 들고 다닌 술이 가장 많았다고 한다. 그때 인회 지역 주민들은 대부분 피난을 가지 않아 술을 많이 살 수 있었다. 마오쩌둥은 장병들과 함께 마오타이주가 왜 그렇게 유명한지에 대해서도 이야기했다고 한다.[18]

　녜룽전聶荣臻도 마오타이진에 잠시 머무는 동안, 세계적으로 이름난 마오타이주의 맛을 보기 위해서, 뤄루이칭罗瑞卿과 함께

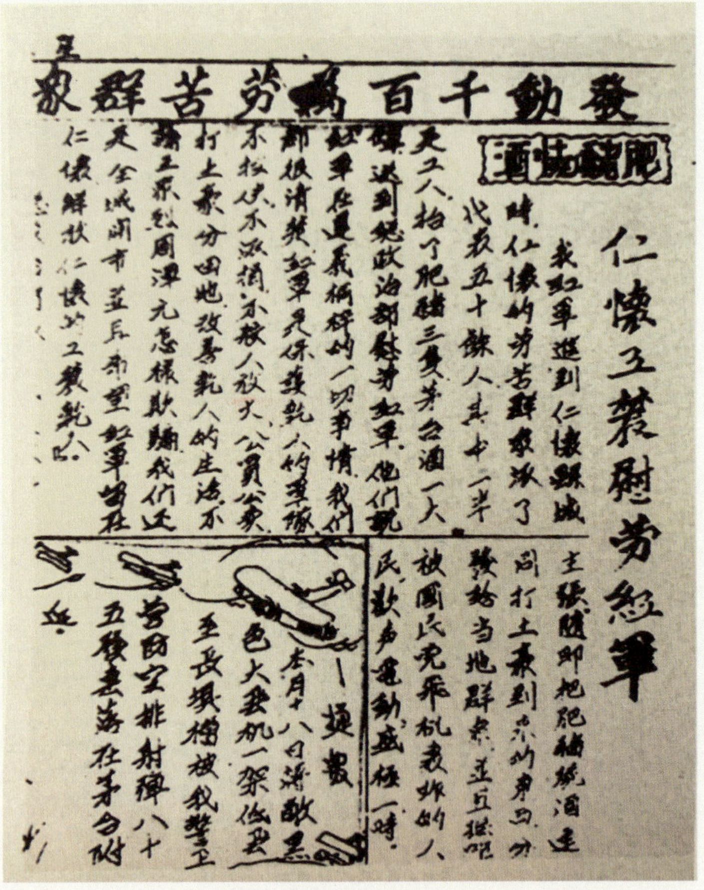

1935년 4월 5일자 〈홍성보〉에 적기 섬멸 소식과 「인회 노동자 농민이 홍군을 위문하다」
라는 글이 실렸다.

경호원에게 술을 사 오게 했다. 그러나 막 술을 사 온 순간, 적군
의 폭격기가 들이닥쳐 결국 서둘러 피신해야 했다.[19]

경뱌오耿飈 장군은 이렇게 회고했다. "그곳은 세계적으로 유명
한 마오타이주를 생산하는 곳으로, 가는 곳마다 증류기와 소규

모 양조장이 있었고, 공기 속엔 짙은 술 향이 퍼져 있었다. 비록 전쟁터를 누비는 상황이었지만, 장병들은 마을 사람들에게서 마오타이주를 사 마셨다. 술을 마실 줄 아는 사람은 천천히 음미했고, 못 마시는 사람은 수통에 담아서 행군중에 다리와 발에 술을 발라 문지르며 근육을 풀고 혈액순환을 도왔다."[20]

홍군에 가담하기 전 소학교 교장이었던 리즈민李志民 장군은 당시의 기억을 담아 「마오타이주」라는 제목의 타유시*를 한 수 썼다. "달도 없고 별도 없이, 걸어서 강을 건너고 산을 오르네. 수탉 울음소리에 날이 밝고, 홍군은 마오타이진을 지나네. 눈앞은 어질어질 머리는 핑글핑글, 사람들은 꿈속에서 야간행군하네. 마오타이주 한 모금으로, 피로도 풀고 마음도 펴고 싶네."[21]

종군작가 청팡우成仿吾는 이렇게 회상했다. "마오타이진은 명주 마오타이의 고향으로 적수하 강가를 따라 여러 개의 양조장과 작업장이 있었다. 정치부에서는 사적인 기업에 출입하지 말라는 포고령을 내렸고, 문은 모두 굳게 닫혀 있었다. 문틈 사이로 안을 들여다보았는데, 커다란 나무통과 줄지어 놓인 단지들이 보였다. 술 향기가 코를 찔러, 향기에 취할 지경이었다. 지주나 부호의 집에는 큰 단지에 마오타이주가 가득 담겨 있었고, 어떤 술은 밀봉된 채였으니 아마도 오래 묵은 술이었을 것이다."[22]

---

*　　打油詩. 통속적이고 해학적인 민요 형식의 시로, 주로 5언 또는 7언으로 지었으며, 격률 및 대우와 평측을 지나치게 따지지 않고, 사회의 천태만상을 풍자하는 목적으로 주로 쓰였다.(역자 주)

청팡우가 언급한 정치부 포고령은 1935년 3월 16일 중국공농홍군中国工农红军 총정치부가 주임 왕자샹王稼祥, 부주임 리푸춘李富春의 명의로 발표한 마오타이주 보호에 관한 통지였다. 그 전문은 다음과 같다.

> 민족 자본의 공업과 상업은 장려되어야 하며, 이는 우리 군의 보호 대상에 속한다. 민간 기업이 양조한 마오타이 노주는 술맛이 좋고 품질이 뛰어나, 파나마 만국박람회에서 금상을 수상함으로써 국민의 자랑이 되었다. 우리 군은 술 공장에서 공정한 거래만을 할 수 있으며, 증류시설, 발효구덩이, 술항아리, 증류기, 술병 등 일체의 설비를 절대 훼손하지 말고 보호하여야 한다. 우리 군의 장병들은 반드시 이 명령을 철저히 따르기 바란다.[23]

1936년, 홍군이 섬서 북부에 도착한 뒤, 미국 기자 에드거 스노가 연안延安으로 취재하러 오자, 마오쩌둥은 전군에 회상록을 쓰자고 제안했다. 총정치부는 아주 짧은 기간 안에 총 50만 자에 달하는 200여 편의 회고록을 모아 『홍군장정기红军长征记』(일명 『2만 5천 리』)라는 책으로 엮어냈다. 그중 많은 장병들이 글 속에서 마오타이진과 마오타이주를 회상했다. 홍군 1군단 교도영 소속이었던 슝보타오熊伯涛는 글 제목을 아예 「마오타이주」라고 붙였고, 당시 상황을 상세히 기록했다.

노반장 전투에서 교도영은 인회와 마오타이를 잇는 두 길목의 경계 임무를 맡았다. 그 과정에서 지형을 정찰하고 군사교육을 실시하는 한편, 마오타이주의 소식을 자주 알아보았다. 특히 토호土豪의 재산을 몰수할 때면 반드시 물어봤는데, 돌아오는 대답은 늘 '없다'는 것이었다. (······) 마오타이촌은 이곳에서 불과 50~60리 떨어져 있었다. (······) 적을 약 10리 추격한 끝에 대부분을 섬멸하고, 병력 수십 명을 포로로 잡았으며, 총기와 탄통, 마오타이주도 수십 병을 노획하였다. 우리측 사상자는 전혀 없었다. 한 병사가 (······) 고맙게도 내게 한 병을 건네주었고, 나는 즉시 마오타이주를 마시기 시작했다. (······) '의성소주방'은 매우 호화로운 서양식 건물로, 안에는 물을 20번은 길어다 부어야 찰 정도의 큰 항아리들이 늘어서 있었고, 독특한 향이 진동하는 진짜 마오타이주가 가득 담겨 있었다. 밀봉된 술항아리만 해도 100개 이상이었고, 이미 병에 담아놓은 술도 수천 병에 달했다. 뒷마당에는 빈병이 산처럼 쌓여 있었다.[24]

'싸움도 잘하고 술도 잘 마신다.' 말 위에서는 적을 향해 돌진하고, 말 아래에서는 호쾌하게 술을 들이켜는 모습은 예로부터 명장에 대한 상상 속 이미지였다. 책을 많이 읽지 않은 사람이라도 당나라 시인 왕한王翰의 「양주사涼州词」는 욀 수 있을 것이다. "맛좋은 포도주 야광 잔에 따르니, 막 마시려는데 비파 소리가 출정을 재촉하네. 취하여 사막에 누워도 나를 비웃지 말게나, 예로부터 전장에 나간 이 몇 사람이나 돌아왔던가.”

뒤에서는 적병이 끈질기게 추격하고, 머리 위로는 적기가 폭격을 퍼붓는 전투의 세월을 지나, 백전노장이 되어 돌아온 홍군 장병들에게는 당시 적수하 강가에서 들이켰던 마오타이주 한 모금이 평생 잊지 못할 추억으로 남았을 것이다. 강철 같은 뱃속에 들어간 한 모금의 술이, 그들의 가슴속에 다시금 호기를 빚어낸 순간이었다.

저우언라이는 왜 마오타이주를 편애했을까?

노병들의 회고록을 들춰보다가 흥미로운 사실 하나를 발견했다. 마오타이주에 대한 이야기에서 단지 술 향이 강하다는 것 외에도, 그것으로 발을 씻거나 상처를 치료했다는 내용이 많다는 점이었다.

청팡우는 회고록에서 이렇게 적었다. “우리 중 몇몇은 본래 술을 조금씩 즐기곤 했지만, 군 상황이 긴박하여 감히 많이 마시지는 못했다. 대신 마오타이주를 발에 문질러 행군의 피로를 풀었는데, 그 효과가 신기할 정도여서 모두들 칭찬을 아끼지 않았다.”[25]

샤오징광蕭勁光 장군도 다음과 같이 회상했다. “우리는 마오타이에서 사흘간 주둔했다. 나는 몇몇 동지와 함께 한 양조장을 견학했는데, 아주 큰 술독과 줄지어 놓인 술통이 있었다. (……) 몇몇 동지는 술을 사서 수통에 담아두었다가 행군 도중에 발에 바르며 피로를 풀기도 했다.”[26]

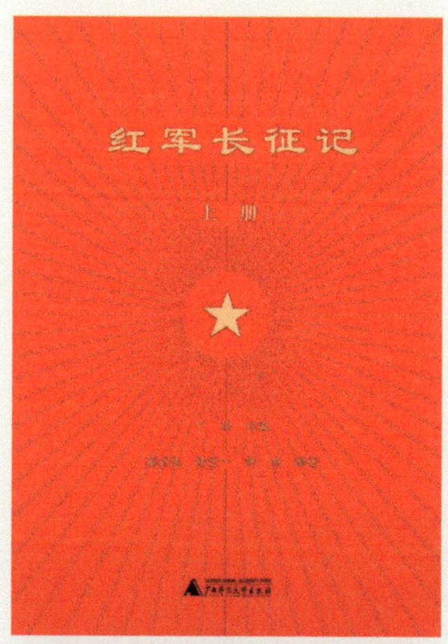

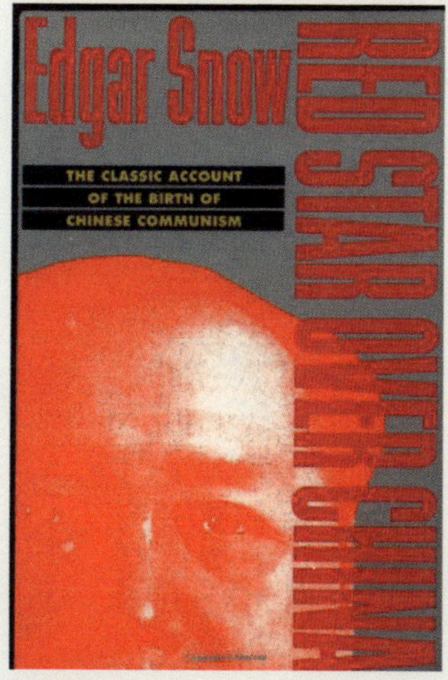

『홍군장정기』(위)는 장정에 관한 가장 원시적 기록으로, 에드거 스노가 지은 『중국의 붉은 별Red Star Over China』(아래)의 중요한 원천이 되었다.

중화인민공화국 수립 후 중앙당안관中央档案馆 관장을 지낸 청싼曾三 역시 비슷한 추억을 떠올렸다. "장정의 길에서 나는 발의 중요성을 아주 깊이 느꼈다. 그 이치는 단순하다. 장정은 곧 걷는 일이었고, 발이 없으면 행군도, 전투도 불가능했다. '홍군이 마오타이를 지나며 술로 발을 씻었다'는 이야기를 들어본 적이 있는가? 이는 거짓말이 아니다. 술로 씻는 것은 발을 보호하는 가장 좋은 방법이었다."[27]

실제로 어떤 이는 전투중 총에 맞은 상처를 마오타이주로 씻었더니 빠르게 나았다고 했다. 마오타이주는 장정의 길에서 큰 공을 세웠다. 당시는 소독용 에탄올 같은 의약품이 부족했기에, 마오타이주가 그 역할을 대신한 것이다.

친한장秦含章(1908~2019)은 중화인민공화국 수립 이후 1세대 백주 전문가로, 경공업부 발효공업과학연구소 초대 소장을 지냈다. 1950년대, 그는 덩잉차오邓颖超와 함께 '양회两会'에 참석한 자리에서 그녀에게 물었다. "장정 때 저우 총리께서 마오타이진을 지나면서, 술 향기에 끌려 말에서 내리셨다던데, 그때부터 마오타이주를 좋아하시게 된 건가요?"

덩잉차오의 대답은 다소 의외였다. "좋아하시긴 했지만, 사람들이 흔히 생각하듯 그때부터 좋아하셨던 건 아니었어요." 덩잉차오의 회상이 이어졌다. 장정 당시 부대는 끊임없이 걸으면서 전투를 벌여 부상자가 많았는데, 부대에는 의료진도 약품도 부족했다. 마오타이진에 도착했을 때, 진한 향기의 마오타이주가 저우 총리의 관심을 끌었다. 마오타이주의 도수가 65도라는 말을 듣자마자, 총리는 즉시 그것을 약품 대신 쓰기로 결정하고, 부상자들의 상처를 소독하고 치료하는 데 사용했다. 덕분에 홍군이 지체 없이 진군할 수 있었으니, 이것이야말로 마오타이주의 영광스러운 역사이다.[28]

이러한 회상은 모두 한 가지 사실을 뚜렷하게 보여준다. 가장 치열했던 전쟁의 시기에 마오타이주는 '상처를 치유하고 생명을 구하는' 역할을 했다는 것이다. 포연과 화염 속에서 살아남은 사람들에게 이는 죽을 때까지 잊을 수 없는 기억이 되었고, 이후 마오타이주에 애정을 품고 마오타이주를 마시며 이야기하는 일은 지나간 격정의 세월을 다시 음미하고 공감하는 행위였다.

저우 총리의 일생에서 '총리의 위엄'을 내려놓고 마음껏 자신을 드러낸 보기 드문 순간도 마오타이주와 관련이 있다.

1958년 10월, 중국인민지원군 전사들이 북한에서 돌아왔을 때, 저우 총리는 직접 역으로 그들을 맞이하러 갔다. 그리고 북경호텔에서 성대한 연회를 열어 그들을 격려했다. 그날 총리는 특히 기분이 좋아 연회가 시작되자마자 열정에 찬 목소리로 말했다. "여러분의 공로를 기념하여 축배를 듭시다. 오늘은 진짜로 마셔야 합니다. 우리 나라의 명주, 귀주 마오타이를 마십시다!" 그날 저우 총리가 몇 잔을 마셨는지 아무도 세지 못했다. 거의 모든 대표가 그와 건배했고, 이튿날 총리는 숙취로 하루종일 누워 있었다.[29]

중화인민공화국 수립 이후, 많은 고급 장성들이 마오타이주의 '죽을 때까지 충성하는 팬'이었다. 특히 쉬스유許世友 장군은 마

1950년, 인회, 적수, 습수현을 점령한 중국인민해방군 139단. 한국전쟁 발발 이후 인회에서 북한으로 참전했으며, 사진은 북한으로 가는 139단을 마오타이 주민이 환송하는 장면이다.

오타이주가 아니면 입에도 대지 않았고, 세상을 떠난 뒤에도 부장품으로 마오타이주 두 병이 함께 묻혔다.[30]

『마오타이주』를 쓴 슝보타오는 1955년에 소장少將 계급을 받았다. 그는 한때 억울하게 비판을 받아 연속 두 계급이 강등되었는데, 결정적 순간에 옛 전우가 도움의 손길을 내밀지 않았고, 이로 인해 두 사람은 10여 년 동안 왕래하지 않았다. 그러던 어느 해, 슝보타오 앞으로 마오타이주 두 병이 배달되었는데, 알아보니 그 옛 전우가 보낸 것이었다. 슝보타오는 하늘을 보며 한번 웃었고, 두 사람 사이의 묵은 감정은 눈 녹듯 사라졌다. 사나이의 강철 같은 의리와 뜨거운 우정은 굳이 말로 하지 않아도 된다. 그 모든 감정은 술잔 속에 담겨 있었다.[31]

마오타이주는 한때 '군주軍酒'라는 별칭을 얻었다. 1950년대의 한국전쟁과 1970년대의 베트남전쟁에서 마오타이주는 항상 돌격 전의 장행주壯行酒, 전투 뒤의 경공주慶功酒로 쓰였다. 그 배경을 깊이 들여다보면, 바로 진하게 배어 있는 '장정의 정서'가 강하게 작용했음을 알 수 있다. 그것은 중국 군인들의 집단 기억 속 깊이 자리잡은 것이었다.

"가짜든 진짜든 나는 상관없어, 날 추우니 두어 잔 마셔야지"

홍군이 섬서 북부에 도착한 이후, '2만 5,000리 장정'은 하나의 전설이 되었다. 특히 1937년, 미국 기자 에드거 스노가 『중국의 붉은 별』(중국어판 제목은 『서행만기西行漫记』)을 출판하면서, 공산단의 명성은 국내외로 널리 퍼졌고 위상도 크게 높아졌다.

한편, 국민당과 우익 언론들은 온갖 비방을 퍼부었는데, 그중 하나가 바로 홍군은 야만적이어서 마오타이주로 발을 씻었다고 조롱한 것이다.

1943년, 법률가 선쥔루沈钧儒의 아들이자 화가인 선수양沈叔羊이 중경에서 전시회를 열었다. 그중 한 폭의 수묵화는 〈세조도岁朝图〉라는 제목이 붙어 있었는데, 가을바람 속에 핀 국화 몇 송이, 마오타이주 한 주전자, 술잔 두 개를 그린 그림이었다. 이에 민주인사 황옌페이黄炎培가 다음과 같은 시를 써 넣었다.

왁자한 소문에 이르기를,
어떤 나그네가 마오타이를 지나다
술을 빚는 술독에서 발을 씻었다고 하네.
가짜든 진짜든 나는 상관없어,
날 추우니 두어 잔 마셔야지.

1945년, 국공 양당의 협상을 추진하기 위해 황옌페이, 장보쥔章伯钧, 량수밍梁漱溟 등 여섯 명의 국민참의원이 대표단을 꾸려 연안을 방문했다. 이 방문에서 황옌페이는 마오쩌둥과 요동窑洞 안에서 무릎을 맞대고 대화를 나눴다. 바로 이 자리에서 "흥하면 급격히 흥하고, 망하면 순식간에 망한다"는 역사적 순환의 고리를 어떻게 끊을 수 있을지를 두고 나눈 담론은 훗날 '요동담화'로 유명해졌다.

조원枣园의 응접실 황토벽에는 뜻밖에도 선수양의 〈세조도〉가

걸려 있었고, 황옌페이가 물으니, 이는 둥비우董必武가 구매해 연안으로 보낸 것이라는 설명에 그는 깊은 감회를 느꼈다.

중화인민공화국 수립 이후, 황옌페이는 민주인사 자격으로 정무원 부총리 겸 경공업부 부장직을 맡았다. 1952년 겨울, 그는 남경으로 시찰을 떠났고, 당시 천이陈毅는 마오타이주로 연회를 준비하여 그를 환대했다. 연회석에서 천이는 감탄하여 말했다. "그때 연안에서 선생의 「마오타이」 시를 읽고 매우 감동했습니다. 그 어려운 시기에 공산당을 위해 목소리를 낸다는 건 정말 귀한 일이었지요. 그런 이가 몇이나 있었겠습니까." 술기운에 흥이 오른 천이는 즉흥으로 시 한 수를 지어 답했다.

> 금릉에서 다시 만나 마오타이를 마시니,
> 만리장정 끝에 발 씻고 온 것 같네.
> 훌륭한 시를 남겨주신 데 깊이 감사드리며,
> 강남의 술 한잔으로 답례하고 싶소.

황옌페이도 즉석에서 시 한 수로 화답했다.

> 우화대에 만인의 피눈물 뿌리고,
> 상전벽해되어 객은 떠났네.
> 강산의 용호 같은 기운 사라지고,
> 이제는 백성을 위해 한잔 나누노라.[32]

마오타이주 공장 문서실에는 당시 여러 일화가 기록된 수백 건의 사료와 구술 문서가 보관되어 있다. 이 기록들은 마오타이주와 국가적 기억 사이의 미묘한 관계를 이루며, 이 브랜드가 타인이 복제할 수 없는 고유의 힘과 역사 자산을 갖추게 했다. 이후 시장경쟁 속에서 이런 이야기들은 광고로는 표현할 수 없었지만, 책과 글, 입소문을 통해 퍼지며 마오타이 문화의 핵심 자산으로 자리잡았다.

이 책을 집필하기 위해 나는 3년 동안 20차례 넘게 마오타이진을 찾았다. 처음 몇 번은 마오타이국제호텔茅台国际大酒店에 묵었지만, 나중에는 마을의 민박집을 골라 묵었다. 일상의 삶 속에서 이 작은 마을의 더 많은 진면목을 마주하고 싶어서였다.

'마오타이 인가객잔茅台人家客栈'은 산중턱쯤에 자리했는데, 거기서 구불구불한 산길을 따라 아래로 내려가니, 바로 옛날의 나루터가 나왔다. 지금은 그 자리가 홍군광장으로 넓게 조성되었고, 홍군이 부교를 설치했던 강물 위에는 케이블 교량이 놓여 있었다. 다리 양쪽에는 붉은 별 장식이 가득 걸려 있었는데, 밤이 되면 전기가 들어와 별들이 빛나며, 독특한 영웅주의적 낭만을 연출했다.

그날 황혼 무렵, 나는 강가 황각수 아래 서서, '마오쩌둥이 여기에서 강을 건너다'라는 문구가 새겨진 비석을 한참 바라보았다. 그러다 문득, 이 말을 새긴 사람의 깊은 뜻이 느껴졌다. 이 '강'은 단지 눈앞의 적수하만이 아니라, 당대 중국이 지나온 역사의 강을 가리키는 것이기도 했으리라.

당시 나루 자리에 세워진 비석. '마오쩌둥이 여기에서 강을 건너다'라고 쓰여 있다.

현지 조사 때 내가 자주 묵었던 '마오타이 인가객잔'

밤에 등이 켜진 홍군교红军桥

05　라이마오 13년

나는 블렌딩을 할 줄 안다.

—라이융추

어디에서나 '마오타이주'

홍군이 적수하를 세 차례 건넌 이후, 마오타이진은 옛 질서를 되찾았다. 그후 수년간, 화씨 집안과 왕씨 집안 모두 변화가 생겼다.

전통 염업의 쇠퇴로 화씨 집안의 상업판도는 크게 축소되었다. 말년의 화즈훙은 예불에 전념했고, 경영은 모두 아들 화원취에게 맡겼다. 그러나 화원취는 서생으로, 오직 문통서점文通书局에만 관심이 있었고, 10여 년 동안 마오타이진에 온 적이 없었다. '화마오'의 연간 생산량은 줄곧 8,000~9,000근에 머물렀다.

화원취가 훗날 회고한 자료에 생산 확대와 관련된 내용이 기록되어 있었다.

1944년, 나는 중경 문통서점에서 출판 업무를 보고 있었는데,

갑자기 성의소주방 지배인에게서 전보를 받았다. 소주방에 불이 나서 지상 건물 반 이상이 불에 탔는데, 다행히 저장된 술이 많지 않아 술 저장고는 보존될 수 있었다고 했다. 놀란 나는 즉시 전보로 자금을 신속히 마련해 복구할 것을 지시했고, 동시에 이 기회에 생산설비를 확장하고, 연간 생산 목표를 10만 근으로 잡도록 했다. 이에 따라 공장은 확장되었으나, 여건의 한계로 원료를 대량 구매하지 못해, 실제 연간 생산량은 겨우 4만 근까지 증가하는 데 그쳤다. 그래도 이 수치는 성의가 수십 년 동안 기록한 생산량 중 가장 높은 수치였다.[33]

왕씨 집안의 상황은 조금 더 복잡했다. 왕립부가 1931년 세상을 떠나고, 외아들 왕청쥔이 가업을 이었다. 그는 양복을 즐겨 입는 신식 인물로, 거칠고 고된 주조업에는 별로 흥미가 없었다. 결국 소주방의 영업은 석영소* 가문에 맡겼고, 석영소의 손자 왕저성王澤生이 오랜 기간 영화를 실질적으로 운영하다가, 1936년에는 왕청쥔을 밀어내고 전 지분을 독차지하게 된다. 이후 영화의 연간 생산량은 2만~4만 근 수준을 유지했다.

중화민국 중후기에 마오타이주를 양조하는 소주방을 열었다면, 1년 수익은 얼마나 됐을까? 『마오타이주 공장지茅台酒厂厂志』에

---

* 　석영소는 본래 성이 왕王으로, 어렸을 때 석씨 집안의 대를 잇기 위해 보내졌다가, 나중에 원래의 성으로 복귀했고, 후대에도 성을 왕으로 했다. 왕립부와 석영소는 혈연관계가 없다.(저자 주)

1939년 영화소주방의 지배인이 주인에게 제출한 재무 보고서가
보존되어 있다. 그 명세는 다음과 같다.

> 수입항목: 해당 연도 주조량 2만 근, 근당 판매가 1은원, 총수
> 입 2만 은원.
>
> 지출항목: 양곡 구매 12만 근, 근당 0.0167은원, 총 2,004은원,
> 소모 연료 13만 근, 근당 0.011은원, 총 1,430은원, 술병 2만 개,
> 개당 0.05은원, 총 1,000은원, 인건비 780은원. 이상 총지출
> 5,214은원.
>
> 연간 순이익 1만 4,786은원.

영화소주방 창립 당시, 세 집안 주주가 총 600냥의 백은白銀을
투자했다(1은원은 대략 백은 0.7냥). 이후 해마다 발효구덩이나 술
창고를 새로 만드는 등 고정자산에 약간의 투자가 있었지만, 투
자 규모는 제한적이었다. 다만 계산하기 까다로운 항목은 세금
이었다. 중화민국 시기는 세금 종류가 매우 복잡했고, 각종 잡세
와 부과금이 뒤섞여 실질적인 총 세율은 약 30~40%에 달했다.

이런 조건들을 바탕으로 계산해보면, 마오타이주 사업의 투자
회수율과 이윤율은 매우 놀랍다. 투자 기준으로 보면 기본적으
로 1년이면 원금을 회수할 수 있었고, 이후부터는 연간 수익률이
50~70%에 달했다.

이처럼 높은 수익률 덕분에, 마오타이주의 명성이 점점 퍼지면
서 귀주성 안에는 마오타이주를 만드는 곳이 우후죽순 생겨났다.

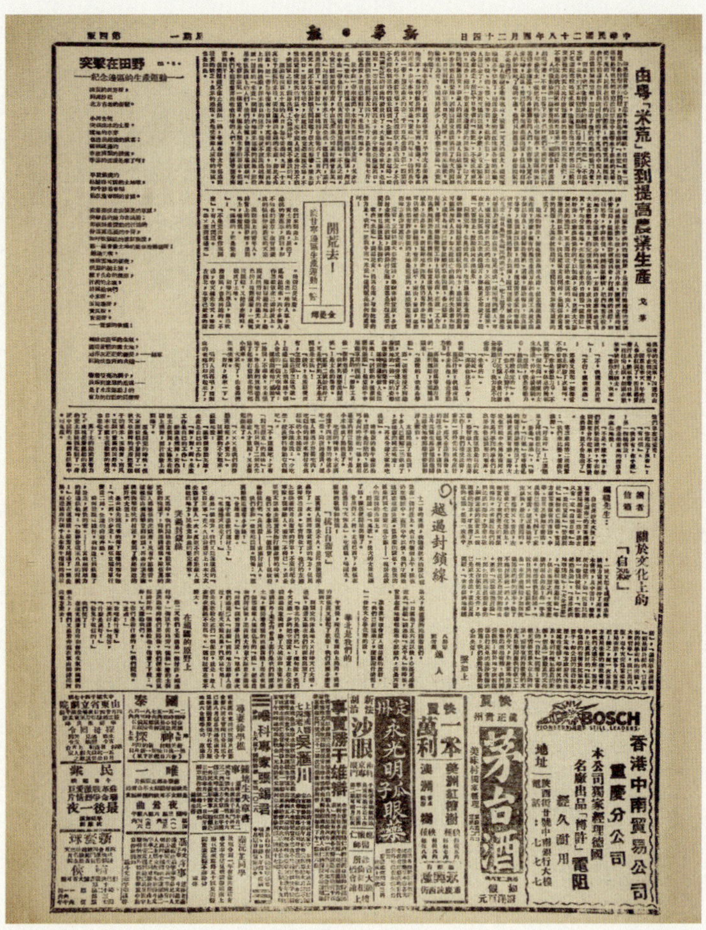

1939년 '왕마오'에서 〈신화일보新华日报〉에 실은 마오타이주 광고. '미미촌美味村에서 독점 경영하는 진정한 귀주 마오타이주를 사러 오세요. 가짜면 은화 100위안을 돌려드립니다.'

1930년대에만 해도 20여 개의 브랜드가 생겨났다. 예를 들면, 귀양 태화장泰和庄, 영태荣泰 마오주 등이다. 복천福泉의 한 공장은 아예 이름을 노골적으로 '귀주마오주공장'이라 붙이기도 했다.

사천 고린현의 이랑진二郎镇은 마오타이진에서 약 40킬로미터 떨어진 곳이다. 장광사가 적수하를 준설한 이후, 이곳 역시 소금 운송의 중심지로 번창했다. 1904년, 덩휘촨鄧惠川이라는 인물이 서지주창絮志酒厂이라는 주조장을 세우고, 처음에는 노주의 잡곡 양조법을 사용해 술을 만들었다. 그러나 1924년경 마오타이주의 명성이 높아지자, 마오타이의 양조 기술을 전면적으로 도입해 술을 빚고, 이름도 '회사랑주回沙郎酒'로 바꾸었다. 주조장 이름 도 혜천조방惠川糟房으로 개칭했다. 1933년, 목재 상인인 뢰사오 칭雷绍清이 자금을 모아 집의주창集义酒厂을 세웠는데, 역시 마오 타이 양조법을 채택했다. 어느 해인가, 성의소주방에 큰 화재가 발생해 발효구덩이가 모두 무너졌는데, 뢰사오칭은 이를 기회삼 아 성의소주방에서 총주사总酒师(당시 호칭은 '장화사掌火师')였던 정郑 씨를 이랑진으로 영입했다. 이후 그가 새롭게 만든 술은 '랑 주'라는 이름으로 출시되었다. 〈사천경제지四川经济志〉에 따르면, 중일전쟁 이전 랑주의 근당 판매가는 0.6~0.7은원으로, 성의나 영화보다는 약간 낮았지만, 연간 출하량은 40톤에 달해 성의와 영화를 합친 양보다도 훨씬 많았다.

1936년, 라이융추라는 인물이 마오타이주에 발을 들여놓으면 서, 드디어 마오타이진의 양조업은 한 단계 도약하게 된다.

라이마오의 탄생

중화민국 시기 귀주 상업계에서 라이융추는 화련휘에 이어 가 장 큰 명성을 얻은 실업가였다. 그는 1980년에 「내가 '라이마오' 마오타이주를 만든 과정」이라는 구술 회고를 남겼고, 여기에 관련 사료가 비교적 상세히 담겨 있다.

라이융추의 본적은 복건福建으로, 그의 부친은 귀양 대남문大南门에서 '뇌흥룽賴兴隆'이라는 잡화점을 운영 했다. 1924년, 라이융추가 가업을 이 어받은 뒤, 금융업에 집중하면서 사 업 방향을 바꾸었다. 그는 비범한 상 업 감각을 지녔고, 덕분에 사업은 날 로 번창했다. 이후 아편으로까지 사 업을 확장해, 운남과 귀주의 아편을 '조주방潮州帮'이라는 조직을 통해 한

라이융추(1902~1981)

구, 상해, 광주 등지로 유통시켰다. 그에 따라 그의 금융업도 운 남, 광서, 사천으로 뻗어나갔다. 라이융추는 단기간에 30만 은 원이 넘는 자산을 쌓아, 귀주에서 제일가는 청년 상인이 되었다. 하지만 그의 명성은 그다지 좋은 편이 아니었다. 아편은 곧 마약 이었고, 많은 사람들이 그가 번 돈은 도덕적이지 않고 국난을 틈 타 챙긴 돈이라며 업신여겼다.

1936년, 저우빙헝周秉衡이라는 상인이 라이융추를 찾아와 협업 을 제안했다. 저우빙헝에게는 두 가지 사업이 있었는데, 하나는 삼합현三合县의 안티몬 광산, 다른 하나는 마오타이진의 형창衡昌 소주방이었다. 형창소주방은 "연간 약 1~2만 근을 생산했는데, 현지나 귀양의 일반 술과 비교해 품질이 별로 좋지 않았기 때문 에 판매가 부진했다".[34]

1985년, 항흥소주방 옛터에 지은 1작업장 2호 생산실. '마오주고교茅酒古窖'라는 간판을 달았다.

라이융추는 자신의 부정적인 이미지를 씻기 위해 실업에 본격적으로 뛰어들 결심을 하고, 저우빙형과 공동 투자로 귀양대흥실업회사贵阳大兴实业公司를 설립했다. 라이융추가 6만 은원을 출자하고, 저우빙형이 형창소주방을 1만 5,000은원, 안티몬 광산을 5,000은원으로 평가해 총 자본금 8만 은원으로 공동 경영을 시작했다. 5년 뒤 라이융추는 다시 1만 은원을 투자하며 저우빙형을 사업에서 물러나게 했고, 소주방 이름을 항흥恒兴으로 바꾼 뒤 술 제조에 본격적으로 힘을 쏟기 시작했다.

'화마오'와 '왕마오'가 민간에서 자연스럽게 붙은 이름이었다면, '라이마오'는 탄생 첫날부터 정식으로 등록된 브랜드였다. 라이융추는 회고록에서 이 이름이 어떻게 떠올랐는지를 다음과 같이 설명했다.

어느 날 식당에서 밥을 먹는데, 옆 테이블에서 싸움이 일어났다. 알고 보니 쌍방이 시권猜拳*을 했는데, 진 사람이 술을 마

---

*　　가위바위보를 하듯 여럿이 동시에 손을 내밀면서 입으로 숫자를 말하여, 펴진 손가락의 개수를 맞힌 쪽이 이기는 놀이의 일종.(역자 주)

시지 않고 버티며 '라이마오賴毛'[*] 한다면서, 한쪽이 술을 상대방의 머리 위에 부었다. (……) 나중에 집에 돌아와서 생각하니, 술을 마시다가 싸우고 손해배상을 하는 게 '라이마오' 때문이라는데, '라이마오'라는 말에서 나는 라이賴 성을 가진 마오타이주를 연상했다. 그렇다면 바로 '라이마오賴茅'가 아닌가. 상표로도 딱 어울리고, 사람들의 주목도 끌 수 있을 듯했다. 곰곰 생각해본 뒤 '라이마오'를 상표로 하기로 결정하고, 고심 끝에 주조장 이름은 그대로 '항흥'으로 두고, 술 이름만 '라이마오'로 했다. 다른 마오타이주와 다르다는 것을 강조하고자 했으며, 상표에는 '대붕大鵬' 문양을 넣어 큰 뜻을 상징하게 했다. 여기에 '과학연구' 등의 문구도 더했다.

신중을 기하기 위해, 당시 홍콩에서 운영하던 금융 지점으로 견본을 보내 상표 20만 세트를 인쇄하게 했고, 기존의 마오타이주에도 이를 붙였다. 그래도 누군가가 위조할까봐 안심이 되지 않아, 당시 귀양의 유명한 변호사 마페이중馬培忠을 법률고문으로 선임했다. 변호사를 통해 신문에 '라이마오' 상표 보호 공고를 개재했고, 만약 위조품이 발견되면 법적으로 단호히 대응하겠다고 선언했다.[35]

라이융추의 이 구술은 매우 생동감 있고 구체적이다. 아이디어가 떠오른 순간부터 상표등록, 홍콩에서의 라벨 제작, 변호사

---

[*]   '시치미를 떼다' '뻔뻔하다'를 뜻하는 서주徐州 방언.(역자 주)

1930년대 항흥소주방 대문

를 통한 상표권 보호에 이르기까지 일련의 능숙한 과정은 그가 이미 현대적 상업 운영의 기본 소양을 갖추었음을 보여준다.

그가 홍콩에서 인쇄해 온 라벨은 컬러 인쇄를 채택하여, 종이의 질이나 디자인의 창의성 면에서 모두 성의나 영화보다 한층 높은 수준을 자랑했다. '라이마오'라는 글자 아래에는 라틴 알파벳 표기 'RayMau'가 병기되어 있었고, 상표인 '대붕'은 지구본을 배경으로 하여 'TRADE MARK'라는 영문과 함께 국제적인 이미지를 더했다. 술병의 뒷면 라벨에는 마오타이진이 '유명한 술 생산지'임을 명시하고, "전통적인 회사回沙 방식에 과학적 개선을 더해 양조하였으며, 발효 후에는 향이 풍부하고 맛이 순수

중화민국 시기의 라이마오 상표 　　중화인민공화국 수립 이후의 라이마오 상표

하며 조화롭다. 국산 명주는 물론 외국산 고급 주류와 비교해도 손색이 없다"라는 문구로 제품의 품질을 강조했다.

　이후 상표를 한 차례 개정할 때는 '최신 과학 기술로 양조' 했다는 문구를 특별히 강조해, 왕마오나 화마오 같은 '전통 공법' 기반의 경쟁 제품과 차별화를 꾀했다. 나는 지커량에게 이 '최신 과학 기술'이 실제로 무엇이었는지 물은 적이 있다. 그는 웃으며 "그냥 광고 문구였지요"라고 답했다.

　라이융추는 술병의 재질에 대해서도 깊이 있는 고민을 했다.

　출고할 때는 반드시 토병을 사용해야 한다. 보기에는 세련되지

라이융추가 설계한 병. 마오타이주 병의 기본 디자인으로 정해졌으며, 후세에 '마오형병'
이라고 일컬어졌다.

않지만, 술의 맛과 향이 오랫동안 변질되지 않고 보존된다. 유리병은 보기에는 예쁘지만 햇빛에 두면 술이 증발하고 맛이 변한다. 그래서 우리는 포장을 쉽게 바꾸지 못했던 것이다.[36]

라이융추는 이후 술병 디자인을 대담하게 개혁했다. '라이마오'는 배가 볼록한 기존의 모양에서 탈피해, 원통형 도기병을 도입했다. 병 윗부분은 평평하고 주둥이는 작으며, 몸통 전체는 원기둥 형태로, 진한 갈색 유약이 칠해져 있었다. 이 디자인은 매끈하고 단단하며, 다른 제품과 차별화되어 눈에 잘 띄었다. 이는 마오타이 술병의 기본 디자인으로 자리잡았고, '마오형병茅形瓶'이라 일컬어졌다. 중화인민공화국 수립 이후, 마오타이주 공장은 경덕진景德镇에서 생산한 유백색 병으로 바꾸었는데, 모양은 여전히 '라이마오'에서 정립한 전형적인 형상을 따랐다.

라이융추: 블렌딩의 감각을 지닌 상인

한번은 저우산룽과 함께 마오타이주의 초기 역사에 대해 이야기를 나눈 적이 있었다. 화·왕·라이 세 가문 창립자들 중에서, 제품을 연구한 사람은 라이융추가 유일하다는 데 우리 둘 다 의견을 같이했다. 사실 라이융추는 평생에 단 한 번만 마오타이진에 다녀왔을 뿐이지만, 품질에 대한 그의 태도는 지극히 진지했다.

그는 자신의 구술기록에서 이렇게 말했다.

당시 귀주에는 도적떼가 많고 길도 험했다. 그래서 나는 매니저였던 거즈청葛志澄과 수석 주사 정鄭에게 우리 공장에서 만든 새 술, 숙성된 술, 폭주爆酒 각 10근씩을 귀양으로 보내달라고 했다. 내가 석 달 동안 직접 연구하고 블렌딩했으며, 술 마시는 친구들에게도 시음을 부탁하고 평가를 받았다. 그런 과정을 거쳐 내 방식대로 술을 빚으라고 지시했고, 우선 그렇게 만든 1,000병을 귀양으로 보내 시험 판매했더니 반응이 좋았다. 이후로도 계속 내 방식을 따랐다.[37]

라이융추는 술을 품평하는 데 자기만의 기준이 있었다. "술이 폭발하듯 맵거나 목을 꽉 조르듯 거칠지 않아야 한다. 반드시 입으로 직접 맛을 보고, 입안에서 혀로 굴리며 맛을 음미해야 한다. 그렇게 스무 번 이상 굴려본 뒤에도 맛이 살아 있어야 비로소 합격이다."[38]

마오타이주 공장의 첫 기술 부공장장이었던 정이싱은 당시 '라이마오'의 수석 품주사였다. 정이싱의 회고에 따르면, 어느 날 귀양에서 라이융추와 함께 술을 시음하며 등급을 매겼는데, 그가 어느 배치의 새 술에 불만을 드러내며 이를 2등급으로 평가했다. 정이싱은 이 술을 가지고 돌아가서 예전 술을 섞어 다시 블렌딩했고, 다음날 다시 라이융추에게 시음하게 했다. 라이융추는 그것이 어제 마신 그 술임을 전혀 알아차리지 못한 채, 우등으로 평가했다. 정이싱은 이 일화를 통해 블렌딩의 중요성을 강조했고, 동시에 라이융추가 당시 라이마오의 품질관리에 실제로 깊이 관여했음을 보여주었다.

라이융추는 자신의 블렌딩 실력에 줄곧 강한 자부심을 가지고 있었다. 1979년, 만년에 접어든 그는 정부에 보고서를 올려 마오타이주 공장에 돌아가 작업에 참여하고 싶다는 뜻을 밝혔다. 이에 귀주성 경공업청은 세 사람을 라이융추의 집으로 파견해 상황을 확인하게 했는데, 그중 한 명이 바로 훗날 마오타이의 거장이 되는 지커량이었다. 라이융추에게 어떤 부문에 자신이 있느냐고 묻자, 그는 주저 없이 "나는 블렌딩을 할 줄 압니다"라고 답했다.

지커량의 시각에서 보면, 라이융추의 블렌딩 기술은 다소 아마추어적인 수준이었을지도 모른다. 그러나 1940년대 항흥소주방에서, 대표가 이토록 술의 품질을 중시하고 철저히 관리했다는 점은, 매니저와 품주사들의 태도에도 큰 영향을 미쳤음에 틀림없다. 후대 연구자들 대부분은 '라이마오'의 품질이 '화마오'보다는 약간 떨어졌지만 '왕마오'보다는 확실히 우수했다는 데 의견을 모은다.

'라이마오'의 양조 공정은 '화마오'나 '왕마오'와 약간 달랐다. 사용된 원료 비율을 보면, 술 1근을 빚어내는 데 수수 2근과 밀 3근을 사용했는데, 이는 '화마오'의 6:1보다 낮은 5:1의 출주율이었다. 또한 누룩을 만들 때 약재를 더하는 것이 특징이었다. 라이융추의 기록에 따르면, "밀로 누룩을 만들 때 품주사가 약재를 넣는데, 품주사마다 대대로 전해내려온 가문의 비방이 있었다. 우리집의 약재에는 계피와 파암향巴巖香 등을 넣었다"고 되어 있다. 이후 세대의 마오타이주는 이런 절차를 생략함으로써 전통 방식과는 차이를 보이게 되었다.

공항과 영화관에서 마오타이주를 홍보하다

라이융추는 전액 출자해 항흥을 인수한 뒤, 발효구덩이를 6개에서 23개로 늘리고, 연간 생산량도 2만 근에서 점차 증가시켜, 전성기였던 1945년에는 연 13만 근에 달했다. 그해 성의의 생산량은 약 1만 근, 영화는 약 6,000근 수준이었으므로, 항흥은 명실상부 마오타이진에서 가장 큰 양조장이 되었다.

라이융추는 마케팅 감각이 뛰어나서 신선한 시도를 많이 했다. 1940년대 후반, 귀주 외 지역 소비자들에게 마오타이주가 널리 알려지고 인정받게 된 데에는 '라이마오'의 역할이 컸으며, 한때는 '라이마오'가 곧 마오타이주를 뜻할 정도였다.

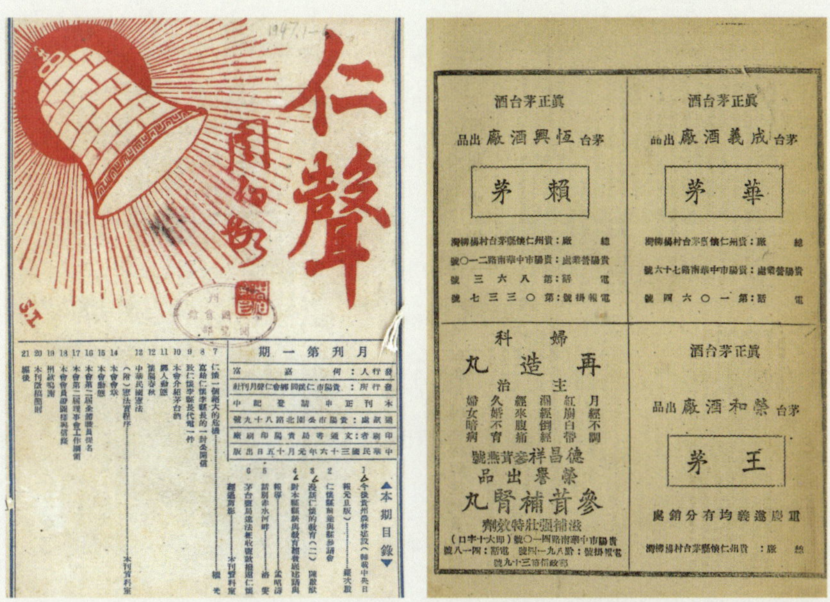

1947년 월간지 〈인성仁声〉에 실린 '삼마오三茅' 광고. 같은 쪽에서 셋 모두 자기가 '진정한 마오타이주'라고 주장한다.

항홍 이전, 성의와 영화는 대부분 소금 점포와 서점을 통해 술을 판매했다. 성의는 주로 준의와 귀양, 영화는 중경과 장강 중류 지역에 판로를 구축했다. 반면, 라이융추는 '라이마오'를 위해 독립적인 유통망을 구축했다. 귀양에 본점을 세우고, 한구, 장사長沙, 광주, 상해 등 10여 개 도시에 직영점과 계약 대리점을 설치했으며, 귀양에서 각지로 파견한 매니저가 160명을 넘기도 했다.

'라이마오' 판로를 넓히기 위해, 라이융추는 먼저 신문에 광고를 실었고, 대도시에서 '1+1' 판촉 행사를 벌이기도 했다. 여기에 더해 참신한 아이디어도 다양하게 도입했다. 예를 들면, 짤막한 광고 영상을 촬영해 영화관에서 상영하고, 시음용으로 작은 병에 라이마오주를 담아 전국 각지의 공항이나 항구 등에서 사람들에게 나눠주었다. 당시 신문을 읽고, 영화관에 가고, 공항을 이용하는 사람들은 대부분 도시의 지식인과 중산층이었다. 따라서 라이융추가 이러한 루트를 집중적으로 공략한 것은 그의 목표 소비자층이 명확했음을 보여준다.

바로 이러한 전략 덕분에, 마오타이주는 비록 당시 극도로 빈곤하고 외진 귀주 산간지역에서, 공항이나 영화관은커녕 글도 모르는 농민 양조자들이 만든 술임에도 불구하고, 현대적이고 고급스러운 브랜드 이미지를 유지하며 '전국 소주 가격의 왕'으로 자리매김할 수 있었다. 1947년을 전후하여 '라이마오'는 상해 시장에서 연간 2만 근이 판매되며 전체 판매량의 6분의 1을 차지했고, 홍콩에서도 매년 1,000근 이상이 팔렸다.

1940년대 중후반, 라이융추는 귀양시 참의원을 지냈고, 귀주은행의 총지배인을 역임했으며, 〈귀주상보貴州商报〉와 영초중학永初中学을 직접 자금을 들여 설립했다. 그는 당·정·군 각계에 '라이마오'를 널리 알리는 데 열성을 다했는데, 군벌 성장이었던 저우시청에 이어 가장 적극적인 인물이었다고 할 수 있다.

1947년 항흥소주방의 재무명세표를 보면, 이 양조장이 상당한 수익을 올렸음을 확인할 수 있다.

그해 항흥소주방에서 생산한 술 6만 5,000근(당시 몇 해 중 가장 적은 생산량), 1근당 시장 판매가 1.2은원, 총 생산액 7만 8,000위안. 사용한 수수 450섬(5,590위안), 밀 430섬(6,450위안), 석탄 50만 근(약 6,000위안), 술병 6만 5,000개(약 5,850위안), 고정자산 감가상각비 800위안. 정규직 근로자 26명, 연간 총급여 3,282위안(식비 포함), 관리비 4,750위안. 총원가 2만 8,772위안, 총이익 4만 9,228위안.[*]

1941년, 라이융추는 저우빙헝으로부터 양조장을 전면 인수하며 총 2만 5,000은원을 들였고, 이후 기반시설 확충에 쓴 돈은 정확히 확인할 수 없지만, 5,000은원을 넘지는 않았을 것으로 보인다. 다시 말해, 라이융추는 불과 1년 만에 투자금 전액을 회수하고도

[*]   원문에 실린 원가 합계에 오류가 있는 듯하지만, 세세한 명세서는 찾을 수 없었기 때문에 원문의 숫자를 그대로 실었다. 贵州省工商联合会, 「贵州茅台酒史」(『工商史料1』 文史资料出版社, 1980年)(저자 주)

충분한 이익을 남긴 셈이다.

'역사의 시간'은 다른 곳에 있었다

그날 나는 스스로에게 물었다. 만약 청나라 말기부터 중화민국 시기의 중국기업사를 쓴다면, 마오타이주를 그 안에 포함시킬 수 있을까? 곰곰이 생각해보니, 그러지 못할 것 같았다.

양무운동 이후 100여 년 동안 중국 상업 발전의 핵심은 수입 대체와 산업화 수용이었다. 마오쩌둥은 중국 산업 발전사에서 잊어서는 안 될 인물로 네 사람을 꼽았다. 중공업의 장지동, 경공업의 장젠, 화학공업의 판쉬둥范旭东, 교통운수업의 루쭤푸卢作孚이다.[39] 이들은 각자의 산업 분야에서 근본적인 혁신을 이끌었고, 외국 자본에 대등하게 경쟁할 수 있는 기반을 만들어냈다.

심지어 주류 산업조차도 그 변화의 양상은 새로운 산업의 도입, 기업 운영 방식의 혁신, 신기술의 탐색 등이었다.

1892년, 남양 화교 지도자 장필사张弼士는 은화 300만 냥을 투자해 연대烟台에 장유양조회사张裕酿酒公司를 설립하고 포도주 산업을 들여왔다. 1915년 파나마 만국박람회 당시, 북양 정부는 30여 명으로 구성된 '중화방미실업단'을 파견했는데, 장필사가 단장을 맡았다. 이 실업단은 미국 윌슨 대통령의 접견을 받았고, 1,500명이 참석한 중미 상업지도자 오찬회도 열렸다. 장유회사가 출품한 네 종류의 포도주는 모두 최고 등급의 금상을 수상했다.

1900년, 러시아 상인이 하얼빈에 브루블레프스키Wróblewski 맥주공장을 세워 맥주라는 새로운 술을 중국에 도입했다. 이어

1903년에는 영국과 독일 상인이 청도青島에 게르만맥주 청도주식회사를 설립했고, 연간 생산량은 2,000톤에 달했다. 이어 수십 년간 북경, 광주, 상해 등지에도 잇따라 맥주공장이 들어섰다.

중화민국 시기 대도시와 유행에 민감한 젊은 지식층 사이에서 포도주, 맥주, 커피는 현대적인 감성을 지닌 신식 생활의 상징이었다. 『하얼빈시지』를 보면, 마오타이주 한 병의 가격은 1은원으로 분주나 기타 고량주보다는 비쌌지만, 양주와 비교하면 저렴한 편이었다. 프랑스 샴페인은 병당 5.17은원, 프랑스 블랜디는 병당 3.50은원, 영국 위스키는 병당 3~5은원, 독일 흑맥주는 병당 0.67~1은원, 일본 청주는 병당 2.20은원이었다. 중화민국 시기의 하얼빈은 국제화 도시로, 술의 판매가로 보면, 양주가 훨씬 고급 주류로 여겨졌음을 알 수 있다.

전통 백주 산업에서, 산서의 분주 역시 현대화로의 탈바꿈을 시작했다. 1919년, 분양 지역 최대 주조장이던 '의천영义泉泳'은 주도적으로 진유분주회사晋裕汾酒公司를 설립했으며, 주주총회, 이사회, 감사회를 두어 동업자 중심의 낡은 경영 구조를 근본적으로 바꾸었다. 이는 중국 주류업계 최초의 주식회사였다. 주류 양조의 대가 양더링杨得龄은 '양조법 24결二十四诀酿制法'을 총정리하여 분주 양조의 전체 공정을 표준화했다. 1940년대 말, 산서 분주의 연간 생산량은 300톤에 달했다.

당시에는 별로 주목을 받지 못했지만 중요한 변화들도 일어나고 있었다.

벨기에와 네덜란드에서 미생물 균종 선별 배양을 공부한 팡신팡方心芳(1907~1992)은 백주 속 효모균을 연구했고, 누룩 제조와 양조에 관한 중국 최초의 과학논문을 썼다. 1933년, 그는 쑨쉐우孫學悟와 함께 행화촌에서 며칠간 현장 조사를 진행해「분주 양조에 사용되는 물과 그 발효 폐곡물 분석」「분주 양조 실태 보고서」를 완성했다. 이는 서양의 화학과학이 중국 전통 양조 기술과 처음으로 접목된 사례였다. 중국 민족 화학공업의 개척자인 판쉬둥은 그를 이렇게 평가했다. "팡신팡 선생이 마음속에 그리는 미생물은 소 한 마리보다도 크다. 그는 참된 목동이다."[40]

독일 베를린대학교 발효학부에서 맥주공업을 전공한 친한장은 귀국 후 강소江苏, 사천, 남경 등지의 대학에서 후학을 양성하며 중국 최초의 발효식품 과학 인재들을 길러냈다. 1948년에는 무석无锡에 있는 사립 강남대학江南大学에 농산품제조과를 설립하고 학과장을 맡았으며, 이곳은 훗날 중국 식품과학·공학 학문의 중심지가 되었다.

동북의 저우헝강周恒剛(1918~2004)은 무순주창抚顺酒厂에서 '부국麸麴 양조 생산공정'을 개발하여, 전통 대국을 부국(밀기울로 만든 누룩)으로 대체했고, 이로써 동북 지역에서 백주의 대규모 생산체제를 가능하게 했다.

사천의 슝쯔수熊子书(1921~2019)는 노주소국泸州小麴을 조사하며, '전분질 원료로 술을 만들 때 적합한 미생물 선별 실험'을 수행했다.

현대 과학의 훈련을 받은 이 젊은이들은 완전히 새로운 시각에서 중국 소주를 탐구했고, 훗날 이 오랜 전통 산업을 재정의하고 새롭게 개조해나가게 된다.

프랑스의 역사학자 페르낭 브로델Fernand Braudel은 '역사의 시간'이라는 개념을 제시한 바 있다. 그의 생각에 따르면, 단순화된 세계지도 위의 특정 지점에서 발생한 사건들은, 그 시대 인류 문명이 도달한 가장 높은 수준을 대표한다. 이 개념은 인류 문명사에만 국한되지 않고, 지리적 국가나 산업 변혁에도 적용될 수 있다. 이러한 관점으로 동시기의 사건들을 함께 놓고 보면, 20세기 전반기에 '역사의 시간'은 마오타이진에 있지 않았음을 분명히 확인할 수 있다.

화련휘, 왕립부, 라이융추는 모두 한 발은 현대문명에, 다른 한 발은 여전히 낡은 질서에 딛고 있던 인물들이었다. 라이융추는 완전히 새로운 마케팅 방식을 도입했지만, '라이마오'의 기업 지배구조를 바꾸려는 시도는 하지 않았다. 그는 최신 과학기술로 마오타이주를 양조할 꿈을 꾸었지만, 그 이상은 나아가지 못하고 술병 뒷라벨에만 머물고 말았다.

시간은 앞으로도 느릿하고도 우회적인 궤적을 그리며 계속 흘러갈 것이다. 중국의 운명은 또하나의 새로운 서사구조 속으로 진입할 것이고, 그것이 몰고 올 변화는 모든 이들을 불시에 휘감게 될 것이다.

중편

1950년대 마오타이주 포장 현장

양조장 시대

1951~1978

06　세 소주방 합병

시간은 시작되었다.

—후펑胡风, 교향악식 장편시 「시간은 시작되었다时间开始了」(1949)

혁명이 가져온 서로 다른 운명

1949년 11월 15일, 귀양이 해방되었다. 라이융추는 영초중학의 학생들과 함께 손수 홍기紅旗를 만들어 해방군을 맞으러 나갔다. 이 장면은 카메라에 담겨 역사 자료로 남게 되었다.

그로부터 반 달쯤 앞서, 탈출을 앞둔 국민당 귀주성 정부 주석 구정룬谷正伦은 사람을 보내 라이융추를 찾았다. 그는 귀주은행의 모든 금을 대만으로 옮기라며 종용했고, 이를 위해 홍인현에 비행기 한 대까지 대기시켜두었다. 그러나 라이융추는 갖은 이유를 들어 이를 미루었고, 끝내는 귀양에 남기로 했다.

한편 화원취는 문통서점을 운영하면서 국내 지식계의 명사들과 활발히 교류했다. 그 가운데에는 주커전쓰可桢, 마오이성茅以升은 물론 좌익작가인 짱커자臧克家와 마오둔茅盾 등도 포함되어 있었다. 화원취는 일찍부터 혁명에 공감해 귀양의 지하당과도 자주 접촉했다.

해방군이 입성한 며칠 뒤, 라이융추와 화원취 등 귀양 상업계 인사들은 귀주성 초대 당서기 수전화苏振华와 접견했다. 수전화는 이들 상인들에게 "자유롭게 경영하고, 걱정을 덜어주며, 경제를 회복하자"고 당부했다. 이후 새

화원취

로 구성된 지방정부에서 화원취는 귀주성 인민정부 위원이자 공업청 부청장으로 임명되었고, 라이융추는 귀양시 정부 재정경제위원회 위원이 되었다.

1950년 9월, 귀주성은 국경절을 맞아 북경으로 향하는 참관단을 조직했고, 라이융추는 직접 라이마오 50병을 비행기에 실어 북경으로 가져갔다.

국경절 참관을 위해 북경에 갔을 때, 회인당怀仁堂 강당 안에 '라이마오' 병으로 만든 오성 두 개가 전시되어 있는 것을 보았다. 마오 주석, 주더 총사령관, 저우 총리가 우리 서남 대표단을 접견했다. 주 총사령관이 친히 우리에게 술을 권하며 말했다. "서남 지역 분들은 마오주를 좋아하지요? 그래서 준비해두었습니다." 그러고는 종업원을 불러 마오주를 가져오게 했다. 그 자리

에 있던 사람이 주 총사령관에게 나를 소개했다. "이분이 바로 라이융추 선생이십니다. 바로 그 '라이마오'의 주인이시지요." 주 총사령관이 정답게 웃으며 물었다. "왜 이름을 '라이마오'라고 했습니까?" 나는 말했다. "귀주에는 마오주를 만드는 곳이 많아 진짜도 있고 가짜도 있습니다. 그래서 제가 만든 마오주에는 제 성을 붙여 '라이마오'라 이름 지었습니다. 위조를 막기 위한 것이지요." 그러자 주 총사령관은 웃으면서 말했다. "당신은 '라이마오'라고 불리고, 나는 '주마오朱毛'라고 불립니다." 모두들 그 말에 웃음을 터뜨렸고, 총사령관은 다시 한번 우리에게 술을 따라준 뒤에야 자리를 떠났다.[41]

화원취와 라이융추는 모두 귀주 상업·교육계의 명사였고, 정치적으로도 새로운 정권에 호의적인 입장이었기에 해방 이후 당국으로부터 각별한 예우를 받았다. 반면, 평생 인회현을 벗어난 적이 없는 왕씨 집안은 다른 운명을 맞이했다.

해방군이 인회에 진입한 것은 1949년 11월 27일이었다. 당시 인회현 정부는 중추진에 있었다. 다음해 1월, 인회에서 반란이 발생했고, 1,000명이 넘는 비적이 모패진, 노반진魯班鎮, 마오타이진의 단창坛厂 등 여러 향진乡鎮을 공격했다. 이를 평정하는 작전은 1년 넘게 이어졌고, 크고 작은 전투가 300여 차례 벌어졌다. 1951년 2월, 토벌전의 막바지 단계에서, 영화소주방의 주인이자 왕저성의 아들인 왕빙첸王秉乾은 과거 국민당 시절 마오타이진의 진장鎮长을 지낸 전력이 있어, 비적과 내통한 죄로 은탄패银滩坝에

人民日報

向川黔發動強大攻勢
我軍解放貴陽
連克二十八城深入黔中川東
西南諸省殘匪已被攔腰斬斷

貴陽介紹

亞澳工會會議開幕
選出賽揚劉少奇等二十人爲主席團
將討論世界工聯在亞洲方面的活動及其今後任務、
亞洲各國工會工作、成立世界工聯亞澳聯絡局等報告

致亞澳工會會議賀電

全世界工人階級聯合起來！

社論

周恩來總理設宴
招待世界工聯執行局委員
及亞澳工會會議各國代表

蘇對外文協音樂處
招待我訪蘇代表團

1949년 11월 17일 귀양 해방에 관한 〈인민일보〉 보도서 총살당했다.

이처럼 중화인민공화국 수립 초기에 화·라이·왕 세 가문의 처지는 크게 달랐으며, 훗날 세 소주방이 합병될 때 가치 평가에 차이를 낳는 원인이 되었다.

'건국 연회'에서 누구의 술이 사용되었는가

중화인민공화국 건국 연회에서 어떤 백주가 사용되었는가? 이는 오랫동안 백주업계의 논쟁거리였다. 논쟁의 주인공은 분주와 마오타이주이다. 나는 두 기업을 직접 방문해 조사해보았으나, 명확한 결론을 내리기 어려웠다. 양측 모두 각자의 증거를 갖고 있었기 때문이다.

먼저, 분양에서 확인한 자료를 소개한다.

분양은 1948년 7월에 해방되었고, 그달에 의천영과 덕후성德厚成 두 주조장을 기반으로 국영 산서성 행화촌 분주공장이 설립되었다. 9월 중순에는 공장 가동이 재개되었다.

1949년 6월, 개국대전開國大典 조직위원회 부주임이자 북경시 당서기였던 펑전은 "국내외에서 명성이 높은 분주를 북경으로 보내 제1회 정치협상회의 연회에 사용할 것"을 지시했다. 이에 따라 공장은 네 차례에 걸쳐 총 500근이 넘는 분주를 북경으로 운송했다.

그 후 7월 8일, 정무원 소속 기관 사무관리국장 위신칭余心淸은 〈향후 접대 업무 개선 방안〉이라는 보고서를 저우언라이 총리에게 제출했다. 이 보고서 제4항에서는 접대용 주류에 대해 다음과 같이 제안했다. "술은 국산 포도주, 소흥주, 맥주, 연대 장유회사張裕公司의 브랜디, 북경 대희회사大喜公司의 샴페인을 사용하고, 만약 도수 높은 술이 필요하다면 분주를 사용한다." 이에 저우 총리는 해당 항목 아래에 "탄산수 또한 국산을 사용하고, 술은 많을 필요 없다"[42]고 직접 지시를 남겼다. 문서 첫 장에는 큰 글자로 이렇게 강조했다. "모든 접대는 반드시 국산품을 사용하며, 검소하고 절약해야 한다. 혁명정신과 각고전투의 마음가짐을 잃고 화려하게 늘어놓아서는 안 된다."[43]

한편, 마오타이측에서는 북경에서 보내온 전보나 공문을 제시하지 못했다. 이는 개국대전이 열릴 당시 귀양은 아직 해방되지 않았기 때문이다. 그러나 일부 관계자들의 회고에 따르면, 마오타이주는 실제로 북경 개국대전 기간의 연회석에 등장한 것으로 확인된다.

보다 넓은 의미에서 '건국 연회'로 볼 수 있는 자리는 사실 세 차례 있었다.

그 첫번째는 1949년 9월 30일 저녁에 열린 중국인민정치협상회의 제1차 전체회의의 폐막 만찬이다.

이 회의에서, 북평北平(북경으로 개명)을 수도로 정하고, 〈의용군행진곡〉을 국가國歌로, 오성홍기를 국기로 채택하는 등 국가 수립의 핵심 사안들이 결정되었으며, 마오쩌둥이 중앙인민정부 주석으로 선출되었다. 이로써 제1회 중앙인민정부 위원 명단이 확정되었다. 그날 저녁, 북경호텔에서 국가 연회가 열렸고, 마오쩌둥을 포함한 662명의 대표 전원이 참석했다.

북경호텔 주방장의 회고에 따르면, 그날 연회는 회양淮揚 지역 요리가 중심이었고, 사용된 술은 소흥주, 분주, 죽엽청竹叶青이었다. 그러나 마오타이주를 마셨다고 기억하는 사람도 있었다. 친한장의 구술에 따르면 다음과 같다.

> 마오 주석이 북경에서 제1차 정치협상회의를 소집했을 때, 연회에서 마오타이주로 건배를 올렸다. 내 친형이 그 자리에 있었다.[44]

둘째는, 1949년 10월 1일 개국대전 직전에 열린 국빈 연회였다. 이 연회는 회인당 대강당에서 개최되었으며, 마오쩌둥, 저우언라이 등 '5대 서기'가 개국대전을 참관하기 위해 북경을 찾은 국제 우호 인사, 민주인사, 각계 대표를 접대했다.

마오쩌둥의 주치의를 맡았던 왕허빈王鶴濱은 회고록에서 당시 상황을 다음과 같이 기록했다.

> 회인당 홀에는 연회용 식탁이 이미 준비되어 있었고, 중국의 명주 마오타이 백주와 통화通化 적포도주가 한 병씩 식탁 한 쪽에 놓여 있었다. 손님들을 맞이할 채비가 다 끝나 있었다. (······)
>
> 중앙의 다섯 서기들이 혹여나 컨디션 문제로 천안문 성루에 오르지 못하는 사태가 생기지 않도록 만전을 기해야 했다. 연회가 막 시작될 무렵, 회인당 동남쪽 복도 입구에 서 있던 왕둥싱

汪东兴(중앙경호처 처장)과 리푸쿤李福坤(부처장)이 나를 불렀다. 리푸쿤이 목소리를 낮추어 말했다. "중앙 지도자들이 술을 너무 많이 마셔 천안문에 오르지 못하는 일이 있어선 안 됩니다. 무슨 일이 있어도 한 사람도 취해 쓰러져서는 안 되니 방법을 좀 생각해봐주십시오!"

나는 깊이 생각할 여유가 없었다. 연회가 막 시작되려고 했기 때문이었다……

그래도 끝내 방법을 찾아냈다. 시간이 없어 바로 실행에 옮겨야 했다. 포도주는 차로, 백주는 끓인 물로 바꿔서 지도자들께 드리면 '취해 쓰러지는' 일은 없을 것이었다. 나는 이 '즉석 발명'을 왕둥싱과 리푸쿤에게 긴급 보고했고, 양상쿤杨尚昆 주석의 승인을 얻은 뒤 실행에 들어갔다. 우리는 막 술을 다 비운 빈 병을 이용해 '특제' 마오타이와 통화 포도주 몇 병을 재빨리 준비했고, 몇몇 경호 책임자들과 함께 '웨이터'가 되어 지도자들의 잔에 이 '특제 명주'를 따랐다.[45]

왕허빈의 이 흥미로운 '비밀 폭로'는 개국대전 직전 연회에 실제로 마오타이주가 사용되었음을 보여준다. 다만, 지도자들이 마신 것은 모두 그들이 바꿔치기한 끓인 물이었다.

셋째는, 1949년 10월 1일 개국대전이 끝난 후에 열린 국경일 만찬 연회로, 북경호텔에서 열렸다. 이때는 마오쩌둥이 참석하지 않았고, 저우언라이가 주최를 맡았다.

제1차 정협회의와 개국대전 당시 경호를 담당했던 한 장군은 국경절 당일 저녁 열린 국빈 연회에서 마신 술은 마오타이주였다고 회고했다. 그는 그날의 경축 행사에 직접 참석했었다.

이처럼 여러 당사자의 회상을 종합해보면, 개국대전 기간 동안 분주와 마오타이주는 각각 다른 국빈 연회에 등장했으며, 경우에 따라서는 같은 연회에 함께 제공되었을 가능성도 있다.

공장 창립일

개국대전의 예포는 귀주 상공에서는 울려퍼지지 않았다. 1915년 파나마 만국박람회에서 수상했을 당시, 마오타이진 사람들은 이유도 모른 채 함께 들떴지만, 건국 연회에서 마오타이주가 사용되었다는 사실은 오랫동안 비밀로 남아 있었고, 마오타이 사람들과는 무관한 일처럼 보였다.

1950년의 인회는 혼란스러웠다. 한편으로는 비적의 위협이 여전해 수시로 전투 상태에 놓였고, 다른 한편으로는 상부의 정책 지시에 따라 여러 가지 개혁이 전개되었다. 정무원은 〈사영기업 임시조례〉 〈전국 세정 실시요칙〉 등 법령을 잇달아 제정하여 전국의 사영기업을 대상으로 소유제 개편을 단행했다. 그중 담배와 주류 산업은 국유 독점 운영 대상으로 분류되었고, 전국의 관련 기업들은 모두 인수 혹은 몰수 방식으로 국영화되었다. 유통 경로는 중앙에서 지방까지 이어지는 수직적 독점 유통 체계로 전환되었으며, 관할은 국가세무총국이 맡고, 실무는 경공업부 소속이 되었다.

1951년, 비적 소탕 작업이 마무리되자 정부는 마오타이진 내 몇몇 소주방을 국유화하기 시작했다. 같은 해 11월, 정부는 화원취로부터 성의소주방을 1억 3,000만 위안에 인수했다. 자료에 따르면, 이 소주방은 10월 18일 생산을 재개했고, 다음해 1월까지 수수 약 34만 7,000근을 소비했으며, 실제 술 생산량은 10만 2,300근이었다.

1952년 2월에는 왕씨 집안의 영화소주방을 500만 위안에 인수했다.

당시 화폐가치로 보면, 1만 위안은 중화민국 시기의 1은원에 해당한다. 이를 환산해보면 성의소주방의 인수 가격은 대략 1년간의 수익에 해당했으나, 영화소주방은 거의 몰수에 가까운 가격이었다.

가장 규모가 컸던 항흥소주방은 1953년 7월에야 2억 2,300만 위안으로 인수가 완료되었다. 이에 앞서 진행된 '삼반오반운동'* 기간 동안, 라이융추는 1952년 2월에 징역 10년형을 선고받았다.

이렇게 통합된 기업의 공식 명칭은 귀주성

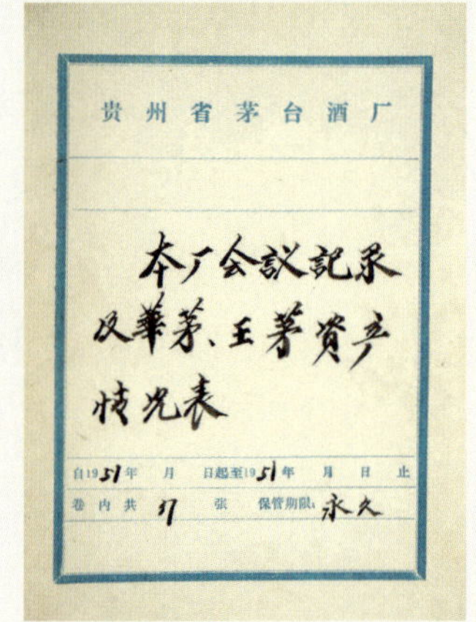

1951년 마오타이주 공장 회의 기록 및 화마오와 왕마오 자산 상황표

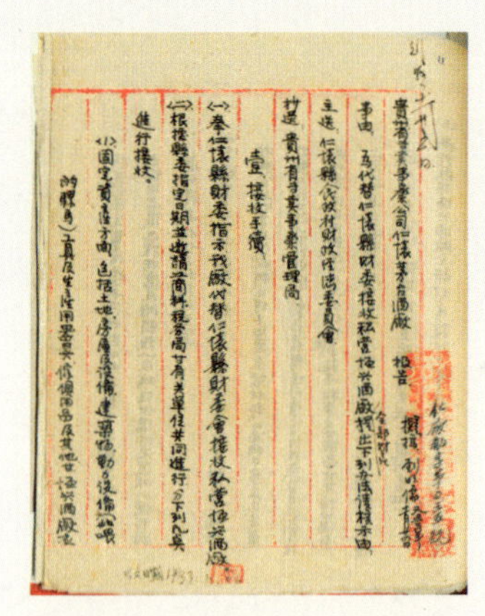

1952년 항흥 흡수를 알리는 업무 보고서

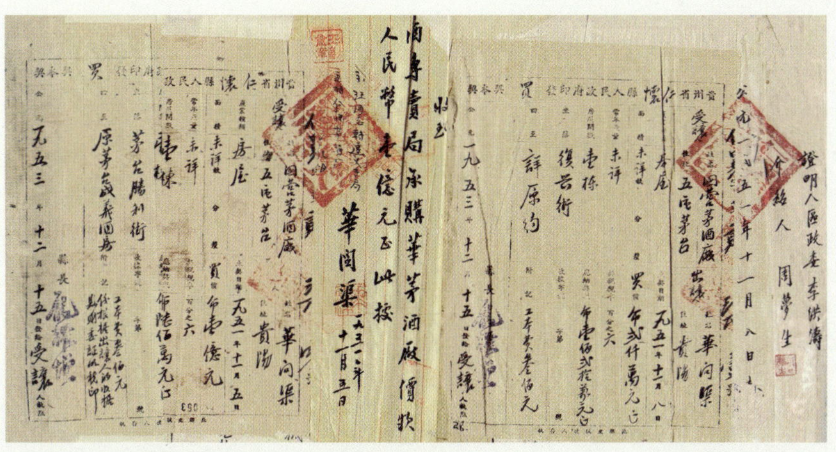

1951년 11월 성의소주방 매매 계약서

전매사업회사 인회 마오타이주 공장贵州省专卖事业公司仁怀茅台酒厂이
되었다.

따라서 마오타이주 공장의 창립 연도는 공식적으로는 1951년
이지만, 실제로는 세 곳의 소주방이 모두 통합된 1953년 7월이 진
정한 출발점이라 할 수 있다.

관리 체계 면에서 마오타이주 공장의 업무는 귀주성 전매사업
회사에 소속되었고, 산업 분류상으로는 귀주성 공업청에 소속되
었으며, 행정적으로는 준의시와 인회현 정부의 관할을 받았다.

이러한 새로운 지배 구조가 자리잡은 이후, 마오타이주 공장
에는 이전과는 전혀 다른 두 가지 변화가 일어났다.

첫째, 개인 자본이 완전히 배제되어 화·왕·라이 세 집안은 역
사 속으로 퇴장했다.

둘째, 시장 판매가 완전히 전매화되었다. 이는 이전까지 세 소

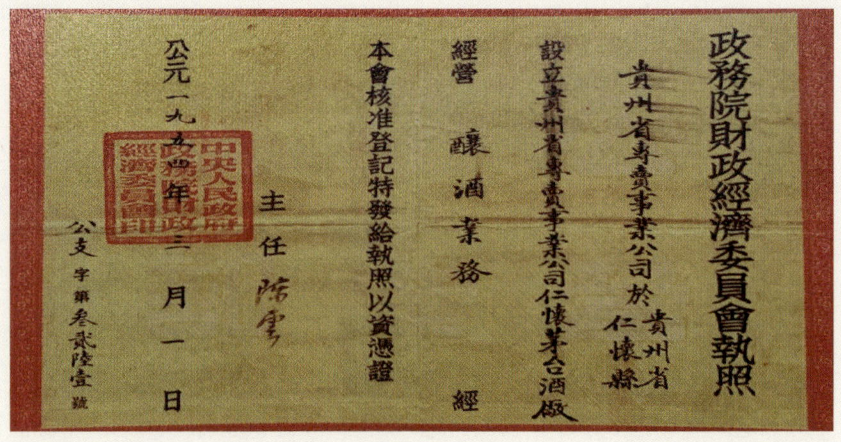

政務院財政經濟委員會執照

貴州省專賣事業公司於

貴州省

仁懷縣

設立貴州省專賣事業公司仁懷茅台酒廠

經營　釀酒業務

經

本會核准登記特發給執照以資憑證

主任　陳雲

公元一九五四年政務財政三月一日

公支字第叁貳陸壹號

1954년 마오타이주 공장 영업허가증

주방이 개별적으로 보유하던 유통망이 모두 정리되고, 마오타이주 공장이 순수한 생산 단위로만 기능하게 되었음을 의미한다. 이 상태는 1987년까지 지속되었다.

여기서 특별히 짚고 넘어갈 점이 있다. 1951년 국유화 계획이 시작될 당시, 마오타이주의 생산은 사실상 중단 상태에 있었다.

1948년, 서남 지역이 극심한 이상기후로 흉작을 겪으면서 국민당 귀주성 정부는 모든 주류 공장의 생산을 중단시켰고, 이미 발효된 술덧조차 그대로 두라고 명령했다. 1949년 말, 사천·귀주·운남 지역이 차례로 해방되었지만 식량 공급은 극도로 부족했으며, 서남국西南局을 책임지던 덩샤오핑은 "우선 식량을 확보하라"는 방침을 내렸다. 엄청난 곡물을 소비하면서도 필수품은 아닌 주류 산업은 장려 대상에서 제외되었다. 게다가 정세도 불안정하고 비적의 위협도 계속되었기 때문에 마오타이진의 소주방은 대부분의 시간을 휴업 상태로 보냈고, 양조 기술자들은 고향으로 돌아가 농사를 지었다. 1952년 정부가 영화소주방을 인수했을 당시, 발효구덩이는 이미 소금 창고로 바뀌어 있었다.

문서실에는 세 소주방 인수 당시의 물자 명세서가 지금도 보관되어 있다.

성의 자산: 토지 1,800평방척, 증류시설 2기, 발효구덩이 10개, 말 5필, 도구 일부, 탁자, 의자, 걸상, 목제 장롱 등.

영화 자산: 공장 부지 1,753평방척, 증류시설 1기, 발효구덩이 6개, 나귀 1필.

항흥 자산 : 생산실과 누룩실 33칸, 증류시설 2기, 발효구덩이 17개, 말 12필, 원숭이 1마리.

세 소주방이 통합된 이후, 마오타이주 공장의 건축 총면적은 약 4,000평방미터에 달했고, 발효구덩이 41개, 증류시설 5기, 찜기 5개, 맷돌 11개, 말과 나귀 35필, 각종 도구 및 솥, 쟁반, 그릇, 젓가락 등을 보유하게 되었다.

문서실에는 당시 공장 구역의 환경과 설비 상태에 대해 다음과 같은 기록이 남아 있다.

공장 구역 안에는 군데군데 텃밭이 있었고, 농민이 기르던 돼지, 소, 양, 닭, 개가 공장 안을 자유롭게 돌아다녔다. 작업장은 '천 개의 나무기둥이 땅에 박힌' 듯한 구조로, 청기와 지붕을 얹은 대형 가건물이었다. 근로자들의 숙소와 공장 사무실은 대부분 흙벽에 나무를 엮어 지은 구조였고, 일부는 못 쓰는 술병을 쌓아 벽을 만들고 그 위에 황토를 바르기도 했다. 지붕은 삼나무 껍질과 기름 먹인 천막으로 덮은 곳도 있었다. 공장 전체에 제대로 된 화장실은 하나도 없었다(흙구덩이 위에 나무판을 얹은 형태였다). (……) 생산용수 공급 시스템도 없었다. (……) 6월의 뜨거운 날씨에도 통풍 장치 하나 없었다. (……) 양곡과 석탄 등 생산 자재는 전부 근로자들이 직접 어깨에 지고 날랐으며, 때로는 황무지를 개간해 곡식을 재배하기도 했다.

이 모든 사실은, 새로 출범한 마오타이주 공장이 마치 쭈글쭈글한 낡은 도면 위에 다시 그려진 설계도처럼, 열악한 여건 속에서 재건되었음을 보여준다.

초대 공장장: '장 소대장'

사진을 보면 장싱중張兴忠(1921~2003)은 눈썹이 짙고 눈이 부리부리해, 한눈에 북방 출신임을 알 수 있는 인물이다. 산동山东 동아현东阿县 출신으로, 26세에 입대해 회해淮海 전투와 도강 전투에 참전했고, 뛰어난 사격 솜씨로 유명한 명사수였다. 1950년 7월에는 부대와 함께 인회로 와서 반란을 진압했고, 이후 전역하여 지방 소금유통처에서 근무했다. 부대에서 소대장을 맡았기에(실제로는 부대대장급이었으나), 모두가 그를 '장 소대장'이라 불렀다.

장 소대장은 성격이 호쾌하고 주량도 셌다. 고향에서는 친구

1953년 2월, 항흥소주방 흡수를 선포하는 장싱중

와 함께 현지의 술 11근을 마신 일화도 전해진다. 그는 기업을 운영해본 경험은 없었지만, 관리자로서의 자질에는 전혀 문제가 없었다.

1953년, 마오타이주 공장이 세 개의 소주방을 통합할 당시 직원은 39명뿐이었고, 발효구덩이 41개, 증류기 5기, 증류시설 5개가 있었다.

성의소주방이 양조를 재개한 날짜는 1951년 10월 18일이었고, 공장 문서실에 보관된 첫번째 원시자료는 그해 12월의 급여와 직급 평가 회의 내용이었다.

장싱중이 공장에 부임한 시점은 1951년 12월로, 그의 첫 업무는 영화소주방 인수였다.

그는 상부에 올린 보고서에 다음과 같이 밝혔다. "노동자들이 절차도 없이 원료와 연료를 마음대로 가져다 쓰고, 자재 배급이나 지출도 무질서하다. 70~80% 이상의 전표가 자체 작성한 간이 영수증이다. 회계장부에도 책임자의 서명이나 도장이 없다. 심지어 돼지가 곡물을 먹어도 관리자는 모르는 상황이다." 한마디로 "관리는 체계가 없고, 생산도 엉망이었다"는 것이다.

소주방 시절, 관리자와 노동자 사이에는 명확한 계급 차이가 있었다. 관리자는 장삼에 천신발을 신었고, 노동자는 짧은 상의에 짚신 차림이었다. 관계는 늘 긴장되고 대립적이었다. 공장은 큰 수익을 올렸지만, 노동자의 수입은 매우 낮았다. 소주방 세 곳의 증류노동자 월급은 단 1은원에 불과해, 겨우 쌀 세 말을 살 수 있는 정도였고, 노동 강도는 매우 높았다. 노동자 한 명이 하루에

마오타이주 공장 초대 공장장 장싱중(왼쪽)과 경호원

누룩 50근을 밟고, 증류를 7회 해야 했다. 한 번의 증류에 1시간 반이 걸리므로 하루 노동 시간은 무려 13~14시간에 달했다.

1979년에 집필된 『귀주 마오타이주 역사貴州茅台酒史』에는 당시 노동자들의 인터뷰가 다수 실려 있으며, 그 내용은 매우 생생하다. "집이 먼 사람은 공장 안 돼지우리나 마구간에서 가축들과 함께 자는 수밖에 없었다. 증류할 때는 깊은 밤까지 해야 끝이 나서 집에 돌아가지 못하는 날이 많았고, 여러 명이 좁은 대나무 광주리에 함께 들어가 잠을 청하기도 했다. 대부분은 돗자리를 깔고 거적을 덮었고, 솜옷을 입어본 적 없는 사람이 많았다. 입고 있는 홑옷도 기운 데가 수없이 많았고, 1년 내내 신발 없이 지내는 사람도 있었다." 1947년에는 성의소주방과 항흥소주방 모두에서 '작업복을 벗어던지고' 파업하며 임금 인상을 요구하는 사건이 있었다.

공장장이 된 장싱중은 지휘관과 병사가 평등하게 지내던 공산당 군대의 풍조를 그대로 공장에 가져왔다. 그는 노동자들과 같은 옷을 입고, 같은 식당에서 식사를 하며, 때때로 발효실에 들어가 누룩을 밟고 술을 증류하는 일을 함께 배우기도 했다. 여름철 수수가 익는 시기가 되면, 마을 곳곳을 다니며 다른 노동자들과 함께 수수를 지고 날랐다. 군복무 경험 덕분에 힘이 세서, 한 번 지는 곡식의 무게가 다른 사람보다 수십 근이나 더 많았다.

평소에는 노동자들을 모아 신문을 함께 읽고 학습하는 시간을 가졌다. 대부분의 나이든 노동자들이 글을 읽지 못해 듣다가 졸곤 했지만, 장싱중은 아랑곳하지 않고 끝까지 신문을 큰 소리로 읽고, 이어서 모두가 돌아가며 소감을 발표하도록 했다. 1950년대 초, 갓 출범한 신생 중국은 뜨거운 정치적 열정으로 가득차 있었고, 장싱중이 일하는 방식은 침체되어 있던 공장에 전에 없던 활기를 불어넣었다. 그는 한 보고서에 이렇게 적었다. "정치 학습 시간에 문건이나 〈인민일보〉 기사를 다 읽고 나면, 젊은 간부들의 얼굴엔 사명감이 넘쳐흘렀다."

마오타이주 공장 1기 직원 명단

공장의 체질 개선을 위해, 현에서는 간부 10여 명을 차례로 파견해 공장에서 함께 일하게 했고, 사회에서도 젊은 인력을 모집했다. 이들은 대체로 고등소학교 이상의 학력을 갖춘 사람들이었다. 장싱중은 이들을 바탕으로 공장 내에 단지부団支部와 당지부党支部를 조직했다. 초대 단지부 서기는 마오타이진 출신의 리싱파(1930~2000)였다. 그는 신식 소학교를 2년간 다닌 학력이 있으며, 1952년 초 공장에 채용되어 증류 작업을 맡았다. 바로 이 리싱파가 1964년에 마오타이주의 세 가지 대표적인 향미 체계를 발견한 인물이다.

공장 운영에서 가장 중요한 연중행사 중 하나는 바로 양곡 조달이었다. 이전의 소규모 소주방 시절에는 곡식을 들여오는 시기가

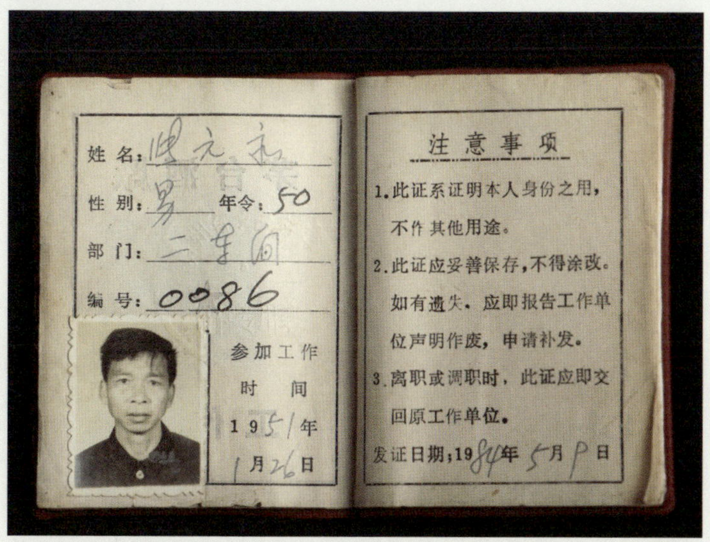

1기 직원 장위안융张元永의 직원증. 이 책을 집필하던 당시 공장 1기 직원 중 유일하게 생존해 있던 그를 찾아가 인터뷰했다. 2023년 10월 지병으로 세상을 떠났다.

1950년대, 공장 노동자가 누룩 덩어리를 운반하고 출고하는 모습. 당시는 물자 공급이 극히 열악하여, 노동자는 맨발로 일했고, 통일된 작업복 없이 낡은 군복이나 기운 옷을 입었다.

되면 세 곳이 노골적으로 경쟁했고, 머리가 깨지고 피가 날 정도로 다툼이 벌어지기도 했다. 왕가는 마오타이 지역의 대지주였기에 곡식 확보에 어려움이 없었지만, 다른 두 곳은 고생이 많았다. 라이융추가 항흥을 인수한 뒤 생산량을 확대하자, 성의는 영화와 손을 잡고 매입가를 높였다. 수십 년 후 라이융추는 이 시기의 일을 회고하며 여전히 분개하는 모습을 보였다고 한다.

1952년, 그해 술 생산 목표를 달성하려면 수수 34만 근과 밀 42만 근이 필요했다. 갓 부임한 장싱중은 이처럼 많은 곡식을 어디서 구할지 막막해했다. 이 소식을 들은 현 정부는 즉시 현 전체에 동원령을 내렸다. 당시 문서실에는 현장縣長 왕칭천王卿臣이 서명한 6월 2일자 '양곡징발령' 문서가 남아 있었다.

각 구區의 창고에 보관된 밀을 전량 마오타이주 공장에 공급한다. 각 구 사무소와 창고는 즉시 인력을 조직하여 곡식을 마오타이 창고로 운반하라. 6월 14일까지 모든 임무를 완수하며, 기한을 넘겨서는 안 된다.

이처럼 정부가 중앙집중적으로 곡식을 조달·운반하고, 대금은 추후 결제하는 방식은 이전에는 상상조차 할 수 없는 일이었다. 이는 당시 지방정부의 강력한 동원 능력을 보여주는 사례였다. 연말에는 술을 담을 용기가 부족해지자, 성 공업청에서 철통 120개를 한 번에 공급해주기도 했다.

1952년, 마오타이주 공장에는 직원 54명이 있었고, 발효구덩이는 3곳이었다. 술 생산량은 10만 2,300근에 달했고, 수수 34만 7,600근, 석탄 41만 5,400근을 사용했다. 총 생산액은 19만 7,000위안, 이익은 8,000위안, 납세금은 4만 위안이었다.[*] 장소대장은 '합격'이라 할 만한 성적표를 제출한 셈이다.

---

[*]　　여기에 나온 금액은 나중의 인민폐로 환산한 것이다.(저자 주)

1950년대, 공장 설립 초기 직원 가족 숙소

1950년대, 인회현에서 조직한 마차 부대. 마차와 우차는 당시 마오타이주 공장에서 양곡
과 석탄을 운반하는 데 매우 큰 역할을 했다.

07 '가장 특별한' 마오타이주

제네바회의에서 우리의 성공을 도운 것은 두 '타이(台)'였다.

—저우언라이

'국가 명주'가 된 마오타이

마오타이주는 중양절 무렵 곡물을 처음 투입해 생산에 들어가, 이듬해 1월 중순에 첫 증류를 시작한다. 공장은 이때부터 본격적인 증류 시기에 들어선다.

1952년 연말, 장싱중이 소주방에서 눈코 뜰 새 없이 바쁘게 일하고 있을 무렵, 북경에서 열린 제1회 전국주류품평회에서 마오타이주는 '국가 명주名酒'로 선정되었다. 그러나 뜻밖에도 당시 수상 사실을 증명할 전보나 신문 보도 자료를 문서 보관실에서는 찾을 수 없었다. 심지어 그해 공장의 연례 보고서에서도 장싱중은 이 일을 전혀 언급하지 않았다.

당시 25세였던 신하이팅辛海庭은 이 주류품평회의 실무 책임자 중 한 명이었는데, 현재 전해지는 관련 기록 대부분은 그가 만년에 구술한 회고에서 비롯된 것이다.

　이 주류품평회는 1952년 늦가을, 공급판매총사가 입주해 있던 북경 대불사大佛寺에서 개최되었다. 전국주류전매회의를 소집한 자리였고, 전국 각지 전매회사가 총 103종의 술을 출품했다. 백주 19종, 포도주 16종, 브랜디 9종, 배합주 28종, 약주 24종, 기타 7종이었다. 이전에는 곡물로 빚은 전통 술을 지역에 따라 '소주'라 부르기도 하고 '고량주'라 부르기도 했지만, 이 품평회에서 처음으로 '백주'라는 명칭으로 통일했다.

1950년대에서 70년대까지, 중국 명주와 관련된 광고에는 거의 모두 마오타이주가 등장한다.

이 품평회에서는 별도의 심사위원 없이 세 가지 평가 기준이 정해졌다. 첫째는 전통 제조 기술, 둘째는 시장에서의 신뢰도, 셋째는 고유의 풍미와 개성이었다. 특히 주목할 만한 점은, 이 품평회에서 처음으로 정량적 방법을 도입해 데이터를 분석했다는 사실이다. 신하이팅은 출품된 술들을 북경의 한 실험실로 보내 시료 분석을 의뢰했고, 그 결과를 〈중국 명주 분석 보고서〉라는 이름으로 제출했다.

품평회 결과, 총 8종의 '국가 명주'가 선정되었다. 황주 1종, 포도주 3종, 백주 4종으로 구성되었으며, 각각 소흥 감호가반황주鉴湖加饭黄酒, 연대 장유 장미향 홍포도주张裕玫瑰香红葡萄酒, 장유 금상 브랜디张裕金奖白兰地, 장유 베르무트张裕味美思酒, 산서 분주, 귀주 마오타이주, 사천 노주대국주泸州大麯酒, 섬서 서봉주이다.

이 품평회는 다소 급하게 진행되었고, 맥주가 후보에서 제외되는 등 미흡한 점도 있었지만, 중국 주류 산업 역사상 하나의 획기적인 전환점이 되었다. 우선 '8대 명주' 가운데 백주가 네 자리를 차지하며 황주를 대신해 주류 소비의 중심으로 자리잡았고, 더불어 네 종류의 백주가 각각 산서·섬서(북방)와 사천·귀주(남방)에서 나와, 백주업계의 남북 양대 유파가 자연스럽게 형성되었다.

품평에 참여한 이들은 모두 전국 각지의 전매회사 관계자들이었기 때문에, 그 결과가 시장에 미치는 영향은 엄청났다. 나는 당시 소매 유통 경로의 입고 명세서를 본 적이 있는데, 상위권을 차지한 술들은 대부분 이 네 브랜드의 백주였으며, 그중에서도 마오타이주는 가격이 가장 비싸 첫손에 꼽히곤 했다. 이는 마오타이주의 브랜드 인지도와 명성을 오랜 시간 유지하는 데 결정적인 영향을 주었다.

1915년 파나마 만국박람회의 수상이 국제적 명예에 가까웠다면, 1952년의 주류품평회는 국가적인 의미를 지닌다. 예컨대 당시 귀주는 오지에다 빈곤한 지역이었고, 전 성의 연간 산업 생산액이 3억 위안에 불과해 전국 산업 체계 내에서 존재감이 거의 없었다. 이런 상황에서 마오타이주가 '국가 명주'로 선정되며 사실상 귀주 산업을 대표하는 상징이 되었고, 이는 향후 기업의 성장에도 유리한 객관적 여건을 마련해주었다.

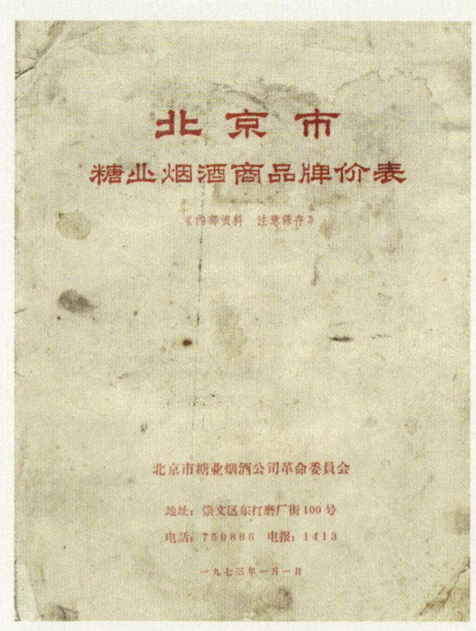

各种酒类

编号	产地	品名	规格	单位 进	单位 容	批发价	零售价	备注
6—1—1	贵州	白瓶茅苔酒	1斤55°	瓶	瓶	3.81	4.80	
2	〃	黑〃	1〃36°	〃	〃	3.81	4.30	
3	〃	特制茅苔酒	1〃55°	〃	〃	4.42	5.00	
4	陕西凤翔	特西凤酒	1〃65°	〃	〃	2.43	2.75	
5	〃	〃	0.5〃65°	〃	〃	1.36	1.54	
6	陕西宝鸡	西凤酒	1〃65°	〃	〃	2.12	2.40	
7	〃	〃	0.5〃65°	〃	〃	1.06	1.20	
8	山西太原	汾酒	1.2〃65°	〃	〃	2.87	3.24	
9	〃	〃	1.1〃65°	〃	〃	2.63	2.97	
10	〃	〃	1〃65°	〃	〃	2.39	2.70	
11	〃	〃	0.6〃65°	〃	〃	1.43	1.62	
12	〃	〃	0.5〃65°	〃	〃	1.19	1.35	
13	〃	〃	0.375〃65°	〃	〃	2.09	2.36	
14	四川泸州	大曲酒	1〃60°	〃	〃	2.48	2.86	
15	〃	〃	0.5〃60°	〃	〃	1.24	1.40	
16	〃	特曲酒	0.97〃62°	〃	〃	2.58	2.91	
17	〃	〃	0.5〃62°	〃	〃	1.33	1.50	
18	〃	头曲酒	0.97〃62°	〃	〃	2.41	2.72	
19	〃	〃	0.5〃62°	〃	〃	1.24	1.40	
20	〃	二曲酒	1〃62°	〃	〃	2.04	2.30	
21	〃	〃	0.5〃62°	〃	〃	1.02	1.15	
22	四川宜宾	五粮液酒	1〃58°	〃	〃	2.70	3.00	
23	〃	〃	1.125〃58°	〃	〃	3.04	3.38	
24	〃	〃	0.5〃58°	〃	〃	1.37	1.55	

1973년, 북경시 주류상품가격표 중 마오타이주의 입고 가격은 한 병당 3.81~4.42위안으로, 서봉주 2.12위안, 분주 2.87위안보다 높다.

'경공업부에서 가장 관심을 가졌던 술 두 가지'

마오타이주 공장의 초기 역사를 정리하면서, 풀기 어려운 두 가지 수수께끼가 있었다.

첫째, 마오타이주의 가격은 상대적으로 꽤 높은 편이었는데, 왜 그런 현상이 빚어진 것일까? 그 주요 소비층은 어떤 집단이었을까?

1955년, 마오타이주의 공장 출하 가격은 병당 1.31위안이었고, 북경과 천진 지역의 전매 소매가는 병당 2.25위안이었다. 당시 국가기관 일반 행정직의 월급은 18~30위안 수준이었고, 돼지고기 1근의 가격은 0.3위안이었다. 이러한 물가와 비교해보면, 마오타이주는 의심할 여지 없이 고가의 소비재였다.

둘째, 1952년 이후 마오타이주는 줄곧 '품질 제일' 원칙을 고수하며, 곡물 소비가 많고 품질이 높은 양조 공법을 유지해왔는데, 이런 체계가 어떻게 가능했을까?

특히 두번째 의문은 여러모로 곱씹어볼 만하다.

계획경제 시기, 특히 '문화대혁명' 기간 동안, 거의 모든 정부 부처와 국영기업들이 차례차례 '타도'와 청산, 비판투쟁을 겪었고, 기존의 관리체계는 사실상 붕괴 상태에 이르렀다. 수많은 공장이 연중 내내 '생산 중단, 혁명 참여'라는 구호 아래 조업을 멈췄고, 기본적인 생산조차 유지하지 못하는 상황에서 품질관리는 더욱 기대하기 어려웠다.

그런데 마오타이주 공장은 마치 '외딴 섬'처럼 예외적인 존재였다.

단순히 기업 경영진의 의지로 설명하기엔 무리가 있다. 실제로 내부에서도 여러 차례 동요가 있었기 때문이다. 그렇다면 이 '품질 제일' 전략을 지속적으로 떠받친 어떤 강력하면서도 외부적인 힘이 있었던 것은 아닐까? 그렇다면 그것은 과연 무엇이었을까?

오랫동안 국가 경제관리 업무에 몸담았던 한 고위 인사의 회고에 따르면, 국가 명주 중에서도 마오타이주는 가장 특별한 위상을 차지했다. 당시 경공업부에서 특히 중시한 두 가지 술이 있었는데, 하나는 귀주의 마오타이, 다른 하나는 산서의 분주였다. 중화인민공화국 수립 이후 수십 년 동안, 분주는 생산량과 이익, 세수 모든 면에서 백주업계의 '큰형님'이었던 반면, 마오타이주는 생산량이 적고 해마다 적자를 보았다. 그럼에도 불구하고 마오타이주는 중앙에서 유일하게 "공급을 반드시 보장하고, 품질을 유지할 것"을 요구한 술이었다.

이러한 이야기를 통해 우리는 계획경제 시기 마오타이주의 특수성과 역설적 상황을 엿볼 수 있다. 즉, "기업은 작고, 명성은 크며, 가격은 높고, 품질은 뛰어나지만, 해마다 적자를 본다"라는 상태는 정상적인 시장경제에서는 좀처럼 보기 어려운 구조이다. 기업 경영과 자본 논리로는 설명되지 않는 일이, 오랜 세월 마오타이주 공장에서 실제로 벌어졌던 것이다.

일반적으로 마오타이주가 이처럼 특별 대우를 받은 것은 최고 지도자나 고위 장성들이 즐겨 마셨기 때문이거나, 전국인민대표대회나 전국정치협상회의 등 국가급 회의에서 사용되었기 때문이라고들 한다. 그러나 깊이 조사해본 결과, 그것은 단지 표면적인 이유일 뿐이며, 그 이면에는 두 가지 더 근본적인 '외씨'의 이유가 있었다.

하나는 대외무역, 다른 하나는 외교였다.

술 1톤으로 철강 40톤을 들여오다

중화인민공화국 수립 이후, 중국은 서방 국가들의 경제 봉쇄에 직면하면서 외화 사정이 극히 열악했다. 국고에 비축된 외환은 연간 평균 약 1억 달러에 불과해, 오늘날 기준으로는 상상하기 어려운 수준이었다. 1950년대, 중국 대외무역부는 은행, 보험회사 등을 포함하여 해외에 주재한 모든 상업 기관을 접수해 종합상사 형태로 개편하고, 이들을 수출입 무역에 참여시켰다.

그러나 대부분의 수출 상품은 품질이 낮아 국제 경쟁력이 떨어졌고, 이로 인해 국가는 기업에 보조금을 지급할 수밖에 없었다. 당시 인민폐와 미 달러의 환율은 2.42:1에 고정되어 있었고, 이는 평균적인 외화 환산 원가로 간주되었다. 그러나 외국 기업이 실제로 외화로 중국 상품을 구매할 경우, 이 고정 환율보다 비싼 가격에 거래되는 일이 많았으며, 그 차액은 국가가 기업에 보전해주어야 했다.

이런 상황 속에서도 마오타이주는 드물게도 환산 원가가 공식 환율보다 낮은 상품이었다. 손해는커녕 오히려 수익을 남길 수 있었던 것이다. 1950년대 당시, 마오타이주의 대외무역 결제 가격은 톤당 인민폐 1만 위안이었고, 외국으로 수출되는 가격은 약

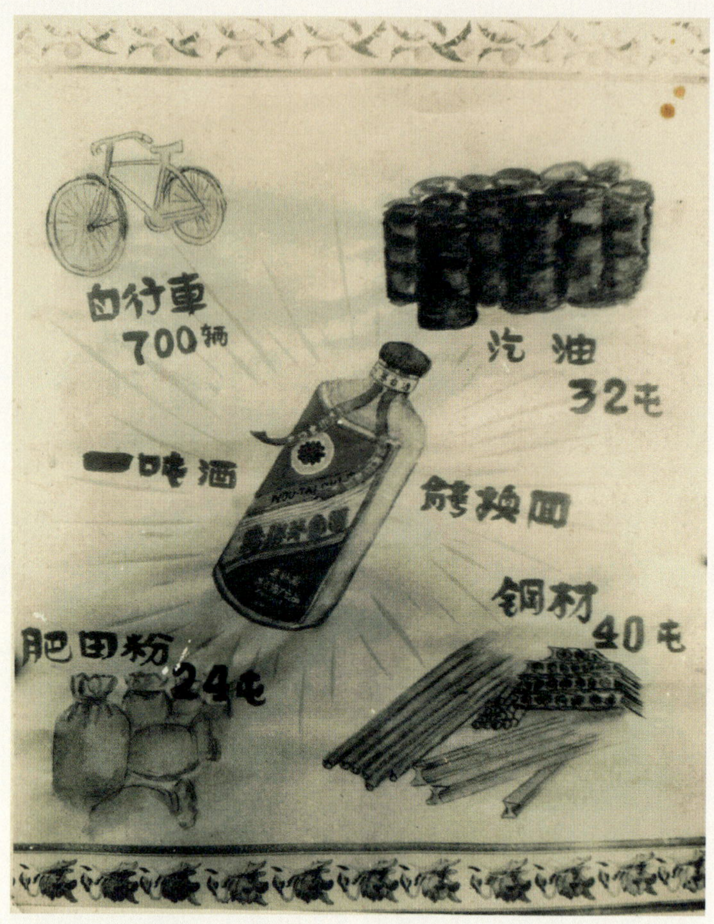

1950년대 말 마오타이주의 물자 교환 가치 광고 포스터

7,000달러 수준이었다. 이를 통해 톤당 3,000달러가량의 외화 수익을 올릴 수 있었으며, 이 덕분에 마오타이주는 국가 보조금 없이 외화를 벌어들이는 '효자 상품'으로 자리매김했다.

1950년대부터 1960년대까지 마오타이주의 연간 수출량은 50톤에서 100톤 사이로, 전체 생산량의 3분의 1에서 많게는 절반까지 차지했다. 이후 20년간 이 수출량은 점차 증가했다. 당시 마오타이주 전매 업무를 맡았던 관계자는 관련 데이터를 다음과 같이 회고했다.

경공업부가 책정한 생산계획 기준으로, 마오타이주 공장의 연간 출고량은 700톤[*]이며, 이중 500톤은 국내에서 판매되고, 200톤은 외국으로 수출되었다. 이 가운데 미국, 일본, 홍콩 등 주요 시장 세 곳에 매년 120톤이 수출되었고, 대만 지역으로는 20톤이 전환 판매되었으며, 나머지는 외항선 운송 등 해외 창구를 통해 공급되었다.

외환이 극도로 부족했던 당시, 마오타이주는 해마다 국가에 상당한 외화를 안겨주었다. 당시의 한 홍보 포스터에는 중앙에 마오타이주 한 병이 놓여 있고, 주변에는 그것으로 교환 가능한 귀중한 물자가 그려져 있었다. 포스터에 따르면, 마오타이주 1톤을 수출하면 철강재 40톤, 휘발유 32톤, 자전거 700대, 또는 질소비료(황산암모늄) 24톤을 수입할 수 있었다.

마오타이주는 해외 수출뿐 아니라 국내에서도 외화를 벌어들이는 수단으로 활용되었다.

1970년대 중반 이후, 중미 관계가 해빙되면서 중국은 외국인 관광객과 홍콩·마카오 출신 방문객의 입국을 허용했고, 이들을 위한 특별 상점으로 우의백화점友谊商店과 화교백화점华侨商店을 주요 도시에 설립했다. 외국 방문객이 외화로 물품을 구입하

---

[*] 이 수치는 1970년대의 중간치이다.(저자 주)

려면 외화교환권이나 교포교환권을 공식 환율에 따라 구매한 후 이들 상점에서 중국 내 최고급 제품들을 구입할 수 있었다.

우의백화점과 화교백화점에서 마오타이주는 가장 인기 있는 명품 중 하나였다. 1986년 광주 우의백화점의 물품 구매 명세서에 따르면, 마오타이주 한 병의 가격은 인민폐 8위안에 더해 교포교환권 120장이 필요했다. 만약 마오타이주를 사서 암시장에 내다팔면 한 병에 140위안까지 받을 수 있었는데, 이는 당시 광주 중학교 교사의 두 달 반치 급여와 맞먹었다.

이처럼 마오타이주의 고가 전략은 국가가 외화 수입을 증가시키는 중요한 수단 중 하나였다.

새로운 술병과 비천 상표

1953년부터 중국양곡유류식품수출입총공사中国粮油食品进出口总公司 (이하 약칭 '중량中粮')가 마오타이주 수출 업무를 독점적으로 담당했으며, 이 체제는 1990년대 말까지 이어졌다. 마오타이주의 품질관리와 일부 공정 개선은 대외무역 부문의 지속적인 독려 및 협조와 밀접한 관련이 있었다.

마오타이주의 품질이 저하되기라도 하면, 가장 먼저 반응하고 가장 강하게 항의한 것은 해외에 주재한 외무역 부서의 각 지사들이었다. 이들은 심지어 극히 세세한 부분들까지 개선을 요구하기도 했다.

1954년, 생산실의 발효실 바닥에 물이 스며들어 마오타이주의 품질에 영향을 미치자, 상급 주관 부서가 직접 개입에 나섰다.

1959년, 마오타이주 포장 현장

1969년, 나무상자에 포장한 마오타이주. 1960년대의 마오타이주가 보존된 유일한 상자로 현재 10여 병 보관중이다. 이 술의 원래 주인은 귀주성 군관구 부사령관을 지낸 이로, 가족의 기억에 따르면 이 술은 그 해 새해 하사품이었는데 차마 마실 수가 없어 보존해온 것이라고 한다.

1956년 11월, 공장은 중량 싱가포르 지사로부터 한 통의 전보를 받았는데, 다음과 같은 제안이 담겨 있었다. "마오타이주는 외부 포장시 나무상자를 사용하고 있으나, 병과 병 사이에는 볏짚만 끼워넣어, 운송중 흔들림으로 파손이 자주 발생하니 개선 바람."

같은 해 12월에는 중량 필리핀 민다나오 지사에서 전보가 도착했다. 이번에는 술병의 품질에 대한 불만이었다. "술병은 점토로 만든 도자기 제품을 사용하고 있으나, 전체적으로 조악하고 높낮이가 고르지 않으며, 균열이나 돌출 부위도 있어 고급 도자기로는 보기 어려움. 또한 깨져서 술이 새는 경우가 있어 외부를 감싼 종이포장이 얼룩지는 경우가 많고, 병목을 막은 나무마개

1956년에 설립된 마오타이주 공장 화학실험실

위를 덮은 종이 또한 오염이 있어서, 마실 때 별로 청결하지 않다는 느낌을 줌."

산간벽지에 자리하고, 직원 대부분이 문맹이며, 기계 설비는커녕 발전기조차 없는 작은 술 공장에서 이런 전보를 받았을 때 느꼈을 무력감은 짐작이 가고도 남는다.

하지만 다행스럽게도, 작은 술 공장이 외화 창출이라는 중대한 임무를 맡고 있었기에, 유통 경로에서 제기된 요구들은 반드시 해결해야 할 고도의 정치적 과업으로 격상되었다. 1953년, 국가는 공장 확장을 위해 10만 위안을 지원했고, 1954년에는 추가로 8만 위안을 투자하였다. 1954년 4월, 마오타이주 공장은 인회현에서 최초로 전화기를 설치했다.

1956년에는 화학실험실을 만들고 전문학교를 졸업한 화학 실험원을 채용했다. 동시에 북경 경공업부에서 공식 통지를 내려, 마오타이주 숙성 기간을 연장하고, 반드시 3년 이상 저장한 후에만 블렌딩하여 출고할 수 있도록 명령했다. 이 숙성 제도는 지금까지도 유지되고 있다.

1957년, 귀주성 공업청은 경덕진에서 8급 도자기 기술자 2명을 초빙해와, 돌가루로 성형하는 새로운 공법을 연구개발하여, 유백색 도자기 술병을 생산해냈다. 1959년에는 인회현에서 국가와 민간이 공동 경영하던 도자기 공장을 마오타이주 공장에 귀속시켰다. 술병 기술 개선 프로젝트는 장장 10년에 걸쳐 진행되었고, 1966년에 이르러 마오타이주 포장은 '라이마오' 스타일의 병 모양을 유지하면서, 재질은 전부 유백색 유리병으로 바꾸게 되었다. 이 스타일이 지금까지 이어져오고 있다.

이밖에 상표 대체도 특별히 기록할 만하다.

1951년, 성의소주방이 국유화된 이후 업무를 인수한 담당자는 이삭 두 송이가 그려진 기존의 상표를 폐기하고, 새로운 상표를 디자인해 등록했다. 최초로 등록된 상표는 '귀주마오타이표貴州茅苔牌'였는데, 누가 왜 '台'를 '苔'로 바꿨는지에 대해서는 내가 책을 쓰는 동안 어떠한 설명 자료도 찾지 못했다. '茅苔牌'는 1956년 3월까지 사용되었다가, 이후 '茅台牌'로 변경되었다. 해당 상표의 도안은 노동자와 농민이 손을 맞잡은 모양으로, 좌우에는 이삭과 물결무늬가 그려져 있었다.[*]

1953년, 마오타이주가 수출을 시작하면서 사용된 상표는 '금륜표金轮牌'였다. 도안은 붉은 오성과 금빛 이삭, 톱니바퀴로 구성되었으며, 이삭은 외곽을 감싸고, 중앙에 붉은 별이 배치되어, 노동

---

[*] 중화민국 시기 몇몇 자료를 검색할 때에도 '台'와 '苔'가 모두 쓰인 상황을 발견했다. 예를 들면 1940년대 중경신문의 광고에서 '贵州仁怀县茅苔村荣和烧房谨启'라고 쓴 문구가 보였다.(저자 주)

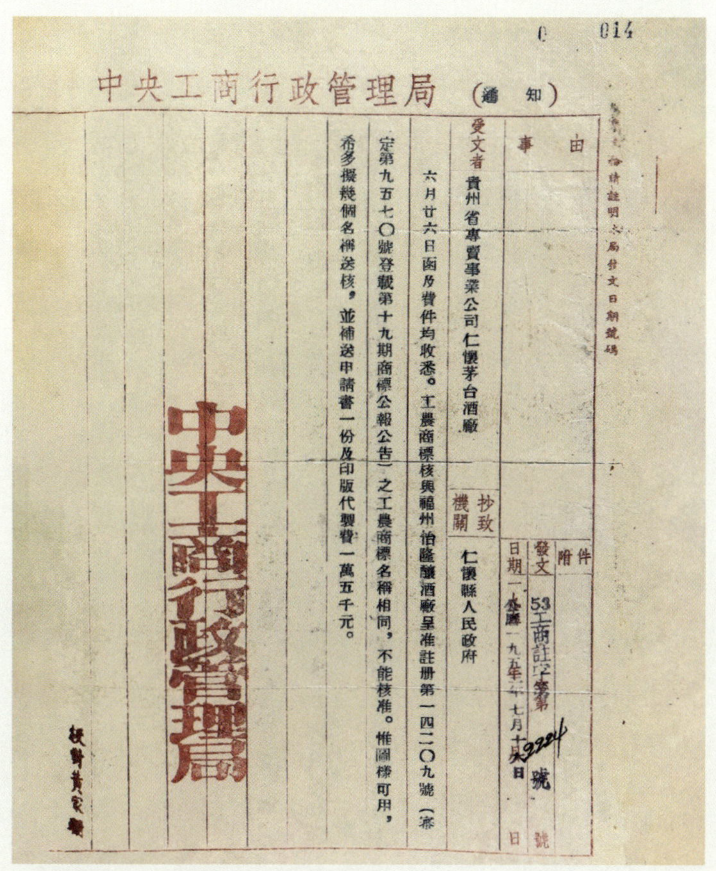

1951년 마오타이주 공장의 상표등록 신청서류

자와 농민이 연합한다는 새로운 중국의 정치 이념을 상징했다.**

　당시 중국의 상표 도안은 이삭, 톱니바퀴, 붉은 오성으로 구성된 것들이 흔했다. 그러나 마오타이주가 이러한 상표를 부착해

** 　　1966년, ‘금륜표’는 ‘오성표五星牌’로 바뀌어, 마오타이주 내수 상품의 주요 상표가 되었고, ‘문화대혁명’ 기간에는 ‘해바라기표’로 한 번 바뀐 적이 있다.(저자 주)

국제시장에 출시했을 때, 뜻밖의 장애물을 만났다. 외교무역 관계자들은 이 상표가 지닌 강한 이념적 색채 때문에, 일부 유통망에서는 제품 진열이나 판매를 꺼리거나 아예 하지 못하는 경우가 있다는 사실을 발견했다.

이 문제는 몇 년 동안 지속적으로 제기되었다. 1958년 광주에서 개최된 중국수출입상품교역회中国进出口商品交易会(약칭 광교회广交会, 영어로 캔톤 페어) 기간에도, 홍콩 내 최대 중량 대리상인 오풍행五丰行이 상표 개선을 거듭 요구했다. 그 결과 마오타이주 공장과 중량은 다음과 같은 합의에 이르렀다. 새로운 상표를 도입하되, 중량이 디자인과 등록을 맡고, 공장이 인쇄와 제작을 책임진다는 것이다.

얼마 지나지 않아, 홍콩의 디자이너가 돈황敦煌 벽화에서 영감을 얻어 '비천표' 상표를 고안했다. 구름을 타고 하늘을 나는 두 선녀(각각 대승불교에서 하늘 노래의 신 간다르바와 음악의 신 킨나라로, 그 역할은 꽃을 뿌려 향기를 전하고 악기를 연주하며 춤을 추는 것이다)가 함께 황금 잔 하나를 들고 있는 도안으로, "비천 선녀가 강가로 내려와 술을 하사하다"라는 뜻이 담겨 있다.

이 상표는 오늘날 보면 그다지 특이할 것이 없겠지만, 혁명 분위기가 짙었던 그 시절에 비천 선녀는 봉건미신의 잔재로 여겨져 모든 출판물에서 엄격하게 금지되었다. 그런데 버젓이 술병에 인쇄되어 유통된 것은 확실히 이례적인 일이었다. 그러나 1971년, 마오타이주 공장의 '혁명위원회'는 '해바라기표' 상표로 '비천표'를 대체한다고 발표했으며, 이후 1974년에 다시 '비천표'

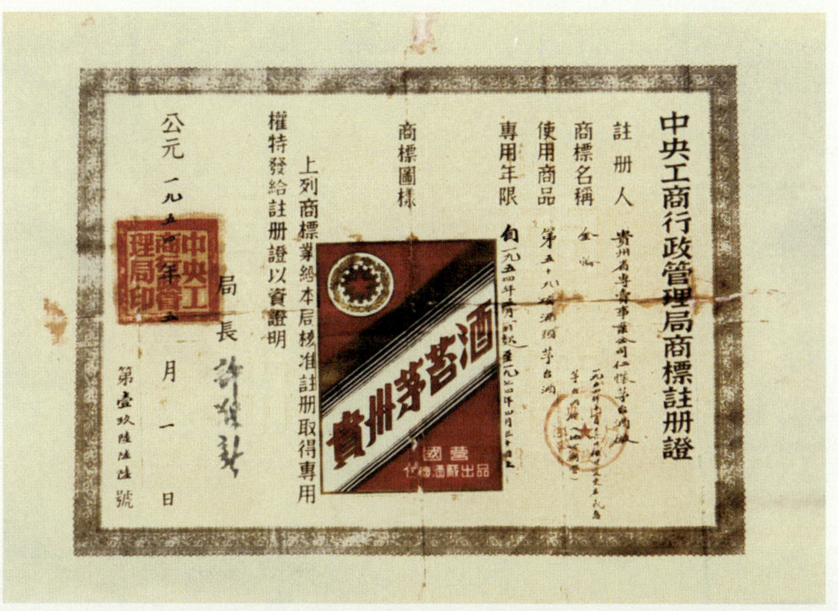

1954년 중앙공상행정관리국 비준을 거친 상표등록증. 상표 명칭은 '금륜표', 술의 명칭은 '귀주마오타이주', 생산공장은 '국영인회주창国营仁怀酒厂'

로 돌아왔다.

이로 인해 상당히 오랜 기간 동안 중국 내에서는 '오성마오타이五星茅台', 국외에서는 '비천마오타이'를 판매했다.

그 누구도 예상하지 못했겠지만, 모두가 만족했던 이 상표 체계는 1990년대 이후 상표권 귀속 문제를 둘러싸고 마오타이주 공장과 중량 간 갈등이 격해지는 도화선 중 하나가 되고 말았다.

'MOUTAI'와 중국 외교

마오타이주의 대외무역 가치를 살펴보았으니, 이제 중국 외교와의 관계를 살펴보자.

마오타이주가 외교무대에서 처음으로 빛을 발한 것은 1954년 4월에서 7월까지 열린 제네바회의에서였다.

그에 앞서 1953년 7월, 한국전쟁 정전협정이 체결되었고, 이어 소련, 중국, 미국, 영국, 프랑스 및 기타 10여 개 관련 국가가 제네바에 모여 3개월에 걸쳐 한반도 문제의 평화적 해결을 논의했다. 중국은 저우언라이를 단장으로 하는 최고위급 대표단을 파견했다. 이는 신생 중화인민공화국이 처음으로 5대국 중 하나의 지위로 국제 문제에 참여한 중요한 회의로, 당시 회의에 참가한 대다수 국가가 아직 중국과 수교를 맺기 전이었다.

각국 지도자와 친밀한 관계를 형성하기 위해, 세심한 성격의 저우언라이는 두 가지 선물을 챙겨갔다. 하나는 월극越劇 영화 〈양산백과 축영대梁山伯与祝英台〉(이하 약칭 〈양축〉), 그리고 다른 하나는 바로 마오타이주였다.

중국대표단 뉴스 담당청 주임이었던 슝샹휘熊向暉는 그 당시의 일화를 다음과 같이 회상했다. 외국인들이 〈양축〉을 전혀 모르기 때문에, 10여 쪽에 달하는 영문 설명서를 준비했는

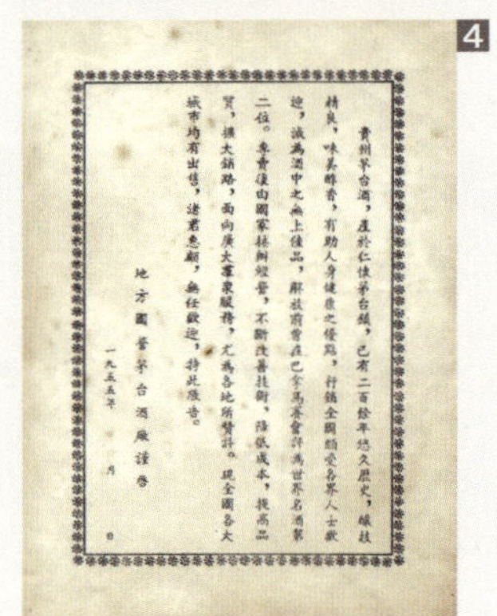

5

茅台酒是全国名酒，产于贵州省仁怀县茅台镇，已有二百余年的悠久历史。解放后在中国共产党领导下，开展三大革命运动，不断地总结传统经验，改进技术，提高质量。具有醇和浓郁、特殊芳香、味长回甜之独特风格。

贵州省茅台酒厂启

年　月　日

6

茅台酒

茅台酒是中国名酒，产于贵州省仁怀县茅台镇，历史悠久，工艺独特，早已驰名中外，为广大消费者所热爱。一九一五年巴拿马万国博览会荣获奖章、奖状。

新中国成立后，茅台酒保持并发扬了优良的传统工艺，技术精益求精，质量稳定提高，具有酱香突出、幽雅细腻、酒体醇厚、回味悠长等特点。历届全国评酒会均被评为国家名酒，荣获国家金质奖章。

年　月　日

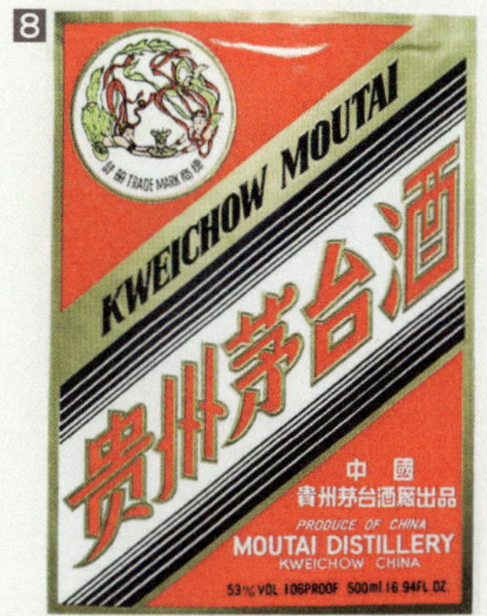

1 2 3 금륜표, 해바라기표, 비천표

4 1955년 마오타이주 병 뒷면 라벨. 파나마 만국박람회에서 상을 받았다는 내용이 쓰여 있다.

5 1967~1982년 내수용 오성마오타이 뒷면 라벨. 당시 '3대 혁명운동을 전개'한 시대적 배경이 나타나 있다.

6 1983~1986년 내수용 오성마오타이 뒷면 라벨. 이 시기에는 마오타이주가 장향이 두드러진다는 등 제품 특징을 중점적으로 소개했다.

7 1980년대, 수출용 비천 마오타이는 뒷면 라벨에 중문과 영문을 함께 실었다.

8 9 1990년대 초 마오타이주 상표 및 뒷면 라벨. 뒷면 라벨에는 번체자로 "마오타이주는 중국 명주로, 국내외에서 명성이 자자하다. 중국 귀주성 인회현 마오타이진에서 생산되며, 1704년 공장이 건립되었다" 등의 내용이 적혀 있다. 1989년에 비천마오타이의 뒷면 라벨 표기는 간체자에서 번체자로 바뀌었으며, 2001년에 이르러서야 다시 간체자를 사용했다. 이 점은 마오타이주의 진위를 감정하는 비밀 장치 중 하나이기도 하다.

데, 이를 본 저우 총리는 불만을 표하며 이렇게 말했다. "이게 바로 당팔고[*]야. 영화 하나 보자고 누가 그렇게 긴 설명서를 읽겠나? '컬러 오페라 영화 한 편을 감상해보세요. 중국판 〈로미오와 줄리엣〉입니다.' 이렇게 한 줄만 쓰면 충분해." 슝상휘가 확신이 안 선다는 표정을 짓자, 총리가 말했다. "그대로 해봐. 절대 실패하지 않을 테니까. 혹시라도 실패하면 내가 마오타이주 한 병을 내겠네." 슝상휘는 총리의 조언대로 했고, 영화는 큰 호응을 얻었다. 총리는 약속과 상관없이 슝상휘를 격려하며 마오타이 한 병을 선물했다.[46]

〈양축〉은 다소 문화적 장벽이 있었지만, 마오타이주는 별다른 '설명서'가 필요 없었다. 독한 술 한 잔이 입에 들어가자 주객 간의 정이 금세 달아올랐고, 마오타이는 제네바에서 가장 인기 있는 중국 제품이 되었다. 한번은 저우 총리가 연회를 열어 영국 히스 수상과 유고슬라비아 티토 대통령을 접대했는데, 두 사람은 마오타이주에 대해 극찬을 아끼지 않았다. 연회가 끝날 무렵, 두 사람은 약속이나 한 듯 동시에 탁자 위에 남은 거의 빈 술병에 손을 뻗었다.

회의 기간 중 미국 코미디 스타 찰리 채플린도 특별히 저우 총리를 만나기 위해 제네바를 찾았다. 총리는 그에게 〈양축〉을 보

---

[*]　黨八股. 명청시대 과거시험에서 쓰였던 문체를 팔고문八股文이라고 했는데, 이후에 쓸모없고 현학적인 문체라고 하여 비판을 받았다. 중국 혁명 시기에도 형식주의에 빠져서 구호와 찬양만 난무하고 내용이 없는 글을 '당팔고'라고 하며 비판했다.(역자 주)

여주고 마오타이를 함께 나눴다. 채플린은 〈양축〉을 아주 마음에 들어하면서, 영화가 민족성이 강하고, 민족성은 곧 세계성이라는 찬사를 보냈다. 주량이 뛰어났던 채플린은 마오타이주에 대해 "앞으로 저의 기호품이 될 것 같은데요"[47]라고 말했다.

3개월에 이르는 긴 회의 기간 동안 저우언라이는 종횡무진하며 놀라운 외교적 기량을 유감없이 발휘했다. 서방 언론은 "소련은 외교를 과학으로 만들었고, 중국은 외교를 예술로 승화시켰다"고 평했다. 중국은 이 회의에서 모든 외교적 과제를 성공적으로 수행했고, 귀국 후 저우 총리는 총결산 회의에서 재치 있게 말했다. "제네바회의에서 우리의 성공을 도와준 두 가지 '타이'가 있었습니다. 하나는 마오타이의 '타이', 또하나는 〈양산백과 축영대〉의 '타이'**였습니다."[48] 이른바 '양타이兩台 외교'는 현대 중국 외교사의 아름다운 일화로 남았다.

그 이후로 마오타이주는 외교부가 각국 원수와 외교 사절을 접대할 때 사용하는 최고급 주류가 되었다. 마오타이주는 시대와 상황을 초월해, 마치 특별한 액체 매개체처럼 국가 예절의 일환이 되었다. 이런 의미에서 '예醴'(단술)는 천년 전의 '예禮'(예절)의 본뜻으로 되돌아간 셈이다.

외교부 의전국의 전 국장이었던 루페이신鲁培新은 회고 글에서 이렇게 말했다. "1963년 내가 의전국에 들어갔을 때, 외빈을 접대하는 연회에서는 기본적으로 모두 마오타이주를 사용하고 있

**   '축영대'의 중국 발음은 '주잉타이'이다.(역자 주)

었습니다. 1950년대에도 아마 그랬을 겁니다."[49]

쿠바와 페루의 대사를 지낸 베테랑 외교관 천주창陳久長은 마오
타이주의 외교적 역할을 더욱 구체적으로 언급했다.

> 마오타이는 중국 외교에서 매우 자주 사용되었고, 국제 외교계
> 의 고위 관료라면 대부분 마오타이를 알고 있었다. 'MOUTAI'는
> 일종의 공통 언어가 되었고, 많은 외국 대사들이 이 단어를 자연
> 스럽게 말했다. 그들에게는 외래어지만, 동시에 세계어가 된 셈
> 이다. (……) 그들은 중국 대사관에서 샥스핀이나 해삼 같은 고
> 급 요리를 먹은 것은 기억하지 못해도, 마오타이만큼은 평생 잊
> 지 못한다고 한다. 그런 의미에서 마오타이는 중국 문화를 상징
> 하는 존재가 되었다. 중국 대사관에서 마오타이를 마셔본 적이
> 있다면 어느 정도 사적인 친분이 생긴 것으로 여겨졌고, 적어도
> 마오타이를 화제로 삼아 대화를 시작할 수 있었다.[50]

합리적 추측인지는 모르겠지만, 모든 행정 관료 중에서 외교
관은 가장 절제되고 이성을 유지해야 하는 사람이므로, 그들이
서로 친밀해지거나 속마음을 드러내는 것은 극도로 어려운 일일
것이다. 그러나 50도가 넘는 독한 마오타이주는 마치 묘한 '무장
해제' 효과를 일으키듯, 짧은 시간 안에 이성의 억제를 무너뜨리
고, 세속적인 자존심과 경계심을 살짝 풀어준다. 국제 정세가 복
잡하고 민감했던 제네바회의에서 저우 총리는 〈양축〉으로 중국
의 부드러움과 우아함을 보여주고, 마오타이주로 각국 지도자들

의 이데올로기적 갑옷과 투구를 벗겨냈다.

중국 외교부가 마오타이주를 교류의 매개체로 사용한 것도, 아마 저우 총리의 이 은근하면서도 탁월한 전략을 계승한 결과일 것이다. 외교관들이 한자리에 모여 마오타이 몇 잔을 나누고 나면, 거의 누구나 저도 모르게 즐거워지고, 말투와 행동의 겉치레는 금세 벗겨지게 된다. 마오타이주는 향도 매우 독특해서 쉽게 잊히지 않는다. 그래서 한번 마셔본 외교관들이 다시 모이게 되면, 자연스레 유쾌한 '마오타이의 시간'으로 돌아가게 된다.

극도로 엄격한 품질관리 체계

인류 상업사에는 흥미로운 현상이 있다. 수천 년 동안 국가와 민족을 막론하고 가장 널리 유통된 인기 식품은 생존에 필수적인 곡물이 아니라, '있어도 되고 없어도 되는' 기호 식품이었다는 점이다. 차, 향신료, 담배, 커피, 술 등이 바로 그것이며, 이들은 국제무역에서 가장 높은 가치를 지닌 품목들을 형성해왔다.

그 근본적인 이유는, 인간이 본질적으로 심미적 동물이기 때문이다. 사람들은 쾌락을 위해 더 많은 비용을 지불할 준비가 되어 있으며, 이런 중독성 식품들은 강한 지역성과 고유성을 지녀 오히려 더욱 귀하게 여겨진다. 무엇보다도 이들 식품은 어떠한 이념적 색채도 띠지 않으며, 언어와 문자를 넘어 친밀한 관계를 만들어주는 비가시적 매개체가 될 수 있다.

중화인민공화국 수립 이후 오랜 세월 동안, 마오타이주는 대외무역과 외교 두 분야에서 매우 특별한 역할을 담당해왔다. 그렇기에 마오타이에는 언제나 높은 품질 기준이 요구되었고, 이는 기업의 내재적 유전자로 자리잡게 되었다.

한 회고 글에는, 저우언라이 총리가 마오타이주 술잔 디자인에 직접 관여한 일화가 소개되어 있다.

중화인민공화국 초기, 북경에서 마오타이주를 따를 때 사용하는 술잔은 위쪽이 무겁고 아래쪽이 가벼운 보통 술잔이었다. 어느 날 저우 총리가 외빈을 접대하던 중, 종업원이 실수로 건드려 잔이 엎어졌고 종업원은 너무 놀라 울음을 터뜨렸다. 총리는 전혀 꾸짖지 않았고, 오히려 안정감 있고 보기에도 좋은 새로운 잔을 구상하기 시작했다. 둥董 사장의 설명에 따르면, 현재 인민대회당에서 사용되는 마오타이잔은 저우 총리가 직접 검토해 결정한 것이며, 잔의 문양도 총리의 요청에 따라 더해진 것이라고 한다.[51]

여기에서 언급된 둥 사장은 1980년대 북경 서원호텔西苑饭店의 총지배인이었으며, 이 일화는 그가 직접 지커량에게 들려준 것이다. 한 나라의 총리가 술잔의 형태까지도 이토록 중시했으니, 마오타이주의 품질에 문제가 생기는 것은 곧 심각한 정치적 사건으로 이어질 수도 있었음을 짐작하게 한다.

봉건시대에는 황실이 사용하는 물품을 지방에서 특별히 공납하는 제도가 있었는데, 이를 '공물貢品'이라 불렀다. 제조기술이 복잡한 일부 고급 사치품은 중앙 내무 부서에서 직접 관영기구를 설립해 관리하고, 품질을 감독하는 감관監官을 임명하기도 했다. 예를 들어, 명청시대에는 비단을 황실에 공급하는 직조국이 소주蘇州, 강녕江宁(오늘날의 남경), 항주에 설치되었고, 도자기는 경덕진의 어기창御器厂에서 생산했다. 이들 제품은 생산 과정에서 비용을 아끼지 않고 정교함을 추구했으며, 완성된 제품은 민간에 거의 유통되지 않았다. 그 결과 이들 관영 공장은 당시 최고의 기술과 품질을 대표하게 되었다.

시대는 변했지만, 마오타이주의 품질관리는 여전히 극도로 엄격한 기준을 유지해왔다.

중국 남서부 외진 산골, 귀주의 한 협곡에 자리잡은 이 작은 공장은 창립 첫날부터 '품질 제일'이라는 '굴레'가 씌워진 채, 스스로도 무게를 가늠하지 못할 '국가적 사명'을 짊어지게 되었다. 앞으로 오랜 세월 동안, 어떤 이들은 이 사명을 위해 대가를 치르게 될 것이며, 더 많은 이들은 이로 인해 영예를 얻게 될 것이었다.

08 전통 속에서의 '몸부림'

단순히 본뜨기만 해서는 안 되며, 반드시 그 이치를 깊이
헤아려야 한다. 그렇지 않으면 상황이 조금만 달라져도
기술을 다시 쓸 수 없게 된다.

—천인커陈寅恪

1954년: 사제 제도 회복

세 소주방 합병 이후 약 1년 동안 마오타이주 공장은 생산 공정
과 관련하여 혼란을 겪었다. 각 소주방은 저마다의 장화사(주조
책임 기술자)가 있었으며, 이들은 각자의 양조 비법이 있었기에
은연중에 경쟁이 발생했다. 그 결과, 기술 체계에 혼란을 초래했
다. 1954년, 정이싱의 주도로 사제 제도가 복원되었고, 이를 통
해 기술을 통일하고 공개적으로 전승하고자 하였다.

정이싱은 1895년에 태어났다. 남아 있는 사진을 보면, 중간 체
격에 얼굴이 넓고 이마가 돌출되었으며, 입가에는 하얀 수염을
길렀다. 정씨 가문은 원래 사천 고린현 수구진水口镇에 거주하였
으며, 이 마을 동쪽으로 적수하를 사이에 두고 마오타이진과 마
주보고 있다. 가문 대대로 술을 빚던 집안으로, 가장 이른 기록

1960년대, 마오타이주 공장 품평회 현장. 중간에 서 있는 사람이 정이싱, 우측에서 두번째가 부공장장 왕사오빈이다.

은 정제량郑第良에서 시작되며, 정이싱 대에 이르러 이미 5대째에 해당하였다. 정이싱은 18세에 마오타이진의 성의소주방에 들어가 견습공이 되었다. 특히 블렌딩에 탁월한 재능이 있어 단기간에 두각을 나타냈고, 각 소주방에서 앞다투어 그를 영입하려 했다. 그는 성의, 영화, 항흥 및 준의의 갱집坑集소주방에서 장화사로 활약했다.

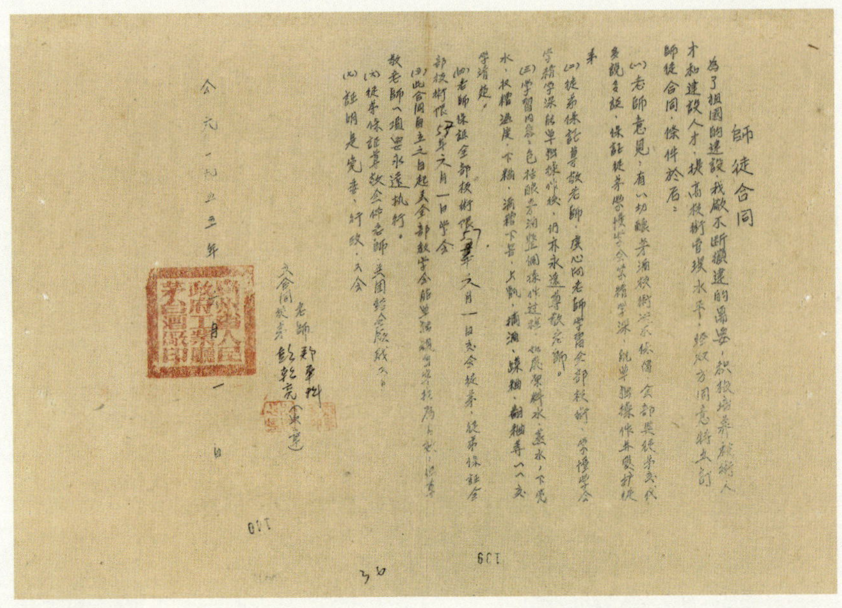

1955년 마오타이주 공장에서 사제 제도를 회복한 이후 첫번째 '사제 계약' 중 하나

　　1953년 이후, 정이싱은 그의 사제인 정인안郑银安(당시 화마오의 장화사), 정융푸郑永福 등과 함께 공장에 합류하였다. 당시 정이싱은 이미 57세였으며, 생산기술을 총괄하는 부공장장을 맡았다. 그는 장싱중에게 전 공장 차원에서 사제 제도를 부활시키자고 제안했다.

　　마오타이주 공장의 문서 자료에 따르면, 사제 제도는 1954년 3월부터 공식적으로 시행되었다. 그러나 문서실에 남아 있는 '사제 계약' 원본 중 가장 이른 것은 1955년 6월에 서명한 것이다. 그중 왕사오빈王绍彬과 쉬밍더许明德가 서명한 계약서의 원문 내용은 다음과 같다.

조국 건설을 위하여, 우리 공장은 지속적인 확장을 필요로 하며, 이에 따라 기술인재와 건설인재를 적극적으로 육성하고 기술관리 수준을 높이고자 한다. 이에 쌍방의 동의를 바탕으로, 다음과 같은 조건으로 사제 계약을 체결한다.

(1) 스승은 마오타이 양조 기술을 남김없이 제자에게 전수하며, 자주 소통하고 지도하여, 제자가 기술을 철저히 이해하고 단독으로 작업할 수 있을 때까지 정성을 다해 가르친다.

(2) 제자는 스승을 존경하며, 겸허한 자세로 모든 기술을 성실히 배우고 익힌다. 단독 작업이 가능해진 이후에도 스승에 대한 존경심을 영원히 지킨다.

(3) 배우는 내용은 마오타이 양조의 전 공정을 포함한다. 원료와 물 준비, 물 끓이기, 맑은 물 투하, 술덧 온도 조절, 누룩 투입, 술덧 하교, 상증, 술 채취, 누룩 밟기, 누룩 뒤집기 등 모든 공정을 하나하나 명확하게 전수받는다.

(4) 스승은 1956년 6월 1일까지 전 과정을 제자에게 전수하며, 제자는 같은 날까지 모든 기술을 습득한다.

(5) 본 계약은 체결일로부터 기술을 전면적으로 습득하여 단독 작업이 가능해질 때까지 유효하다. 단 스승에 대한 존경은 영구히 유지된다.

(6) 제자와 스승은 전 공장의 모든 스승과 직공을 함께 존중하며 단결한다.

(7) 본 계약은 당위黨委, 행정行政, 공회工会의 보증을 받는다.

　　　　　　　　　　　　　　　　　　계약 체결자:

스승 왕사오빈

제자 쉬밍더

서기 1955년 6월 1일

위 계약서에서 스승 왕사오빈은 당시 막 부임한 지 두 달 된 증류 담당 부공장장이었고, 제자 쉬밍더는 훗날 마오타이 양조 분야의 거장이 되어 부공장장 직책을 맡게 된다. 흥미로운 점은, 같은 기간에 쉬밍더가 또한 스승의 자격으로 정빙난郑炳南과도 사제 계약을 맺었다는 사실이다. 현재로서는 당시 총 몇 쌍의 사제 계약이 체결되었는지를 보여주는 온전한 자료는 없지만, 쉬밍더처럼 제자이면서 동시에 스승의 역할도 수행한 사례가 단 하나였을 가능성은 낮다. 이는 당시 도입된 사제 제도가 어느 정도 등급성과 보편성을 갖추고 있었음을 시사한다.

1958년에 이르러 마오타이주 공장에서는 이미 20여 명의 주조 기술자가 공식적으로 제자를 받았고, 100여 명에 달하는 청년 근로자가 제자로 들어와 기술을 배웠다. 이 제도는 1960년대에 외부의 압력으로 중단되었다가, 1980년에 다시 부활했다.

현재 마오타이주 공장에는 기술 직함상 네 명의 수석 양조사가 있으며, 각각 누룩 제조, 술 제조, 블렌딩, 품평 등 주요 공정 네 부분을 담당하고 있다. 이들 아래에는 특급, 1급, 2급, 3급 등 네 등급의 직함이 있다. 일상 작업에서 수석 양조사는 여전히 제자를 양성할 책임을 지닌다. 이 제도는 마오타이주 공장에서 수 세대에 걸쳐 우수한 기술 인력을 꾸준히 양성해왔으며, 술의 품질

1960년, 공장에서 기술공업학교를 설립하여 양조반釀造班, 제국반制麴班, 도자반陶瓷班 등을 두었다. 학제는 3년이었다. 사진은 1963년 마오타이주 공장 1기 기술훈련반 학생 졸업 단체사진

1970년대, 공장에서 '노하우 전수传帮带' 활동을 조직하여, 마스터가 노동자들에게 마오타이주 양조 지식을 전수하는 장면

제자로 사제 계약을 맺었던 쉬밍더(왼쪽)가 이미 경험이 풍부한 마스터가 되어 술을 채취하고 품질을 검사하는 장면

을 지켜내는 첫번째이자 가장 핵심적인 방어선 역할을 해왔다.

특히 주목할 만한 점은, 이후 오랜 세월 동안 마오타이주 공장은 크고 작은 정치운동을 겪으면서 공장급 지도부가 예닐곱 차례 바뀌었고, 심지어 문화대혁명 기간에는 잠시 군대가 관리한 시기도 있었지만, 기술 담당 부공장장 직책만은 흔들림 없이 유지되었고, 마스터 제도 역시 지금까지 줄곧 이어져 내려오고 있다는 사실이다.

'장 소대장'은 왜 해고되었나

장싱중은 성실한 공장장이었지만 결국 해고되었다. 1956년 6월에 부공장장으로 강등되었다가, 이듬해에는 아예 다른 곳으로 전출되었다.

'1955년 관리 비용 명세서'를 보면, 군인 출신의 이 젊은 공장장이 얼마나 세세하게 계산하고 근검절약했는지 알 수 있다. 그는 공장의 행정 관리비를 그야말로 최저한도까지 줄였다. 명세서에 열거된 24개 항목의 지출, 예컨대 전화비, 문구비, 신문·도서비, 인쇄비, 출장비, 연료비 등을 모두 합쳐도 총 1,103위안에 불과했다. 그중 최대 지출은 전화비로, 월 10위안이었고, 1년 동안 잉크 4병, 펜 6자루, 압정 3갑만 구입했을 정도였다.[*]

장싱중은 직원들과의 관계도 매우 돈독했다. 자주 자기 월급

---

[*] 당시에도 여전히 옛 화폐를 사용했으나, 독해의 편의를 위해 인민폐 가치로 환산했으며, 이후에도 같다.(저자 주)

으로 담배를 사서 양조 작업장에 들러 나눠주곤 했으며, 한번은 병든 양조사의 발을 직접 씻어주기도 했다.

1955년, 공장은 생산 목표 208톤을 달성했다. 이는 중화인민 공화국 수립 이전 세 소주방의 생산량을 합한 것의 3.5배에 달하며, 당시 전 직원 75명이 인당 평균 3톤 가까이 생산한 셈이다. 이 1인당 생산 기록은 2009년에 가서야 깨졌다.

이 '좋은 공장장'이 해임된 이유는 단 하나였다. 그는 하마터면 마오타이주를 이과두二鍋头로 바꿔버릴 뻔했다.

당시 몇 년 동안, 생산량이 꾸준히 늘었지만 판매는 따라주지 않는 것이 공장의 가장 큰 고민거리였다. 1952년에는 10여만 근을 양조하였으나, 절반 정도는 팔리지 않았다. 1953년 4월에는 재고가 13만 근에 달했다. 공장은 직접 술을 팔 권한이 없어, 각 지의 전매회사에 판매를 도와달라고 끊임없이 요청하는 수밖에 없었다. 1954년의 최대 규모 출고는 북경에서 제1회 전국인민대표대회가 개최되었을 때로, 6,000병이 한 번에 나갔다.

마오타이주가 잘 팔리지 않은 가장 큰 이유는 당연히 지나치게 높은 가격이었다. 1950년 당시 전국 국민의 1인당 평균 수입은 고작 77위안이었는데, 마오타이주의 병당 출하가는 1.27위안, 소매가는 2.5위안 정도였기에, 일반 시민들은 그저 술병을 바라보며 감탄만 하는 수밖에 없었다. 당시 중국은 이미 자산계급을 소멸시켰고, 외국 관광객도 없었으며, 온 국민이 근검절약으로 나라를 세우던 시기였기에, 마오타이주의 존재 자체가 말이 안 될 수도 있었다.

장싱중은 처음에는 생산성을 높이는 데 집중해야 했지만, 상황은 갑작스럽게 재고를 최대한 빨리 소화해야 하는 문제로 바뀌었다. 술을 많이 빚을수록 재고도 그만큼 쌓이고 자금 회전이 되지 않는 악순환에 빠질 수밖에 없었기 때문이다.

공장의 어려움을 해결하기 위해 관련 부처도 나름대로 최선을 다했다. 1953년, 귀주성 공업청, 전매사업관리국, 세무국이 공동으로 통지를 발표해 마오타이주의 재고가 13만 근이나 쌓여 있는 문제를 해결하라고 지시했다. 이 통지문에는 집행 방안이 대단히 구체적으로 담겨 있었다. 술의 운송비는 담배와 주류 전매기관이 우선 부담하고, 제품 출고 후 대금을 결산한 다음에 분기별로 세금을 납부하며, 공장측에서 술 용기를 살 자금이 없을 경우에는 전매처가 대신 비용을 부담한다는 내용이었다.

이러한 조치들은 유통과 저장 단계에서 공장의 지출을 줄이는 데는 도움이 되었지만, 근본적인 문제를 해결할 수는 없었다. 마오타이주가 비싼 이유는 전국에서 곡물 소모량이 가장 많은 술이기 때문이다. 술 한 근을 빚는 데 5~6근의 곡물이 들어갔다. 진정으로 원가를 낮추려면 공정을 바꾸는 길밖에 없다는 사실을 장싱중은 잘 알고 있었다.

당시 전국적으로 생산을 늘리고 자원을 아끼자는 '증산절약 운동'이 활발히 벌어지고 있었다. 장싱중은 고심 끝에 마오타이주 공장 역시 국가의 호소에 발맞춰 원가를 절감해야 한다고 판단했다. 그래서 그는 공장에 이과두 제조 방식을 도입해 곡물 사용량을 줄이고 생산량을 늘릴 것을 제안했다.

　장싱중의 고향은 산동 요성聊城 지역의 동아현으로, 전통적으로 아교阿膠뿐 아니라 이과두주로도 유명한 곳이다. 무송이 호랑이를 때려잡은 것으로 유명한 경양강도 바로 이웃한 양곡현阳谷县에 있었다. 장싱중은 고향에서 술 빚는 장인을 몇 명 데려와 원가 절감을 도와달라고 요청했다. 몇 달이 지나자 실제로 곡물 소모량이 3근 남짓까지 줄어들었다.

　원시 문서 자료를 찾아서 장싱중이 재직한 기간(1952~1956) 동안 술 한 근당 곡물 소모량을 정리해보니, 각각 5.97근, 5.06근, 4.21근, 4.05근, 3.90근으로, 해마다 감소한 것이 매우 뚜렷하게 나타났다.

　장싱중은 생산량을 늘리는 방법도 찾아냈다. 그것은 바로 "수수를 더 곱게 갈고, 사계절 내내 술을 빚는 것"이었다.

　마오타이주의 전통적인 양조 공법에서는, 수수 알곡을 통째로 원료로 사용하는 방식을 '곤사'라고 하며, 이 경우 술을 빚기 어려울 뿐 아니라 생산율도 매우 낮다. 반면, 수수를 잘게 부수어 사용하는 방식은 '쇄사'라고 하며, 이 방식은 술이 빨리 나오고 생산율도 높다. 하지만 품질 면에서는 '곤사' 방식이 '쇄사'보다 훨씬 뛰어나다. 당시 품질이 좋고 가격도 높았던 '화마오'와 '라이마오' 같은 술이 모두 곤사 방식을 사용했던 반면, 일반적인 토속 고량주들은 대부분 쇄사 방식으로 만들어졌다.

　이후 새 방식들을 도입하면서 공장에서는 곡물 소모가 줄고 술의 생산율이 높아졌으며, 계절에 상관없이 양조가 가능해졌다. 장싱중은 이에 크게 고무되어, 새롭게 만든 이 술을 '새로운 비법의 술新窍门酒'이라고 불렀다.

하지만 최대의 문제 역시 함께 나타났다. 바로 품질이 그에 비례해 떨어졌다는 점이었다. 1956년, 마오타이주의 제품 합격률은 겨우 12.19%였다.

양조업이라는 것은 시간이 지나야 성패가 드러나는 일이다. 올해 저지른 실수는 다음해, 아니면 2년, 3년이 지나서야 드러난다. 1955년 이후, 귀주 전매국에는 각지의 전매회사들로부터 잇따라 품질 관련 반응이 올라왔다. "마오타이주 품질이 극히 나쁩니다. 향미와 도수 모두 충분하지 않아 판매에 지장이 큽니다. 지난번 보내온 산주散酒* 1만 근은 색도 맛도 상당히 떨어져 판매하기 어렵습니다." 몇몇 지방에서는 아예 주문량을 줄이겠다고 통보했고, 사천에서는 전보까지 보내 제품 발송을 중지해달라고 요구하기도 했다.

이런 불만은 해외 수출 루트에서도 동시에 터져나왔다. 관련 부처가 동남아 시장을 모니터링하던 중 다음과 같은 반응이 확인되었다. "1955년 11월 이후로 숙성주가 모두 소진되고 새 술이 수출되면서, 품질이 떨어졌다는 항의가 잇따랐고, 결국 주문이 줄줄이 취소되었다."

군 출신 작가 구바오쯔顾保孜는 「붉은 장수와 술 이야기红色将帅与酒的故事」라는 글에서 다음과 같은 일화를 소개한 바 있다.

---

* 개별 포장이 되어 있지 않고 항아리 등에 담긴 채 덜어서 무게로 파는 술.(역자 주)

1950년대, 당 중앙은 증산절약 운동을 전개할 것을 당 전체에 호소했다. 그 당시 귀주 마오타이주 공장의 공장장은 군에서 지방으로 내려온 산동 사람이었다. 마오타이주는 5근 남짓한 곡물을 써도 술 한 근도 제대로 나오지 않고 숙성 기간 또한 긴 데, 산동의 이과두는 도수도 높고 곡물 소모도 적다. 이에 그는 증산절약 정신을 마오타이주의 전통 공정에 접목시켰다. 이 일을 알게 된 주더가 직접 귀주성 위서기이자 성장인 저우린에게 전화를 걸었다. "내가 보기에 마오타이주 품질이 떨어졌고 포장도 촌스러워서 외국사람들 눈에 들지 않을 거요."

저우린이 대답했다. "지금 마침 개선 방안을 연구중입니다. 그런데 지금 증산절약 운동을 펼치고 있는데, 마오타이주는 특히 곡물 소모가 많아서……"

주더가 말했다. "증산절약은 어느 한쪽에만 치우쳐선 안 됩니다. 전기 1도, 석탄 1톤, 물 1톤을 절약하는 것도 증산절약이니, 마오타이주의 전통 공법까지 손대면서 증산절약을 할 필요가 없습니다. 반드시 전통 방식대로 술을 빚어야 마오타이주의 품질을 보장할 수 있소. 마오타이주의 명성을 훼손해서는 안 됩니다."[52]

구바오쯔는 주더의 딸 주민朱敏이 쓴 『나의 아버지 주더我的父亲朱德』의 집필자로, 이 사료는 신뢰할 만하다.

1956년 3월, 준의 지역위원회는 마오타이주 공장에 엄중한 경고 문서를 발송했다.

"얼마 전 성위원회를 통해 중앙의 지시를 접수했다. 마오타이는 이미 세계 4대 명주의 대열에 정식으로 들어섰으므로, 현위원회는 마오타이 품질 보장을 반드시 정치적 과업으로 삼아야 한다. 노동자들의 정치사상 교육을 강화하여, 마오타이 품질이 국제적 이미지에 직결된다는 점을 인식시키는 것이 중요하다. 따라서 노동자들을 충분히 독려해 작업 경쟁을 유도하고, 품질을 지금보다 더욱 향상시켜 명실상부한 명품이 되도록 해야 한다. 여러 곳에서 보고된 바에 따르면, 지난해 하반기 마오타이주 품

1958년, 〈대공보大公报〉에 실린 마오타이주 공장 '비판문'. 양조 공장 현대화 건설에서의 낭비를 '하나의 교훈'으로 삼아야 한다는 내용이다. 바로 밑에는 영천永川 양조장이 근검 절약한 기업이라고 칭찬하는 내용을 실어 선명한 대비를 이루었다. 이 두 보도를 통하여, 1950년대 증산절약의 열기를 느낄 수 있다.

질이 크게 저하되어 부정적인 영향이 컸다고 한다. 향후 이와 같은 상황이 다시는 발생해서는 안 된다."[53]

이 문서의 직접적인 결과로, 공장 지도부가 교체되었다.

이렇게 해서, '좋은 공장장'으로 불렸던 장싱중은 마오타이주 공장 역사상 품질 문제로 면직된 첫번째 인물이 되었다. 그 뒤를 이은 인물은 인회현 세무국 국장이었던 위지바오余吉保였다. 1958년, 위지바오가 준의로 올라가 주정공장을 맡게 되고, 28세의 현 공급판매사 주임 정광셴郑光先이 새로 공장에 부임했다.

주류에 속하지 않았던 흐름

이 책을 쓸 당시에는 장싱중이 이미 세상을 떠난 뒤여서, 당시 그의 진실한 속내를 나는 알 길이 없다.

한 가지 부인할 수 없는 사실은, 1950년대부터 1990년대까지 오랜 세월 동안 곡물 소모를 줄이고, 알코올 도수를 낮추며, 새로운 양조법을 모색하는 것이 중국 백주업계의 주된 추세였다는 점이다.

분주든 마오타이주든 모두 전통적인 고체발효법으로 술을 빚었고, 이는 곡물 소모량이나 절기 같은 여러 제약을 받을 뿐 아니라, 원가 또한 매우 높았다. 따라서 물자가 부족하던 시절에는 더 저렴한 원료를 찾고, 주정酒精을 희석해 백주를 만드는 방식이 백주업계의 두 가지 주요한 변화 방향으로 자리잡게 되었다.

1954년, 저우헝강은 산동성 황태黄台 주정공장에서 주정 찌꺼기를 누룩 제조에 활용해 원료를 절감하는 실험을 했다. 이듬해인 1955년에는 지방공업부가 저우헝강을 필두로 10여 명의 전문가를 모아 '연대 파일럿 프로젝트'를 진행했다. 그들은 "고구마 원료, 녹색 누룩 효모, 합리적 배합, 저온 숙성, 정온 증류"라는 '백주 제조의 대원칙'을 정리해냈고, 이 방식은 곧 화북 지역에서 신속하게 확산되었다.

이와 거의 동시에, 사천과 상해에서 또다른 전문가들은 옥수수와 감자류로 고순도 주정을 증류한 뒤, 여기에 향료, 감미료, 물을 섞는 '삼정일수三精一水' 방식을 고안하여 백주를 제조했다. 이는 기존의 전통 '고태법 백주固态法白酒'에 대응하는 '액태법 백주液态法白酒'로 불리게 되었다.

1955년 11월, 지방공업부는 제1회 전국양조회의를 주최하여 '연대 파일럿 프로젝트'의 성과를 전면적으로 홍보했다. 이 자리에서 "전국적으로 12만 톤의 곡물을 절약해 제1차 5개년계획을 성공적으로 완수하자"는 구호가 제시되었고, 다음 5년간의 핵심 목표도 "벼, 밀, 잡곡 대신 감자류와 과일 등을 점차 활용해 술을 빚고, 품질을 보장한다는 전제하에 출주율出酒率을 높여 곡물을 절약할 것" "주정을 활용한 백주 제조 실험을 가속화하여, 향후 인공 합성주의 보급 기반을 마련할 것"이라고 명확하게 제시했다.

이러한 정책 기조는 전통 백주 제조 방식에 강한 도전을 가져다주었고, 회의에 참석한 국가 명주 공장 대표들은 크게 불안해했다. 이에 따라 회의에서는 지도부의 제안을 반영해 국가 명주는 기존의 원료, 배합량, 숙성 기간, 제조 방식을 그대로 유지하여 품질을 보장하고, 일정한 숙성 기간을 반드시 거쳐야 한다는 것을 결의 통보에 명시하게 되었다.

신하이팅은 이 회의에 참석했던 인물로, 2006년 인터뷰에서 이 모든 조항들이 사실상 마오타이주를 겨냥한 것이었다고 회고했다.

비록 통보서에 지도자의 건의사항이 명시되긴 했지만, 그것이 회의의 핵심 기조를 이루었다고 보기는 어렵다. 이를 입증하는 뚜렷한 사실이 있다. 바로 이 회의에서 명주 평가가 함께 진행되었다는 점이다. 공업부는 23명으로 구성된 주류품평위원회를 조직하고, 비밀투표 방식으로 36종의 백주에 점수를 매겨 순위를 정했다. 그 결과 1위는 강소의 쌍구대국双沟大麯, 2위는 요양辽阳의 한 공장에서 만든 고량강소주高粱糠烧酒, 3위는 위해威海의 감서건백주甘薯乾白酒였다. 분주는 4위, 서봉주는 6에 올랐고, 마오타이주와 노주대국은 각각 10위와 15위에 머물렀다. 3년 전까지만 해도 상위권을 차지했던 4대 국가 명주 중 세 개가 모두 상위권에서 밀려난 셈이었다.

이러한 결과는 정책 입안자들의 방향성이 명확히 드러났음을 의미한다. 이 전국 단위의 백주 품평회는 순위가 워낙 의외였던 탓에, 이후 중국 주류사에서는 거의 언급되지 않게 되었다.

장싱중도 이 회의에 참석했고, 회의 이후 대표단과 함께 연대에 가서 현장 학습에 참여했다. 문서실에는 당시 그의 메모장이 보존되어 있는데, 회의 주요 내용과 학습 내용이 빼곡히 적혀 있다. 연대 견학 당일 그는 다음과 같이 썼다. "지방공업부에서 개최한 이번 제1회 전국양조회의의 정신과 연대에서 소개한 경험,

그리고 우리가 직접 본 내용을 종합해보면, 연대 백주 제조 방식은 선진적인 경험이자, 성공적인 경험이며, 과학기술에 기초한 경험이라는 사실을 확인할 수 있었다. 이 점에는 그 어떤 의심의 여지도 없다." 마오타이로 돌아간 뒤, 그는 기술 개혁을 대대적으로 추진했고, 이 학습을 바탕으로 한 실천적 결과로 '새로운 비법의 술'을 발명했다.

전통적 '연然'과 '소이연所以然' — '그러나'와 '그래서'

기업의 발전사를 연구할 때, 시대적·산업적 배경을 떼어놓고 볼 수는 없다.

마오타이주 공장의 초대 공장장 장싱중은, 사실상 그 세대 사람들이 결코 벗어날 수 없었던 이중의 딜레마에 빠져 있었다. 즉, 원가를 낮추고 효율을 높이려면 전통기술을 바꿔야 하지만, 그렇게 하면 품질이 떨어질 수밖에 없다. 반대로 전통을 고수하면 생산비는 절대 낮아지지 않는다.

이 두 가지를 동시에 달성하는 것은 사실상 '불가능한 임무'였다.

방황과 고심의 시기를 거친 끝에, 마오타이주 공장은 무려 16년에 걸친 적자 국면에 빠지게 된다. 만약 외교나 외화를 위한 특수한 수요가 없었다면, 이 기업은 정말로 '얼굴 없는 이과두의 길'을 걷거나, 소리 소문 없이 파산해 사라졌을 것이다.

이런 점에서 마오타이주는 지극히 운이 좋았던 예외적 존재라 할 수 있다. 수십 년간 전통을 굳게 지키면서도, 그 위에서 스스로를 끊임없이 재발견해왔다. 그리고 마오타이를 진정으로 살린 것은 다름 아닌 경제 번영과 소비 고급화라는 국운이었다. 장싱중 등은 너무 이르게 퇴장했고, 지커량은 그날까지 버텨낸 것이다.

마오타이주의 전통과 변혁 사이의 갈등을 중국의 백년 근대화라는 거대한 서사 구조 안에 놓고 보면, 그 안에서 강한 전형성의 의미를 읽어낼 수 있다.

사실 상당히 긴 기간 동안, 즉 5·4운동에서 '타도 공가점孔家店'을 외친 이후로, '전통'은 부정적 함의를 가진 단어가 되었다. 그것은 과거에 집착하고 진보를 거부하며, 격동하는 시대정신과 어긋나는 것을 의미했다.

언어적 맥락에서도 '전통'은 종종 '혁명'과 대조되며, 전자는 정체와 보수성을, 후자는 파격적 쇄신과 창조를 상징했다. 한자 본래의 의미에서 '전傳'은 전승傳承, '통統'은 도통道統으로, 각각 한 사물의 역사적 맥락과 가치 체계를 뜻한다. 따라서 '전통'이란 과거의 모든 것이 응축된 총체로서, 짐이자 폐물일 수도 있고, 동시에 지켜야 할 정수이자 유산이기도 하다. 이러한 전통을 계승하느냐 폐기하느냐의 문제는 줄곧 중국 근현대 사상계의 핵심 논쟁거리였다. 전통을 유지할 필요가 있는가에 대한 논의는 그 범위가 매우 광범위해, 예컨대 중의학의 과학성에서부터 한자의 미래, 치파오와 치마 논쟁*, 북경 성벽 철거 여부에 이르기까지 다양한 분야에 걸쳐 있었다. 사람마다 시대와 이성에 대한 인식 차가 크기에, 이 문제는 오늘날까지도 일관된 결론에 도달

---

* 　　근대 여성복의 정체성 논쟁을 말한다.(역자 주)

하지 못하고 있다.

백주업계에도 그러한 전통 논쟁이 존재한다. 대표적인 예가 바로 전통 공정인 채국의 존폐 논쟁이다.

마오타이의 누룩덩어리는 약 5,000그램으로 유명 백주 중에서 가장 무겁다. 그밖에 노주노교는 약 3,200그램, 우량예는 약 2,800그램, 분주는 약 1,800그램이다. 밀을 분쇄해 반죽한 뒤, 이 재료를 밟아 누룩을 만드는 채국 공정을 거쳐야 하는데, 하나의 누룩 덩어리를 만드는 데 약 1분이 걸린다. 오늘날에도 마오타이주는 여성 노동자들이 누룩을 밟는 전통 방식을 고수하고 있다.

이미 1960년대에 기계식 압국壓麯 성형기가 등장했기 때문에, 여전히 사람이 누룩을 밟는 것은, 특히 여성만이 해야 한다는 것은 비용이 높고 비효율적일 뿐만 아니라 매우 비합리적인 일이라는 주장이 많다. 어떤 이는 이에 대해 다음과 같은 통계까지 제시했다. 사람은 보통 1년에 평균 3킬로그램의 피부가 떨어지고, 하루에 머리카락 50~60가닥이 빠지며, 발에서는 하루 평균 약 500밀리리터의 땀이 분비된다. 이런 이물질이 누룩 제조 과정에서 누룩에 흡수될 가능성이 있다는 것이다.

마오타이주 공장은 1967년에 자체적으로 누룩제조기를 개발하여 기계를 이용한 압축 방식을 시험해본 적이 있다. 그러나 1986년에 이르러 다시 사람이 누룩을 밟는 것으로 돌아왔다. 내가 이 책을 집필하던 당시, 공장에는 모두 7개의 누룩 작업장이 있었으며, 3,000명 이상의 채국공이 일하고 있었다. 그중 80%가 여성 노동자였다. 1988년에 입사해 직원들에게 '런 엄마'로 불리는 수석 누룩제조사 런진쑤任金素는 이렇게 설명했다. "누룩덩이 하나하나에는 모두 '생명'이 깃들어 있어요. 사람이 밟아 만드는 방식은 누룩의 각 부위에 서로 다른 압력을 줄 수 있기 때문에, 기계로 압축 성형한 누룩과는 발효 품질에서 차이가 나요."

마오타이주의 누룩 제조 과정에는 'A급 관리 포인트'로 분류되는 두 가지 핵심 공정이 있다. 하나는 원료를 분쇄하고 배합하는 비율을 조절하는 일이며, 다른 하나는 누룩을 뒤집는 과정에서의 온도 제어다. 이처럼 섬세한 조정은 누룩제조공의 오랜 경험에 달려 있어, 단순히 기계로 대체하기에는 무리가 있다. 런진쑤는 육안만으로도 배합 비율을 정확히 판단하고, 누룩덩이의 두께를 밀리미터 단위까지 측정할 수 있다. 또하나의 절대적인 감각이 있는데, 손으로 누룩을 만져보기만 해도 온도를 감지할 수 있으며, 그 오차는 섭씨 1도를 넘지 않는다.

전통 기술을 지키기 위해서는 반드시 풀어야 할 몇 가지 과제가 있다.

첫째, 무엇을 지키고, 무엇을 버리며, 무엇을 개량할 것인가.

둘째, 지키고자 하는 전통기술을 어떻게 표준화하고 기술적으로 설명할 것인가.

셋째, 왜 그것을 지켜야 하는지를 뒷받침할 원리와 이론은 무엇인가.

이 세 가지 과제를 완벽하게 풀기 위해, 마오타이 사람들은 1951년부터 무려 50년의 시간을 들였다.

1957년: 첫번째 '마오타이주 생산 개론'

장싱중이 공장에서 이과두의 제조 경험을 대대적으로 도입하려 하던 시기, 정이싱은 이에 반대하는 자신의 입장을 고수했다. 그는 특히 '곤사' 공법을 버리고 '쇄사'를 사용하는 것을 반대했으며, 그렇게 되면 술의 품질이 분명히 저하될 것이라고 보았다. 당시 상부에 제출된 한 보고서는 정이싱을 "사고가 구식이고 보수적인 의식이 강하며 새로운 사물에 대한 이해가 부족한 사람"으로 평가했다.

그러나 장싱중의 급진적 실험은 실패로 돌아갔다. 1956년 11월, 귀주성 공업청과 성 공업기술연구소는 '명주 품질 회복 작업팀'을 공장에 파견했으며, 동시에 130만 위안의 예산을 투입하여 주조, 누룩 제조, 곡물 및 술 저장고, 그리고 화학실험실의 확장 공사를 진행했다. 이후 2년 남짓한 기간 동안 마오타이주 공장은 제1차 확장 공사를 완료하고, 적수하 강가에 벽돌과 콘크리트 구조의 사무동을 세웠으며, 귤자원橘子園에는 3작업장을 신설했다. 공장 부지는 10배 이상 넓어졌고, 발전기가 설치되어 전등이 켜졌으며, 마오타이진 최초의 시멘트 농구장도 생겼다.

그러나 무엇보다 중요한 변화는, 마오타이주의 전통 양조 기술이 복원되었다는 사실이다.

술을 빚는 데 있어, 혀는 '최후의 신'이다. 장싱중 사건으로 사람들은 결국 조상들의 방식으로 돌아가는 게 가장 안전하다는 사실을 깨달았다. 정이싱은 다시 중용되었고, 그는 아무도 시도하지 않았던 작업을 했다. 전통 양조 기술을 기반으로, 마오타이

주의 생산 공정을 최초로 체계화한 것이다. 정이싱이 오랜 세월
이후에도 사람들에게 잊히지 않는 이유 중 하나다.

　소주방 시절에는 양조 기술이 양조사 개인의 비기로 전수되었
고, 결코 외부에 공개되지 않았다. 설령 제자를 두어도, 구술로
만 전해줄 뿐 문자 기록으로 남기지 않았다. 그 결과 기술의 이

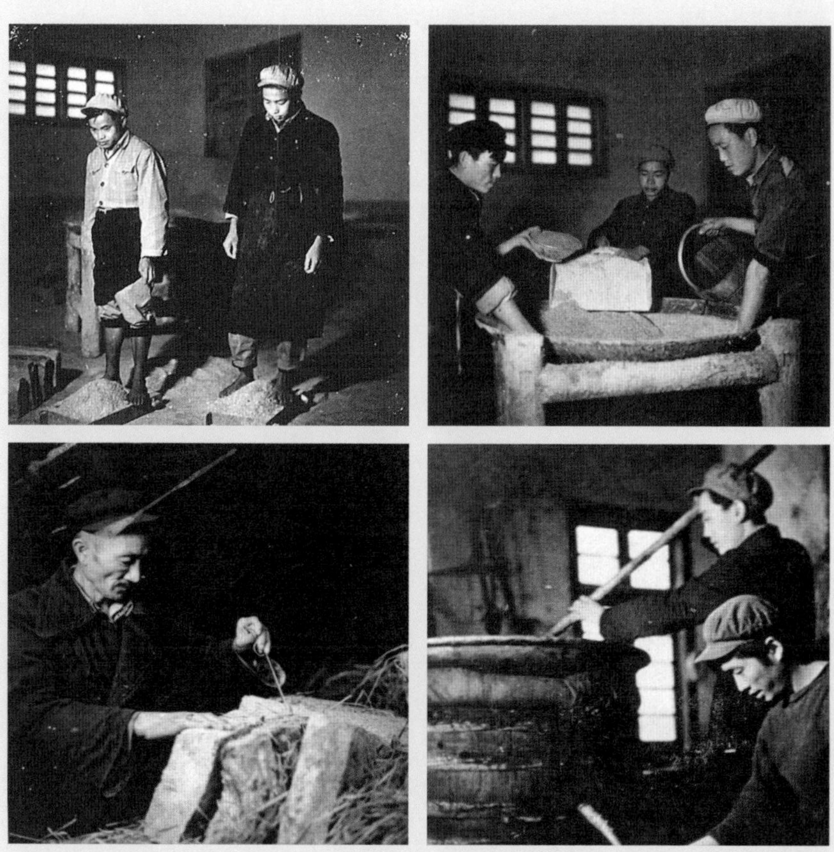

1950년대, 사람이 누룩을 밟고, 섞고, 선별하는 과정과 증류 공정에서 사람이 직접 내용
물을 저어 온도를 내리는 모습. 채국공 대부분은 여성이지만, 남성도 소수 있었다.

해도나 숙련도에 따라 술의 품질은 제각각 달라졌고, 같은 공정 속에서도 차이가 발생해 세대를 거치며 편차가 커졌다. 이로 인해 술의 품질을 장기간 안정적으로 유지하기 매우 어려웠다.

정이싱은 이러한 낡은 규정을 깨고, 전통 양조 기술을 문자로 정리해 매뉴얼로 엮었다. 이 매뉴얼을 기반으로, 마오타이주 공장은 체계적이고 완결된 작업 규정을 수립하였다. 규정은 '마오타이주 생산 개론' '마오주 누룩 제조법' '포장팀 작업 규정' '원료·반제품·완제품 분석'으로 구성되었으며, 각각 1957년 5월과 7월에 완성되었다.

'마오타이주 생산 개론'은 첫머리에서 다음과 같이 밝히고 있다.

마오타이주는 중국의 소중한 민족유산으로, 그 양조법 또한 매우 독특하다. 예를 들면 발효 주기가 길고, 증류의 마지막 단계에서 술을 수수와 발효구덩이에 나누어 뿌리는 방식 등은 모두 선대의 경험에서 정수만을 추려 계승한 것이다. 역사가 길고 작업이 복잡한 데다, 이를 문자로 기록한 것이 없어, 마오타이주의 제조 기술은 지금까지도 구술로 전수되고 있다. 오늘날 생산을 강화하고 인재를 적극 육성하여 변화하는 수요에 대응하기 위해, 본 '마오타이주 생산 개론'을 특별히 제정하여 제공한다. 다만 더 나은 방향을 모색하는 데 있어서 아직 충분하지 않기 때문에, 본 개론에 누락된 점도 있을 수밖에 없다. 이에 모두가 함께 지속적으로 연구하며, 끊임없이 탐구하고 정리하여, 점차적으로 수정하고 보완함으로써, 훗날 '마오타이주 제조 공정 절차서'를 정식으로 제정하기 위한 기반이 되기를 바란다.

이 책을 집필하는 동안, 마오타이주 공장은 거의 모든 문서를 내게 공개했는데, 60여 년 전의 이 문서만은 고위층에서 거듭 고려하다가 다음과 같은 회신을 보내왔다. "자료가 있기는 하지만 대외 기밀이어서, 모두를 찍어서 보내드릴 수는 없고, 다음에 마오타이에 오시면 보여드릴 수 있습니다."

그리고 2022년 4월, 나는 안내를 받아 한 자료실로 들어갔다. 그곳에서 마침내 중국 백주업계에서 전설처럼 회자되면서도, 오랫동안 깊은 서랍 속에 묻혀 있던 그 매뉴얼을 보게 되었다. 자료실 관리자는 자못 엄숙한 표정으로 내게 말했다. "선생님은 지난 수십 년 사이 이 원본 문서를 본 최초의 외부인입니다."

세상에 단 한 부만 남은 이 매뉴얼은 손으로 새긴 글자를 밀랍으로 인쇄한 형식이었고, 종이는 약하며, 글씨는 대부분 이미 희미해진 상태였다. 1950년대, 외진 산간지역에서 사용된 종이는 모두 거칠고 얇아 품질이 매우 조악했다. 아무 페이지나 펼쳐보았는데, 이를 써내려간 사람들의 진지한 태도와 조용한 숨소리마저 느껴지는 듯했다.

'마오타이주 생산 개론'에는 마오타이주 양조의 모든 과정이 세세하게 담겨 있고, 각 단계에 대한 서술 또한 매우 구체적이었다. 이 매뉴얼은 과거 몇 년 동안 제조 과정을 둘러싸고 이어져온 기술적 논란에 대해 원칙을 세우고 체계를 잡음으로써 논란을 종식시켰다. 예컨대 누룩 제조 방식을 보면, 세 소주방 중 하나인 '라이마오'는 전통적으로 약재를 첨가해왔으나, '마오주 누룩 제조 조작법'에서는 오직 밀만을 사용한다고 명확하게 규정했다.

당시의 기술적 한계로 인해 일부 원재료의 수치나 공정의 매개변수는 이후 기준과 다르거나, 혹은 여전히 경험에 의존하는 단계에 머물러 있기도 했다.

예를 들면, 밀의 전분 함량을 이 매뉴얼에서는 54%라고 규정했는데, 나중의 마오타이주 표준은 60%이다. 또한 '제6단계·퇴적(찐 원료에 누룩을 섞어 쌓아두는 과정)' 같은 경우, 매뉴얼에는 다음과 같이 서술되어 있다. "찐 곡물에 누룩을 섞어 쌓은 뒤, 퇴적 시간과 온도 등은 현장 책임자가 기후와 계절에 따라 융통성 있게 조절한다. 예를 들면 코로 냄새를 맡아 탄 듯한 향이나 미약한 술냄새가 나면 발효가 시작된 것이며, 이때 발효구덩이에 넣는다." 여기에서도 퇴적의 구체적 시간이나 온도 범위는 명시되어 있지 않으며, 이러한 요소들은 그로부터 수십 년에 걸쳐 하나하나 정립되고 표준화되었다.

그럼에도 불구하고, 이 매뉴얼을 제작한 것은 중국 백주업계는 물론 전통 공예 산업 전반에 걸쳐, 역사적 전통을 능동적으로 계승하고자 했던 현대적 사건으로 여겨진다. 이는 전통을 온전히 계승하는 동시에, 전통에 작별을 고한 것이기도 하며, 새로운 혁신의 시작이기도 했다.

당시 62세였던 정이싱은 이 매뉴얼 작성을 주도하여 마오타이주 역사상 중요한 인물이 되었다. 그해 말에는 세 차례에 걸쳐

1957년에 제작된 '마오타이주 생산 개론' '마오주 누룩 제조 조작법' 자필 원고

급여가 인상되었으며, 포상으로 가죽 외투도 받았다.

09 마오타이주
"1만 톤을 만들어보게"

"철강은 원수元帥고, 마오타이는 황제지."

—저우린

두보초당에서 나눈 대화

저우린의 기억에, 그의 어린 시절은 온통 마오타이주의 향기로 가득했다. 훗날 그는 딸 저우팡팡周芳芳에게 이렇게 말했다. "나는 마오타이주를 빚는 물을 마시고, 마오타이주의 향기를 맡으며 자랐단다."

저우린은 1912년 귀주성 인회현의 중심지인 중추진에서 태어났다. 마오타이진에서 약 10킬로미터 떨어져 있었고, 그의 고모집은 마오타이진 상장구上场口에 있었다. 그는 준의의 귀주 성립省立 제3중학에 다녔는데, 동창 중에 '왕마오' 집안의 자제도 있었다. 졸업 후 북경의 한 대학에 입학한 그는 점차 진보적 성향의 청년으로 성장했다. 1930년대에 상해에서 노동조합 운동에 뛰어들었고, 이후 신사군新四军에 입대해 천이 휘하의 군법처 처장

으로 활동했다. 1949년 중화인민
공화국 수립 이후에는 서주시 위
원회 서기와 상해시 인민정부 비
서장을 역임했고, 1951년에는 고
향으로 돌아와 귀주성 위원회 제
1서기이자 귀주성 성장에 임명되
었다. 고향 사람들 말에 따르면,
그는 인회현 수백 년 역사상 가장
높은 관직에 오른 인물이었다.

고향 술인 마오타이주에 대한
애정어린 기억은 있었지만, 그
당시 저우린이 가장 신경을 쓴

1960년, 귀주성 성장 저우린

것은 교통 인프라 건설이었다. 귀주는 산이 많고 골짜기가 깊어,
다리를 놓고 길을 뚫는 일이 가장 시급했다. 일상적인 업무 속
에서 고향의 작은 술 공장에 관심을 가질 여력은 그다지 없었다.
그러나 1954년, 주더의 전화 한 통으로 저우린은 마오타이주가
범상치 않음을 인식했고, 1958년에는 한 차례의 담화가 결정적인
전환점이 되었다.

그해, 중국 공산당 중앙위원회는 성도成都에서 정치국 확대회
의를 열었다. 회의가 끝난 뒤 마오쩌둥은 두보초당杜甫草堂을 참
관했고, 저우린이 그를 수행했다. 그 자리에서 두 사람은 다음과
같은 대화를 나눴다.

마오쩌둥이 저우린에게 물었다. "마오타이주는 현재 상황이

어떤가? 어떤 물을 쓰고 있나?"

저우린이 대답했다. "순조롭게 생산되고 있습니다. 적수하 물을 씁니다."

마오쩌둥이 웃으며 말했다. "1만 톤을 만들어보게. 품질은 반드시 유지해야 하네."[54]

이에 대해서는 흥미로운 의문이 있다. 술을 거의 마시지 않던 마오쩌둥이 왜 마오타이주를 굳이 1만 톤이나 만들어보라고 했을까?

이에 대해 사람들은 대개 주석이 민생 소비에 관심을 가졌기 때문이라고 말한다. 하지만 대외무역과 외화 수입과의 관련성도 큰 요인으로 꼽힌다.

1958년은 중국이 '영국을 추월하고 미국을 따라잡자'며 대약진 운동을 본격화하던 시기였다. 마오타이주 1만 톤이면 철강 40만 톤을 수입할 수 있었는데, 이는 당시 중형 철강공장 한 곳의 연간 생산량에 해당하는 수치였다.

1983년, 마오타이주 공장에서 45년간 일한 한 원로 기술자가 북경을 방문해 저우린을 만났다. 그 자리에서 다시 '1만 톤' 이야기가 나왔고, 저우린은 이렇게 회상했다. "철강은 원수元帅고, 마오타이는 황제지. 마오타이주를 빚어 수출해 벌어들인 외화로 철강과 기술을 들여올 수 있어."[55]

두보초당에서 마오쩌둥과 대화를 나눈 그날 밤, 저우린은 즉시 관련 내용을 준의 전속 행정구에 전달했고, 이튿날 부책임자가 곧장 인회로 갔다. 당시에는 전국적으로 대규모 철강 생산 운

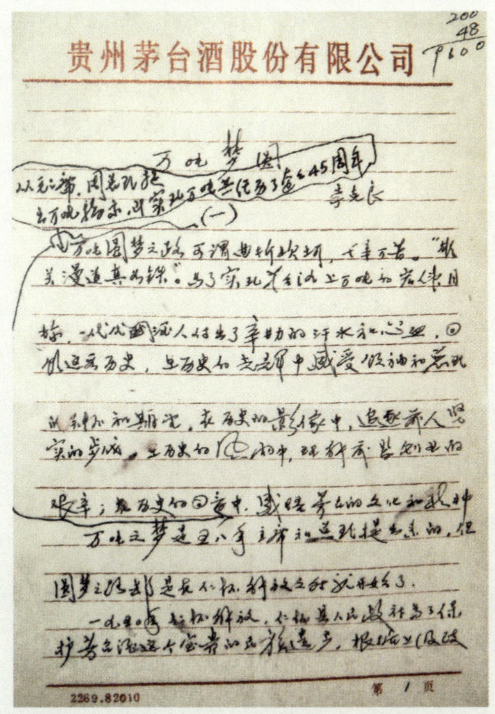

2003년, 마오타이주 연간 생산량이 마침내 1만 톤을 돌파했을 때, 당시 마오타이그룹 이사장 지커량이 과거를 회상하며 쓴 글 「1만 톤의 꿈을 이루다」

동이 벌어지고 있었으며, 심지어 농촌의 생산대까지 흙가마를 쌓아 제철을 시도하고 있었다. 마오타이주 공장의 공장장 정광셴은 공장에서도 많은 인력을 동원해 제철로 건설을 준비하고 있다고 보고했다. 이 사실을 들은 저우린은 즉각 계획을 중지시켰고, 마오타이주 공장에 이렇게 지시를 내렸다. "지금 성 전체가 철강 생산에 매달리면서 철강이 마치 원수元帥처럼 받들어지는 상황이지만, 마오타이주 공장에게는 마오타이주야말로 '황제'이니 반드시 생산을 중단 없이 이어가야 하오."

어느 해 저우린은 당시 귀주성 경공업청 부청장이었던 아내 쭝잉宗瑛을 직접 마오타이주 공장에 파견해 현장에 상주하게 했다. 딸 저우팡팡은 당시를 이렇게 회고했다. "어머니는 공장에 머물며 지도부를 재정비하고, 직원식당을 만들고, 또 공장 직원들과 함께 화장실이며 도로, 마당까지 청소했어요."[56]

"성 전체가 마오타이를 지킨다"

"하늘엔 옥황이 없고, 땅에는 용왕이 없다. 내가 곧 옥황이요, 내가 곧 용왕이다. 삼산오악아, 길을 열어라, 내가 나가신다!" 이것은 1958년 안강安康 지방에서 불렸던 민요 한 수로, 그해 전투에서의 자신감과 호방한 정신을 펼쳐내고 있다.[57] 1958년 2월 2일, 〈인민일보〉는 사설에서 다음과 같이 선언했다. "우리 나라는 지금 전국적인 대약진의 새로운 국면을 마주하고 있다. 공업 건설과 생산이 대약진해야 하고, 농업생산도 대약진해야 하며, 교육·문화·보건 사업 역시 대약진해야 한다."

'대약진'을 하려면 당연히 그에 걸맞은 목표치가 필요했다. 같은 해 5월에 열린 중공 제8차 전국대표대회 제2차 회의 이후, 국가는 다음과 같은 대담한 계획을 내놓는다. "7년 안에 영국을 따라잡고, 8년 혹은 10년 안에 미국을 추월하겠다."[58] 그 목표는 모든 산업 분야에 할당되었고, 각 부문은 "생산량을 배로, 또 배로" 증가시키라는 지시를 받았다.

마오타이주 공장 역시 '1만 톤' 생산 목표 지시를 받자, 즉시 기존의 발전 계획을 수정하여, "1959년까지 연간 1,200톤 생산 능력을 갖추고, 1961년에는 2,000톤으로 확장하며, 1962년부터는 본격 가동에 들어간다"는 계획을 내놓았다.

불과 1년 전인 1957년, 공장의 주조량은 283톤에 불과했지만, 정이싱 등의 품질관리로 인해 역사상 가장 뛰어난 품질의 마오타이가 생산되었다. 하지만 1958년에 생산량은 627톤으로 급증했고, 1959년에는 820톤, 1960년에는 무려 912톤으로 1,000톤에

1959년 양식을 운반중인 운수대. '곤경의 3년' 시기, 마오타이주 생산을 확보하기 위해 성 정부가 각 지역에서 양식을 조달하여 공장으로 운반하는 장면이다.

1959년 양식을 운반하고 저장하느라 분주한 마오타이주 공장 정경

육박했다.

이 수치를 국가적 차원의 거대한 배경에 놓고 보면, 그 안에 숨어 있는 잔혹한 현실과 불합리함이 또렷이 드러난다.

광기에 가까운 '대약진' 이후, 중국 국민경제는 곧바로 극심한 피로와 쇠퇴의 늪에 빠졌다. 1959년부터 1961년까지는 훗날 '3년 대기근'이라고 일컬어지는 혹독한 시기로, 국가 경제는 전례없이 혼란스러워졌고 침체되었다.

이 시기, 가장 시급한 과제는 식량 위기를 완화하는 것이었다. 주류 양조업은 가장 먼저 생산을 줄이거나 심지어 생산을 멈춰야 하는 대상이 되었다. 준의 지역의 동주董酒 공장은 1957년에 생산을 재개했지만, 1959년에는 식량 부족 때문에 1년 넘게 생산 중단 명령이 내려왔다.

그러나 마오타이주 공장은 얼마 안 되는 예외였다. 공장의 문서실에는 1959년에 작성된 작업보고서가 남아 있었는데, 당시 '성 전체가 마오타이를 지키려는 의지'가 기록되어 있었다.

성 정부는 성 각 지역에서 곡물을 조달하여 마오타이주 생산을 지원했다. 구체적인 수치를 보면, 준의 11만 근, 필절 29만 근, 동인銅仁 10만 근, 검동남黔东南 12만 근, 귀양 7만 근, 미담湄潭 1만 근, 습수 10만 근, 동재 10만 근, 안순安顺 1만 근, 적수 4만 근, 무천务川 1만 근, 식봉息烽 1만 근, 인회 20만 근 등 총 117만 근에 달했다. 거기에 사천 강진江津에서 들여온 70만 근까지 합쳐, 그해 필요한 생산 원료를 확보했다.

당시 귀주성 곡물청장이었던 왕민싼王民三은 훗날 회고록에서 이렇게 말했다. "마오타이를 지키기 위해 귀주는 막대한 희생을 감수했다." 그 예로, 당시 마오타이주 공장에서 급히 수수가 필요해 귀주성은 사천에 400만 근의 수수를 요청했고, 사천은 그 조건으로 대두 400만 근을 요구했다. 이는 귀주 입장에서는 매우 불리한 거래였는데, 대두는 수수보다 훨씬 더 귀하고 비쌌던 데다가, 이 400만 근의 대두 또한 귀주 농민들로부터 고가에 다시 매입한 것이었기 때문이다.

'800톤 토주 사건'

어떠한 상업행위든 그 안에는 운영 규칙이 있어서, 이를 무시하거나 거스르면 혹독한 대가를 치르게 된다. 중국도 예외가 아니고, 마오타이도 마찬가지였다.

이 시기 공장장으로 있었던 정광셴은 검북 지방 농촌 출신으로, 토지개혁 때 적극적인 태도를 보여 발탁되었고, 현 공급판매사의 주임을 지냈다. 장싱중과 마찬가지로 그는 조직의 규율에 충실하고, 근면하며 성실한 인물이었다. 그러나 특수한 시대에 자기의 '사명'을 반드시 완수해야 했으니, 여기에서 비극이 탄생했다.

1958년, 주조장 확장 공사는 아직 마무리되지 않은 상태였고, 실제 생산 면적은 1,600제곱미터에 불과했으며 설계 생산능력도 연 200톤에 지나지 않았다. 그런데 이보다 3배는 높은 생산 목표를 완수해야 했다. 정광셴은 노동자들에게 초과근무를 독려할 수밖에 없었다. 또한 인회와 습수현에서 한 번에 500명의 노동자를 새로 뽑았다. 이들 대부분은 글자를 모르는 농민이었기에, 그는 상급 기관의 요구에 따라 "밤낮 없이 분투하여 전 노동자 문맹 퇴치"라는 구호를 내걸었다.

'위성 발사'*를 위해서, 정광셴은 "1,000근 증류를 돌파하고 1,000톤 생산의 문턱을 넘자"라는 구호를 외쳤고, 갓 마련된 작업 기준은 곧바로 폐기되었다. 그는 "이미 발효한 술지게미를 제거하면서 동시에 새 술덧을 투입하는 방식"이나 "기존 원료와 새 원료를 혼합하여 동시에 발효시키는 방식" 같은 새로운 공정을 도입했으며, 여름에만 만들던 누룩도 연중 지속 생산 방식으로 바꿨다. 더욱 치명적인 것은, 원가 절감을 위해 술 저장용 항아리를 플라스틱 포장재로 바꾸어 쓰기로 결정했던 것이다.

효율을 끌어올리려는 이런 변혁들은 술의 생산량은 폭발적으로 증가시켰으나 품질은 그에 비례해 급격히 추락하는 결과를 낳았다. 1959년, 전매회사와 대외무역 경로에서는 마오타이주의 품질 저하에 강하게 항의하며, 잇달아 주문을 줄이거나 취소했다. 1960년에 생산된 마오타이주 912톤의 술독을 열어 품질 검사를 실시한 결과, 합격률은 고작 12%에 불과했다. 약 800톤이 창고 입고가 불가능해져 결국 토주土酒(지역술)로 처리되었고, 이게 바로 마오타이 역사상 가장 치욕적인 사건으로 기록된

'800톤 토주 사건'이다.

"성 전체가 마오타이를 지키자"며 마련한 농민의 피와 땀이 서린 양곡은 끝내 기업과 국가의 자산으로 전환되지 못했다.

1960년 가을 이후, 공장의 생산질서는 완전히 무너졌다. 극심한 식량난 속에서 중앙은 "식량 기준을 낮추고 곡물을 과일이나 채소로 대체하라"는 지시를 내렸고, 전국적으로 대체식품 확보 운동이 전개되었다. 각 지역의 연구자들은 밤낮으로 분투하여, '대체식품' 개발에 매달렸으며, 그 결과 옥수수뿌리가루, 밀뿌리가루, 옥수숫대 분말, 인조 고기향 조미료, 클로렐라 등 다양한 제품이 '개발'되었다. 이런 이름들은 얼핏 '과학적'으로 들릴지 모르지만, 사실은 원래 비료나 가축 사료로 쓰이던 옥수수 줄기와 밀대 등을 잘게 빻아 사람이 먹도록 만든 것이었다.

마오타이주 공장은 인회현에서 유일하게 식품 실험실을 보유한 기업이었기에, '인조 고기향 조미료' 대량 생산 임무를 부여받았다. 이 식품은 백지곰팡이Geotrichum candidum라는 미생물 균종을 전분 함유 배양액에서 증식시켜 형성된 균막菌膜을 모아 말린 것으로, 공장에서는 술지게미의 물, 식당에서 쌀을 씻은 물, 채소 삶은 물 등을 모아 배양액을 만들었고, 2작업장의 설비 전부가 이 생산에 투입되었다.

배고픔을 해소하기 위해 정관셴은 11만 근이 넘는 토주를 생산하여 자체 판매를 추진했고, 그 수입 약 2만 위안은 직원들의 식량과 부식 보충에 쓰였다. 또한 물자 협력이라는 명목으로, 마오타이주 1,440근과 2회 이상 증류한 술 2만 근을 달걀 600근, 돼지

100마리, 털실과 구두 등의 생필품과 맞바꾸기도 했다.

1961년 6월, 중공중앙은 '직공 감축에 관한 통지문'을 하달했고, 그 결과 1963년 6월까지 전국에서 1,887만 명의 직공이 감축되었으며, 도시 인구는 2,600만 명 감소했다.[59]

상부의 지시에 따라 마오타이주 공장은 직원을 629명으로 줄이고, 220명을 농촌으로 하방시켰다. 1964년에 이르러 공장 직원 수는 더욱 줄어 406명이 되었다.

1961년 연말 작업보고서에서 당시의 혼란스러웠던 상황을 엿볼 수 있다.

—낭비가 심각함: 자재를 창고에 들일 때 무게를 재지 않을 뿐 아니라 자루 수조차 세지 않았다. 작업장에서 원료를 쏟을 때도 자주 오류가 발생했고, 작업장과 영업과 간에는 빈번히 책임을 둘러싼 다툼이 벌어졌다. 완제품 포장은 한 사람이 도맡았는데, 이로 인해 몰래 빼돌린 마오타이주가 여기저기에서 적발되었으며, 이를 식량, 설탕, 생선, 심지어 말과 바꾼 경우도 있었다. 모터 51대 중 13대가 과열로 망가졌지만, 이에 대해 문제삼는 이도 없었다.

—사고가 빈번함: 잦은 정전으로 생산에 차질이 있었고, 이는 전적으로 설비 정비 체계가 부재했기 때문이다. 1960년 한 해 동안 크고 작은 사고가 24건, 1961년에도 6건 발생했다. 이로 인한 인명 피해는 사망 1명, 중상 4명, 경상 24명이다. 사고 중 다수는 장기간 방치되었고, 원인 규명도 명확하게 되지 않았다.

—직원들의 정신적 혼란: 직원에 대한 사상 교육이 단순하고

1960년대의 마오타이진을 내려다보며 찍은 사진. 마을과 공장을 구분하기 힘들다.

일방적이어서, 인신공격이 많고 인내심을 가지고 설득하는 경우는 드물었다. 회의에서 공개적으로 질책하는 일이 많았고, 개별 면담을 통한 교육은 부족했기에, 직원들은 감히 문제를 보고하지 못했다. 1961년 한 해에만 45명이 도망쳤고, 이는 전체 직원의 6.3%에 해당한다. 여전히 고향으로 돌아가고 싶어하는 이들도 많았다.

그해, 공장 지도부는 상여금 제도를 통해 공장 운영을 회복하려 했으며, 상여금 규모는 임금의 7% 상한을 초과했으나 곧바로 상부의 지적으로 중단되었다.

이후 몇 년 동안, 술을 양조하는 일보다 입에 풀칠하는 것이 더 시급한 과제가 되었다. 당시 공장 직원과 가족을 포함해 1,000명이 넘는 사람들이 있었고, 이들은 공장 부지 옆에 약 13만 평의 농장을 개간하여, 해마다 채소 14만 근을 자급자족했다. 각 작업장의 직원들은 공장 내 공터에 작은 텃밭을 일구고 우리를 만들어 돼지를 기르기도 했다. 돼지를 기르는 사람이 너무 많아지자, 공장측은 이에 대한 규정을 만들어 발표했다. 공장이 가족에게 위탁한 경우에만 돼지를 기를 수 있으며, 개인 사육은 금지한다는 내용이었다.

공장 부지 곳곳에는 마무리되지 않은 공사들과 가구별로 일군 텃밭이 널려 있었고, 평소 진행되던 작업조 간의 근로 경쟁도 중단된 상태였다. 동력 작업장은 설비 정비가 제대로 되지 않아 자주 정전이 되었고, 일부 작업조는 정해진 공정 절차를 따르지 않은 채, 사용 가능한 원료를 나누어 가져가 돼지 사료로 쓰기도 했다. 1963년, 귀주성 공업청이 주관한 생산계획회의에서 마오타이주 공장은 생산량, 생산액, 이윤 등 모든 계획 목표를 달성하지 못한 데 대해 강도 높은 비판을 받았다.

1964년 1월, 정광셴은 공장장 직위에서 해임되어 작업장 근로자로 10여 년을 일했다. 공장 간부진은 세 명의 기술 부공장장을 제외하고 전원이 처분을 받아 직위를 상실했다. 이후 차이시슈柴希修와 류퉁칭刘同清이 새로 부임하여 각각 당위원회 서기와 공장장을 맡았다. 이들은 장싱중이나 정광셴보다 경력 면에서 훨씬 뛰어났다. 차이시슈는 인회현 위원회 선전부장과 현위원회 서기를 지낸 뒤, 귀주성 알루미늄공사 조직부 부장으로 일하다가, 다시 인회

1960년, 마오타이주 공장 직공들을 대상으로 한 문화학습 현장

현으로 복귀했다. 류퉁칭은 1942년부터 근무를 시작한 베테랑 간부로, 이전에는 개양현开阳县의 현장을 역임했다. 이처럼 고위 간부 두 명이 동시에 마오타이주 공장에 파견된 것은, 상부가 공장 상황을 얼마나 심각하게 인식하고 있었는지를 보여준다.

이 인사 조치가 있기 3개월 전, 북경에서는 제2회 전국주류품평회가 열렸고, 마오타이주는 이 대회에서 순위가 뒤로 밀리며 저우언라이 총리의 관심을 불러일으켰다.

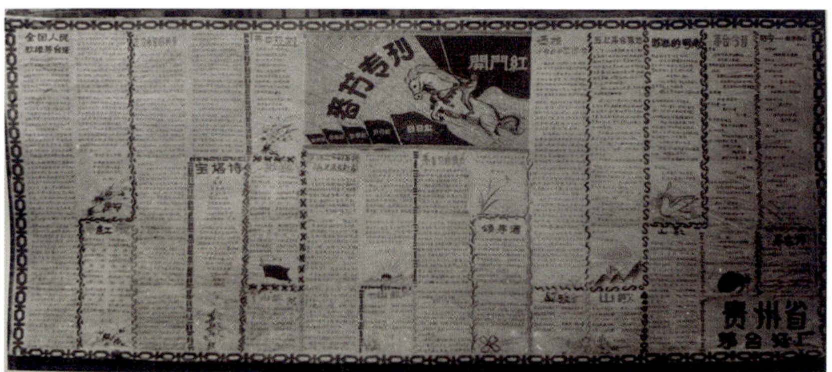

1960년 설을 맞아 마오타이주 공장에 붙은 벽보. "출발이 좋으면, 나날이 좋고, 다달이 좋다."

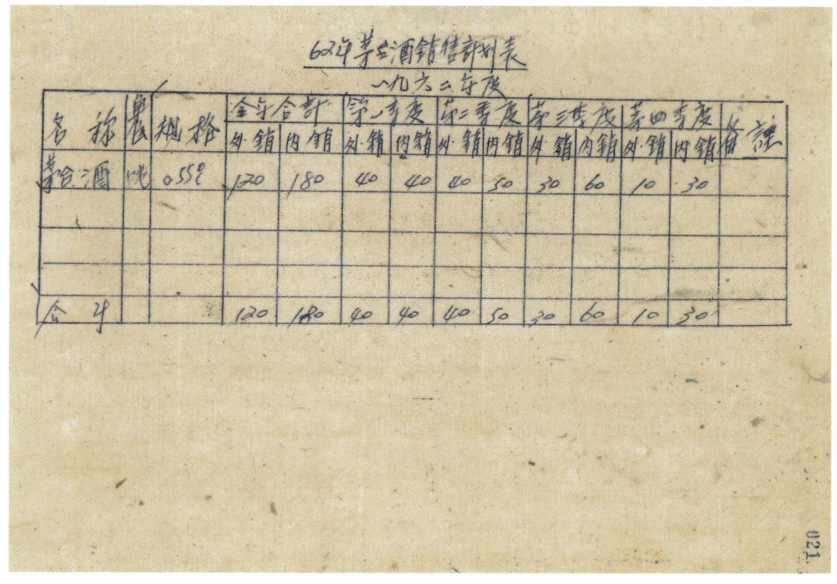

1962년 마오타이 대내외 판매 계획표. 대외 판매가 연간 계획의 40%를 차지한다.

비천마오타이를 일본으로 수출할 때, 일본 판매상이 마오타이주를 위해 제작한 설명서. 한 손에 술잔을 쥔 자이언트 판다를 표지에 인쇄해서 마오타이주와 판다는 중국의 국보라는 뜻을 담았다.

1960년대 일본에 수출된 비천마오타이

1960년대 영국 런던에 수출된 비천마오타
이. 술병 자체만 그대로 유지하고, 병목의 붉
은 리본은 제거하고 상표도 떼어낸 뒤 영리
위永利威 상표를 붙였다. 영리위가 청말부터
주류 대외무역에 종사해와서 일부 국제시장
에서는 주류 생산 브랜드보다 영리위의 브랜
드 인지도가 높았기 때문이다.

겉포장지에 제조 연도가 인쇄된 수출용 마오타이. 당시 국제관례는 술병에 제조 연도를 표시하지 않고 포장지에 인쇄하거나, 혹은 상자로 수출할 때에는 상자에 표시했다. 중고 주류시장에서는 종이 포장이 보존되어 있는 빈티지 술이 배로 비싸다.

1960년대의 비천마오타이는 중미 수교 이후 미국으로 수출되었다. 원래의 라벨은 영문 설명서로 덮였으며, 공식 인증 라벨은 미국의 주류세 스티커로 대체되었다.

10 '마오타이 파일럿 프로젝트'

마오타이주에 담긴 1,000가지 풍미 성분이 미뢰를
하나하나 자극하며 피어나는 꽃처럼 펼쳐지니, 마치
꽃봉오리가 피어나는 것과도 같지 않겠는가?

—저우형강

1963년: 제2회 전국주류품평회

경호대장 청위안궁成元功의 회고에 따르면, 저우언라이 총리는 식사중에 마오타이주가 주류품평회에서 5위를 했다는 소식을 듣고는 의아해하며 즉시 비서에게 이 일에 대해 알아보라고 지시했다.

총리가 식사중일 때 주류 품평 결과가 보고되었고, 나도 그 자리에 있었다. 총리는 마오타이주는 여러 가지 술을 혼합한 후 몇 년은 숙성시켜야 진정한 마오타이라고 할 수 있는데, 갓 출고된 제품으로 어떻게 평가하느냐며, 제대로 숙성된 진짜 마오타이로 평가받아야 한다고 말했다. 그러고는 비서 구밍顾明에게 가서 확인해보라고 지시했다.[60]

이 지시가 중국 백주 역사상 가장 중요한 기술적 전환점을 이끌어냈다.

마오타이주가 5위를 차지한 이 품평회는 1963년 10월에 개최된 제2회 전국주류품평회였다.

그보다 11년 앞서 대불사에서 열린 주류품평회와 비교할 때, 규모와 평가 기준 모두 큰 발전이 있었다. 주최는 경공업부 산하 식품공업국으로 바뀌었으며, 당시 전국에는 국영 주류 공장이 6,000곳이 넘었다. 이에 따라 경공업부는 각 성·자치구·직할시가 출품하는 제품은 반드시 해당 지역의 경공업청과 상업청에서 공동 서명하고 밀봉해야 하며, 제품 샘플도 함께 제출해야 한다고 규정했다. 여러 차례의 선별을 거쳐 최종 본선에 오른 주류는 총 196종으로, 백주 75종, 포도주 25종, 과실주 20종, 황주 24종, 맥주 16종, 배합주 36종이었다.

평가 작업은 '연대 파일럿 프로젝트'로 명성을 얻은 저우헝강이 총괄했으며, 전국에서 평가위원 36명이 초빙되었다. 그중 백주 부문 위원은 17명으로, 모두 백주업계의 최고 전문가들이었다. 구체적인 심사 방식은 색·향·맛을 기준으로 한 100점 만점제였으며, 모든 제품은 암호화된 번호로 구분되었다. 평가위원은 블라인드 평가를 하고 평가서를 작성했으며, 예선, 준결승, 결승 3단계 심사를 거쳐 약 2주간의 평가 끝에 백주 부문에서 최종적으로 8종의 '국가 명주'가 선정되었다.

오늘날 흔히 말하는 '8대 명주'라는 이름은 바로 이 품평회에서 비롯되었다. 득점 순위는 우량예, 고정공주, 노주노교특국泸州老窖特麯, 전흥대국全兴大麯, 마오타이주, 서봉주, 분주, 동주 순이었다.

11년 전 제1회 전국주류품평회에서는 산서·섬서의 분주와 서봉주, 귀주·사천의 마오타이주와 노주노교가 각각 두 자리를 차지하며 남북 균형을 이루었다. 그러나 이번 '8대 명주' 명단에서는 사천·귀주 계열이 다섯 자리를 차지했고, 여기에 강회江淮 계열의 고정공주가 새롭게 포함되었으며, 산서·섬서 계열은 여전히 두 자리였다. 과거 남북의 균형 구도가 완전히 깨진 것이었다.

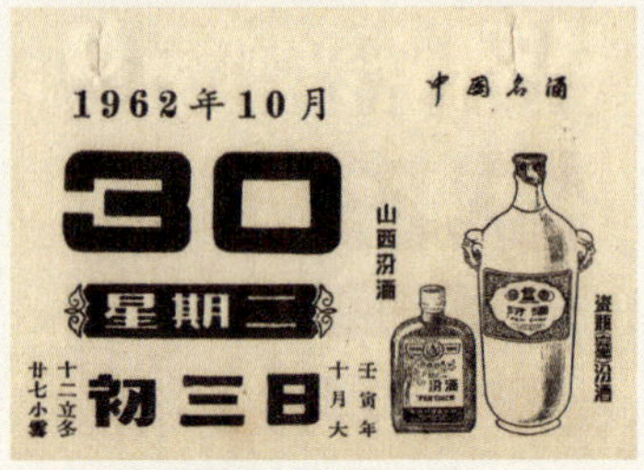

1962년, 마오타이주와 분주가 '중국명주'로 그해 달력 광고에 실렸다.

암호화된 번호를 부여해 블라인드 테스트 방식으로 진행되었기 때문에, 사전에 누구도 결과에 개입할 수 없어 공정하다고 할 수 있었다. 그러나 점수가 공개되자 사람들은 몹시 놀랐다. 마오타이주가 5위, 분주가 7위로 떨어졌기 때문이다. 백주 부문 평가위원이었던 흑룡강黑龙江 출신 가오위에밍高月明은 다음과 같이 회상했다.

품평 결과가 발표된 후, 경공업부는 저우 총리에게 와서 이에 관한 보고를 하라는 지시를 받았다. 이에 매우 긴장해서, 보고하기에 앞서 평가위원들을 불러모아 한 차례 더 품평을 해보았는데, 결과는 마찬가지였다. 보고를 다 들은 저우 총리는 마오

타이주 공장에 도움이 필요한 것 같다고 말했다.[61]

저우 총리의 직접 관여 아래, 경공업부는 전문가 두 팀을 구성하여 각각 귀주와 산서로 보내, '마오타이 파일럿 프로젝트'와 '분주 파일럿 프로젝트'를 진행했다. 분주팀은 경공업부 발효공업과학연구소 소장 친한장이 이끌었고, 마오타이팀은 주류품평회 평가위원 대표였던 저우헝강이 이끌었다.

저우헝강의 '도치법' 연구

저우헝강은 1964년 10월 마오타이에 도착했다. 경공업부는 요녕辽宁, 흑룡강, 하북河北, 천진天津, 하남河南, 그리고 귀주성 경공업과학연구소 등에서 연구원 20여 명을 선발하고, 마오타이주 공장 인력을 합쳐 규모 있는 파일럿 프로젝트 작업팀을 구성했다. 마오타이주의 생산 주기에 따라 프로젝트 시기는 각각 1964년 5월부터 1965년 5월까지, 그리고 1965년 11월부터 1966년 4월까지로 나뉘었다. 당시 저우헝강은 46세로, 학문적 역량이 무르익은 시기였다.

그는 응용화학을 전공했고, 정량분석과 물리·화학적 분석을 중시했다. 백주업계에서 20년 넘게 활동하며 그는 이미 중국 백주의 독특한 특성을 깊이 인식하고 있었다. 백주는 겉으로 보기에는 전분이 포도당으로, 다시 에탄올로 전환되는 과정을 거치는 일종의 알코올 음료에 불과하다. 1950년대 초, 그는 팡신팡 등과 함께 백주 속 주요 화학성분을 분석해, 총산, 총에스테르, 총알데히드 함량을 중심으로 한 지표 체계를 확립했다. 이후 개발된 '액태법 백주'는 바로 이 과학적 접근 방식을 토대로 만들어진 것이다.

그러나 마오타이주와 같은 전통적 '고태법 백주'에서는 이런 정량적 분석 지표가 한계에 부딪혔다. 마오타이주의 풍부하고 감미로운 맛은 후각과 미각을 자극하는 수많은 복합 향기 성분에서 비롯되는데, 이 성분들은 완전하게 정량화해 식별하기 어렵기 때문이다. 이로 인해 실천경험과 과학 이론 사이에 모호한 간극이 존재하게 되었고, 이는 마치 중의학이나 경락 이론처럼 서양 과학의 틀로는 명확히 설명하기 어려운 측면이 있다.

그 이전까지도 마오타이주의 생산 공정에 대한 연구는 꾸준히 이루어져왔다. 1957년에는 정이싱이 최초로 '마오타이주 생산 개요'를 정리했으며, 1959년 4월에는 경공업부 주도로 귀주성 경공업과학연구소와 중국과학원 귀주분원 화공소 등 여러 기관이 참여한 프로젝트팀이 구성되어 「귀주 마오타이주 정리 총결 보고」(1960년 8월 완성)를 작성했다. 이 보고서를 바탕으로 제품 관리 제도와 재료 관리 방식이 마련되었다.

'마오타이 파일럿 프로젝트'에서 저우헝강은 20여 년간 유지해온 기존의 과학적 접근 방식을 과감히 내려놓고, 이른바 '도치법'이라는 새로운 연구방법을 도입했다. 이는 기존의 물리·화학적 분석 체계를 잠시 보류한 채, 생산현장에 직접 들어가 제품의 실질적 특성에서 출발하여, 결과에서 원인을 추론하고, 비교·배제를 통해 제품의 특징을 도출해내는 방식이었다.

이 방법은 얼핏 보면 매우 원시적이고, 현장조사에 가까운 느낌을 주지만, 전통 백주의 특성에 매우 적합했고, 예상치 못한 몇 가지 중요한 발견으로도 이어졌다. 완벽하고 체계적인 결과를 보장할 수는 없지만, 중국 백주의 실질적인 특징을 밝히는 데는 효과적이었다.

예를 하나 들어보자. 서양의 식품 산업에는 '절기節氣'라는 개념이 없다. 그래서 교과서적인 시각에서 보면, 마오타이주가 "단오에 누룩을 밟고, 중양절에 처음으로 재료를 투입하여 생산한다"는 전통 방식은 정량적 과학으로 설명하기 어렵다. 그러나 실제 양조 과정에서는 이 전통 공정이 분명히 효과가 있는 것으로 보인다. 파일럿 프로젝트 팀의 '도치법'은 바로 그 효과의 근거를 거꾸로 논증하는 것이다.

또다른 예로, 퇴적발효는 마오타이주만의 독특한 공정인데, 파일럿팀은 이 공정이 꼭 필요한 이유와 이로 인해 발생할 수 있는 변화들을 연구해야 했다.

또 양조에 사용하는 물은 일부는 적수하에서, 일부는 산속 샘이나 우물에서 길어오는데, 이 물들이 술의 품질에 영향을 미치지는 않는지 역시 연구 대상이었다.

'도치법'은 이론이나 공식을 전통 공정보다 위에 두지 않고, 생산 현장의 공정 그 자체로 되돌아가 출발하는 접근이다. 저우헝강이 파일럿 프로젝트의 목표로 설정한 것은 "체계적 정리, 문제 제기, 인재 양성, 기반 구축"이었다.[62]

이를 위해 저우헝강은 프로젝트 참여 인원을 공장 내 각 작업반에 편성해 현장 근로자들과 함께 양조를 배우게 했다. 저우형강 자신도 마오타이에 도착한 첫 두 달 동안 간부 숙소에 묵지 않고, 초가집에서 원로 양조사 몇 명과 함께 먹고 자며 직접 일했다. 양조사들이 쉴새없이 이야기를 들려주면, 그는 쉼없이 받아 적고, 밤마다 숙소에 돌아와 정리 작업을 이어갔다. 그렇게 모아진 자료를 본 원로 양조사들은, 그들이 몇 대에 걸쳐 비밀스럽게 지켜온 밥벌이 비법을 저우형강이 모두 훔쳐간다고 농담으로 말하곤 했다.

바로 이처럼 따스한 자세로 전통을 존중했기에, 저우형강은 마오타이에서 돌파구를 만들어낼 수 있었다.

'천인합일'이란 무엇인가

저우형강의 '도치법'은 실제 적용 과정에서 놀라운 효과를 발휘했고, 이후 마오타이 양조사들에 의해 전승되고 활용되었다. 이 방법은 일론 머스크가 강조하는 '제1원리 사고First Principle Thinking'와 유사한 개념이라 볼 수 있다.

'제1원리 사고'는 물리학 용어로, 고대 그리스 철학자 아리스토텔레스가 처음 제시한 개념이다. 이는 어떤 고정불변의 원칙이나, 그로부터 연역하여 얻어낸 결론을 가리킨다. 일론 머스크는 테슬라 자동차를 연구개발할 때 이 사고방식을 기술 혁신과 돌파구 마련에 적용했다. 해결하기 어려운 문제를 마주할 때마다 그는 "사물의 본질로 되돌아가, 어떻게 해야 할지 다시 생각하라"고 스스로에게 요구했다.

　　저우헝강과 일론 머스크가 기존의 질서를 뛰어넘는 근본적인 혁신의 길을 찾을 수 있었던 것은 이론이나 경험이 아닌 실제 현장에서 출발하는 사고방식 덕분이었다.

　　1년 남짓한 기간 동안 파일럿 프로젝트 팀은 주로 두 가지 방향에서 연구를 진행했는데, 바로 미생물과 향미香味였다.

　　「공기 중의 미생물에 관하여关于空气中的微生物」는 1965년 12월, 마오타이 파일럿 프로젝트 사무국에서 편찬한 학습자료이다. 등사판 방식으로 인쇄되었으며, 표지를 포함하여 총 18쪽 분량이다. 이 자료에서 저우헝강은 처음으로 백주 생산, 특히 전통적인 고체 상태 증류 공법에서는 단일 미생물이 아니라 환경 속 미생물 군집이 중요한 역할을 한다는 견해를 제시했다.

　　예컨대 퇴적발효 과정은 다양한 미생물의 번식을 가능케 하여,

1960년, 마오타이주 공장에 과학연구실(화학실험실 포함)이 세워졌다. 사진은 1970년대 과학연구실 외관이다.

대국 미생물의 종류와 수량이 부족한 점을 보완하고, 동시에 술의 향과 풍미를 형성하는 데 유익한 전구물질도 대량 생성한다.

이처럼 미생물 군집의 수는 1,000여 종에 달해 정량 분석이 어렵지만, 동시에 백주의 복합적인 향과 독특한 풍미를 형성한다. 이에 저우헝강은 마오타이주 공장을 위해 최초로 미생물 데이터베이스를 구축했으며, 당시 70여 종의 미생물 균주를 분리해냈다.

「공기 중의 미생물에 관하여」에 다음과 같은 서술이 있다.

> 환경 속 미생물군의 생장, 번식, 순화馴化는 환경의 직접적인 영향을 받는다. 해발고도의 영향으로 지세가 움푹 파인 마오타이진은 상대적으로 폐쇄적인 자연생태권이 형성되었다. 이 지역의 기후는 겨울에 따뜻하고 여름에 덥고, 바람이 약하며 강수량도 적다. 거기에 수천 년 동안 끊임없이 이어져온 양조 활동이 더해지면서, 산과 물, 기후와 토양이 조화를 이루어 양조 미생물의 성장, 번식, 순화를 위한 마오타이진만의 고유한 자연생태 환경을 조성했다. 공기 중에 가득찬 작은 요정 같은 이 미생물군이 언제 어디서나 양조 과정에 영향을 미치며, 마오타이주 고유의 복합적인 향을 형성하는 데 매우 중요한 역할을 한다.

이는 마오타이진의 지리생태와 지질적 특성의 각도에서 마오타이주와 지역환경의 관계를 서술한 최초의 기록이다.

중국의 '국보급' 전통제품 두 가지, 즉 백주와 찻잎은 모두 천인합일天人合一의 산물이다. 여기서 '인人'이란 오랜 시간 이 분야에 몰두해온 차 전문가와 주류 장인을 가리킨다. 그들은 "어려서부터 배워 그 과정에서 마음이 안정되고, 외부의 유혹에 쉽게 마음이 흔들리지 않는다". 대를 이어져 내려오면서 "서로 기술을 전수하고 함께 연마하여", 결국 그 기술이 천하의 으뜸이 되어 중국의 차와 술 문화를 이룩한 것이다.

'천天'은 차와 술을 생산하는 자연생태를 가리킨다. 각기 다른 생태환경은 차와 술의 개성과 품질을 결정하며, 그 결과 매우 복잡하고 다채로운 다양성을 형성했다. 이런 의미에서, 최상급의 좋은 차와 좋은 술은 절대적인 비교가 어려우며, 단지 개인의 취향에 따른 차이만 있을 뿐이다.

가장 미묘한 점은, 이 자연생태가 다시 '거시적 자연생태'와 '미시적 양조생태'로 나뉠 수 있다는 것이다. 전자는 물, 원료, 토양, 일조량, 강우량 등을 말하고, 후자는 환경 속에서 육안으

술을 품평중인 리싱파

로는 볼 수 없는 미생물 등 미량 성분을 말한다.

서양의 와인이나 증류주와 비교할 때, 중국 백주는 미생물 생태의 활용과 영향에 더욱 의존하는 경향이 있다. 서양의 양조 방식은 일반적으로 곡물의 발아를 통해 '선당화先糖化, 후발효後發酵' 과정을 거치거나, 당분이 포함된 원료를 직접 발효시키는 방식이다. 반면 중국 백주, 특히 마오타이주는 탄량, 퇴적, 재발효, 채국 등의 공정을 통해 자연환경 속 미생물의 기능을 활용하여 당화하고 술을 만든다. 이는 당화와 발효가 동시에 진행되는 전형적인 과정이다.

마오타이 파일럿 프로젝트에서 저우헝강은 처음으로 미생물 생태학을 백주 과학연구의 요소로 포함시켰다. 이러한 새로운 사고방식에 지커량 등은 큰 영감을 받아, 2001년에 이르러서는 "마오타이진을 떠나서는 마오타이주를 생산할 수 없다"는 지역 보호 개념을 명확하게 제시하게 되었다.

세 가지 전형체의 발견

파일럿 프로젝트 팀의 여러 연구과제 중에서, 미생물와 관련한 커다란 발견 이외에 또다른 획기적인 발견은 마오타이주는 세 가지 전형체典型體(특징적 기준)로 구성된다는 사실이다.

이를 발견한 사람은 리싱파로, 이 업적으로 인해 마오타이주 역사상 전설적인 인물이 되었다.

마오타이 현지 출신인 리싱파는 1952년 '화마오'와 '왕마오'가 합병될 당시 채용되어 입사했으며, 성실한 태도를 인정받아 초대 단지부 서기가 되었다. 1956년, 26세의 그는 정이싱, 왕사오빈과 함께 기술 부공장장으로 발탁되었다. 왕사오빈은 영화소주방의 숙련된 장인으로 증류를 담당했고, 리싱파는 주로 블렌딩을 맡았다. 정이싱이 사제 제도를 추진하여 받은 첫번째 제자가 바로 리싱파이다.

리싱파는 젊지만 노련했고, 말수가 적었으며, 블렌딩을 위해 평생 동안 고추를 먹지 않았고, 심지어 요리를 할 때도 간장을 넣지 않았다. 한마디로 그는 술을 빚기 위해 살았던 사람이다. 그의 집은 공장 안에 있었고, 그는 대부분의 시간을 술창고에서 보냈으며, 제조 차례와 숙성 연도가 서로 다른 술을 끊임없이 블렌딩하고 비교했다.

중국의 명주 중에서 마오타이주는 물을 한 방울도 넣지 않고 술로 술을 블렌딩하는 유일한 술이다. 이 때문에 마오타이주의 블렌딩 기술은 역대 양조사들 사이에서 비전秘傳으로 전해졌다. 정이싱이 작성한 '마오타이주 생산 개요'에서도 '블렌딩' 항목에 대해서만은 구체적으로 기술하기 어려워, 다음과 같이 모호하게 서술되었다. "완성된 술은 상당 기간 숙성시킨 후, 다양한 제조 차례와 시기의 술을 적절히 섞어 맛을 본 뒤, 합격되면 가만히 안정시킨 후 병에 담아 출하한다."

정이싱이 리싱파에게 전수한 핵심 기술은 '술꽃酒花'을 보는 법이었다. 술을 그릇에 따라 흔들어 거품을 관찰하면 그 크기와 모양에 따라 도수와 품질을 가늠할 수 있다. 술꽃은 '물고기 눈 꽃魚眼花' '쌓인 꽃堆花' '가득찬 꽃滿花' '쌀 부스러기 꽃碎米花' 등으로 구분된다. 이 판단은 순전히 양조사의 직관과 천부적 감각에 달려 있다.

따라서 블렌딩 기술이 정성화·정량화되지 않으면, 백주는 경험에 의존하는 장인 수공업의 범주에 머무를 수밖에 없다.

리싱파는 꼼꼼하게 기록하는 습관이 있어, 다년간 블렌딩 실험을 하며 수많은 술 샘플의 데이터를 축적했다. 그리고 이를 연구하는 과정에서 마오타이주의 기주는 감각적 기준에 따라 세 종류로 나눌 수 있다는 사실을 발견하고는 이들을 각각 발효구덩이 아래쪽 향인 교저향窖底香, 순하고 달콤한 순첨향醇甜香, 깊고 구수한 장향이라고 이름 붙였다.

원로 마오타이 관계자들의 회고에 따르면, '장향'이라는 단어는 원래 없던 것이었는데, 한담을 나누던 중 나온 말로, '간장맛'이 난다는 뜻이었다. 당시 논의에 참여한 사람은 리싱파와 검사원 네제밍聶杰明 등이 있었다.

리싱파가 냄새와 맛에 따라 백주의 향 성분을 구분하는 방법을 확립한 덕에 저우헝강은 "향과 맛은 기능성 미생물의 대사산물에서 왔을 가능성이 매우 높다"는 점을 의식하게 되었다.

향과 맛, 그리고 대사산물은 서로 전혀 다른 분야로 여겨졌던 개념인데, 저우헝강은 이 둘을 하나로 연결했다.

저우헝강은 기쁜 마음에 즉시 파일럿팀의 린바오린林宝林, 왕화汪华 등에게 세 가지 전형체 기주를 종이 크로마토그래피로 분석하게 했다. 거기에서 곧 또하나의 중대한 발견을 하게 되었다.

교저향 술을 분석하던 중 에틸 헥사노에이트$C_8H_{16}O_2$의 함량이 두드러진다는 사실을 발견한 것이다. 저우헝강은 즉시 노주노교의 샘플을 가져다 비교 분석하게 했고, 마찬가지로 에틸 헥사노에이트의 함량이 높고 고유한 성질의 물질이 내는 맛도 서로 비슷하다는 결과가 나왔다.

이에 저우헝강은 노형주, 즉 훗날 농향형 백주로 분류되는 술의 주된 향 성분은 바로 에틸 헥사노에이트라는 결론을 얻었다.

'세 가지 전형체' 이론을 제시하고 에틸 헥사노에이트를 발견한 것은 마치 한 줄기 번개가 순식간에 밤하늘을 밝히듯, 백주 산업이 공업화를 향해 크게 한 걸음 내딛게 만들었다.

'분주 파일럿 프로젝트' 동시 돌파

저우헝강 팀이 적수하 강가에서 미생물과 향미를 집중 연구하고 있을 무렵, 북쪽의 행화촌에서는 친한장이 이끄는 팀이 거의 동시에 동일한 주제를 놓고 치열한 연구를 벌이고 있었다.

프로젝트팀은 분주의 제조 공정과 발효 화학 분석 등을 중심으로 200여 개의 연구 과제를 수행했고, 3,000회 이상의 실험을 통해 2만 건이 넘는 데이터를 축적했다. 이를 바탕으로 획기적인 시도를 단행했는데, 바로 분주의 주요 향 성분과 풍미 물질 60여 종을 처음으로 체계적으로 분석한 것이다. 그 결과, 분주의 주요 향 성분이 에틸 아세테이트라는 사실을 최종적으로 확인했다.

이 발견은 분주의 품질 정형화와 표준화는 물론, 10년 후 청향형 淸香型 백주를 정의하는 데 결정적인 이론적 기반을 마련해주었다.

1964년 가을부터 1965년 가을까지는 중국 백주 현대사에서 서

사시와도 같았던 한 해로, 인류 역사 속 르네상스나 지리적 대발견과도 같은 의의를 지닌다고 해도 과장이 아니다.

친한장과 저우헝강이라는 두 거장의 공감과 절묘한 협업 속에서, 술 저장고를 감싸던 향기롭고도 신비한 향의 베일이 마침내 걷히고, 오랜 세월 전승되어왔으나 한마디로 설명하기 어려웠던 전통적 경험이 실험실의 과학적 분석과 융합되었다. 동양의 음양적이고 직관적인 감성과 서양의 분석적이고 이성적인 사고는 그간 서로 대화가 어려워 보였지만, 이 두 지식체계가 실증적 연구를 통해 마침내 화해한 것이다.

이렇게 해서 백주 산업은 '손으로 더듬고, 발로 차고, 눈으로 보고, 입으로 맛보던' 수공업 시대에서 벗어나, 완전히 새로운 면모로 대규모 공업생산의 새로운 시기에 접어들었다.

그러나 안타깝게도 곧이어 '문화대혁명'이 발발하여, 백주업계도 다른 산업과 마찬가지로 '잃어버린 10년'에 접어들게 되었고, 마오타이와 분주의 파일럿 프로젝트에서 얻어진 성과는 생산력으로 즉각 전환되지 못했다. 그후 1980년대 말, 개혁개방이 시작되고 전매제도가 폐지되면서 백주 산업은 비로소 미증유의 고속성장기에 접어들었다.

잊을 수 없는 파일럿 프로젝트의 세월

문서보관실에는 1965년 3월 17일 촬영된 파일럿 프로젝트 팀 단체사진이 한 장 있었다. 사진 속 인물은 모두 36명으로, 저우헝강이 앞줄 중앙에, 공장 당위원회 서기인 차이시슈는 오른쪽 끝에 있었다. 모두 매우 젊고, 그중에는 여성도 8명 있다는 사실을 알 수 있었다.

파일럿 프로젝트에 몸담은 1년 남짓한 기간 동안 저우헝강은 매일같이 젊은 팀원들과 리싱파 등과 어울려 지냈다. 마을은 작고 밤은 고요하니, 한가한 시간에는 차를 마시며 담소를 나누었다.

한번은 저우헝강이 학생들에게 물었다. "마오타이주를 마시면 어떤 느낌인가?"

중궈휘钟国辉라는 청년이 "입에 머금으면 마치 꽃이 피는 것 같아요"라고 답하자 모두 크게 웃었다. 저우헝강이 말했다. "틀린 말은 아니지. 마오타이주에 담긴 1,000가지 풍미 성분이 미뢰를 하나하나 자극하며 피어나는 꽃처럼 펼쳐지니, 마치 꽃봉오리가 피어나는 것과도 같지 않겠는가?"

또 한번은 이런 문제를 냈다. "백주를 증류할 때, 맨 처음 나오는 초류酒头에 종종 검은 찌꺼기가 섞여 나오는데, 그건 왜 그런지 아는가?"

이 현상은 소주방에 몸담아본 사람이면 누구나 한 번쯤 본 적이 있겠지만, 정작 그 원인을 깊이 파고든 이는 없었다. 모두 모르겠다는 얼굴을 하자 저우헝강은 해바라기씨를 까먹으며 이렇게 설명했다. "증류가 끝난 뒤에도 냉각기 안에 후류酒尾가 조금 남아 있는데, 후류는 산도가 높아서 냉각기의 재질인 주석을 부식시키지. 그래서 아세트산주석이나 젖산주석이 생기고, 초류 속의 황화수소하고 결합해 황화주석이 되면, 검은 찌꺼기로 나

1965년 3월 17일, 마오타이 파일럿 프로젝트 1기 단체사진. 첫째 줄 오른쪽에서 네번째가 저우헝강, 셋째 줄 오른쪽에서 일곱번째가 지커량이다. 당시 공장 당위원회 서기 차이시슈는 단체사진을 찍을 때 가장자리를 선호하여 가운데 자리는 동료들에게 양보하고 첫째 줄 오른쪽 끝에 앉았다.

1966년 3월 7일, 마오타이 파일럿 프로젝트 2기 단체사진

젊은 시절의 친한장

오는 거야."

저우헝강과 밤마다 한담을 나눈 이 젊은이들은 대부분 훗날 중국 주류업계의 거물이 되었다. 그중 중궈휘는 천진 진주津酒그룹의 수석 엔지니어가 되었다. 그는 당시 공장 사무동 3층, 적수하가 내다보이는 도서실 옆의 작은 방에서 저우헝강과 함께 생활했다. 80세가 된 중궈휘는 그 시절을 회상하며 쓴 글에서, 주로 젊은 날의 추억을 떠올렸다.

그해 설날, 지커량과 쉬잉徐英(나중에 둘은 백년가약을 맺었다), 그리고 귀주 경공업연구소의 딩샹칭丁祥庆(훗날 소장이 됨)이 술에 담가 삶은 계란을 만들어주었고, 엔지니어 차오수순曹述舜은 내 아들에게 고기구이를 해주었다.

또 언젠가는 적수하 강가의 연구소 앞에서 저우헝강 선생님이 등나무 의자에 앉아 유채꽃이 미풍에 흔들리는 광경을 보고 있었다. 공장 부지를 동서로 가로지르는 길 위로는 산에 사는 주민들이 광주리를 등에 지고 오갔다. 이런 광경들이 아직도 눈에 선하다. [63]

11　"우리는 어떻게 블렌딩을 하나"

우리는 어떤 비법을 말하려는 것이 아니라, 그저 있는
그대로를 보고할 뿐이다.

—지커량

지커량의 등장

1965년 파일럿 프로젝트 팀의 단체사진에서 나는 셋째 줄 중앙
에 자리한 지커량을 한눈에 찾아냈다. 아직 소년티를 벗지 못한
앳된 얼굴이었다.

지커량이 마오타이주 공장에 처음 발을 디딘 것은 1964년 9월
이었다. 그는 공장 역사상 최초의 대학생이었다. 한 달 뒤, 저우
헝강이 파일럿 프로젝트를 맡아 내려왔다. 인터뷰에서 지커량이
말하기를, 고향인 강소를 떠날 당시 그는 그저 귀주에 배치되었
다는 사실만 알았을 뿐, 정확히 어디에서 일하게 될지는 전혀 몰
랐다고 한다.

지커량은 '중화민국 제일의 기업가'로 불리는 장젠의 고향인
강소 남통 출신이다. 1939년 4월, 구顧씨 집안의 다섯째로 태어났

으나, 집안형편이 몹시 어려워 세 살 때 자식이 없던 고모 부부에게 양자로 보내지면서 성도 바뀌었다. 1959년, 무석경공업대학无锡轻工业学院에 입학해 식품 발효를 전공했다. 이 학교는 친한장이 사립 강남대학에 개설한 농산품제조과(이후 식품공업과로 개칭)와도 깊은 인연이 있다.

1964년, 대학을 졸업한 지커량은 귀주로 배치를 받았다. 그는 당시를 다음과 같이 회상했다. "기차를 타고 귀양에 도착해 성 인사청으로 가니, 편지봉투를 하나 주더군요. 열어보니 인회 마오타이주 공장으로 가는 소개장이었습니다. 그때 창구에서 일하던 사람이 웃으며 그러더군요. 오늘 바로 떠나면 한 달치 월급을 다 받을 수 있지만, 하루라도 늦으면 반 달치밖에 못 받는다고요. 저처럼 가난한 집 아이는 망설일 여유도 없었죠. 그길로 달려가서 곧장 공장에 도착 보고를 했습니다."

지커량과 함께 공장으로 향한 이들 가운데는 그의 대학 동기이자 연인이었던 쉬잉도 있었다. 두 사람은 일생의 반려자로 이후의 생을 마오타이에서 보낸다.

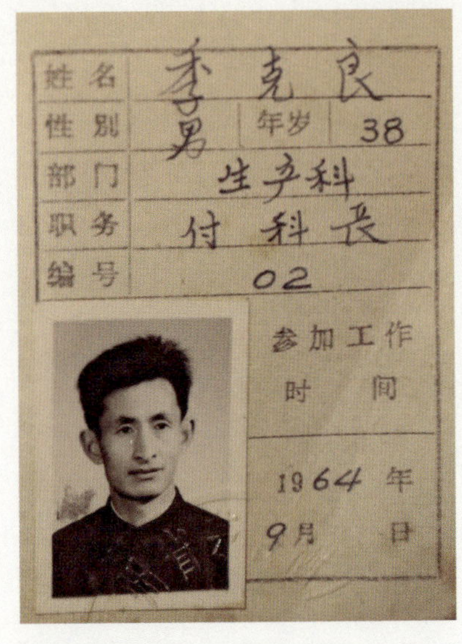

1975년, 지커량이 생산과 부과장으로 있을 때의 신분증

당시는 교통이 매우 불편해서, 우리 둘은 일단 귀양에서 준의

로 갔는데, 그곳에 도착하고 나서야 마오타이진까지 가는 버스가 사흘에 한 번밖에 없다는 사실을 알았어요. 하는 수 없이 준의에서 이틀 밤을 묵었죠.

둘째 날 저녁에 밥을 먹으러 식당에 갔다가 마오타이주를 봤는데, 한 잔에 3마오 6편이더라고요. 당시 우리 수중에 1위안 정도가 있어서, 한 잔을 사서 맛보았어요. 그게 내 인생 최초의 마오타이주였습니다.

마오타이주 공장의 첫인상은 매우 안 좋았어요. 첫째로는 길이 안 좋았는데, 마오타이진 버스정류장에서부터 내내 진흙탕길과 울퉁불퉁한 자갈길을 걸어서 가야 했어요. 둘째로는 공장에 대문도 없고, 공장이라는 걸 알리는 팻말조차 없었어요. 셋째로는 생산 작업장이 엄청 낡았는데, 특히 술창고는 황량한 나무 벽돌 건물이었어요. 공장 안에 사람도 거의 안 보였고요.

가장 큰 문제는 전체 생산시설 중 80%가 놀고 있다는 점이었어요. 생산효율이 엄청 낮았고, 연간 생산과 판매량도 대략 200톤 정도에 불과했어요. 적자도 꽤 심각했는데, 내 기억에 1964년에 적자가 가장 컸을 거예요. 80만 위안 넘는 적자를 봤죠.

이렇게 첫인상이 썩 좋지 않았던 곳인데, 내가 이곳에서 무려 50년을 일하게 될 줄은 꿈에도 몰랐어요. 마오타이에 처음 왔을 때는 만 스물여섯도 안 되었는데, 퇴직할 때는 일흔여섯이었어요.

위 내용은 2019년 복단대학復旦大学 경영학부와 〈제1재경第一财经〉

1960년대 술창고 내부 모습

이 진행한 인터뷰 영상에서 채록한 것이다. 당시 지커량은 80세였지만, 백발임에도 여전히 장년 못지않게 사고가 민첩했다.

나는 2012년 겨울 항주에서 열린 한 기업가 모임에서 지커량을 처음 보았다. 술잔을 들고 사람들 사이를 누비며 모든 기업가와 건배를 나누던 지커량은 마치 주선酒仙 같아 보였다. 그 자리에서 절강 상인의 마오타이 모임인 '서호회西湖会'가 결성되었다. 2022년 3월, 이 책을 집필하기 위해 마오타이진을 찾아갔을 때 지커량을 다시 만났다. 10년 전 그날의 일을 꺼내자, 지커량은 그 시절에는 마오타이주를 알리기 위해 그런 자리에 1년에 수십 번은 나가야 했다고 웃으면서 말했다.

피터 드러커는 저서 『경영의 실제』 서론 '경영자의 본질'에서

2022년, 마오타이주 공장에서 지커량과 인터뷰를 진행중인 모습

책의 핵심 사상을 명확히 밝혔다. “모든 기업에서 경영자는 기업에 생명을 불어넣고 활력을 주입하는 존재이다. 경영자의 리더십이 없다면 ‘생산자원’은 그저 자원일 뿐, 결코 제품으로 전환되지 못한다. 경쟁이 치열한 경제 체제에서 기업이 성공하느냐, 지속 가능하느냐는 전적으로 경영자의 자질과 성과에 달려 있다. 경영자의 자질과 성과야말로 기업이 유일하게 가진 유효한 경쟁력이기 때문이다.”

피터 드러커가 말한 탁월한 경영자의 ‘유일성’은 마오타이주의 역사에서 생생히 입증되었다. 마오타이주가 전설이 된 것은 단순히 ‘타고난 특별함’ 때문만이 아니다. 그것은 하나의 교과서 같은 기업 성장과 브랜드 형성의 역사이기도 하다. 그 과정에서 몇몇 핵심 경영자들이 마오타이에 "생명을 불어넣고 활력을 주입하는" 결정적인 역할을 했다. 그리고 그 중심에는 바로 지커량이라는 '키 맨Key Man'이 있었다.

소주방에서 희미한 빛을 보았다

지커량이 마오타이주 공장에서 맡은 첫번째 임무는 저우헝강의 파일럿 프로젝트 팀 합류였다. 그는 미생물팀에 배치되었다.

그 팀에는 스무 살을 갓 넘긴 왕화라는 젊은 여성도 있었다. 지커량보다 네 살 어렸지만, 두 해 먼저 공장에 들어와 기술자가 되어 있었다. 안휘安徽 여강庐江 출신으로, 1962년 2월 귀주성 경공업학교 식품과를 졸업하고, 마오타이주 공장 실험실에 배치되어 화학실험원으로 일하기 시작했다. 이후 수십 년에 걸쳐, 지커량과 함께 마오타이 기술 표준을 정립하는 데 가장 중요한 역할을 한 인물 중 한 명이다. 대학을 갓 졸업한 이 젊은이들이 저우헝강과 함께 기묘한 백주 탐험 여정을 시작했다.

오랜 세월이 흐른 뒤 그 시절을 회상하던 지커량은 중귀휘와 마찬가지로 깊은 애정과 그리움을 드러냈다. 2018년, 저우헝강 탄생 100주년을 맞아 백주업계에서 추모회를 열었다. 여든을 바라보던 지커량도 그 자리에 함께해 저우헝강의 흉상 앞에서 몸을 숙여 세 번 정중히 절을 올렸다. 그는 그 모습을 지켜보던 기자들에게 이렇게 말했다. "저우헝강 선생님이 안 계셨다면 지커량도 없었을 거고, 마오타이도 없었을 겁니다. 1964년에 막 대학을 졸업하고 공장에 들어와 저우 선생님 밑에서 일했어요. 마오타이에게 오늘이 있고, 저에게 오늘이 있는 것은, 모두 선생님이 저를 키워주고, 가르쳐주고, 도와주셨기 때문이지요."

금수강남錦繡江南이라 불리던 남통에서 멀고 험한 서남 산간지역까지 온 젊은 지커량에게 일상은 쉽지 않았다. 열악한 물질적 환경 외에도 메마른 지적환경과 깊은 정신적 공허감이 더욱 힘들었다. 그런데 저우헝강이 오면서 지식을 탐색하는 즐거움을 느끼게 되어 형언하기 어려운 벅찬 기분을 느꼈다. 어두컴컴한 작업장 안에서 갑자기 빛이 새어나오는 것 같았고, 눈에 보이지 않는 미생물들이 요정처럼 공중을 날아다녔다. 지커량은 마치 주신의 날개를 잡은 것 같은 기분이었다. 그 호기심과 설렘은 이후 그가 걸어갈 길고도 굽이진 50년의 여정 내내 그를 이끌었다.

훗날 돌이켜보면, 1964년에 저우헝강이 마오타이에 온 것은 마오타이와 지커량 모두에게 결정적인 전환점이었다. 저우헝강은 앞으로 나아갈 이정표를 세워주었으며, 아울러 이 외진 작은 마을에 현대적 연구방법과 학문적 언어 체계를 가져다주었다. 이 모든 것이 마오타이의 지적 자산을 이루는 기초가 되었다.

마오타이 파일럿 프로젝트 이전에는, 마오타이주가 맛있고 마오타이진이 절세의 좋은 술을 양조할 수 있다는 인식은 정량적 분석이 결여된 '감각'에서 나온 믿음에 불과했다. 1957년, 정이싱이 '마오타이주 생산 개론'을 정리한 것은 100년 역사에서 한 획을 긋는 중요한 전진이었다. 그러나 당시의 원로 술 장인들은 '그렇게 되는 것'은 알았지만 '왜 그렇게 되는지'는 몰랐기에, 지식의 본질은 여전히 전통적이고 낡은 틀에 갇혀 있었다.

감각에서 인식으로, 그리고 체계적 지식으로 나아가는 과정은 반드시 구조화된 사고와 개념 정립을 거쳐야 한다. 저우헝강이 제시한 미생물과 에틸 헥사노에이트 등의 화학 개념은 완전히 새로운 지식 체계를 구축했다. 1964년 몇 개월 동안 이 개념들이 뚜렷하게 제시되었고, 그후 수십 년간 지커량을 비롯한 후학들이 연구를 이어가며 선배들을 뛰어넘어 현대적 의미의 마오타이 백주를 완성해나갔다.

중국의 상업학술계에는 오래전부터 주목할 만한 하나의 중요한 질문이 있다. 차, 중약, 백주는 모두 중국에서 기원해 고유한 제품 특성을 가진 전통산업으로 자리잡았으며, 20세기 초중반까

1981년, 기술자들이 마오타이주를 품평하는 모습. 왼쪽부터 지커량, 리다샹李大祥, 위지선余吉申, 정지헝郑记恒, 왕사오빈, 양런몐杨仁勉, 리싱파, 쉬밍더, 왕화이다.

지만 해도 이들 산업이 처한 현실과 기술 수준, 산업 규모는 서로 비슷했는데, 왜 백주만이 시장 규모가 5,000억 위안을 넘어서는 산업으로 성장하고 수조 위안 규모의 기업들을 탄생시킬 수 있었을까?

마오타이 사례를 통해 그 해답의 실마리를 찾을 수 있다. 차나 중약과 비교해 백주가 이룩한 가장 큰 발전은 다음 두 가지로 요약할 수 있다.

첫째, 친한장, 저우형강, 팡신팡 등으로 대표되는 1세대 기술 전문가의 등장이다. 그들은 반세기에 걸쳐 중국과 서양의 기술을 융합했으며, 마침내 '중국의 전통을 영혼으로, 서구의 과학을 뼈대로' 하여 중국의 특색을 잃지 않으면서도 과학적 원리에 입각하여 정량 분석이 가능한 학문 체계를 구축했다.

둘째, 마오타이와 우량예 등 현대적 기업들과 유능한 기업가들의 출현이다. 그들은 노력 끝에 대규모 생산 체계를 갖추고, 강력한 브랜드를 구축했다.

1965년: 사람들을 깜짝 놀라게 한 블렌딩 논문

1965년, 전국 제1회 명주기술협력회名酒技术协作会가 사천 노주에서 개최되었다. 마오타이주 공장도 논문을 한 편 제출해야 했는데, 차이시슈는 이 임무를 리싱파와 지커량에게 맡겼다. 초등학교 2학년까지밖에 다니지 못한 리싱파는 경험은 풍부했지만 글솜씨가 받쳐주지 않았기 때문에, 글을 쓰는 임무는 자연스럽게 대학을 갓 졸업한 지커량이 맡게 되었다. 지커량은 숙련된 주조사들과 함께 술창고를 돌며 약 반년에 걸쳐 조사와 연구를 진행한 끝에, 「우리는 어떻게 블렌딩을 하나我们是如何勾酒的」라는 논문을 완성했다.

협력회에서 발표된 이 논문은 백주업계에 어마어마한 반향을 불러일으켰다. 이는 마오타이주 공장이 마오타이주의 주된 향 구성, 즉 장향, 순첨향, 교저향을 처음으로 외부에 공개하고, 왜 블렌딩이 필요한지, 어떻게 해야 하는지를 명확히 설명한 것이기 때문이다.

이 논문을 쓸 당시 지커량은 공장에 온 지 만 1년밖에 되지 않았다. 백주업계의 전통에 따르면, 그런 햇병아리는 발효된 술덧을 증류기에 넣는 작업조차 허락받지 못했을 것이다. 그러나 그는 이 논문을 통해 주조 기술에 대한 깊이 있는 이해와 자신감을 보여주었고, 그가 이제 막 업계에 들어온 사람이라는 사실은 전혀 느껴지지 않았다.

"우리는 어떤 비법을 말하려는 것이 아니라, 그저 있는 그대로를 보고할 뿐이다. 부족한 점이 많을 테니, 여러 선배들과 동료들의 많은 가르침을 바란다." 이것이 논문의 서두로, 지커량이 중국 백주업계에 처음으로 내놓은 목소리이기도 하다. 업계 후배로서의 정중한 태도와 겸손함이 문장 속에서 고스란히 묻어난다.

지커량은 지난 100년 간 블렌딩이 어떻게 진행되어왔는지 그 기본 흐름도 함께 소개했다. 이는 회의에 참석한 모든 공장이 공통으로 겪고 있는 현실이었다.

블렌딩은 말 그대로 다양한 술을 섞어 서로 장단점을 보완하고, 고유한 개성을 지닌 술을 만들어내는 작업이다. 그러나 지금은 물리·화학적 지표와 감각적 지표가 아직 통일되지 않아, 블렌딩을 하는 데 큰 어려움이 있으며 거의 '운'에 맡기는 수준이다. 우리 공장 또한 이러했다.

과거에는 한 명의 블렌딩 담당자가 임의로 각기 다른 시기에 만든 술을 잔에 조금씩 덜어 섞어보고, 맛이 괜찮다 싶으면 대략적인 비율로 300~400근 용량의 단지에 혼합했다. 남은 술은 다시 배합해 또다른 블렌딩을 했다. 블렌딩을 마치면 품평위원회가 시음을 하긴 했지만, 대부분은 '권위자'의 의견에 따랐고, 결국 품평 절차는 형식적으로 존재하게 되었다. 가끔 블렌딩이 별로라는 평가가 나와도 이미 출고된 뒤라면 뒷북에 지나지 않을 뿐이었다.

이렇게 블렌딩을 하는 것은 누가 보아도 비합리적이다.

그렇다면 마오타이주 공장은 이런 상황을 어떻게 바꾸었을까? 지커량은 막 확립한 블렌딩 체계를 조리 있게 정리했다.

—마오타이주의 세 가지 주된 향을 발견하여 확립했다.

—블렌딩 전담팀을 구성하여 시음과 품평의 기초 실력을 집중 훈련했고, 출고용 술의 표준도 수립했다.

—술은 향형에 따라 입고하되, 각 술에 대해 증류 반차班次, 증류 회차, 입고 일자, 중량, 술의 유형, 간단한 품평 결과를 모두 기재했다.

―소규모 블렌딩을 거친 후 대량 블렌딩을 실시하여, 품질의 정밀도를 1만 분의 5까지 끌어올렸다. (예를 들어 1.5톤 분량의 술에 어떤 향형의 술을 1.5근만 덜 넣거나 더 넣어도 그 차이를 감지할 수 있다는 것이다.)

이 논문에서 마오타이주 공장은 마오타이주의 세 가지 주된 향을 처음으로 공개했으며, 동시에 이들에 포함된 알코올, 페놀, 유기산 화합물의 함량 기준도 처음으로 발표했다.

이 논문이 회의 현장에서 얼마나 큰 반향을 불러일으켰을지 짐작할 수 있다.

백주가 세상에 등장한 이래로 블렌딩 기술은 각 공장의 가장 핵심적인 기밀이었다. 블렌딩실은 외부인에게 공개된 적이 없으며, 구체적인 블렌딩 방식이나 배합 비율은 말할 것도 없었다. 그것은 거의 한 공장의 '사활이 걸린 비법'이나 다름없었다. 그런데 지커량의 논문은 그 불문율을 깨버렸다.

'세 가지 전형 체계'라는 개념은 주류업계 전체에 신선한 충격을 던졌다. 지금껏 존재하지 않았던 전혀 새로운 지식체계였기 때문이다. 이전까지 술의 향은 그저 고유한 풍미로 여겨졌고, '말로 형용할 수 없다'는 식의 신비로운 표현이 전부였다. 하지만 이제 마오타이주는 '향'을 '향형'이라는 분석 가능한 개념으로 재정의했고, 향에서 향형으로의 전환은 곧 정량적·정성적 분석을 가능하게 만들었다.

"술의 품질을 1만분의 5까지 정밀하게 조절할 수 있다"는 것도 놀랄 만한 수치였다. 그전까지 백주는 차와 마찬가지로, 한 제

貴州省茅台酒厂

我们是如何勾酒的

我们所要说的不是什么经验，而只是一个汇报，有很多不足之处譜同志们指教。

勾酒顾名思义就是将各种不同的酒，混合起来，相互取长补短，构成独具一格的酒。可是今天由於理化指标尚未与感观指标统一起来，给勾酒带来了相当大的困难，全靠碰"运气"，过去我厂就是这样干的。

以前我们勾酒，专門由一个勾酒工人勾兑，将各輪次的酒选来，任意的打一点到杯子里混合起来，接着进行品尝，他认为可以了就大概按比例的勾到一个能内装3—4百斤的缸子里边进行勾兑。然后将余下的酒再配再勾。勾好后虽经許酒委员会品尝，可是往往是"权威"人说了算，因此許酒往往流于形式，有时即使許出来说这酒不好，可是这酒巳勾兑出厂了。成了馬后炮。

显然这样勾酒是不合理的：

一茅台酒系采用多次品尝，各輪酒之间没有很明显的区别，某一輪酒它含有其他各輪酒的类型，因此说将各輪酒加以混合是不容易达到取长补短的目的，而应该是分出类型将各种类型的酒混合起来进行勾兑更合理得多，方便得多。

二在小型勾兑时，虽经品尝，然后再按比例进行勾兑时，由於在小型勾兑时没有加强原始記录，故是随便搞，结果是大型勾兑的酒比小型勾兑的酒差得远，又加上那时品尝也不准，如勾兑3—4百斤酒少加或多加某些酒30—40斤也品尝不出酒的变化。

三用的是小型容器勾兑，每次只勾兑三百至四百斤，同时那时又

—1—

지커량이 제공해준 당시 논문 자료 「우리는 어떻게 블렌딩을 하나」

품의 품질이 좋고 나쁨은 오로지 생산 연도, 토양, 그리고 장인의 기술에 달려 있었고, 갖가지 우연성이 충만했다. 그러나 마오타이주에서 새롭게 확립한 방법은 기술, 공정, 제도 자체가 바로 핵심 경쟁력이 될 수 있음을 보여주었다.

"운에 맡기거나 사람의 감에 기대는" 시대는 지나가고, 새롭고 놀라운 변화가 시작되려 하고 있었다.

이 논문은 훗날 중국 백주업계의 역사적인 논문이나 서적을 언급할 때 결코 빼놓을 수 없는 문헌이 되었다. 1965년 가을, 많은 사람이 지커량이라는 이름을 기억하게 되었다. 26세의 이 젊은이는 이와 같이 중국 백주의 이 오래된 세계에 운명처럼 나타났다.

3년 동안 누룩을 등에 져 나른 대학생

좋은 논문을 쓰고, 자질을 갖춘 술 전문가가 되고, 나아가 뛰어난 관리자가 되기까지, 지커량이 걸어야 할 길은 멀고도 길었다. 한 소년이 산속 동굴에서 무림 비급을 발견해 하루아침에 천하제일의 고수가 되는 일은 무협소설에서나 가능하다.

파일럿 프로젝트 팀이 떠난 뒤, 지커량은 가장 기초적인 생산팀에 배치되었다. 인터뷰를 하면서 "그때 주로 어떤 일을 하셨나요?" 하고 물었더니, 그는 당시를 회상하듯 잠시 생각에 잠겼다가 갑자기 웃음을 터뜨리고는 이렇게 대답했다. "3년 동안 누룩을 등에 졌어요."

젊은 시절 지커량의 체중은 겨우 65킬로그램 정도였는데, 누룩 큰 포대 하나의 무게는 약 90킬로그램이었다. 자신보다 훨씬 무거운 누룩 포대를 지고 나르다가 중간에 넘어지는 일도 흔해서, 동료들이 웃음을 터뜨리곤 했다. 한번은 큰 포대를 지고 가다가 발을 헛디뎌 3미터 깊이의 발효구덩이에 빠졌다. 허리를 다쳐 움직이지도 못했는데, 마침 곁에 있던 동료들이 그를 업고 나왔다. 공장 사람들 사이에서는 '지커량이 넘어지는 모습'이 하나의 구경거리처럼 여기지기도 했다고 한다.

지커량은 대부분의 시간을 소주방에서 술을 빚고 증류를 했다. 그보다 아홉 살 많은 리싱파는 자기처럼 연구하는 걸 좋아하는 이 후배를 특히 아껴서, 자주 지커량을 불러 함께 술창고에 틀어박혀 연구에 몰두하곤 했다. 몇 년이 흐른 뒤, 지커량은 코로 냄새만 맡아도 연도, 증류 차수, 알코올 도수, 향의 종류를 정확히 구분할 수 있을 정도가 되었다. 이 능력은 빨리 습득하는 지름길이 없다. 90%는 오랜 시간에 걸친 훈련 덕분이었고, 나머지 10%만이 타고난 재능 덕분이었다.

지커량이 다른 일꾼들과 달랐던 점은 바지 뒷주머니에 늘 작은 공책을 넣어 다니며, 수시로 데이터를 기록했다는 것이다. 지커량과 함께 마오타이주 공장에 들어간 쉬잉은 실험실에 배치되었고, 그는 틈틈이 실험실에 들러 쉬잉과 함께 다양한 실험을 했다. 무덥고 모기가 극성이던 그 작은 마을의 밤들은 두 사람의 60년 사랑 이야기의 한 장면이기도 했다.

1966년 5월, 지커량은 「백주의 잡미白酒的杂味」라는 논문을 썼다.

"백주의 품질을 향상시키기 위해서는 '잡미를 없애고 향을 증대시키는' 것이 무엇보다도 중요하다. 잡미가 사라지면 상대적으로 향이 두드러지게 되는데, 문제는 여전히 술 속의 잡미 성분이 무엇인지 명확히 밝혀지지 않았다는 점이다." 이 난제를 해결하기 위해, 지커량은 수차례 실험을 반복한 끝에 몇 가지 중요한 결론을 얻었다.

갓 증류된 새 술에는 황화수소H₂S, 티올thiols, 디에틸설파이드 diethyl sulfide 등 여러 종류의 휘발성 황화합물이 함유되어 있는데, 마오타이주는 1년간 숙성하면 "휘발성 황화합물이 거의 검출되지 않는다"는 사실을 발견했다. 반면 다른 백주는 2년이 지나도 여전히 황화수소가 검출됐다. 이는 마오타이주가 숙성 과정에서 보다 많은 저비등점 물질을 제거할 수 있다는 가능성을 보여준다. 불순물이 줄어들면 술이 인체에 미치는 부담도 감소하므로, 흔히 "마오타이주는 마셔도 머리가 아프지 않다"고 하는 말의 가장 근본적인 이유가 여기에 있다.

지커량은 증류 과정 중 황화수소의 변화를 연구하여 다음과 같은 사실을 밝혀냈다. "술이 흘러나오는 최초 단계에서 온도가 높을수록 황화수소 같은 물질이 더욱 쉽게 제거된다. 증류된 술 속의 황화수소 함량은 발효된 술덧에 들어 있는 양의 3~4%에 불과한데, 이는 증류 과정에서 상당량이 제거된다는 사실을 말해준다. 따라서 증류 온도가 너무 낮으면 안 된다." 이 실험 결과에 따라 이후 지커량은 과감히 마오타이주의 '3고' 원칙을 정립하게 된다. '3고'란, 고온에서 누룩을 제조하고, 고온에서 술덧을 발효하며, 고온에서 증류하는 것이다.

기술적으로 개선되어야 할 사항도 한 가지 구체적으로 제시되었다. "뜻밖에도 황화수소는 초류보다 중류나 후류에 더 많이 함유되어 있었다. 또한 증류 온도가 높을수록 더욱 많이 배출되었다." 따라서 "저비등점 불순물을 보다 효과적으로 제거하려면, 냉각기 출구에 알데히드 배출관을 설치해 불순물 성분을 효율적으로 제거해야 한다".

이후 지커량은 수십 년 동안 이와 유사한 논문을 100편 가까이 발표했다. 그의 논문은 실제 문제에서 출발해 실험으로 원인을 규명하고 해결 방안을 제시하는 실증적 스타일을 유지했다.

마오타이주는 맑은 물처럼 투명하고, 원료도 수수, 밀, 물 세 가지뿐이다. 하지만 그 제조에는 30단계의 공정과 165개의 세부 작업이 필요하며, 과정마다 개선의 여지가 있다. 아주 작은 변화 하나로도 새로운 공법이 탄생하고 품질의 도약이 일어날 수 있다. 마오타이주의 역대 장인들은 이 길에 평생을 바치며, 노력은 결코 헛되지 않는다는 신념으로 끊임없이 정진해왔다.

1964~1965년 두 차례에 걸친 파일럿 프로젝트에서는, 퇴적발효를 '연하게'(발효 시간이 짧고 덜 숙성된 상태) 해야 할지, '진하게'(오래 발효해 깊은 맛을 내는 방식) 해야 할지를 두고 격렬한 논쟁이 벌어졌다. 최종 보고서에서는 '연하게 하는 것이 좋다'는 결론이 도출되었지만, 1966년 지커량이 여러 기술적 매개변수를 반복적으로 연구한 끝에, "퇴적발효는 역시 오래 하는 것이 좋다"는 견해를 제시했고, 공장의 모든 양조사들도 이 의견에 동의하여, 마오타이주 공식 생산 규정에 반영되었다.

어느 분야든 깊숙이 파고들수록 지루하고 고단하며, 그 속에서 한 걸음 내딛는 일에는 외부인이 알 수 없는 노고가 따른다. 낮에는 누룩을 등에 져 나르고 술의 향형을 감별하며, 밤에는 실험실에 틀어박혀 시험관 실험을 반복하면서 수많은 나날을 보내는 동안, 강남에서 온 이 젊은이는 자신의 인생을 점차 마오타이주의 세계에 녹여넣었다.

　논문 「백주의 잡미」는 쉬잉과 함께 실험실에서 완성한 것이라고 지커량은 말했다. 그리고 바로 그해, 두 사람은 혼인신고를 하고 정식으로 부부가 되었다. 마을 장터에서 사온 이불보에는 고향인 강남을 떠올리게 하는 연꽃과 비단잉어 무늬가 새겨져 있었다. 그렇게 두 사람은 기쁨 속에서 새로운 삶을 시작했다.

1970년대, 쉬잉(왼쪽)이 과학연구실에서 일하는 모습

12   어려운 질서 회복

조직 내 모든 계층의 구성원에게 학습 열정 능력을
불어넣을 수 있는 리더만이 군계일학이 될 수 있다.

—피터 센게, 『제5경영』

1972년: 닉슨의 중국 방문

루바오쿤卢宝坤은 중량그룹 귀주지사의 과장으로, 마오타이주
공장과 협력하여 마오타이주를 특수 공급하는 업무를 전담했다.
1972년은 그에게 있어 평생 가장 긴장되고도 잊을 수 없는 해로
남아 있다.

그해, 전 세계를 놀라게 한 외교 사건이 두 건 있었다. 2월
21일에는 미국의 리처드 닉슨 대통령이, 9월 25일에는 일본의 다
나카 가쿠에이 총리가 중국을 각각 방문했다. 미국과 일본의 최
고 지도자가 같은 해에 잇따라 중국을 찾았다는 것은, 중국 외교
노선의 중대한 전환이자 새로운 국제 질서의 도래를 의미했다.

봄과 가을 두 차례 열린 국빈 만찬에서 사용된 술은 모두 마오
타이주였다. 마오타이주 공장은 각각 5톤씩의 술을 블렌딩해 북

경으로 보냈다. 당시 이 업무는 품질검사 과장이었던 왕화가 담당했다. 왕화는 "닉슨 대통령에게 제공된 술에는 30년 숙성된 마오타이가 블렌딩되었는데, 그 진하고 깊은 향은 이루 말할 수 없을 정도였다"고 회상했다. 당시 블렌딩팀의 팀장은 '왕 중대장'이라고 불리던 왕다오위안王道远이었다.

이들의 정성은 분명히 오묘하면서도 기분좋은 효과를 발휘했다.

시카고 주재 중국 총영사를 지낸 노련한 외교가 왕리王立는 1972년 닉슨 대통령의 방중을 전 과정 수행했다. 그는 훗날 회고문에서 2월 21일에 열린 국빈 환영 만찬을 생생하게 기록했다.

국빈 만찬 도중, 저우언라이는 닉슨에게 마오타이주를 소개했다. "이게 바로 세계적으로 유명한 마오타이주입니다. 알코올 도수가 50도 이상이지요." 닉슨이 웃으며 말했다. "어떤 사람이 마오타이주를 많이 마시고 성냥불을 켰더니 자기가 폭발해버렸다는 얘기를 들었습니다." 저우언라이는 그 말에 크게 웃었다. 그러고는 수행원에게 성냥을 가져오라고 하여, 성냥을 그어서 자기 잔의 마오타이주에 불을 붙여 보이며 닉슨에게 말했다. "보세요, 정말 불이 붙습니다." 이어 마오타이주는 도수는 높지만 숙취가 없다고 덧붙였다.

저우언라이가 직접 마오타이주에 불을 붙이자, 연회장의 분위기가 순식간에 뜨겁게 달아올랐다.

이어서 닉슨이 저우언라이에게 물었다. "총리님 주량이 대단하시다지요?" 저우언라이가 웃으며 대답했다. "예전에는 좀 마셨지요. 홍군 장정 때 한 번에 25잔을 마신 적도 있습니다. 이제는 나이가 들어서 의사가 하루에 두 잔까지밖에 못 마시게 합니다." 닉슨은 중국에 오기 전에 마오타이주에 대해 제법 '공부'를 한 듯, 이렇게 물었다. "홍군이 마오타이진을 점령한 뒤 마을에 있던 술을 전부 마셔버렸다는 얘기도 있던데요?" 이에 저우언라이가 말했다. "장정 당시 우리는 마오타이주를 만병통치약처럼 썼습니다. 상처를 씻고, 통증을 가라앉히고, 해독하고, 감기를 치료하고…… 그때는 약이 너무 귀했거든요."[64]

다음날, 세계 주요 일간지 1면에 저우언라이와 닉슨이 마오타이주를 들고 환하게 웃으며 대화를 나누는 사진이 실렸다. 그 장면은 20세기 역사를 바꾼 상징적인 순간으로 남았다.

왕리의 회고록을 통해, 당시 중국 사회에서 마오타이주가 가진 두 가지 상징적 의의를 읽어낼 수 있다. 하나는 중국적인 특색을 지닌 강한 술로서, 마오타이주가 주객 간의 형식적인 예를 단숨에 걷어내고 화기애애한 분위기를 만들 수 있다는 점이다. 또하나는, 중국 공산당의 혁명사와 얽힌 일화가 마오타이를 매개로 비정치적이고 자연스러운 화제로 이어진다는 점이다. 마오타이주가 가진 그러한 물질적인 힘과 정신적인 힘은 저우언라이와 닉슨이 함께한 이 유쾌한 자리에서도 충분히 발휘되었다.

왕리는 또한 그로부터 10년도 훨씬 지난 뒤 닉슨과 마오타이주에 얽힌 흥미로운 일화도 기록했다.

1987년, 미국 주재 중국 대사관의 참사관이던 왕리는 뉴욕에

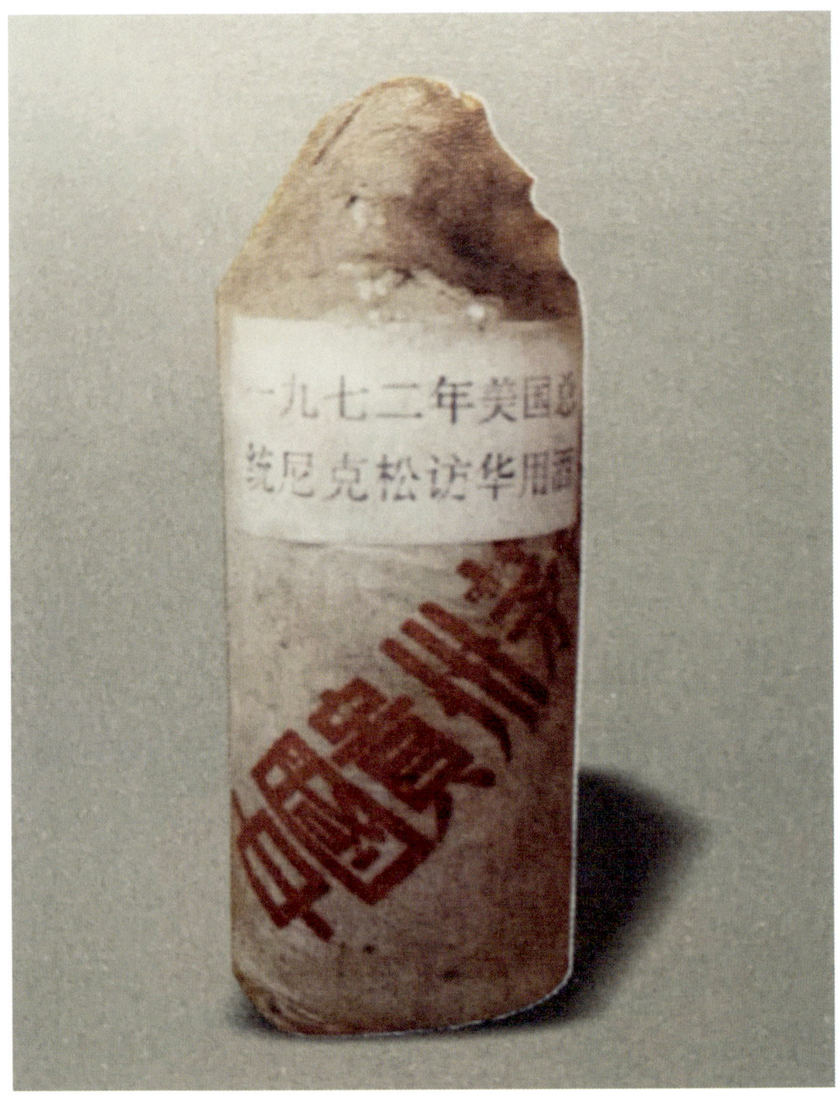

1972년 미국 닉슨 대통령이 중국을 방문했을 때 사용된 술

있는 닉슨 자택을 방문했다. 닉슨 전 대통령은 마오타이주를 한 병 꺼내 중국 손님들을 접대했다. 그는 조심스럽게 잔에 술을 조금씩 따라주더니, 미안한 듯 웃으며 말했다. "이건 1972년에 저우언라이 총리가 저에게 선물한 술인데, 이제 반병밖에 안 남아서 많이 따라드리지는 못합니다. 이해해주세요." 따뜻하면서도 약간은 뭉클한 분위기 속에서, 그 자리에 모인 이들은 11년 전에 세상을 떠난 저우언라이를 추도하며 다 함께 잔을 부딪쳤다. "진정한 우정을 위하여, 건배!"[65]

분열된 두 존재

1972년, 국빈 연회에서 마오타이주가 활약하던 시절은 이 술이 가장 잘나가던 때였다. 그러나 같은 시기, 마오타이주 공장은 그 어느 때보다 어두운 시절을 맞았다. 오랜 시간이 흐른 뒤 그 시절을 되돌아보면, 마오타이주와 마오타이주 공장은 마치 분열된 두 존재 같았음을 발견하게 될 것이다.

마오타이주는 '양외兩外', 즉 '외교'와 '외화'에서의 그 특수한 사명과 엄격한 품질관리 덕분에 언제나 안정적인 품질과 고급 브랜드의 위상을 유지했다. 거듭된 정치운동으로 공장 지도부는 여러 차례 교체되었지만, 정이싱, 왕사오빈, 리싱파로 이루어진 '기술 철삼각'은 기적처럼 계속 자리를 지켰다. 세 사람이 나란히 기술 부공장장으로 임명된 1955년 이후, 한 번도 비판투쟁의 대상이 되거나 해임된 적이 없다. '문화대혁명' 당시, 왕사오빈은 "당 조직이 노동자 간부를 선발하기만 하고 양성하지는 않는다"고 비판한 사실이 드러나 정치적으로 매우 심각한 문제로 비화될 뻔했으나, 결국 별다른 처벌 없이 지나갔다. 그 이유는 단 하나였다. 왕사오빈은 공장에서 증류 기술을 가장 잘 아는 인물이었기 때문이다.

1964년에 시행된 마오타이 파일럿 프로젝트는 양조와 블렌딩 기술의 수준을 획기적으로 끌어올렸다. 이후 지커량, 왕화 등 정규 교육을 받은 젊은 기술자들이 대거 투입되면서 품질관리 체계는 한층 더 견고해졌고, 마오타이주의 품질은 안정적인 수준을 유지하게 되었다. 1966년부터 1976년까지 제품 합격률을 조사해보니, 가장 낮은 해였던 1969년에도 67.5%를 기록했고, 가장 높았던 1971년과 1972년에는 각각 94%와 93.3%에 달했다. 이는 당시 중국의 공업 수준을 고려하면 매우 이례적인 수치였다.

마오타이주의 품질을 지키기 위해 1972년, 저우언라이 총리는 마오타이주 공장 상류 100킬로미터 이내에 어떤 화학공장도 지으면 안 된다는 지시를 내렸다.[66] 이 지시는 비석에 새겨졌고, 지금까지도 충실히 지켜지고 있다. 장강 중상류에서 유일하게 개발되지 않은 1급 지류인 적수하 유역에는 전 세계 동일 위도 지역에서 가장 잘 보존된 상록활엽수림대가 형성되어 있으며, 장강 상류에서도 자연환경이 가장 잘 보호된 지역이다.

국가 지도자가 직접 관심을 기울인 만큼, 마오타이주의 품질을 지키는 일은 중대한 정치적 임무가 되었다. 공장은 노동자들에게 매우 엄격하게 품질관리를 요구했는데, 거의 군대식 통제에 가까울 정도였다. 그러던 중 1970년대 초, '묘주猫酒 사건'이 발생

1971년, 마오타이주 공장에 온 군 대표

1970년대 마오타이주 공장 노동자 숙소

했다. 주조 2작업장의 한 원로 양조사가 발효 구덩이를 점검하다가 술덧 위에 있는 죽은 고양이 한 마리를 발견했다. 그는 고양이가 죽은 지 오래되지 않아 술덧에 별 영향을 주지 않았을 것이라 판단하고, 사체만 치운 뒤 상부에 보고하거나 술덧을 교체하는 조치를 취하지 않았다. 약 열흘 후, 이 사실이 군 대표(당시 공장은 군대 관리하에 있었다)에게 보고되었고, 사건은 즉시 중대한 정치 사고로 간주되었다. 해당 양조사가 근무한 날 만든 술은 전부 봉인되었고, 그는 공안에 체포되어 11년형을 선고받은 뒤, 7년 간 복역 후 석방되었다.

'묘주 사건'은 특수한 시대에 발생한 극단적인 사례였다. 많은 근로자들은 이 양조사가 억울하게 희생되었다고 여겼지만, 그 사건이 남긴 위력은 대단했다. 이후, 공장 내 누구도 품질관리를 감히 조금도 소홀히 하지 못했다.

하지만 이처럼 품질은 안정적으로 유지된 반면, 공장 경영은 매년 적자를 기록했고, 운영 상황은 그야말로 혼란 그 자체였다.

1956년, 마오타이주 공장의 병 제조 작업장. 작업장 주변 비탈에 근로자들이 개척한 텃밭이 보인다.

1957년부터 1960년까지 기업 이윤은 각각 6만 3,000위안, 1만 3,000위안, 4만 3,000위안, -2만 6,000위안이었다. 1961년에 미미하게 이익이 났다가, 1962년 다시 6만 8,000위안의 적자가 났고, 이후 10년 넘게 이 상황에서 벗어나지 못했다.

일단 먹고살기 위해 근로자들은 공장 부지의 빈 땅을 일구어 200개가 넘는 텃밭을 만들었다. 생산환경 개선은커녕, 근로자부터 공장 간부까지 생활환경이 매우 열악한 상황이었다.

1973년 12월, 상부에서는 또다시 한 명의 부공장장을 공장에 파견했다. 그는 훗날 회고록에서 당시의 모습을 이렇게 회상했다.

공장 안은 말 그대로 엉망진창이었다. 각종 주조 원료가 아무데나 흩어져 있었고, 곳곳에 거미줄이 가득했다.

당위원회 서기였던 차이시슈는 2작업장의 옛 술지게미 보관실을 개조한 공간에 살고 있었는데, 버려진 마오타이주 병으로 벽을 쌓고 소털 담요로 지붕을 덮은 30제곱미터 가량의 공간이었다. 담요는 햇빛에 바래 찢어져서, 비가 오면 그 틈으로 빗물이 줄줄 새어 들어와 실내에서도 비를 맞는 수준이었다.

공장장(당시에는 혁명위원회 주임이라 불렀다) 류퉁칭은 창고에서 생활했는데, 창문이 코딱지만해서 바람이 통하지도 않았다.

기술자 지커량 부부는 1950년대에 지은 사무동 1층에 살았는데, 면적은 20제곱미터도 채 되지 않았고, 침실, 주방, 거실이 모두 한 공간에 있는 구조여서, 밥은 복도에서 해 먹어야 했다.[67]

너그러운 저우카이량

새로 부임한 부공장장은 저우카이량으로, 이후 1998년까지 계속 이곳에서 일했다.

나는 이 책을 집필하면서 그의 자택을 방문했다. 당시 90세였던 그는 파킨슨병을 오래 앓아 휠체어에 의지한 채, 입가가 떨려 거의 말을 할 수 없는 상태였다. 그럼에도 불구하고 나를 위해 책 두 권과 프린트된 자료 한 부를 탁자 위에 미리 준비해두었다. 그 자료의 제목은 '마오타이의 아들: 저우카이량을 기억하며'였다. 그는 혼탁한 눈으로 나를 응시했지만, 한 마디 말도 제대로 하지 못했다.

저우카이량은 마오타이진 인근의 대패진大坝镇 출신이다. 초등학교 교사로 일하다가 정부기관에 들어가 비서로 경력을 시작했고, 인회현 부현장을 지냈으며, 공장에 오기 전에는 현 당위원회 상무위원회와 중추 구역 당서기를 맡았다. 그의 아내는 당시 공장 직원이었고, 부부의 집은 1작업장 옆에 있었다. 그곳은 마찬가지로 소털 담요로 지붕을 덮고, 버려진 술병과 황토로 벽을 쌓은 20제곱미터 남짓한 허름한 집이었다.

마오타이주의 100년 역사는 큰 발전 단계에 따라 다섯 시기로 나눌 수 있다.

— 1862년 '화마오' 탄생부터 1940년대 '삼마오' 경쟁 시기까지

— 1951년 성의소주방 국유화부터 1970년대 중후반까지

— 1978년 개혁개방부터 1998년 저우카이량의 은퇴까지

— 1998년부터 2014년까지 지커량이 이끌었던 시기

— 2014년부터 현재까지

이 발전 역사를 현장에서 가장 오랫동안 함께한 사람은 지커량으로, 그는 마오타이주 공장에서 무려 50년간 일했다. 그리고 가장 오랫동안 최고직을 맡았던 인물은 바로 저우카이량으로, 그의 재임 기간은 무려 17년에 달한다. 이 두 사람은 각자의 방식으로 마오타이주 공장의 각기 다른 발전 단계에서 핵심적인 역할을 했다.

기업가로서의 자질 측면에서 볼 때, 지커량은 좀처럼 만나기 어려운 사례다. 기술자 출신인 그는 이후 경영, 마케팅, 전략 등 다양한 영역을 맡으며 실전 속에서 현대 기업가로서 갖춰야 할 종합적이고 수준 높은 역량을 갖추었다. 기술적 전문성과 제품 혁신, 산업 발전 흐름에 대한 깊은 이해를 바탕으로 그는 세계적 수준의 기업가 반열에 올랐다.

지커량과 비교할 때, 저우카이량은 재임 기간 동안 기업 운영

1970년대 공장 작업장에서 단지를 씻는 광고사진. 오른쪽에 서서 단지를 씻고 있는 사람이 바로 저우카이량의 아내이다.

1970년대 공장장 저우가오롄周高廉(왼쪽)과 부공장장 저우카이량(오른쪽)

1992년, 마오타이 양류완 옛 우물 앞에서 저우카이량(왼쪽 첫번째)과 지커량(왼쪽에서 세번째)

2022년, 저우카이량 인터뷰 당시 사진. 파킨슨병을 오래 앓아 말을 제대로 할 수 없는 상황이어서, 나를 위해 준비한 자료를 테이블 위에 미리 챙겨놔주었다.

에 있어 매우 중요한 두 가지 과업을 성공적으로 수행했다. 하나는 현대적 기업 지배구조의 정착이고, 다른 하나는 생산능력의 대폭 확대였다. 이 두 과업은 훗날 그의 후임자가 마오타이주 공장을 타의 추종을 불허하는 반열로 끌어올리는 데 전략적 토대가 되었다.

이 책을 집필하면서 나는 인터뷰 대상자들에게 자주 이런 질문을 던졌다. "저우카이량 공장장의 리더십 스타일은 어땠습니까?" 가장 많이 돌아온 대답은 '너그럽다'였다.

지커량은 그의 옛 상사에 관한 이야기를 들려주었다.

이 이야기는 아는 사람이 거의 없는데요, 저는 인사이동 요청 보고서를 열 번도 넘게 올린 적이 있어요. 마오타이주 공장이 안 좋아서도, 근무 여건이 너무 힘들어서도 아니었습니다. 단지 고향에서 너무 멀리 떨어져 있어서였죠. 난퉁 시골에 네 분의 노인이 계셨는데, 저는 아들이 되어서 그분들을 돌보지도 못하고, 효도도 제대로 하지 못했어요. 1967년에 양어머니가 위독하다는 전갈에 닷새 밤낮을 달려갔는데 끝내 마지막 얼굴도 뵙지 못했어요. 그때 처음으로 강소로 돌아가 근무하게 해달라는 요청 보고서를 올렸죠.

저우카이량 부공장장님은 제 처지를 헤아려주셨고, 자주 저를 찾아와 사소한 일상 이야기를 나누었는데, 그게 정신적으로 위로가 많이 되었어요. 어느 해인가 강소로 출장을 가시면서, 일부러 차를 타고, 다시 배를 갈아타고 하면서 저희 부모님을 찾아뵙고 외주셨습니다. 그때 추위로 크게 고생하셔서서 감기가 심하게 걸리셨지요. 저는 그 일에 정말 크게 감동했습니다.

저우카이량도 구술 회고록인 「마오타이 실화茅台实话」에서 그때의 일을 이렇게 회상했다.

그날은 음력 섣달 스무여드레였습니다. 나하고 동료하고 둘이서 상해에서 남통으로 가는 완행 여객선 표를 샀지요. 명절 기간이어서 배에 사람이 어찌나 많던지, 빈자리도 없고 통로에도 사람이 가득했어요. 우리는 추가 승선표를 샀는데, 늦게 배에 올라 자리가 없어서, 갑판 계단에 서 있는 수밖에 없었어요. 꼬박 여섯 시간을 그렇게 서 있었어요. 영하 13도여서 춥기도 춥고 배도 고픈 채로, 발이 꽁꽁 얼어서 서 있었죠. 남통에 도착했을 때는 둘 다 얼어서 말도 제대로 할 수 없을 정도였어요. 남통에서 지커량 동지의 고향집까지는 자동차가 다닐 수 없는 외진 길이어서, 자전거를 두 대 빌려야 했습니다. 하늘에서는 솜뭉치 같은 눈이 펑펑 내리고, 땅은 온통 눈으로 뒤덮여 있었지요……[68]

1980년대 초, 공장의 과학기술 인력들의 주거 문제를 해결하기 위해, 저우카이량은 옛 현청 소재지에 땅을 매입해 사택을 지었다. 가구당 면적은 100제곱미터를 넘었는데, 이는 당시 국가 기준을 초과하는 규모였다. 그는 이 일에 큰 책임과 위험을 감수했다. 첫째, 정식으로 허가를 받지 않았고, 둘째, 사전에 자필 시말서를 써놓고 공사를 강행했다. 이 일은 당시 직원들 사이에서 저우카이량에 대한 신뢰를 더욱 높이는 계기가 되었다.

저우카이량은 이런 일을 많이 했고, 그의 너그러움과 책임감은 흩어졌던 사람들의 마음을 다시 하나로 모으는 원동력이 되었다.

'아홉 가지 경험'에서 공장대학까지

저우카이량이 공장에 부임했을 무렵, 혼란했던 격동의 시기는 거의 끝나가고 있었다.

1971년, 중국은 유엔에 복귀한 뒤 일본, 미국과 차례로 국교를 정상화하며 국제사회에 다시 편입되었다. 1973년 2월, 전국계획회의가 끝나고 국무원 주도로 「1972년 전국계획회의 요지」가 초안되었는데, 여기에서는 기업들이 직무 책임제, 출근 관리 제도, 기술 작업 규정, 품질검사 제도를 회복하고 정비할 것을 명확히 요구했다. 또한 생산량, 제품 종류, 품질, 원자재 및 연료 소비, 노동 생산성, 비용 및 이윤 등 7개 핵심 지표를 철저히 관리할 것을 강조했다.

저우카이량이 맡은 첫 임무는 기술팀과 협력하여 발전기 설비를 대대적으로 점검하고 정비하는 일이었다. 공장 전체가 최소한의 업무 절차도 없이 무질서하게 돌아가고 있으며 바쁘기만 할 뿐 생산 효율이 매우 낮다는 사실을 그는 곧바로 파악했다.

저우카이량이 부임한 지 6개월 쯤 지난 어느 날, 지커량은

1983년, 마오타이주 공장의 청년 일꾼들

6,000자 분량의 보고서를 공장에 제출했다. 「마오타이주 품질 향상의 몇 가지 경험」이라는 제목의 보고서로, 마오타이주 생산 공정의 핵심 사항 아홉 가지를 체계적으로 정리했다. 이 보고서 는 이후 마오타이 역사에서 '아홉 가지 경험'으로 불리게 된다.

지커량은 10년 동안 업계에 종사한 경험을 토대로, '발효구덩 이에 술덧을 넣을 때 수분을 엄격하게 관리하기' '발효구덩이 바 닥 발효 기간 연장하기' '발효구덩이 안쪽을 진흙으로 밀봉하기'

'품질을 기준으로 증류하여 술 받아내기' 등 아홉 가지 측면에서 정량적·정성적 제안을 제시했다. 이 가운데 많은 내용이 이후 마오타이주의 작업 규정으로 채택되었다.

공장 사무실에 제출된 보고서를 가장 먼저 읽은 사람은 79세의 정이싱이었다. 당시 그는 이미 퇴직한 상태였지만, 여전히 공장 부지에 거주하며 종종 양조실을 들러 살펴보곤 했다. 이 원로 양조사가 지커량을 찾아와 말했다. "자네가 제시한 아홉 가지 항목 모두 혁신적인 면이 있네. 핵심을 정확히 짚었어. 우리 시절엔 배운 게 적어서 그렇게 깊게 들여다보지 못했지."

저우카이량은 지커량의 보고서를 보물처럼 여겼고, 그가 품질 관리를 개선하는 데 있어 중요한 돌파구가 되어주었다. 저우카이량의 건의로 1975년 5월, 지커량은 생산기술과의 부과장으로 승진했다.

1976년, 마찬가지로 저우카이량의 건의로 공장 내에 2년제 '공장 대학'이 설립되었고, 저우카이량이 초대 교장을 맡았다. 1972년 과 1975년 두 차례에 걸쳐 공장은 총 600명의 신입 직원을 채용했 는데, 이들은 대부분 초등학교나 중학교 학력을 가진 젊은층으 로, 기본적인 학습 능력은 있었지만 전문적인 교육은 여전히 부 족했다. 저우카이량은 공장 내 핵심 기술자들을 교사로 초빙해 체계화된 양조 기술과 관리 지식을 가르치게 했다. 그중 지커량 은 미생물학을 맡았다.

학생들은 교과서 속 지식뿐만 아니라 현장에서 마주하는 문제 해결에도 힘을 모았다. 예컨대, 지난 100여 년 동안 양조실에서는

1978년, 마오타이주 공장 '7·21' 직원대학 1기 졸업생 단체사진. 사진 속 많은 사람들이
나중에 공장의 핵심 간부가 되었다.

발효가 끝난 술덧을 꺼내기 위해 작업자들이 나무 사다리를 타
고 발효구덩이로 내려가 60킬로그램이 넘는 술덧을 광주리에 담
아 등으로 지고 올라와야 했다. 그 노동 강도가 어땠을지 짐작할
수 있다. 이에 학생들은 머리를 맞대고 자체적으로 '工(공)' 자형
호이스트(행거 크레인)와 스테인리스 찜통을 설계 제작했다. 집
게형 리프트로 발효구덩이 안의 술덧을 퍼내고, 호이스트로 찜
통을 들어올려 술덧을 하역했으며, 기존의 고정식 석판 찜통을
이동 가능한 스테인리스 찜통으로 개량했다.

　마오타이주 공장 입장에서 이 '공장대학'은 진정한 의미의 '황포군관학교'[*]였다. 이 대학은 공장 직원들의 전반적인 소양을 끌어올렸고, 이곳에서 배출된 수백 명의 '학생'은 훗날 각 부서의 핵심 인재가 되었다. 2005년까지 마오타이주 공장의 고위 간부들 가운데, '선생님' 지커량을 제외한 전원이 이 '공장대학' 출신이었다.

1978년: 적자에서 흑자로

저우카이량이 마오타이에 부임한 초기 몇 년 동안 공장은 줄곧 적자에 시달렸다. 1973년에는 24만 위안, 1974년 1만 7,000위안, 1975년 16만 7,000위안, 1976년에는 12만 위안의 적자를 기록했다.

1976년 초 시무식에서 저우카이량은 이렇게 말했다. "적자를 흑자로 전환하는 것이 현재 우리 기업의 가장 시급한 과제입니다. 저는 맡은 업무를 충실히 수행하는 한편, 몇 가지 조사와 연구를 진행해 지도부에 참고자료로 제공하고자 합니다." 혁명위원회 주임 류퉁칭은 이에 즉각 동의했다.

이후 1년 동안 저우카이량은 공장 내 각 작업장을 깊이 있게 조사하며, 두 권의 공책을 빼곡히 채웠다. 그는 이를 바탕으로 열 개 항목, 100여 개에 이르는 문제점을 정리해냈다. 연말에는 재무부와 협력해 '적자 탈피를 위한 방안(의견 초안)'을 작성하고, 이를 가지고 각 부서의 반장 및 팀장들과 회의를 열어 600건이

---

[*] 黄埔军校. 1920년대 중국 광주에 설립된 명문 군사학교로, 장제스 등 중국 현대사를 이끈 인물들을 다수 배출한 곳이다.(역자 주)

넘는 의견과 제안을 수렴했다.

여러 차례의 논의를 거친 끝에 이 방안은 정식 문서로 인쇄되었고, 공장 내 200여 명의 관리자가 모두 참석한 회의가 소집되었다. 이 자리에서 저우카이량은 공장 지도부를 대표해 방안의 세부 내용을 조목조목 낭독한 뒤, 다음 세 가지 핵심 사항을 강조했다. 첫째, 모든 작업 목표를 구체적으로 설정해 담당자에게 책임을 부여할 것. 둘째, 기존의 제도를 정비하거나 새롭게 제정하여 업무 수행에 명확한 기준을 마련할 것. 셋째, 책임제를 전면 시행해 분기 및 연간 목표를 눈에 잘 띄는 곳에 게시하고, 연말 평가를 통해 성과에 따라 포상과 징계를 명확히 구분할 것.

오늘날의 시각에서 보면 이런 조치들은 특별할 것이 없어 보일 수 있지만, 1970년대 중반의 중국에서는 큰 정치적 위험을 감수한 일이었다.

실제로 저우카이량이 '적자 탈피 방안'을 작성하고 있던 1976년 6월, 〈광명일보光明日報〉에 「'책임제'로 할 것인가, 각자의 자각에 맡길 것인가」라는 제목의 글이 실려, 저우카이량의 방안에 정면으로 반박하는 내용이 게재되기도 했다. 무엇이 옳고 그른지 판단하기 어려운 분위기 속에서, 그는 큰 압박을 감내하며 개혁을 밀어붙였던 것이다. 안타깝게도, 내가 그를 만났을 때는 이미 파킨슨병을 앓고 있어, 당시의 심경을 직접 들을 수는 없었다.

1977년 한 해 동안 전 공장이 총력을 기울인 끝에, 연말에는 생산량 758톤, 매출 379만 위안, 세금 납부액 203만 위안을 기록했고, 적자는 2만 위안까지 줄어들었다. 그해 8월, 인회현 현위원회 서기였던 저우가오롄이 파견되어 공장 당위원회 서기 겸 공장장을 맡게 되었고, 저우카이량은 부서기 겸 상무 부공장장으로 승진하였다. 새로 구성된 공장 지도부는 여전히 기업 경영과 흑자 전환을 최우선 과제로 삼아 힘을 쏟았다.

당시 저우카이량이 사용한 공책 한 권이 마오타이주 공장 문서실에 보존되어 있는데, 생산 조정 회의 중 기록한 물자 소모 관련 수치가 남아 있었다.

책정된 톤당 주류 포장비용 2,200위안, 실제 2,884위안, 31% 초과

책정된 창고 연간 손실률 3%, 실제 5.6%

책정된 톤당 포장 술병 수 2,200개, 실제 2,900개

책정된 병입 과정 손실량 톤당 20근, 실제 60근

저우카이량은 이 같은 과도한 소모를 반드시 그해 안에 줄이도록 관련 작업장에 강력히 요구했다. 사실 각 부서의 반장과 조장들도 문제를 인식하고 있었지만, 오랜 세월에 걸쳐 굳어진 관행은 쉽게 바뀌지 않았고, 변화에 대한 동기 역시 부족한 상황이었다. 이에 저우카이량은 새로운 제도를 발표했다. 포장부와 완제품 창고부터 '절약상' 제도를 시범 도입하기로 한 것이다.

한편으로는 책임제를 엄격히 시행해 관리상의 느슨함을 바로잡고, 다른 한편으로는 저우가오롄과 함께 생산능력 확대에도 박차를 가했다. 그 결과, 1978년 생산량은 전년 대비 무려 310톤

증가한 1,068톤에 달하여, 마침내 마오타이주 공장 역사상 처음으로 1,000톤 고지를 넘어섰다. 생산 가치는 543만 위안으로 증가했다.

이렇게 철저히 관리한 결과, 연말 결산에서 6만 5,000위안의 순이익을 기록했다.

1962년부터 이어져온 적자 상태가 16년 만에 흑자로 전환되었다. 당시 마오타이주 공장에서 일했던 사람은 이렇게 회고했다. "공장에 붉은 글씨로 축하 대자보가 붙고, 마을 정육점의 돼지고기가 순식간에 동났어요. 다들 그 기쁨을 주체할 수 없었죠. 1작업장의 젊은이 몇 명이 발효구덩이 안으로 뛰어 내려 춤을 췄고, 위에서는 동료들이 술을 뿌려줬어요. 공장 직원들이 타악대를 꾸려서 공장 정문에서 하루종일 북을 치고, 폭죽 10만 발을 터뜨렸어요."

같은 해 연말, 북경에서는 당 제11기 중앙위원회 제3차 전체회의가 열렸고, 중국은 격동의 개혁개방 시대로 진입했다. 어쩌면 우연의 일치로, 어쩌면 모종의 필연으로, 중국이라는 나라와 마오타이주 공장은 나란히 역사적 전환점을 맞이했다.

1975년, 마오타이주를 가득 싣고 운송중인 지에팡 트럭

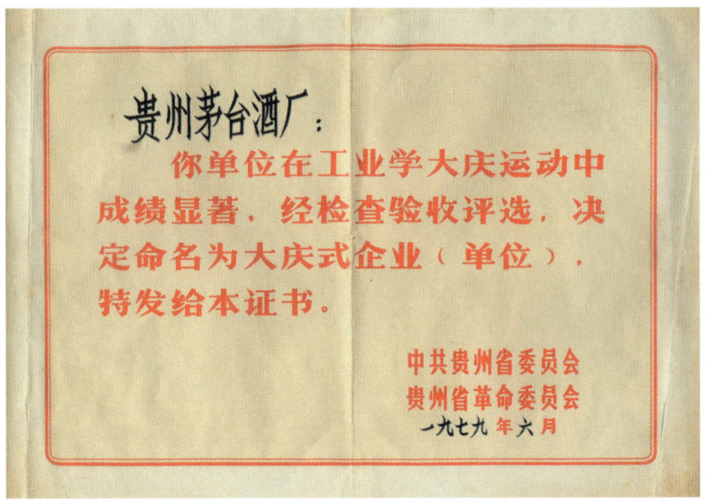

1979년, 마오타이주 공장이 '다칭식大庆式 기업'으로 선정되었다.

1979년, 전 직원이 앙가秧歌를 추면서 경축하는 모습

'공업은 다칭을 배우자' 운동에서 모범 작업자가 상패를 들고 시가행진하는 모습

하편

2023년 토끼의 해를 맞아 선보인 '투마오兎茅' 시음회 현장

격동의 시대

1979년부터 지금까지

13　향 하나로 천하를 평정하다

후각은 내가 가진 유일한 본능이다. 그것은 과거와
잠재의식 속에 살아 있다.

—코코 샤넬[69]

1979년: 향형의 탄생

많은 사람의 기억 속에서, 1979년 8월에 열린 제3회 전국주류
품평회는 긴장과 논쟁, 불안한 기운으로 가득했다. 이 품평회는
대련大连에서 개최되었으며, 이전 품평회로부터 15년이 흐른 뒤
였다. 그사이 세상은 크게 바뀌었고, 희로애락이 교차하는 동안
중국 백주업계 또한 격변을 겪었다.

이번 품평회에서도 심사위원장은 저우헝강이 맡았다. 그는 마
오타이를 떠난 직후 '숙청'되었고, 1971년에야 비로소 격리 시설
에서 풀려났다. '술바보'로 불릴 만큼 백주에 몰두했던 그는, 석
방되자마자 전국을 누비며 한가할 틈도 없이 화북 지역의 10여
개 주류 공장을 기술적으로 지원했다. 그중 한 곳인 천진의 영하
주창宁河酒厂은 청나라 시절 소규모 소주방에서 출발한 작은 양조

장이었다. 저우형강은 이곳에서 부국장향형 麸麯酱香型 백주를 연구개발했다. 공장장으로 있던 볜원화卞文华는 당시를 이렇게 회상했다. "작디작은 영하주창이 저우 선생의 지도 아래 마오타이와 노주 등 유명 양조장에서조차 외부에 공개하지 않던 블렌딩 기술을 배웠습니다. 그런 기술은 당시 북방 지역에선 찾아볼 수 없는 것이었죠."[70] 저우형강의 지원 아래, 영하주창은 이후 '북방의 작은 마오타이'로 불리는 루타이춘芦台春을 내놓았다.

1979년, 제3회 전국주류품평회에서 마오타이주가 품질 금상을 수상했다.

제3회 품평회에는 총 65명의 평가원이 참여했고, 그중 22명은 백주 분야의 평가사로서 대부분이 각 지역 대형 주조장의 수석 양조사였다. 귀주성에서는 경공업과학연구소 소장 차오수순이 파견되었는데, 그는 마오타이 파일럿 프로젝트에 참여했던 사람으로, 지커량과 함께 미생물팀에 있었다. 이번 품평회에는 전국 각지에서 총 313개 품종의 술이 출품되었다.

이전 두 차례의 품평회는 한 번은 브랜드를 공개한 상태에서, 한 번은 블라인드 테스트로 진행되었으며, 모든 백주는 색, 향, 맛의 세 요소를 기준으로 평가되었다. 하지만 이번에는 저우형강이 강력히 주장하여 향형 분류 기준에 따라 심사 방식을 바꾸게 되었다. 이 규칙 변화는 중국 주류 산업의 판도를 송두리째 바꾸는 결정적 계기가 되었다.

앞서 언급한 바와 같이, 1964년 마오타이와 분주 파일럿 프로젝트에서 마오타이는 '세 가지 전형 체계' 이론을 제시했고, 노형주와 분형주 역시 고유의 향형을 확립해나갔다. 이로써 백주 품질을 평가하는 핵심 기준은 '맛'에서 '향'으로 옮겨지게 되었다. 1974년에 열린 전국주류양조회의에서 저우헝강 등은 '향형'이라는 개념을 공식적으로 제안했고, 5년 뒤 대련에서 개최된 품평회에서 처음으로 향형에 따른 분류 및 평가가 실행되었다.

평가위원 사이의 논쟁은 주로 두 가지 쟁점에 집중되었다. 첫째는 '향형'을 나누는 기준이 과연 과학적인가 하는 문제였다. 섬서 서봉주 공장에서 온 리다신李大信과 산동의 양조 전문가 위수민于樹民 등은 이 기준에 따른 평가 방식에 강하게 반대했다. 그들은 "향을 좇아가는" 방식은 백주를 잘못된 길로 이끌 수 있다고 주장했다. 둘째는 '향형'의 구분 자체였다. 백주는 원료와 제조 방식에 따라 향이 아주 미묘하게 다르기 때문에, 이를 억지로 특정한 유형에 끼워맞추는 것은 '발을 깎아 신발에 맞추는 격'이라는 비판이 나왔다.

결국 평가위원단은 공통점을 우선 취하고 이견은 남겨두는 방식으로 합의에 이르렀고, 향형에 따른 분류 평가 방식이 채택되었다. 백주는 다음의 네 가지 향형으로 분류되었으며, 각 향형의 특징은 통일된 표현 방식으로 정리되었다.

장향형: 진한 장향(간장 발효향)이 뚜렷하고, 향은 은은하고 섬세하며, 질감은 묵직하고 진하다. 뒷맛은 깊고 길게 남는다.

농향형: 누룩향이 진하게 풍기고, 맛은 달콤하고 부드러우며,

향과 맛이 조화를 이룬다. 뒷맛은 깔끔하면서 향이 오래 지속된다.

청향형: 맑고 순수한 향이 특징이며, 맛의 조화가 뛰어나고, 부드럽고 감미롭다. 뒷맛은 산뜻하고 깨끗하다.

미향형: 은은하고 우아한 꿀향이 감돌고, 입안에서 부드럽고 순하게 퍼지며, 목 넘김이 산뜻하다. 뒷맛은 기분좋고 상쾌하다.

이렇게 향형으로 분류한 후 평가를 진행하였다. 100점을 만점으로 하여 색(10점), 향(25점), 맛(50점), 품격(개성, 15점) 네 항목을 평가하여 점수를 합산한 결과, 최종적으로 새로운 '8대 명주'가 선정되었다. 선정된 술은 마오타이주, 분주, 우량예, 검남춘, 고정공주, 양하대국洋河大麯, 동주, 노주노교특국이다.

제2회 전국주류품평회의 '8대 명주'와 비교하면, 이번에는 사천 면죽綿竹의 검남춘과 강소 숙천宿迁의 양하대국이 새로이 선정되었고, 서봉주와 전흥대국은 탈락했다. 그중 북방 명주인 서봉주의 낙선은 많은 논쟁을 낳은 '사건'이 되었다.

서봉주는 당나라 때 이미 천하에 명성을 떨쳤으며, 중화민국 시기 봉상 지역은 연간 1,000톤의 백주를 생산하는 국내 주요 주류 집산지 중 하나였다. 서봉주는 그 양조 방식이 장향형, 청향형, 농향형 백주와는 다르다. 누룩 제조에서는 청향형 백주처럼 완두와 보리를 원료로 사용하지만, 장향형처럼 고온에서 만든다. 발효구덩이는 농향형처럼 황토로 만든 발효구덩이를 사용하되, 매년 한 번씩 새롭게 바꾼다. 벽과 바닥의 묵은 황토를 걷어내고

1970년대, 마오타이주 공장에서 개최한 제5회 전국 유명백주기술협력회

1979년 마오타이주 공장의 '전국 명주' 증서

새 흙으로 바꾸는 식이다. 저장에는 전통적인 도기 항아리 대신, 독창적으로 개발한 '주해酒海'* 라는 대형 저장 용기를 사용한다.

이러한 독보적인 기술 덕분에 서봉주는 "맑되 싱겁지 않고, 진하되 화려하지 않다"는 평가를 받는다. 그러나 이번 품평회에서는 향형을 반드시 선택해야만 하는 상황에 놓였다. 품평위원 중 한 명이자 서봉주 공장 관계자인 리다신은 청향형과 농향형 사이에서 청향형을 선택했지만, 향형이 제대로 맞지 않는다는 이유로 안타깝게 탈락하고 말았다.

이 '서봉 사건'의 후폭풍으로, 이후 10여 년 동안 기존의 4대 향형을 따르기 어렵거나 따르기를 원치 않던 여러 백주 업체들이 자신들만의 향형을 개발하고 정의

---

* 　주해는 서봉주만의 독특한 저장용기이다. 싸리나무채나 목재로 큰 광주리를 짜고, 내벽에 가축의 피를 풀처럼 굳힌 혈료나 석회 등을 접착제로 바른 뒤, 삼으로 만든 종이와 흰 면포棉布를 100겹 바르고, 알의 흰자위와 밀랍, 숙성된 유채기름 등을 일정 비율로 섞어 발라 햇빛에 말려서 만든다.(저자 주)

하기 시작했다. 서봉주는 독립하여 '봉향형凤香型'이 되었고, 동주는 누룩에 다량의 약재를 넣기 때문에 '약향형药香型', 광동의 옥빙소玉冰烧는 '시향형豉香型', 하북 형수衡水의 노백간老白干은 '노백간향형老白干香型'으로 각각 분류되었다. 이외에도 복욱향형馥郁香型, 특향형特香型, 지마향형芝麻香型, 겸향형兼香型 등이 생겨났고, 이렇게 하여 현재 백주업계의 12대 향형이 형성되었으며, 앞으로도 새로운 향형이 등장할 가능성은 열려 있다.

'향 하나로 천하를 결정한다'는 말은 다소 전제적이고 강압적인 표현으로 들릴 수 있지만, 객관적으로는 비교적 공정한 평가 체계를 구축했다. 수영 종목을 예로 들자면, 최초의 올림픽 경기에서는 수영 자세를 구분하지 않고 단지 누가 더 빨리 헤엄치느냐만 겨루었다. 이후 국제수영연맹에서 배영, 평영, 접영을 구분하고 자유영을 추가함으로써 4대 수영 종목 체계가 형성되었고, 오늘날의 현대 수영 경기 모델이 완성되었다.

1970년대의 생산 현장. 숙련된 양조사가 술을 받아내는 장면(왼쪽)과 원료를 찜통에서 빼내는 현장(오른쪽)

저우헝강 등은 '맛' 대신 '향'을 평가 기준으로 삼는 원칙을 고수했는데, 이로 인해 마오타이주, 분주 등 명주들이 같은 무대에서 우열을 가리기 어려운 난제를 피할 수 있었고, 나아가 향형 이론을 바탕으로 각 주종이 독자적인 국가 표준을 수립하도록 유도함으로써 백주업계의 표준화와 산업화를 촉진하는 계기가 되었다. 그러나 시간이 흐르며 이 평가 체계의 부작용도 나타났다. 소규모 품목이나 지역 전통 백주들의 부상과 성장을 억제하는 결과로 이어졌다는 점이다.[*]

이런 진화 과정에서 마오타이는 최대의 수혜자였다. 향형 개념을 가장 먼저 제안한 주체이자, '장향'이라는 기치를 내걸고, 혼잡한 노형주 계열에서 독자적인 계열로 분리해나가는 데 성공했기 때문이다.

마오타이주 공장의 발전사를 살펴보면, 전략적 관점에서 가장 높이 평가할 수 있는 부분은, 매우 전통적이며 수천 년 동안 정량적·정성적 생산과 표준화가 부재했던 백주업계에 '향형'이라는 새로운 제품 평가 기준을 선도적으로 제시하고, 나아가 양조과정의 각 요소까지도 표준화에 성공했다는 점이다.

이 역사를 되짚어보면, 당시의 저우카이량과 지커량 등 인물

---

[*] 전국주류품평회는 1983~1984년과 1989년에 두 차례 더 개최되었고, 이후 더는 개최하지 않는다고 선포됐다. 나는 그 원인을 세 가지로 추측한다. 첫째, 이익에 얽혀서 주최 기구가 공정성을 지키기 어렵다. 둘째, 각 지방의 수많은 소규모 전통 백주가 어느 향형에 속하는지 일일이 분류할 방법이 없다. 셋째, 경선에 참여한 제품과 실제 판매 제품의 품질이 동일하다고 보장할 방법이 없다.(저자 주)

이 사전에 치밀하게 설계된 전략적 틀 안에서 이러한 성과를 이뤘다고 보기는 어렵다. 이 모든 과정은 조지프 슘페터와 피터 드러커가 강조한 바와 같이, 기업가의 혁신 정신이 구체적으로 구현된 결과라 할 수 있다.

상징적 전환점이 된 '10가지 조치'

1979년 11월, 대련 주류품평회 직후, 지커량은 「장향형 백주의 품질을 향상시키는 10가지 조치」(이후 '10가지 조치')를 완성했다. 이는 1974년에 발표된 '9가지 경험'을 발전시킨 것으로, 마오타이주의 생산 공정이 전면적으로 성숙 단계에 이르렀음을 의미한다.

이 무렵 마흔 살이 된 지커량은 백주업계에서 15년 동안 수련해온 경력을 지닌 기술자였다. 누룩을 등에 져 나르던 청년에서, 자신감 넘치는 전문기술인으로 성장한 것이다. 마치 무공을 연마하던 이가 임맥과 독맥이 모두 소통되어, 기운이 넘치고 자유자재로 기를 운용할 수 있게 된 상태와도 같았다. 26세부터 마오타이의 소주방에서 누룩을 밟고 퇴사堆沙를 하며, 발효구덩이와 술항아리에서 배어나오는 짙은 향 속에서 술을 빚은 그 세월 동안 그는 두 가지 자질을 동시에 갖추게 되었다. 하나는 현대적인 학문 훈련을 받은 전문가로서의 소양, 다른 하나는 몸으로 부딪히며 터득한 전통 양조 기술이었다.

한 병의 백주가 탄생하기 위해서는, 누룩 제조, 양조, 숙성, 블렌딩의 네 가지 핵심 공정을 거쳐야 한다. 각 공정마다 그만의 정교한 포인트가 있으며, 오랜 시간 연구하고 체득하지 않으면,

마오타이주 양조 기술 규범 10개 항목		**07** / 7차례 술 받기
01 / 1번의 기주 생산 주기	**04** / 40일간 누룩 발효	**08** / 8차례 누룩 첨가
02 / 2차례 원료 투입, 2차례 발효	**05** / 5월 단오절에 누룩 밟기	**09** / 9차례 찌기
03 / 3가지 전형체 —장향, 순향, 교저향	**06** / 6개월 간 누룩 보관	**10** / 10가지 독특한 기술

마오타이주 양조 기술 규범 10개 항목

마당은 볼 수 있을지언정 문을 찾기 어렵고, 문을 찾는다 해도 방안으로 들어가기는 더욱 어렵다.

이 네 가지 공정 중 단 하나만 제대로 익혀도 '문파 명인'이라 부를 수 있으며, 네 가지를 모두 통달한 이는 '일대종사一代宗師'의 반열에 오른다. 그리고 그보다 더 높은 경지, 즉 경전을 집필하고 규율을 세울 수 있는 자는 '대종사大宗師'이다.

'10가지 조치'를 집필할 당시, 지커량은 공장 생산기술 부과장 직급에 머물러 있었지만, 이후 '일대종사'가 될 소질을 이미 드러냈다.

지커량은 논문 서두에서 백주 양조의 불변의 진리와도 같은 원칙을 명확히 했다. 누룩 제조는 기초이고, 양조는 근본이며, 숙성과 블렌딩은 핵심이라는 것이다. 이 원칙은 훗날 백주업계 전반의 공통된 인식이자 보편적인 규범이 되었다.

'10가지 조치'는 다음과 같은 항목으로 구성되어 있다.

누룩 제조 관련 1개 항목 — 고품질 누룩의 기준을 제시

원료 처리 관련 2개 항목 — 곡물 분쇄의 최적 비율과 발효 전 수분 함량 조절에 대한 수치 제시

찌기, 찐 술덧, 퇴적발효 관련 3개 항목 — 찌는 시간, 증기 압력, 찐 술덧 회수 온도 범위, 퇴적발효 적정 온도 등을 구체적으로 명시

발효구덩이 관리 관련 1개 항목 — 불량 제품 발생을 방지하기 위한 관리 기준 제시

증류 관련 1개 항목 — 품질 좋은 술을 받기 위한 운영 규범 제시

저장 관련 1개 항목 — 발효된 술덧을 향형별로 분리하고 구분하여 증류한 후, 각각의 향형에 맞게 숙성고에 보관하는 방식 제시

생산량 증대 관련 1개 항목 — 장향형 백주 생산을 늘리기 위한 기법 소개

'10가지 조치'에는 백주 생산의 네 단계 주요 공정뿐 아니라 정성적 판단과 제안, 그리고 정량적 기술 수치까지 포함되어 있다. 이는 오랫동안 해결되지 못했던 수분, 누룩 및 약재, 발효구덩이 재료, 원료, 온도 등에 대한 논쟁을 종식시켰다. 이후 10년 넘게 다듬어지며 마오타이주 공장의 기업품질 기준이 되었고, 1985년 에는 이를 기반으로 대국 장향형 백주 생산의 국가 표준이 제정

되기에 이른다.

현장에서는 이 조치들이 마오타이주의 '양조 기술 규범 10개 항목'으로 정리되었다.

1. 1번의 기주 생산 주기

2. 2차례 원료 투입, 2차례 발효

3. 3가지 전형체—장향, 순향, 교저향

4. 40일간 누룩 발효

5. 5월 단오절에 누룩 밟기

6. 6개월간 누룩 보관

7. 7차례 술 받기

8. 8차례 누룩 첨가

9. 9차례 찌기

10. 10가지 독특한 기술
— 고온 누룩 제조, 고온 퇴적, 고온 증류 / 많은 반복, 많은 원료 사용, 많은 누룩 사용 / 낮은 출주율, 낮은 당화율 / 장기 저장 / 정교한 블렌딩

하지만 이러한 기술 규범도 다소 복잡하게 느껴졌기에, 1990년대 초 장향형 백주 시장이 확대되면서 훨씬 간단한 표어가 등장한다. 바로 '12987'이다. "1년 생산 주기, 2회 원료 투입, 9회 찌기, 8회 발효, 7회 취주"를 의미하며, 마오타이주 공장을 기준으로 만들어졌다.

이후 장향형 백주를 양조하거나 유통하는 사람이라면 누구나 '12987'을 외우게 되었고, 이는 타 백주와의 구별 기준이 되었다. 물론 기술적으로는 같은 '12987'을 적용하더라도 양조장마다 최종 제품의 품질 차이는 크다. 이는 마치 태극권을 수련하는 것과 같다. 형식적인 자세나 동작은 흉내낼 수 있지만, 고유의 기세와 품격을 갖추기 위해서는 권리拳理, 권식拳式, 투로套路를 깊이 이해하고 오랜 세월 단련해야 하는 법이다.

한편, 업계 전체가 '12987'을 절대 기준으로 삼는다는 것은 마오타이주 공장이 장향형 백주 전체의 기준을 설정하는 주체가 되었음을 의미한다. 이는 곧 마오타이가 제품과 시장을 정의할 수 있는 권한을 가지며, 나아가 기업의 업계 내 위상과 장기 전략의 유효성까지 좌우하게 되었음을 뜻한다.

마스터 제도 회복과 TQC팀

1980년, 리싱파는 500위안의 포상금을 받았다. 이는 그의 1년치 급여에 해당하는 금액으로, 1964년에 세 가지 전형체를 발견한 공로에 대한 보상이었다. 비록 10년도 넘게 늦은 상이었지만, 공장 전체에 꽤 큰 반향을 불러일으켰다.

저우가오롄과 저우카이량은 이를 통해 마스터 제도에 대한 존중을 표하고, 해당 제도로 돌아갈 것을 천명하고자 했다. 문화대혁명 시기에는 모두가 자기만이 주인공이라며, 사제제도를 봉건 전통의 잔재로 간주했다. 마오타이주 공장은 핵심 기술 인력을 보호하려는 태도를 보이긴 했지만, 현실적으로 제자를 두는 것은 어려운 일이었다. 그러던 1980년, 마침내 공장은 성 당국에 보고서를 올렸고, 성장 쑤강苏钢의 비준을 받아 마스터 제도를 공식적으로 회복하게 된다. 이와 함께 공장은 그해 국영기업으로서는(사실 오늘날까지도) 상상하기 어려운 두 가지 특별한 정책을 도입했다.

— 숙련된 원로 마스터는 정년퇴직 후에도 기술고문으로 재고용될 수 있으며, 그 고용 기간에는 제한이 없다.

—마스터의 자녀는 일반 채용 규정과 관계없이 특별 채널을 통해 입사할 수 있다.

이 두 정책은 일본의 종신고용제와 연공제와도 유사한데, 마오타이주 공장의 기술 전승과 구성원의 충성심 고취에 장기적으로 견고한 기반을 마련해주었다.

조주調酒 부서의 현재 수석 조주사인 왕강王刚은 1992년에 입사해, 말단 블렌딩 직원에서 시작해 최고 자리까지 올라왔다. 그의 부친은 바로 1972년 닉슨 대통령과 다나카 가쿠에이 총리를 위해 마오타이주를 블렌딩했던 '왕 중대장' 왕다오위안이다. 왕다오위안은 자녀 넷을 두었고, 현재 네 자녀 모두 마오타이주 공장에서 근무중이다. 왕강의 말에 따르면, 현재 조주 부서에는 총 14명의 블렌딩 마스터가 있는데, 지난 10여 년 동안 단 한 명도 빠져나가지 않았다고 한다.

2작업장의 작업장 마스터인 펑페이칭冯沛庆의 경우도 왕강과 비슷하다. 그의 부모는 모두 '마오타이 베테랑'이었으며, 아들 셋과 딸 둘을 두었고 이들 모두 현재 마오타이주 공장에서 일하

338

1984년 왕시룽王熙容 가족사진. 배경은 마오타이주 공장 옛 화학실험실이다. 특별 채용 시스템으로, 마오타이주 공장에는 많은 '마오 2대' '마오 3대' 심지어 '마오 4대' 집안이 나타났고, 왕시룽 일가가 바로 '마오 4대'로 가족이 모두 마오타이에서 일한다.

'마오 2대' 왕강 부자(아래), 마오타이주 공장에서 인터뷰중인 왕강(오른쪽)

1981년 공장 직원 자녀 학교 단체사진. 사진 속의 많은 아이들이 나중에 공장 직공이 되었다.

'마오 3대'인 한 여성이 1966년 제2기 마오타이 파일럿 프로젝트 단체사진 앞에 서 있다. 그의 할머니가 당시 파일럿 프로젝트 팀원이었다.

1986년 마오타이주 공장 5·1 노동절 경축 파티에서의 젊은 이들

1980년대, 직원 자녀 학교에서 시험을 치르고 있다. 책상에는 코카콜라가 상품으로 놓여 있다.

고 있다. 그중 첫째와 둘째의 아들도 대학을 졸업하고 공장에 입사했으니, '마오타이 3대'인 셈이다. 펑페이칭은 왕강과 같은 해에 입사했고, 1998년에 부반장, 2000년에 반장, 2001년에 마스터로 승진하여, 현재는 공장 내 1급 양조 마스터 20명 중 한 명이다. 그가 말하길, 당시 함께 입사한 동료가 40명이 넘는데, 마스터급까지 올라온 사람은 2~3명뿐이며, 마오타이주 공장에서 마스터가 된다는 것은 매우 영예로운 일이라고 했다.

마오타이주 공장에는 왕강이나 펑페이칭처럼 부모의 뒤를 이어 일하는 사례가 적지 않다.

이 책을 집필하면서 인회 인근의 크고 작은 주류 공장들을 수차례 방문해 인터뷰를 진행했는데, 이들 업체 대표들은 마오타이주 공장을 깊이 존경하면서도, 마오타이의 핵심 기술 인력을 영입하는 것이 하늘의 별 따기보다 어렵다고 입을 모았다.

한편 1980년, 저우카이량은 공장에서 경영 관리 체계의 전면 개편을 추진했다. 우선 '통합 회계 관리'를 공장, 작업장, 작업반 3단계 책임 회계 제도로 전환했다. 생산 작업장에서는 '5정五定' '4포四包' '1장一奖' 제도를 시행했다. '5정'은 생산량, 품질, 생산 주기, 인원, 비용을 고정하는 것이고, '4포'는 임금, 야근 식대, 직책 수당, 고온 수당을 각 작업반이 책임지고 운영하도록 한 것이다. '1장'은 포장 작업장에 절약장려상을 도입하여, 절약 성과에 따라 점수를 매기고 그 점수에 따라 인센티브를 지급하는 제도이다. 이러한 기준을 충족하지 못한 작업장에는 해당 수준에 따라 벌칙을 부과하는 조치도 함께 시행되었다.

1993년 마오타이주 공장이 수상한 전국 우수 기업 '금마상'

　동시에 저우카이량은 다음의 10가지 관리제도를 정비하고 보완했다.「근로자 수칙」「노동 기강 임시 조례」「양조 작업 규정」「누룩 제조 작업 요점」「마오타이주 블렌딩 작업 규정」「새 술 검사 작업 요점」「청결하고 질서 있는 생산 수칙」「수도·전기·가스 관리 방법」「음주 풍조 억제 임시 규정」「포장 생산 작업 규정」이다.

　특별히 주목할 만한 점은, 같은 해에 귀주성 산업계 최초로 '전사적 품질관리TQC, Total Quality Control' 소그룹을 결성한 것이다. 이후 몇 년에 걸쳐 그는 TQC를 기반으로 31개 항목, 343개 표준으로 구성된 기업 표준화 체계를 세웠다. 1993년, 마오타이주 공장은 전국 우수 기업에게 수여되는 '금마상金马奖'을 수상했으며, 저우카이량 역시 전국 우수 기업가 '금구상金球奖'을 수상했다. 오랜 기간 동안 품질을 핵심으로 하는 TQC 체계를 지속적으로 유지하고 발전시켜온 공로 덕분이었다.

1980년은 서서히 해빙의 조짐이 보이기 시작한 해였다. 중국 곳곳에서 개혁개방의 움직임이 조심스럽게 시작되고 있었다. 북경 중관촌中关村에는 첫 민영 과학기술 회사가 등장했고, 남쪽 심천에서는 경제특구 사무소가 간판을 내걸었다. 북경과 상해의 고급 호텔에 코카콜라가 등장했으며, 전국 6,000개 이상의 국영 공장이 자율 경영 확대를 위한 시범 운영을 허가받았다. 강소와 절강의 농촌에서는 수많은 향진기업이 우후죽순처럼 생겨났다.

외지고 협소한 계곡에 위치한 마오타이주 공장 역시 거대한 시대적 변화의 기운을 흥분 속에서 느끼고 있었다. 규모 면에서는 아직 대형 기업이라 하긴 어려웠다. 1980년의 연간 생산량은 1,152톤, 연간 생산액은 576만 위안, 순이익은 72만 위안에 불과했다. 그러나 이 숫자들보다 더 중요한 것은, 이 공장이 점차 현대적 기업으로서의 체질 변화를 겪고 있었다는 사실이었다.

1981년, 마오타이주 공장은 지도층을 개편하여, 저우카이량이 정식으로 공장장으로 임명되고, 생산 부과장 지커량은 단숨에 두 계급을 뛰어올라, 부공장장으로 임명되었다.

중국 백주의 12대 향형

1979년 제3회 전국주류품평회에서 처음으로 향형에 따라 명주들을 구분하기 시작했다. 처음에는 장향, 청향, 농향, 미향 등 4대 향형을 제시했으며, 이후 점차 구분이 세분화되어 현재의 12대 향형으로 발전하였다.

장향형醬香型	
산지	귀주貴州 준의遵义
대표주	마오타이주茅台酒
특징	향 성분이 복잡하고 미묘하며, 장향이 뚜렷하다. 우아하고 섬세하며, 술맛은 진하고 부드럽다. 뒷맛이 길게 이어지고, 빈 잔에도 오래도록 향이 남는다.

청향형清香型	
산지	산서山西 분양汾阳
대표주	분주汾酒
특징	맛이 맑고 순수하며 조화롭다. 술맛은 부드럽고 달콤하며, 마신 뒤에는 청아하고 자연스러운 향이 은은하게 입안에 머문다.

농향형浓香型	
산지	사천四川 노주泸州·의빈宜宾, 강소江苏 숙천宿迁
대표주	노주노교泸州老窖, 우량예五粮液, 양하洋河
특징	숙성 향이 진하고, 향과 맛이 조화롭다. 달콤하고 부드럽고 깔끔하며, 목 넘김이 매끄럽고 뒷맛이 길다. 혀끝에서 가득 차오르는 풍부함과 섬세함을 느낄 수 있다.

미향형米香型	
산지	광서广西 계림桂林
대표주	삼화주三花酒
특징	쌀을 단일 원료로 사용하여 빚는다. 술빛은 맑고 투명하며, 은은한 꿀향이 난다. 부드럽고 산뜻하며 뒷맛이 청량하다.

약향형药香型	
산지	귀주 준의
대표주	동주董酒
특징	빚는 과정에서 130여 종의 약재를 사용한다. 약재 향이 두드러지며, 맛은 진하고 당당하며 여운이 길다.

시향형豉香型	
산지	광동广东 불산佛山
대표주	옥빙소玉冰烧
특징	숙성 과정에서 돼지고기를 넣어 술의 잡내를 흡수하게 한다. 향은 신선하고 자연스럽고, 맛은 원만하고 풍부하며, 콩 발효 향이 뚜렷하다. 뒷맛은 달고 산뜻하다.

지마향형芝麻香型	
산지	산동山东 안구安丘
대표주	경지주景芝酒
특징	농향, 청향, 장향의 특징을 고루 지녔으며, '한 잔에 세 가지 맛'이라 불린다.

봉향형 凤香型

산지	섬서陝西 보계宝鸡
대표주	서봉주西凤酒
특징	향이 우아하고 술맛은 달고 시원하다. 마시는 순간 상쾌하고 힘찬 느낌을 주며, 호쾌하고 시원한 맛이 특징이다.

노백간향형 老白干香型

산지	하북河北 형수衡水
대표주	노백간老白干
특징	청향형에서 파생된 향형이다. 맑고 세련된 향, 부드럽고 풍부한 맛이 조화를 이룬다. 여러 향이 독립적이면서도 융합되어 있다.

특향형 特香型

산지	강서江西 의춘宜春
대표주	사특주四特酒
특징	쌀로 빚는다. 다양한 향이 어우러져 다층적인 풍미를 내며, 전체적으로 조화롭다.

복욱향형 馥郁香型

산지	호남湖南 길수吉首
대표주	주귀주酒鬼酒
특징	농향, 청향, 장향의 특징을 두루 갖췄다. '처음은 농향, 중간은 청향, 끝은 장향'이라 불리며, 향이 조화롭고 뒷맛이 길게 이어진다.

겸향형兼香型	
산지	호북湖北 송자松滋
대표주	백운변주白云边酒
특징	두 가지 이상의 향형 공법을 결합한 술이다. '농향과 장향이 어우러지고, 뒷맛은 장향으로 마무리된다'는 특징이 있다.

14 이중 불안

마오타이주는 구걸하는 왕자다.

—저우카이량

규모: 성장의 왕

1980년대 이후 중국 시장에서 성공을 거둔 기업 대부분은 세 가지 측면에서 돌파구를 마련했다. 바로 규모, 유통망, 브랜드이다. 그중에서 규모는 '성장의 왕'이다.

규모는 마치 강력한 기류처럼, 기업이 직면한 문제를 해결하는 출발점이 된다. 특히 산업이 폭발적으로 성장하는 시기에는 규모가 결정적인 이점을 제공한다. 생산 및 운영 비용의 절감, 시장 점유율 확대, 가격 경쟁력을 통한 경쟁사 압도 등이 그것이다.

중국 백주업계에서 규모를 처음으로 가장 큰 무기로 활용한 인물은 창구이밍 常貴明(1930~2005)이다.

그의 경력은 저우카이량과 놀라울 정도로 유사하다. 1930년에 출생해, 17세에 입대했고, 1950년 분주 공장에 입사해 1979년 당위원회 서기를 맡았으며, 1996년에 퇴임했다. 분주 공장에서 46년 간 근무하며 그중 17년 동안 경영을 총괄했다. 이는 저우카이량이 마오타이주 공장을 이끌던 기간과 거의 일치한다.

1979년 당시 분주와 마오타이주의 생산능력 또한 비슷하여 연간 생산량이 각각 약 1,000톤 수준이었다. 그러나 이후 몇 년 동안 창구이밍은 생산능력을 급속도로 확장시켰다. 1983년에는 4,000톤, 1985년에는 1만 1,500톤을 넘어서며, 분주 공장은 단숨에 전국 최대 규모의 백주 생산기지가 되었다. 이에 비해, 마오타이주의 연간 생산량이 1만 톤을 넘은 것은 2003년의 일이다.

분주의 생산능력이 빠르게 확장된 것은 선천적인 이점 덕분이기도 했다. 우선, 청향형 백주는 술덧을 흙에 묻은 도기 항아리에 넣어 발효시키기 때문에, 발효구덩이를 팔 필요가 없다. 또한 발효 기간도 28일로, 농향형과 장향형에 비해 10일 이상 짧다. 게다가 두 차례 증류해 술을 받기 때문에 그해에 바로 출하가 가능하다.

양질의 술을 더 많이 생산하기 위해, 창구이밍은 매우 강력한 인센티브 제도를 추진했다. 작업자가 일반 분주를 기준보다 1킬로그램 더 생산하면 보너스 1푼分, 우수한 품질의 분주는 1킬로그램 당 1각角, 특등급 분주는 1킬로그램 당 3각, 품질 금상을 수상하면 전 직원에게 1인당 100위안의 보너스를 지급하고, 반대로 금상을 놓치면 전 직원의 급여 등급을 한 단계 강등했다.

이처럼 생산능력이 두 배로 늘고, 분주의 강력한 브랜드 파워까지 더해지면서, 행화촌 분주 공장은 1980년대 내내 중국 백주

업계의 압도적 1위 자리를 차지했다. 1987년 6월 29일자 〈신화사 新华社〉 보도에 따르면, 행화촌 분주는 다음과 같은 네 가지 부문에서 '전국 최고'를 기록했다. "첫째, 매년 수출량이 가장 많아 전국 다른 모든 명주의 수출량을 합친 것과 같다. 둘째, 고급 백주 비율이 99.97%로 가장 높아 전국에서 유통되는 고급 백주의 절반이 행화촌 분주 공장에서 나온 것이다. 셋째, 생산 원가가 가장 낮아 품질이 뛰어나면서도 가격이 저렴하다. 넷째, 수상 경력이 가장 많다."

'분주 큰형님'이라는 호칭은 이 시기에 붙여진 것이다.

두 차례 실패한 생산 지역 이전 실험

분주와 비교하면, 마오타이주 공장은 생산능력 확장 속도가 매우 느렸다. 1978년에 처음으로 연간 1,000톤 관문을 돌파했고, 이후 몇 년 동안 해마다 수십 톤 증가하는 데 그쳐, 1983년에 가까스로 1,200톤에 이르렀다.

1958년에 '마오타이주 연간 1만 톤 생산'이라는 목표가 제시된 이후, 국가 경공업부에서부터 귀주성 당국에 이르기까지 모두 마오타이주 생산능력 증대에 애를 써온 것은 사실이지만, 상부에서는 줄곧 지역을 이전하여 생산하는 방식으로 그 목표를 달성하기를 원했다. 즉, 연간 1만 톤 생산이 반드시 마오타이주 공장에서만 이뤄져야 한다고는 생각하지 않았던 것이다.

경공업부는 1964년 마오타이 파일럿 프로젝트 이후 마오타이주의 생산기술이 충분히 표준화되었으며, 이를 그대로 적용하여 다른 지역에서도 생산할 수 있다고 판단했다. 이에 제1차 지역 이전 생산 실험을 실시하여 북경 창핑昌平, 호남湖南, 요녕, 산동, 내몽고內蒙古 등 10개 지역에 마오타이주 생산 공장을 설립했다. 당시에는 각 공장이 연간 1,000톤씩만 생산해도 중앙에서 제시한 목표를 달성할 수 있을 것이라고 기대했다.

이들 공장에서 생산된 술은 모두 장향형이었지만, 품질은 기대에 미치지 못했고, 마오타이주 본공장 제품과 비교해 향과 맛 모두 본질적인 차이가 있었다. 공장은 세워졌고 술도 생산했지만, 최종적으로 '철강과 맞바꾸자'는 목표는 결국 이루지 못했다. 이후 1990년대 초, 이 술들이 시장에 유입되면서 일시적으로 장향형 백주가 과잉 공급되는 현상까지 나타났다.

1차 실험이 실패하고 나서, 한동안 지역 이전을 다시 거론하는 사람은 없었다. 그러다 1975년, 중국과학원이 '마오타이주 지역 이전 생산 실험'을 입안하여, 65개 중점 과학연구 항목의 하나로 선정하면서, 다시 지역 이전 실험이 시작되었다.

이번에는 더욱 강한 의지를 보이며, 전면 협조하라는 지시가 마오타이주 공장에 내려졌다.

새 실험공장 부지는 준의 북쪽 교외의 십자포十字铺로 결정되었다. 이곳은 대루산大娄山 자락에 위치한, 여러 산에 둘러싸인 한적한 골짜기로, 마을 주민들은 '용당龙塘'이라 부르는 맑은 샘물을 사용해 명나라 때부터 술을 빚어왔다.

새로운 실험공장은 '귀주 마오타이주 지역 이전 실험공장贵州茅台酒易地试验厂'이라는 이름으로 설립되었고, 귀주성 과학위원회

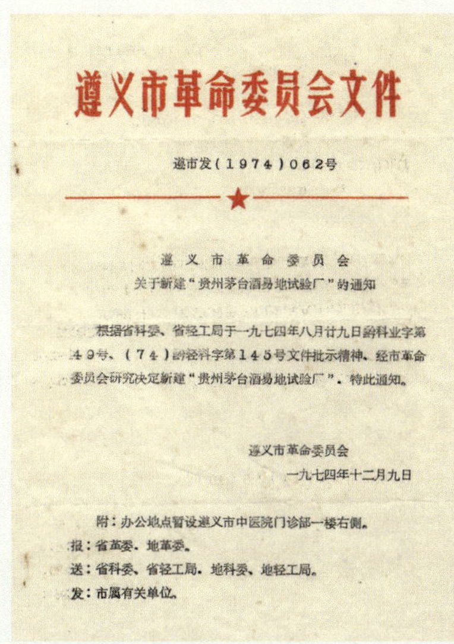

'귀주 마오타이주 지역 이전 실험공장' 건설을 알리는 문서

의 진두지휘 아래 마오타이주 공장은 20명이 넘는 핵심 기술 인력을 파견했다. 거의 공장을 통째로 이전한 셈이었다. 수수, 누룩, 발효가 끝난 술덧, 나무 삽과 수레 등도 마오타이주 공장에서 그대로 가져왔고, 심지어 발효 구덩이를 만들기 위한 모래와 자갈조차 마오타이진 주변 산에서 채취해, 100% 동일하게 '복제'하고자 했다.

1978년에 접어들면서, 프로젝트 진행 속도에 박차를 가하기 위해 성 과학위원회는 마오타이에서 핵심 기술 인력을 추가로 파견하기로 결정했다. 한때 공장장을 지냈고 작업 현장에서 무려 10년간 묵묵히 일해온 정광셴이 자청해 나섰고, 차석 엔지니어 양런몐 등 28명이 함께 실험공장을 지원하게 했다. 1981년 4월, 국가과학위원회 주임 팡이方毅가 십자포에 시찰을 나와, 1985년까지 반드시 검증을 통과할 것을 지시했다.

'십자포' 프로젝트는 총 10년 동안 진행되었으며, 그사이 9개 주기의 기주 생산, 63차례의 실험, 3,000여 건의 분석 연구가 이루어졌다. 1985년 10월, 국가과학위원회는 귀양에서 '마오타이주 지역 이전 생산 실험' 감정회를 조직하고, 귀주성 과학위원회에 전화를 걸어 다음 내용을 특별히 강조했다. "반드시 블라인드 테스트를 진행해야 합니다. 그래야 비교 데이터를 얻을 수 있습

1985년, 마오타이주 지역 이전 실험 감정회 전문가 단체사진. 오른쪽에서 세번째가 정광센, 다섯번째가 양런몐, 왼쪽에서 세번째가 지커량이다.

니다. 보안을 철저히 유지하고, 평가 결과는 공개하지 않아도 됩니다."

감정회는 당시 중국과학원 부원장이던 옌둥성严东生이 전문가단을 이끌었으며, 팡신팡, 저우헝강, 슝쯔수, 지커량 등 총 23명이 참여했다. 그들은 십자포에서 생산된 마오타이주에 93.2점을 주었다. "마오타이주의 풍격을 기본적으로 갖추고 있고" "품질 또한 시판중인 마오타이주 수준에 접근한다"고 평가했다.

그러나 이 실험공장에서 생산한 술은 최종적으로 '마오타이주'가 아닌 '진주珍酒'라고 명명되었다.*

---

* 진주는 1990년대 후반 경영난에 빠졌고, 2009년 백주 유통업체인 화택그룹이 8,250만 위안에 귀주 진주공장을 전액 인수하며 민영화를 실현했다.(저자 주)

오랜 세월이 흐른 뒤, 나는 지커량에게 그 이유를 물었다. 잠시 생각에 잠겼던 그가 들려준 대답은 이러했다. 첫째, 실험공장은 독립적인 발전을 원했고, 둘째, 아무리 비슷해도 결국 마오타이주는 아니었다.

1984년: 800톤 규모 확장 공사

지역 이전 실험공장 프로젝트가 마무리 단계에 접어들던 1984년, 마오타이주 공장은 은행에서 3,834만 위안을 대출받아 '800톤 규모 확장 공사'에 투자했다. 당시 회사 자금에는 여유가 거의 없었고, 귀주성의 금융기관들 역시 기반이 약해 이 자금은 여러 은행에서 나누어 대출받았다. 연이자만 해도 공장 1년 반치 이익에 달했다. 그럼에도 불구하고 저우카이량은 과감히 승부수를 던졌고, 직접 확장 공사의 총지휘를 맡았다.

이번이 마오타이주 공장의 네번째 작업장이었다. 세번째 작업장은 무려 1957년에 세워졌다.

확장 공사 부지는 3작업장 남쪽의 적수하 연안으로 선정되었고, 부지 면적은 약 16만 8,700제곱미터, 공사 면적은 7만 4,600제곱미터에 달했다. 그중 생산 관련 건축면적은 5만 4,700제곱미터에 이르렀다. 공사 과정에서는 당시의 최신 설비들이 대거 도입되었다. 예를 들면, 누룩 제조 작업장에는 회전

지역 이전 실험공장에서 생산한 마오타이주

방식의 백필터 집진기를 설치하여 분진 농도를 대폭 낮추었고, 보일러실에는 고효율 수막마석水膜麻石 집진기를 도입했다. 또한 60미터에 달하는 대형 굴뚝도 세웠다. 이 공장을 가동하기 위해 기술 인력 120명이 새로 교육·훈련되었다.

발효구덩이는 전부 조석교条石窖를 채택한 것이 가장 눈에 띄는 변화였다. 소주방 시절에는 잘게 부순 돌로 만든 쇄석교, 진흙으로 만든 니교, 벽은 돌로 쌓고 바닥은 진흙으로 만든 조석교, 이렇게 세 가지 형태가 혼재해 있었다. 이 책을 집필하며 마오타이진을 탐방했을 때, 소주방 옛터를 특히 여러 번 살펴보았는데, '왕마오'가 있던 1작업장의 발효구덩이는 개조 이전에는 모두 쇄석교였고, 현재 공장 문화광장에 남아 있는 옛 발효구덩이 몇 개도 모두 니교나 쇄석교였다. 흑정자에 있던 왕씨 가문의 가족용 소규모 소주방은 현재 왕립부주업王立夫酒业의 라오추가 소유하고 있었는데, 그에게 부탁해 현장을 함께 확인해보니 남아 있는 네 개의 발효구덩이 모두 쇄석교였다.

공장 내부에서는 발효구덩이에 관한 논쟁이 줄곧 있었다. 지

1950년대 소주방의 쇄석교(왼쪽)와 조석교(오른쪽)

커량 등은 반복적인 실험을 통해 다음과 같은 결론을 얻었다. 니교는 수분 함량이 높아 수분 조절이 어려워 술의 품질이 들쑥날쑥하고, 쇄석교는 공기가 쉽게 빠져나가 고온 발효시 주조酒糟가 말라버리기 쉬운 반면, 조석교는 견고하고 내부가 일정한 조건으로 유지되며 공기가 쉽게 빠져나가지 않아, 안정적인 제품 품질을 확보할 수 있다.

여기에 지질학적 조건도 유리하게 작용했다. 마오타이진 지역의 지층은 약 7,000만 년 전 백악기시기에 형성된 침적암으로 구성되어 있는데, 이를 채석하여 만든 조석은 산도와 알칼리도가 적절하고, 수분이 적절히 스며들며 공기를 잘 통하게 한다. 이는 발효구덩이 내부의 온도와 습도를 조절하는 데 효과적일 뿐만 아니라, 알갱이 사이 틈이 넓어 미생물의 생장과 번식에도 유리하다.

이러한 이유로 4작업장을 건설할 때는 조석교를 표준으로 삼았다. 저우카이량은 또한 공장 전체의 발효구덩이를 조석교로 전면 개조하고, 각 발효구덩이의 길이·너비·깊이 또한 규격화할 것을 지시했다.

4작업장은 1988년 10월에 준공되었고, 초대 주임은 젊은 핵심 기술자 천멍창陳孟强이 맡았다. 그의 진두지휘 아래 작업장에서는 다양한 공정 실험이 이뤄졌으며, 특히 누룩 사용 비율, 소규모 퇴적발효, 수분 투입의 적정화, 발효구덩이 내부 온도 조절, 2차 발효 시기의 주류 생산량 증대 등 여러 방면에서 뚜렷한 성과를 냈다. 그 결과, 1991년에는 연간 생산량이 1,032톤에 달해,

'마오주의 원천' 옛터에서 쇄석교를 관찰하는 장면

원래 목표한 생산능력을 초과 달성했다.

이 책을 집필하면서 진행한 인터뷰에서 흥미로운 점을 발견했다. 이후 마오타이주 공장은 생산능력을 끊임없이 확장하고 공장 부지도 점점 넓어졌으며 작업장도 많아졌지만, 많은 사람들에게 가장 강렬하게 기억되는 프로젝트는 단연코 '800톤 확장 공사'였다. 아마 그것은 그들 모두의 청춘이 담긴 공동의 기억이자, 마오타이주 공장 역사상 첫 대규모 산업화 건설이었기 때문일 것이다. 한 고위 임원에게 "확장 공사 과정에서 가장 잊을 수 없었던 일"이 무엇인지 물었는데, 그의 대답은 뜻밖에도 무덤을 이전한 일이었다. 당시 전체 시공 구역 안에 106기의 무덤이 있었고, 현지 주민들은 무덤을 옮기는 것을 매우 꺼렸기 때문에, 이로 인해 유혈사태까지 발생할 정도였다. 저우카이량 등이 집

4작업장과 생산동 사이를 오가는 길. 내가 갔을 때는 수목이 울창했다.

집마다 방문하여 설득한 끝에, 결국에는 큰 충돌 없이 문제를 해결할 수 있었다.

'800톤 확장 공사'는 1980년대 마오타이주 공장에서 이뤄진 가장 중요한 건설 성과였다. 이 프로젝트의 완공은 공장이 현대적 생산 체제로 도약하는 질적 전환점이었으며, 동시에 앞으로 다가올 시장 경쟁 시대에 대비해 일정 수준의 생산능력을 갖추었음을 의미한다.

1986년: 인민대회당에서 수상 기념행사 개최

1983년 10월, 44세의 지커량이 마오타이주 공장 제5대 공장장으로 부임했다. 그가 남통에서 마오타이진으로 온 지 만 20년을 앞둔 때였다. 그의 말투에는 이미 인회 지역 방언이 섞여 있었고, 어쩌면 유전 때문이었겠지만 머리카락도 몇 년 전부터 하얗게 세기 시작했다.

그 무렵 공장의 작업은 매우 바쁘게 돌아갔다. 저우카이량은 '800톤 확장 공사' 프로젝트에 대부분의 에너지를 쏟았기 때문에, 공장의 경영과 생산은 모두 지커량이 맡아야 했다. 1985년 3월, 마오타이주가 파리에서 개최된 미식 및 관광 행사에서 '금계엽상金桂叶奖'을 수상해 프랑스 주재 중국대사가 상을 받으러 갔다. 중화인민공화국 수립 이후 마오타이주가 처음으로 국제무대에서 받은 금상이었다. 이 소식이 국내로 전해지자, 공장 전체가 큰 기쁨에 휩싸였다. 이듬해, 저우카이량이 업무회의에서 이렇게 제안했다. "올해는 마오타이주가 파나마 만국박람회에서 수상한 지 70주년이 되는 해이니, 기념행사를 좀 크게 하면 어떨까요?"

저우카이량이 성 정부에 보고서를 올리자, 당시 귀주성 성장이었던 왕

1985년 6월 12일, 귀주마오타이주가 프랑스 파리 국제 미식 및 여행 위원회 '국제품질 금계엽상'을 수상했다.

1986년, 북경 서원호텔에서 열린 '마오타이궁' 개업 기념식

1986년 9월 18일, 북경 인민대회당에서 개최된 파나마 만국박람회 수상 70주년, 파리 국제 미식 및 여행 위원회 금계엽상 수상 1주년 기념행사

차오원王朝文이 갑자기 이런 아이디어를 떠올렸다. "북경 인민대회당에서 기념행사를 하면 어떨까요?"

마오타이주는 해마다 북경에 공급되었기에, 저우카이량은 인민대회당 관리국장, 행정처장과도 친분이 있었다. 구체적 일정이 1986년 9월로 잡히고, 정말로 행사가 성사되었다. 주최는 귀주성 정부와 경공업부였고, 마오타이주 공장이 주관을 맡았다. 9월 18일, 당과 국가 지도자를 포함한 귀빈 300여 명이 참석한 가운데 행사가 열렸는데, 그중에는 그 옛날에 적수하를 세 번 건넜던 인물들도 있었다.

이는 중화인민공화국 수립 이후 마오타이주가 처음으로 펼친 브랜드 홍보활동으로, 매우 높은 수준의 출발점이었다고 할 수 있다. 당시 국내의 거의 모든 주요 신문, 텔레비전, 라디오 방송이 이 행사를 보도했다. 동시에, 이 행사는 인민대회당이 처음으로 상업활동을 허용한 사례가 되었다.

기념대회를 준비하면서 지커량은 또다른 일을 동시에 해냈다. 북경의 서원호텔에 마오타이주 제1호 전문판매점 '마오타이궁_{茅台宫}'을 개점한 것이다. 오랜 시간이 흐른 뒤에도 지커량은 당시 이 일을 도와준 호텔 지배인 이름을 똑똑히 기억하고 있었다.

'온실'에서 키워진 고통

1980년대 중반의 마오타이주 공장은 겉으로 보기에는 모든 것이 순풍에 돛을 단 것 같았다. 생산능력 문제도 해결되고, 국제적인 상도 받았으며, 브랜드 홍보활동도 성황리에 진행되었다. 그러나 여전히 한 가지 고민이 끈질기게 따라다녔다. 바로 기업이윤이 매우 적다는 것이었다. 저우카이량의 말을 빌리면 "마오타이주는 구걸하는 왕자"였다.

마오타이주 공장의 역사자료에는 당시 상황이 이렇게 기록되어 있다. "공장 설립부터 1970년대까지, 마오타이주 공장은 '정부의 전매·일괄판매' 정책 아래 고세율, 높은 상업이익, 낮은 제조이익의 계획경제 정책을 시행하면서, 마오타이주 1톤을 출하하여 얻는 상업이익 5,000~6,000위안 중 공장에 돌아오는 이익은 겨우 60위안이었다."

'구걸하는 왕자'라는 말이 나온 이유는, 판매 권한이 없었기 때문이었다. 공장이 통합되어 설립된 첫날부터 마오타이주의 판매권은 전매기관의 손에 있었고, 공장은 단지 내부 정산을 위한 생산 단위에 불과했다.

계획경제 시기를 돌아보면, 마오타이주의 출하 가격(당시에는

'조발가调拨价'라 불렸다)은 당시 모든 국영 제조기업의 축소판이라 할 수 있다.

1958년 이전에는 원가 정가법을 시행했다. 즉 공장이 1년간의 모든 생산 및 운영 비용을 계산해 보고하면, 전매회사가 일정한 이윤율을 부여하는 방식이었다. 이 이윤율은 기본적으로 0.65~1%였다. 즉 100만 위안의 매출이 있어도 최대 1만 위안의 이윤밖에 남기지 못했다는 뜻이다. 비록 매우 초라한 수준이었지만, 어쨌든 이윤은 남겼던 셈이다.

1958년 이후, 수입과 지출을 분리하는 체계로 전환되었다. 즉 전매회사가 공장 출하 가격을 결정할 때 생산원가는 따지지 않았다. 얼마 안 가 공장은 장기간의 적자 상태에 빠졌다.

공장과 유통업체 사이의 기형적인 이익 배분은 오랜 세월 이어졌는데, 공장 역사자료에 따르면 그 이익 차이가 100배에 달한 경우도 있었다.

1951년, 전매기구는 공장 출하 가격을 병당 1.31위안으로 책정했고, 전매 소매가격은 2.25위안이었다. 30년 뒤인 1981년에는 출하 가격이 병당 8.4위안, 전매 소매가격은 25위안으로 상승했다. 1980년대 중반, 화교백화점과 우의백화점 외부에서 거래되던 마오타이주 암시장 가격(이 또한 국내시장의 공인 가격이다)은 140위안까지 치솟았는데, 공장 출하 가격은 여전히 8.4위안이었다.

이 수치는 세금을 감안하지 않은 것이다. 1978년 흑자 전환에 이르기까지 마오타이주 공장은 16년 연속 적자를 기록했고, 누적 적자 총액은 445만 위안이었다. 그러나 같은 기간 국고에 납부한 세금은 무려 1,307만 위안이었다.

1978년 중국공산당 제11기 3중전회 이후, 전국적으로 국영기업에 대한 '권한 이양과 이익 공유' 방식의 개혁 시범이 전개되었다. 당시 저우가오롄은 성 정부에 수차례 요청해 마오타이주 공장도 시범 대상에 포함시켜달라고 했으나, 받아들여지지 않았다. "마오타이주는 워낙 특수한 제품이며, 주류는 여전히 전매 체제 아래 있으니 개혁은 나중에 검토하자"는 것이 그 이유였다. 1980년이 되어 상업 당국은 공장을 달래기 위해 일부 양보를 했고, 톤당 1,200위안의 보조금을 지급했다. 이 금액은 1983년에 이르러 7,800위안까지 인상되었다.

그 무렵 전국적으로 '기업책임제' 개혁이 불길처럼 확산되었다. 국가체제개혁 부문은 "기준 생산량을 고정하고, 정부에 납부할 몫은 확보하며, 초과 생산분은 모두 기업이 보유하도록 하고, 손익은 스스로 책임진다"는 원칙을 제시했다. 행화촌 분주 공장 등 다른 주류기업들은 모두 이런 정책의 혜택을 누렸다. 창구이

1980년 섬서성 부식서비스회사 판매(공장 출하) 영수증. 마오타이주 공장 출하 가격은 병당 7.14위안이었다.

밍이 사력을 다해 생산능력을 확대한 원동력이 바로 여기에 있었다. 초과 생산된 술은 기업이 자율적으로 판매할 수 있었기 때문이다. 그러나 마오타이주 공장은 외교와 외화 수출이라는 이중의 특수성 때문에 오히려 '예외' 대상이 되었다. 상급 기관은 정액 보조금을 주는 것은 허용했지만, 판매 자율권을 부여하는 데는 소극적이었다.

공장이 마침내 일정 부분 자율적인 판매 권한을 얻게 된 것은 한 특별한 인물의 '도움' 덕분이었다.

1985년, 중국공산당 중앙고문위원회 위원이자 해군 부사령관을 지낸 저우런제周仁杰 중장이 "장정 재현 행사"를 진행하며 마오타이주 공장을 방문했다. 당시 공장장이던 저우카이량은 술자리를 마련해 그를 접대했다. 술자리가 한창 무르익었을 때, 저우런제가 물었다. "지금 공장에 어려운 점은 없습니까?" 이에 저우카이량이 대답했다. "돈이 없습니다. 없어도 너무 없습니다." 저우런제가 딱하다는 표정을 지었고, 저우카이량은 이 기회를 틈타 상부에 청원해달라고 부탁했다. "저희는 금전적 지원이나 물질적 지원을 바라는 게 아닙니다. 그저 어느 정도만이라도 제품의 자율 판매권을 주실 수 없을까요?"[71]

저우런제가 이 일에 적극적으로 나서주어, 관련 보고서가 국무원까지 올라갔고, 그해 6월 경공업부와 귀주성 정부 판공청에서 연이어 공문을 내려, 마오타이주 공장이 초과 생산한 물량의 30%를 자율적으로 판매하는 것을 허용했다.

이 문서가 내려오고, 그해 공장 이윤은 전년도 대비 두 배도 넘는 576만 위안을 달성했다.

1987년에는 기업개혁이 더욱 활발히 추진되면서, 상부에서 다시 한번 '자비'를 베풀어, 계획 내 생산분 가운데 40%에 대해서도 공장이 자율적으로 출하하는 것을 허용했다.

저우카이량 등이 계획경제체제에서 힘겹게 자주권을 쟁취할 당시만 해도, 정부의 손이 어느 날 갑자기 완전히 펼쳐질 거라고 예측한 사람은 아무도 없었다.

1988년, 중앙정부는 물가 개혁을 전면 추진하며 '가격이원제'[*]를 폐지하고 주류 가격을 전면 자유화한다고 선언했다. 수출은 여전히 중량에서 독점적으로 맡았지만, 국내시장에서는 자유경쟁을 허용했다.

꼬박 37년 동안 자유를 얻기 위해 힘겨운 몸부림을 이어왔던 마오타이주 공장은 이렇게 갑자기 시장이라는 큰 바다에 던져졌다. 이런 날을 맞이할 준비가 전혀 되어 있지 않았다는 사실은 그제야 깨달았다.

---

[*] 价格双轨制: 중국이 1980년대에 계획경제에서 시장경제로 전환하면서 채택했던 과도기적 이중가격 체제를 말한다. 생필품이나 생산 원료의 안정적 확보를 위하여 국가는 설정한 계획가격으로 구매하고 초과 생산된 부분은 생산자가 시장에서 거래할 수 있게 하여, 계획가격과 시장가격이 이중적으로 형성되는 것을 용인했던 제도이다. 생필품이나 생산 원료의 안정적 확보에 기여한 반면, 부정부패와 가격 혼란의 원인이 되기도 했다.(역자 주)

15　어디 가서 마오타이주를 팔까

결국 마음을 얼마나 뒤흔들든, 우수함에서 탁월함으로의
도약은 결코 단숨에 이루어지지 않는다.
—짐 콜린스Jim Collins, 『성공하는 기업들의 8가지 습관Build to Last』

"진짜 마오타이를 사려면 여기로 오세요."

오랜 세월, 중국 소비자들에게 마오타이주는 전설 같은 존재
였다.

사람들은 닉슨 대통령이 중국을 방문했다는 신문 보도에 실린
사진에서 마오타이주를 보았고, 전국주류품평회의 수상 목록에
서도 마오타이주를 보았다. 그러나 일상생활에서는 존재하지 않
는 술 같았다. 마오타이주는 민간과 '절연'되어, 그 이름만 들었
을 뿐, 실물을 보기는 어려웠다.

작가 예신叶辛은 상해의 골목에서 자란 사람이다. 1970년대 말,
그는 마오타이주가 "매우 대단하다"는 말을 듣고, 도대체 어떻게
생겼는지 보고 싶었다. 당시 상해에서 가장 세련된 곳은 남경로
南京路에 있는 백화점 네 곳으로, 그곳에는 '없는 게 없이' 다 있었

다. 그래서 예신은 당장 남경로 초입부터 끝까지 전부 돌며 모든 백화점의 식품·주류 코너를 샅샅이 뒤졌지만, 어디에도 마오타이주는 보이지 않았다.[72]

"도대체 어디서 마오타이주를 살 수 있는가" 하는 것이 예신을 비롯한 소비자들의 고민이었다면, 마오타이주 공장의 고민은 "도대체 어디 가서 마오타이주를 팔아야 하는가"였다.

그토록 오랜 세월 마오타이주를 빚어왔건만, 공장 사람들은 정작 이 술을 마시는 사람을 실제로 본 적이 거의 없었다.

국내 유통은 당주회사糖酒公司를 통해 이뤄졌고, 그 술이 누구 손에 들어가는지에 대해서는 공장도 알지 못했고 관심도 없었다. 해외 수출용은 중량을 통해 판매되니 더 말할 것도 없었다. 광주에서는 매년 한 차례 중국 최대 규모의 수출입박람회인 광교회가 열렸지만, 마오타이주 공장은 참가 자격이 없었다. 몇 년 동안 왕화 등이 루바오쿤을 따라가 어떻게든 끼어들어보려 애썼지만, 겨우 몇 번 구경이나 해본 게 전부였다. 1986년 지커량이 북경에 제1호 마오타이주 전문 판매점을 열 때 장소를 서원호텔로 선정한 것도 그 주변에 국가기획위원회, 재정부, 건설부 등 주요 부처가 몰려 있었기 때문이다. 지커량은 자연스럽게 그들이 마오타이주의 핵심 소비자일 것이라고 생각했다.

그러니 자유화가 시작되었을 때, 2,000톤이 넘는 술을 어떻게 판매할지 공장은 전혀 대비가 되어 있지 않았다. 유일하게 기댈 곳은 마오타이주는 모르는 사람이 없는 '국가 명주'라는 믿음뿐이었다.

하지만 문제는 또 있었다. 1988년 '물가 난관 탈출'[*]이 실패하면서, 경기 침체와 구조조정이 뒤따랐다. 1989년에는 「국내 공무활동 중 공금 접대 및 업무 식사 금지에 관한 중공 중앙판공청 및 국무원 판공청의 규정」이 발표되었다. 이 규정에 따르면, 공무로 식사할 경우 비싼 음식을 먹으면 안 되고, 공금으로 담배와 술을 사서도 안 된다고 명시되어 있었다. 마오타이주는 사회단체 구매 통제 품목으로 지정되었다. 저우카이량의 말에 따르면, 관련 규정에 '고급 백주'라는 말이 나오는데, 이는 사실상 마오타이주를 가리키는 것이었다.

1989년, 정부의 경제 조정 정책으로 시장은 급격히 위축되고, 생산과 판매는 균형을 잃었다. 마오타이주는 사회단체 구매 통제 품목으로 지정되었고, 전국적으로 백주 가격이 자유화되자 국가물가국은 마오타이주 가격을 지나치게 높게 책정했다. 그 뒤를 이어 외빈을 접대할 때 고가 백주를 쓰면 안 된다는 규정이 나왔는데, 이는 사실상 마오타이주를 겨냥한 조치였다. 이로 인해 마오타이주 판매는 바닥으로 떨어졌다. '술이 좋으면 아무리 골목 깊이 감춰져 있어도 사람들이 향을 맡고 찾아온다'

---

[*]　　物价闯关: 계획경제에서 시장경제로 전환하는 과정에서 과도기적으로 채택했던 '가격이원제'가 부정부패와 폭리의 온상이 되는 등 부작용이 발생하자, 이를 해결하기 위해 점차 시장가격 방향으로 물가를 일원화하려고 시도했던 대책을 말한다. 이 소식이 전해지면서 사재기 광풍이 부는 등 오히려 물가 불안과 폭등을 불러왔다.(역자 주)

느니 '황제의 딸은 시집갈 걱정을 하지 않는다'느니 하는 말이 무색해질 만큼, 마오타이주는 유사 이래 처음으로 판매 침체기에 빠졌다.[73]

이제 막 시장화를 향해 걸음을 내디딘 마오타이주는 거의 하룻밤 사이에 판매가 급감했고, 병당 소비자가격은 208위안에서 순식간에 95위안으로 곤두박질쳤다. 울고 싶어도 눈물도 나오지 않는 상황이었다. 그저 긴급하게 보고를 올리고, 전국의 당주회사에 구원 요청을 보내는 수밖에 없었다.

상업부의 중재로 3월, 준의에서 마오타이주 공장을 위한 특별 조정회의가 열렸다. 전국 각지의 당주회사 대표들이 준의에 도착했을 때, 길가 노점에서조차 마오타이주를 팔고 있었고, 가장 싼 것은 한 병에 50위안 정도밖에 하지 않았다. 상업부에서 백주 업무를 담당하던 류진린刘锦林 처장은 저우카이량과 함께 사흘 내내, 아침 10시부터 새벽 2~3시까지 30여 개 성省의 대표들과 일일이 협상을 벌였지만, 제품 주문량은 여전히 매우 저조했다.

이로써 마오타이주 공장은 결국 자유의 쓴맛을 제대로 경험하게 되었다. 해당 연도 1분기 동안 마오타이주의 판매량은 고작 90톤에 불과했다. 저우카이량은 당시를 이렇게 회상했다.

창고는 팔리지 않은 술로 가득찼다. 유통이 막히고, 자금이 고갈되었다. 동력 작업장 보일러실에는 석탄이 떨어져, 급한 대로 바닥에 남은 석탄 찌꺼기를 퍼다 썼고, 휘발유 비축량은 200근도 되지 않았다. 술을 빚을 원료를 구매할 돈도 없고, 좋은 원료는 지역 봉쇄 때문에 반입조차 되지 않았다. 무한武汉에서 구매한 밀 500톤은 기차역까지 운반했다가 결국 외부의 압력으로 반송되었다. 정말로 눈썹에 불이 붙을 지경으로 다급했다.[74]

상업부의 조정 회의로도 해결되지 않자, 저우카이량은 직접 시장을 뛰어다니는 수밖에 없었다. 이어지는 두 달 동안 그는 동료 두 명과 직접 차를 몰고 광동, 복건, 절강 등 10여 개 도시를 다녔으며, 그 이동 거리만도 수천 킬로미터에 달했다.

저우카이량이 처음으로 도시 위탁판매 협의서에 서명한 곳은 하문厦门이었다.

위탁서

국주의 명성과 소비자 이익을 보호하기 위해, 중국 귀주마오타이주공장은 복건성 하문시의 화련상회华联商厦를 통해 '중국 귀주마오타이주공장 복건 총판'을 설립하고, 귀주마오타이주 시리즈 제품의 판매를 위탁한다.

이에 위탁함

중국 귀주마오타이주공장

법인대표(공장장) 저우카이량

1989년 3월 20일

贵州省茅台酒厂

委托书

　　为维护国酒声誉，维护广大消费者利益，中国贵州茅台酒厂特委托福建省厦门市华颖商厦在厦门市设之"中国贵州茅台酒厂国福建总经销"，经营贵州茅台酒系列产品。

特此委托

中国贵州茅台酒厂
法人代表(厂长) 邹开良

一九八九年三月二十日

1989년에 서명한 마오타이주 공장 첫 도시 위탁판매 협의서

광주의 우의백화점과 협상할 때는, 백화점 관계자가 마오타이주는 가격이 너무 높고 가짜 제품도 많다고 불만을 호소해, 저우카이량이 이렇게 제안했다. "제가 비용을 댈 테니, 저희 대신 광고를 해주세요."

얼마 지나지 않아, 광주 연강로沿江路에 위치한 화교우의공사華僑友谊公司 빌딩에 대형 광고판이 걸렸다. "진짜 마오타이를 사려면 여기로 오세요."

마오타이주 공장 창립 이래 첫번째 광고였다.

이렇게 해서, 가장 어려웠던 1989년 저우카이량은 직접 직원들과 함께 전국 주요 도시를 누비며 21개의 위탁판매점을 개설했다. 그 결과, 전체 생산량의 무려 3분의 1을 자체 판매로 소화해냈다. 그해 연말, 공장은 총 1,727톤의 술을 생산했으며, 이는 전년도 대비 32% 증가한 수치였다. 판매액은 사상 처음으로 1억 위안을 돌파했다.

1990년대 초, 성도에서 전국 당주상품박람회가 개최되었다. 이는 중국 식품업계 최대 규모의 주문·거래 박람회였지만, 그전까지 마오타이주는 이 행사와 무관했다. 이번에는 저우카이량이 부공장장 쑹겅성宋更生을 현장에 파견했다. 쑹겅성이 조심스럽게 광고비 3만 위안을 지원해달라고 하자 저우카이량은 이렇게 답했다. "5만 위안을 드리겠습니다. 모자라면 더 써도 됩니다." 쑹겅성은 성도에 도착하자마자 광고팀을 꾸렸다. 직접 어깨띠를 두른 채 취타대를 이끌고 확성기를 단 차량을 몰며 성도 시내를 누볐다. 애드벌룬도 띄워 멀리서도 눈에 띄도록 했다.

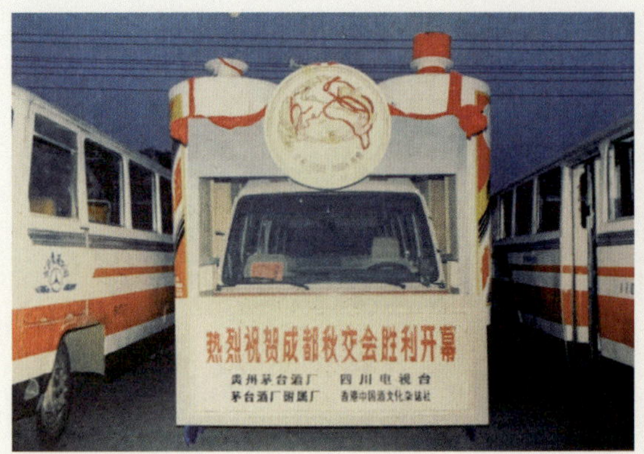

성도 가을박람회 당시 마오타이주 공장 광고(왼쪽)와 1988년 12월 제1회 중국식품박람회 참가 당시 모습(오른쪽)

'황제의 딸'로 불리던 마오타이주는 이렇듯 거리낌없이 민간으로 내려왔다.

사실 이후 30년이 넘는 세월 동안 마오타이주는 여전히 정책적 타격, 판매 부진과 가격 폭락, 유통 대리점의 이탈과 교체 등 위기를 겪어야 했지만, 그럴 때마다 용기 있게 발을 내디뎌 새로운 도전과 변화를 맞이했다. 그런 의미에서 마오타이주의 모든 혁신은 위기에서 비롯된 것이었다.

비천 상표의 우환

마오타이주가 시장화의 길로 접어들면서 만난 첫번째 '꽃샘추위'가 거시적 정책환경의 갑작스러운 변화였다면, 더욱 큰 우환이 그날부터 줄곧 잠복해 있기도 했는데, 바로 상표권의 부재였다.

1958년에 탄생한 비천 상표는 당시의 협정에 따르면, 중량이 설계 등록하고, 마오타이주 공장은 인쇄 및 제작을 책임졌다. 그 당시에는 누구도 이 협정에 문제가 있다고 생각하지 않았다. 그러나 시장화가 본격적으로 추진되면서, 이는 마오타이주 공장의 가장 치명적인 약점으로 떠올랐다.

현대 기업사에서 지역 특산품의 상표권이 외부 무역기관에 점유되어 일어난 분쟁은 그 예가 적지 않다. 계획경제 시대에 소흥 황주는 가장 큰 수출 주종이었고, 그 수출량은 마오타이주의 10배 이상이었다. 중량은 1958년에 '탑표塔牌' 상표를 등록하고, 이를 통해 황주를 수출했다. 1990년대 들어, 소흥에서 탑표 상표를 되찾으려 시도했지만, 중량 본사는 이 상표를 절강지사에 넘겼고, 이 지사는 소흥에서 독립적으로 공장을 세웠다. 양측은 여러 차례 협상을 벌였으나 끝내 결론이 나지 않았고, 결국 소흥 지역의 황주 기업들은 '회계산会稽山' '고월용산古越龙山' 등의 새로운 브랜드를 만들어 경쟁에 나섰다.

그러나 비천 상표의 운명은 탑표보다 더욱 복잡했다. 중량은 홍콩 및 37개 국가에서 '비천'과 '귀주마오타이주'라는 상표를 등록했다. 1974년에는 중량의 광서广西지사가 중국 내에서 '비천' 상표를 등록했고, 1981년에는 그 권리를 본사로 넘겼다. 이후 1984년, 본사는 관리 권한을 하향 이전해, 비천 상표의 관리는 귀주지사로 넘어갔다.

시장경제 시대로 접어든 이후, 마오타이주의 수출 비중은 빠르게 감소하고, 국내시장 가격이 국제시장 가격을 웃돌기 시작했다. 이로 인해 비천표 마오타이주가 국내로 되돌아오는 현상이 발생했다. 더불어, 당시 소비자의 눈에는 수출용 제품이 더 고급으로 인식되어, 마오타이주 공장도 이 상표를 활용해 국내에서 판매하기 시작했다.

이에 갈등이 심화되어, 양측은 서로를 계약 위반으로 상급 기관에 고발했다. 이와 동시에, 중량 귀주지사는 절강 동료들이 했던 것처럼, 귀양 등지에 새로운 마오타이주 생산기지를 건설하려 시도하며, 마오타이주 공장과의 관계를 완전히 단절하려 했다. 이후 10여 년 동안 중량 귀주지사는 비천 상표를 담보로 여러 번 대출을 받았고, 경영 부실로 거액의 채무 불이행 사태를 초래했다. 중국은행 귀주지점은 법원에 자산보전 신청을 했고, 중국공상은행中國工商銀行 귀주지점과 장성캐피털长城资产 등 채권자들 또한 비천 상표에 대한 압류를 법원에 여러 차례 신청했다.

이처럼 상표권 분쟁은 마오타이주 공장을 오랫동안 괴롭혀왔다. 2001년, 마오타이주 공장은 상해 증권거래소

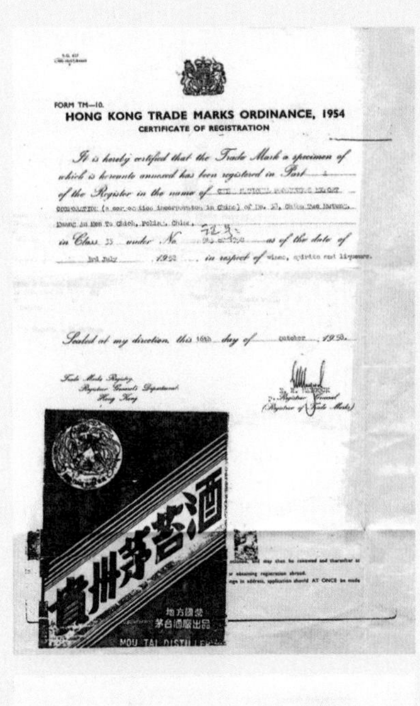

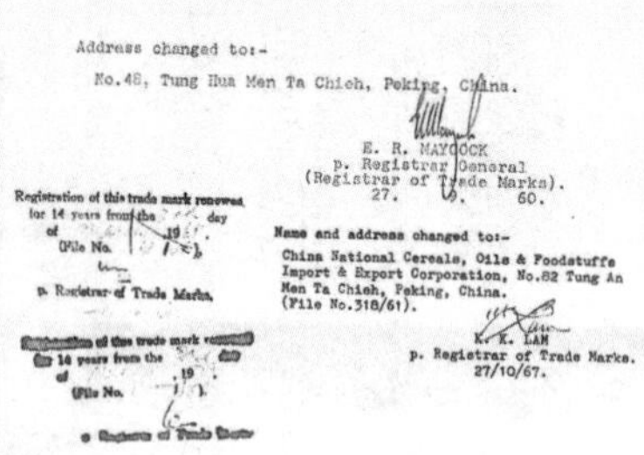

홍콩에 등록된 마오타이주 비천 상표

에 상장되었는데, 당시 상장 설명서에도 상표권 문제는 여전히 '중요 주의사항'으로 별도 경고가 붙을 정도였다. 문제가 해결된 것은 2011년 10월, 귀주성 고급인민법원의 조정하에 마오타이주 공장이 각 채권자와 「집행 합의서」를 체결하고, 유상 양도 방식으로 비천 상표의 국내 등록 독점권을 최종 확보하면서였다.

오랜 시간 끌어온 비천 상표권 분쟁은 오늘날 중국 경영대학 지식재산권 강의에서 전형적인 사례로 다루어지고 있다. 이는 중국 기업들이 계획경제에서 시장경제로 이행하는 과정에서 마주친 제도적 혼란과 구조적 난제를 생생히 보여주는 사례로 평가받고 있다.

지금 다시 걸음을 내디뎌 건너다

만약 1995년 무렵 마오타이진을 찾아 적수하 강변에 서 있었다면, 마오쩌둥이 강을 건넜던 황각수 아래에서 강 건너편 양류만에 자리한 마오타이주 공장을 바라볼 수 있었을 것이다. 당시 공장은 오래된 작업장 세 곳과 새로운 작업장 한 곳이 바쁘게 돌아갔다. 1991년, 공장은 또다시 확장 공사를 시작했고, 5년 후 완공했다. 2000년에는 연간 생산량이 6,000톤으로 늘어나며, 기존의 생산 병목현상이 대부분 해소되었다.

역사는 언제나 우여곡절 속에서 변화를 거듭하며, 결국 새로운 의미와 모습을 드러낸다. "마오타이주 1만 톤 생산"이라는 목표는 경영진이 기업 확장의 핵심목표로 설정하면서, 단순한 생산계획을 넘어 상징적인 의미를 가지게 되었다.

1995년, 공장에서 주머니를 열어 염진하대교盐津河大桥 북단에 누각 형식의 '국주문国酒门'을 세웠다. 기둥이 네 개에 문이 세 개 짜리 패루牌楼로 높이 18.6미터, 너비 23.8미터이다. 그 옆의 언덕에는 높이 31.25미터, 직경 10.2미터의 거대한 마오타이주 병도 세웠는데, 1근짜리 마오타이주 293만 8,000병을 담을 수 있는 용량이었다. 거대한 술병 앞에는 화강암 석비를 세워, 멋드러진 글씨체로 '천하제일병天下第一瓶'이라고 새겼다. 그러고는 이를 '세계 최대 실물 광고'로 기네스 기록 등재를 신청했다.

그때는 요란하게 영업하던 시대로, 술병이 크다는 것은 힘과 영향력이 크다는 것을 의미했다. 비슷한 기간에 의빈의 우량예도 높이가 74.8미터에 달하는 술병 모양의 빌딩을 지어 기네스 기록을 신청했다. 오늘날의 젊은이들이 가서 보면 생뚱맞아 보일지도 모르겠지만, 그 시절로서는 지극히 자연스럽고 창의적인 것이었다.

스크랩 자료를 보면, 마오타이주가 처음으로 중앙급 미디어에서 '국주'라고 일컬어진 것은 1991년이었다. 그해 2월 7일, 〈신화사〉가 마오타이주의 독특한 향기를 소개하는 기사에「'국주' 마오타이주 향의 수수께끼를 푸는 새로운 열쇠」라는 표제가 달렸다. 이후 '국주 마오타이'는 공장의 자체광고 및 많은 미디어 보도에서 사용하는 고유명사가 되었다. 이후 10여 년 동안, 시장경쟁이 나날이 치열해짐에 따라, '국주'의 사용권 및 "어느 것이 개국대전에서 사용한 술인가" 등을 둘러싸고 대형 주류기업들 사이에 논쟁이 끊이지 않았다. '국주' 논쟁은 2019년에 이르러서야

1982년 〈중국민항中国民航〉 표지 광고. 1975년부터 중국민항 국제선 퍼스트 클래스에 탑승한 승객은 마오타이주 작은 병을 선물로 받고 한 잔을 시음할 수 있었다. 이 서비스는 1980년대 말까지 지속되었다.

1950년대 '비천마오타이' 광고. 이는 또한 현존하는 '비천마오타이' 영상 광고 중 가장 이른 시기에 제작된 것이다.

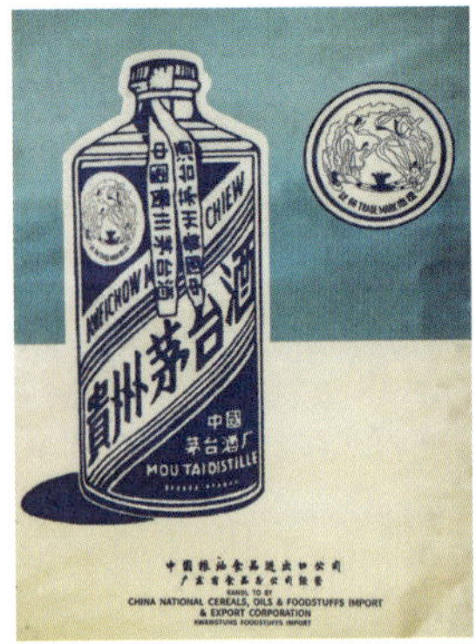

1950년대 말부터 1960년대 초까지 중량이 내보낸 '비천마오타이' 광고

1989년 마오타이주 공장이 〈양조과학기술釀酒科技〉 잡지에 실은 표지 광고, '국주 마오타이, 옥액玉液 중의 으뜸'

1995년 조성된 거대한 형상의 마오타이주 병

최종적으로 결론이 났고, '개국대전에서 사용한 술'에 관한 논쟁은 이 책이 출판되면 깨끗이 정리될 것 같다.

그런 논쟁과는 별개로, 마오타이는 꽤 괜찮은 기업이었다. 계획경제의 울타리에서 벗어나 제품 품질이 안정적이고, 관리가 체계적이었으며, 지도층도 한창 전성기에 있어 무언가를 해보려는 의욕이 가득했다. 1993년, 마오타이주 공장은 전국 우수기업 '금마상'을 받았고, 저우카이량은 제5회 전국 우수기업가 '금구상'을 받았다.

그렇다고는 해도, 그로부터 20년 세월이 지나 마오타이가 중국에서 가장 높은 시가총액을 기록하는 제조기업이 될 것이며, 디아지오Diageo를 넘어 전 세계에서 가장 높은 시가총액을 자랑하는 증류주 회사가 되리라는 상상은 하기 어려웠을 것이다.

이는 우수함에서 탁월함으로 가는 위대한 역정이다. 바로 짐 콜린스가 『성공하는 기업들의 8가지 습관』에서 힘주어 말한 것처럼 "결국 마음을 얼마나 뒤흔들든, 우수함에서 탁월함으로의 도약은 결코 단숨에 이루어지지 않는다. 이 과정 속에는 명확한 하나의 행동이나, 웅대한 계획이나, 한번 수고하여 영원히 편안할 수 있는 혁신 같은 것은 근본적으로 없으며, 요행스러운 돌파나 하늘이 내려준 기적 같은 것도 절대 존재하지 않는다".

나중에 '기적'으로 여겨진 이 기업은 사실 비교할 수 없이 고통스럽고 우여곡절이 많은 성장의 길을 걸었다. 이는 끊임없이 허물을 벗고 자아를 초월하는 과정으로, 필연과 우연의 충돌로 가득했다. 1862년 성의소주방 건립부터 계산하면, 이미 100년이

된 오랜 기업이며, 1953년 세 소주방 합병부터 계산해도 이미 불혹의 나이를 넘은 시점이었다. 그 세월 동안 마오타이는 제품 품질의 정형定型을 완성했고, 아울러 '향형'이라는 새로운 업계 평가표준을 창조했다. 마오타이는 업계 전체에서 정가가 가장 높은 제품이며, 다른 브랜드가 복제할 수 없는 국가적인 추억이 있다. 마오타이는 또한 전통적 작업장 형식의 경영과 작별하고 현대 기업제도의 기본 틀을 구축했다.

이제부터 마오타이는 시장경쟁의 큰 시험을 받아들여야 한다.

이런 시각에서 보면, 마오타이주 공장은 여전히 해결해야 할 단점과 결함이 적지 않다. 1995년까지는 자체적인 판매회사를 설립하지도 않아, 브랜드 파워는 하나의 '전설'에 불과했고, 실제 소비자의 검증을 받은 적이 없었다. 업계와 외부 환경을 고려해봐도, 마오타이는 유리한 위치에 있기는커녕, 오히려 사면초가에 처한 듯 여러 어려움에 직면해 있었다.

가격과 제품: 높은 가격은 마오타이주의 강력한 진입 장벽이면서, 동시에 더 많은 소비자층과의 거리감을 만드는 장애물이었다. 앞으로 오랜 기간 동안, 마오타이는 가격 전략과 단일 제품 중심의 운영 혹은 제품 다각화 사이에서 고민하게 될 것이다.

유통망 구축: 드넓은 중국시장에서 유통 모델의 혁신과 장기적인 이해관계 구축은 소비재 기업이 성공하는 핵심 요소 중 하나다. 하지만 이제 막 유통망을 구축하기 시작한 마오타이주는, 특히 민간기업보다 유연성이 떨어지는 국유기업이라는 점에서 끊임없는 도전에 직면하게 될 것이다.

지역적 한계: 용정차龙井茶나 경덕진 도자기처럼, 마오타이주는 특정 지역과 연관된 제품이며, 마오타이주 공장만이 독점할 수 있는 게 아니다. 그렇다면 마오타이주는 어떻게 해서 용정차와 경덕진 도자기가 풀지 못한 난제를 극복하고, 독보적인 시장 지배력을 갖추게 되었을까?

증류주와 젊은 소비층: 전 세계 주류 소비 시장에서 증류주가 차지하는 비율은 한 번도 10%를 넘어선 적이 없다. 특히 젊은 중산층 사이에서는 맥주, 와인, 일본 사케가 더 높은 시장 점유율을 차지하고 있다. 그렇다면 마오타이주는 어떻게 중국 시장에서 폭넓고 충성도 높은 중산층 소비층을 확보할 수 있었을까?

정책적 제한: 계획경제 시대에 마오타이주의 국내 소비는 대부분 공공기관 및 공금 지출에 의존했다. 그러나 1989년 마오타이주는 처음으로 '공금 지출 제한 목록'에 포함되었고, 이는 단지 시작에 불과했다. 이후 규제가 점점 강화되면서 2022년에는 공공 부문의 구매가 전체 매출의 3% 미만으로 줄었다. 이러한 변화는 어떻게 이루어진 것일까?

자본의 편애와 포획: 강력한 핵심 경쟁력을 갖춘 덕에 마오타이주는 2015년 이후 자본시장의 총아가 되었고, 심지어 '마오지수茅指数'라는 말까지 생겼다. 하지만 소비재 기업으로서 이는 기형적인 영향력을 초래할 수 있으며, 언제든지 과장되거나 과도한 상승 또는 하락 효과로 이어질 가능성이 높다. 그렇다면 마오타이는 어떻게 자본의 안정성을 형성할 수 있었을까?

이러한 과제들은 결코 한 번에 해결할 수 있는 것이 아니었다.

1990년대 내내 저우카이량 및 지커량 등 앞에 매 시기 다른 방식으로 나타났으며, 이는 전혀 예측할 수 없는 형태로 전개되었다. 그리고 이를 해결하는 과정이야말로 이 중국 고급 소비재 브랜드 성장의 핵심 비밀을 푸는 열쇠가 되었다.

16　난세의 전략적 인내

기업이 어느 세분화된 영역에서 가치 활동을 최적화하는
능력은, 종종 목표를 하나에 집중하지 않는 탓에 약해지는
경우가 많다.

—마이클 포터Michael E.Porter, 『경쟁우위』

분주와의 싸움에서 승리한 우량예

개혁개방 초기인 1980년대는 상품경제 시대로 불리며, 모든 소비재가 극도로 부족했다. 이 시기에는 규모가 곧 성공의 길이었으며, 생산능력을 빠르게 확대하고 노동의 적극성을 높여 품질에 적합한 제품을 만들어내기만 하면 누구나 의심할 여지 없이 시대의 영웅이 될 수 있었다. 창구이밍이 분주에서 거둔 성공이 바로 그 대표적인 사례다. 하지만 1990년대에 들어서 생산능력의 병목현상이 해소되고 시장경제 시대가 도래하면서, 제조보다 판매가 새로운 경쟁력이 되었다. 도시와 농촌을 아우르는 광대한 시장을 얼마나 빠르게 공략하느냐가 승패를 가르는 요인이 되었으며, "왕후장상에 어찌 태생의 차이가 있겠는가"라는 말처럼, 누구에게나 기회가 열려 있는 시대가 되었다.

산업 발전은 '규모가 왕이던 시기'에서 '유통이 지배하는 시기'로, 그리고 '브랜드가 왕이 되는 시기'로 변화하는 세 단계를 거치게 되며, 이는 백주 산업도 예외가 아니었다.

1990년대, 분주가 쇠락하고 우량예가 두각을 드러낸 본질적인 이유는 바로 이러한 전략 모델의 변화가 가져다준 결과였다.

우량예 공장은 사천 의빈에 자리하고 있다. 진나라 통일 이전, 이곳은 중국 중원에서 멀리 떨어진 변방의 미개척지였으며, 북僰족이 통치하여 '북후국僰侯国'이라 불렸다. 마오타이 사람들이 술의 기원으로 여기는 '구장'이 사실은 의빈의 장녕현에서 유래했다는 연구도 있다.

의빈에서의 술 제조는 명나라 초기에 시작됐다. 우량예 회사의 연빈청宴宾厅에는 '장발승长发升'이라 적힌 소주방 편액이 걸려 있는데, '홍무洪武 원년' 즉 1368년이라는 글자가 적혀 있었다. 우량예 관계자들에게 이게 원본인지 후대에 만든 모조품인지 물어보았는데, 모두 웃기만 할 뿐 대답하지 않았다.

장발승 옛터는 현재도 의빈시 고루가鼓楼街에 남아 있다. 단층 건물로, 앞뒤로 세 구역으로 나뉘어 있다. 내부의 양조장은 약 100제곱미터의 면적을 차지하며, 땅굴식 발효구덩이가 두 줄로 배치되어 있다. 각각 길이 약 3.3미터, 너비는 1.65미터, 깊이는 1.32미터 규모이다. 그 옆에는 증류기인 주증酒甑이 하나 놓여 있다. 보일러 가열 시설은 지하에 있으며, 그 위에는 커다란 솥이 놓여 있고, 솥의 가장자리는 바닥과 같은 높이에 위치한다. 증류기에는 '천과天锅'라고 불리는 장치가 매달려 있으며, 그 위에는 주석으로 만든 연잎 모양의 받침이 놓여 있다. 받침 아래에는 구부러진 관이 하나 있어 증류기 벽을 통과해 밖으로 이어진다. 증류할 때는 나무막대기로 '천과' 안의 물을 저어 빠르게 식히는 방식이다. 현지에서는 이처럼 증류 방식이 일체화된 증류기를 '천과지증天锅地甑'이라 부른다.

의빈 지역의 전통 소주는 원래 '잡량주杂粮酒'라고 불렸다. '우량예'라는 브랜드는 마오타이주보다 늦게 등장했다. 기록에 따르면, 1929년 의빈에서 라이雷 성의 한 관리가 대규모 연회를 열었다. 북문 밖 순하가顺河街에 있던 이천영利川永소주방 주인 덩쯔쥔邓子均이 술을 가져와 축하하며 자리를 빛냈고, 연회가 진행되는 동안 술 향이 가득 퍼졌다. 거인举人 양휘취안杨惠泉이 "이처럼 좋은 술의 이름이 잡량주라니 너무 투박한 듯합니다. 다섯 가지 곡물五粮로 빚었으니 우량예라고 이름을 바꾸는 게 어떻겠습니까?"라고 제안했다. 덩쯔쥔은 그 말을 듣고 의미가 좋다고 여겨, 돌아가서 이 이름을 사용하기 시작했고, 1932년에 '우량예'라는 이름으로 상표등록을 신청했다.

1951년, 의빈 지역의 장발승, 이천영 등 소주방이 합병되어 '대국연영사大麯联营社'가 설립되었으며, 여기에서 우량예, 제장提庄, 첨장尖庄 대국을 생산했다. 그 설립 과정은 형식이나 시기 면에서 모두 마오타이주 공장의 역사와 매우 유사했다.

우량예가 단숨에 명성을 얻은 것은 1963년 제2회 전국주류품평회에서였다. 이 대회에서 우량예는 분주와 마오타이주 등 강력한 우승 후보들을 제치고 가장 높은 점수를 기록했다. 1985년

우량예의 연간 생산량은 440톤으로 마오타이의 3분의 1 수준이었으며, 같은 해 분주의 생산량은 이미 8,000톤을 넘어섰다.

그러나 1990년, 우량예의 생산량이 급격히 증가하여 1만 톤에 도달했다. 이 같은 속도는 마오타이주가 도저히 따라잡을 수 없는 수준이었다. 이러한 급성장의 배경에는 기술적인 돌파구가 있었다.

마오타이 파일럿 프로젝트에서 농향형 백주의 주요 향이 '에틸 헥사노에이트'임을 밝혀낸 이후, 1970년대 중반 저우헝강 팀은 인공합성 에틸 헥사노에이트 향료 개발에 성공했다. 동시에 그는 슝쯔차이熊子才 등과 함께 '인공배양노교人工培育老窖'라는 신기술을 개발했다. 이 두 가지 혁신적인 돌파구 덕분에 농향형 백주의 양조 및 블렌딩 기술과 노교 조성 비용이 대폭 절감되었으며, 원래 사천 지역에서만 생산되던 농향형 백주가 전국적으로 퍼질 수 있었다. 약 10년이 흐른 후, 농향형 백주는 청향형을 제치고 중국 최대의 백주 품종으로 자리잡았다.

우량예의 급성장 뒤에는 한 전설적인 인물이 있었다. 바로 현대 백주 역사에서 창구이

1979년 귀양시 당업연주공사糖业烟酒公司에서 발행한 공급표. 마오타이주는 표를 가지고 구매해야 했다.

밍, 지커량과 어깨를 나란히 하는 기업가 왕궈춘王国春이다. 그는 1985년부터 우량예 공장장을 맡아, 2006년 퇴직할 때까지 무려 21년간 회사를 이끌었다.

왕궈춘은 생산능력을 빠르게 확장하는 동시에, 특히 마케팅 전략과 제품 포트폴리오 전략에서 큰 성공을 거두었다.

우량예는 1990년, 마오타이주 공장보다 무려 8년 앞서 판매회사 설립을 추진했으며, 전국 각 성과 시에서 유통업체를 발굴하여, 국영 당주회사 체계에서 자체 유통망을 빠르게 구축했다. 이와 동시에, 52도 우량예(시장에서는 '푸우普五'라고 불린다)를 주력 제품으로 삼고, 우량춘五粮春, 우량춘五粮醇, 우량훙五粮红, 우량멍五粮梦, 진류푸金六福, 류양허浏阳河 등의 시리즈 제품을 잇달아 출시했다. 거기에 저가형 첨장대국까지 추가하여, 수백 개의 서브브랜드로 구성된 방대한 제품 포트폴리오를 구축했다. 이 전략은 소비자들에게 다양한 선택지를 제공했으며, 시장이 아직 체계적이지 않고 소비 수요가 폭발적이었던 1990년대에 강력한 판매 동력을 발휘했다.

1989년, 우량예는 병당 소매가격을 30위안 이상으로 인상하면서 노주노교를 제치고 농향형 시장에서 1위를 차지했다. 1994년, 우량예의 가격은 분주를 넘어섰고, 같은 해 연말 전국 백주업계 영업이익 및 세금 순위에서 30년 넘게 1위를 지켜온 '분주 큰형님'을 단숨에 끌어내렸다.

1996년이 되자, 백주 영업이익 순위 상위 3위가 모두 농향형 브랜드(우량예, 고정공주, 노주노교)로 채워졌으며, 분주는 8위로 밀려났다. 이로써 향후 15년간 지속된 농향형 백주, 그리고 우량예의 시대가 본격적으로 시작되었다.

주귀와 진지의 역습

우량예가 '국가 명주' 진영의 새로운 제왕이 되었다면, 1990년대 중반에는 신흥 백주 브랜드들이 급부상하며 시장을 뒤흔드는 주역이 되었다. 이 낯선 브랜드들의 갑작스러운 등장과 예상치 못한 돌파는 마오타이 관계자들에게 큰 불안과 위기감을 안겨주었다.

1993년, '주귀酒鬼'라는 백주 브랜드가 갑자기 등장했다. 이들은 병당 소매가를 280위안으로 책정하며 마오타이주를 뛰어넘었다. 이는 그때까지 어떤 주류기업도 감히 시도하지 못한 대담한 전략이었다.

이 술은 호남 상서자치주湘西自治州 길수시吉首市의 한 양조장에서 생산된 제품이었다. 이 공장은 이전까지 크게 알려지지 않았으며, 기존에는 '상천주湘泉酒'라는 백주를 호남 지역에서 판매하고 있었다. 당시 상천주의 가격은 병당 10위안대에 불과했다. 그러다 1988년, 상서 출신의 저명한 예술가 황융위黃永玉가 고향을 방문했다. 이에 공장장 왕시빙王錫炳은 황융위에게 새로운 술병 디자인을 의뢰했다. 황융위는 현지의 전통 토기 병을 모티브로 하여, 매우 독특한 디자인을 창안했다. 거친 마포 주머니를 마끈으로 묶은 듯한 형태의 병이었으며, 정면에는 '주귀'라고 적힌 붉은 종이를 붙였고, 병 뒷면에는 '무상묘품无上妙品(최고의 걸작)'

이라는 붉은 진흙 인장이 찍혀 있었다.

지커량의 회고에 따르면, 1992년에 중국 몇몇 주류기업이 프랑스 보르도에서 열린 국제주류박람회에 참가했는데, 지커량은 그곳에서 처음으로 주귀주를 보았다. 그 포장이 매우 눈길을 끌어 국내 판매가를 물어보니 한 병에 48위안이라고 했다. 그런데 불과 1년도 채 되지 않아 그 가격이 200위안 이상으로 급등했다. "정말 깜짝 놀랐습니다"라고 지커량은 말했다.

이 '중국 최고급 백주'를 널리 알리기 위해, 왕시빙은 600명의 마케팅팀을 조직하고, 중국 내 주요 5성급 호텔의 로비 한 가운데를 임대해 주귀주 전용 전시공간을 마련했다. 이전에는 귀중한 문화재나 세계적인 명품 시계만이 이런 방식으로 전시했다. 왕시빙의 고가 전략은 성공을 거두어, 1996년 주귀주의 판매수입은 3억 4,900만 위안을 달성했다. 1997년에는 심천 증권거래소에서 상장되었으며, 당시 회사의 시가총액은 42억 5,000만 위안에 달했다.

주귀주보다 마오타이 사람들을 더욱 놀라게 한 것은 진지주秦池酒였다.

진지주는 산동성 임구현臨胸縣의 한 양조장에서 생산되었다. 1995년 11월, 공장장 지창쿵姬長孔이 CCTV 황금시간대 광고 입찰에 참가해, 국내외 134개 대형 브랜드가 치열하게 경쟁하는 가운데 6,666만 위안을 한 번에 써내며 '표왕标王'[*] 타이틀을 거머쥐

---

[*] CCTV 황금시간대 광고 입찰에서 최고 금액을 써내 낙찰받은 기업을 일컫는 호칭.(역자 주)

었다. 이는 전국을 떠들썩하게 만든 대사건이었으며, 백주업계가 전국적인 관심을 받는 계기가 되었다. 이 사건은 당시 사람들이 '상업'에 대해 품고 있던 모든 기대를 충족시켰다. 기적은 순식간에 탄생할 수 있고, 로마는 하루아침에 세울 수 있으며, 대담하면 무엇이든 가능하고, 마음먹으면 무엇이든 해낼 수 있다는 것이다.

'표왕'이 되자, 진지의 인지도는 단숨에 치솟아, 순식간에 중국에서 가장 잘 팔리는 백주가 되었다. 1996년에는 판매수익 9억 5,000만 위안을 달성했고, 세금과 이익을 합쳐 2억 2,000만 위안을 기록하며, 표왕이 되기 전보다 무려 5배 이상 성장했다. 같은 해 11월, 지창쿵은 다시 한번 과감한 승부수를 던지며, 사람들을 경악하게 만든 3억 2,121만 1,800위안을 써내 연이어 '표왕' 타이틀을 차지했다. 기자가 지창쿵에게 물었다. "이 금액은 어떻게 계산한 겁니까?" 지창쿵은 웃으며 대답했다. "딱히 계산한 건 아니고, 그냥 우리 공장 전화번호입니다."

지커량은 1997년 연말, 진지를 찾았다. 북경에서 열린 경제무역위원회 회의에 참석했을 때, 한 지도자가 "마오타이는 너무 느리다"고 완곡하게 지적하면서 진지에 가서 배워보라고 권했기 때문이다.

"아는 사람이 없어서, 산동의 한 대리상에게 함께 임구에 가자고 부탁했어요. 공장 입구에 도착해서 보니, 짐을 실으려는 차들이 길게 줄지어 있는 게 보였어요. 온갖 차가 다 있었어요. 화물차, 승용차에 심지어 마차도 있었죠. 가장 인상적이었던 건, 말

'표왕' 탄생 순간, 매체의 인터뷰를 받고 있는 진지 책임자 지창쿵(앞줄 왼쪽에서 첫번째)

린 고구마가 발효된 것 같은 강한 냄새가 코를 찌른 거였어요."

한창 회의중이던 지창쿵은 마오타이의 지커량이 방문했다는 말을 듣고, 즉시 회의를 중단하고 직접 나와 지커량을 맞이했다. 지커량은 두 가지 질문을 던졌다.

"왜 3억 위안을 썼습니까?"

"그 정도 투자하지 않으면 공장이 문을 닫을 상황이었거든요."

"그 돈은 어디서 나왔습니까?"

"'진지'라는 두 글자를 전 국민이 알도록 만들기만 하면 됩니다."

지커량 일행은 공장을 둘러본 후 떠났다. "떠나기 전에 글씨를 좀 남겨달라고 하는데, 뭐라고 써야 할지 고민이 되더라고요. '좋다'고 할 수도 없고, 그렇다고 '안 좋다'고 할 수도 없고. 고민 끝에 '표왕'이 된 것을 축하한다고 썼어요."

방황중인 다원화 시도

눈부신 시장경쟁 속에서, 마오타이주 공장의 경영진은 끊임없는 시행착오를 거듭하며 여러 시도를 했다.

1992년 3월, 마오타이주 공장은 '한 가지 사업을 중심으로, 다양한 경영을 병행한다'는 전략을 내놓았다. 마오타이주 양조를 핵심 사업으로 삼되, 마오타이 포도주, 마오타이 맥주, 농향형 백주 등의 개발을 병행하며, 금융자본과 관광산업 등으로도 점차 사업을 확장한다는 구상이었다. 1993년 연말 회의에서는 이 전략을 한 단계 발전시켜 '생산·공급·판매, 내수·수출, 여행 일체화'를 실현하고 '술을 기반으로 다양한 길을 개척하자'는 목표를 제시했다.

지커량의 말에 따르면, 마오타이주 공장이 다각화된 전략을 시도한 것은 이미 1980년대부터였다. "당시 마오타이주는 모두 당주회사와 중량그룹에 납품되어, 우리가 스스로 주도할 수 있는 영역을 확보하고 싶었습니다." 1985년, 지커량은 직접 나서 연구개발팀을 꾸려 마오타이 위스키 개발에 착수했다. 이 프로젝트는 그에게 막대한 에너지를 요구하는 일이었다.

현재 남아 있는 자료에 따르면, '한 가지 사업을 중심으로, 다양한 경영을 병행한다'는 전략이 확립된 후 첫번째 프로젝트로 1992년 5월 귀주마오타이광천수유한회사贵州茅台矿泉水有限公司를 설립했다. 1992년 8월에는 홍콩 기업과 합작하여 마오타이위스키유한회사茅台威士忌有限公司를 세웠고, 1996년 7월에는 귀양시에서 키위 음료 생산에 투자했다. 1997년에는 건강음료개발회

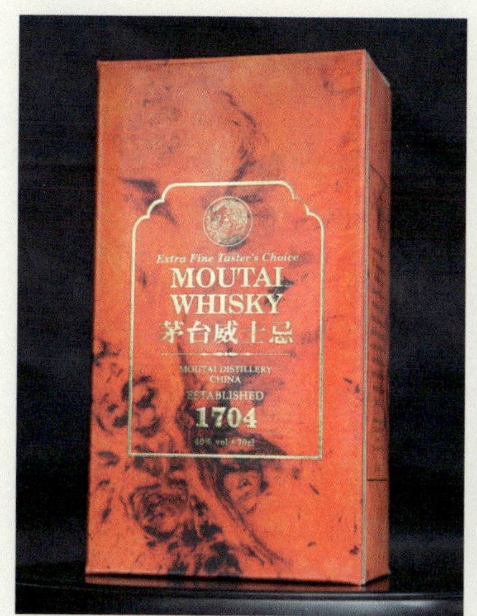

마오타이 위스키

사保健品饮品开发公司를 설립했고, 1998년에는 맥주공장을 인수해 마오타이 맥주를 생산했으며, 2001년에는 하북 창려昌黎에서 포도주 생산 기지를 인수해 마오타이 와인을 출시했다. 지커량의 회고에 따르면, 당시 귀주성은 신경제 육성을 추진하고 있었고, 성 주도로 마오타이주 공장도 반도체 기업에 투자했다. 그러나 몇 년 뒤, 이 투자는 2억 위안 이상을 날리며 실패로 끝났다.

　이런 투자 프로젝트는 모두 '마오타이'라는 브랜드를 발판삼아 다각화 전략을 실현하려는 시도였다. 하지만 결과적으로, 시도는 했지만 결실을 맺지 못해, 하나둘씩 중단되거나 청산되었고, 간신히 살아남은 사업들도 기대에는 미치지 못했다.

　유일한 성공 사례는 1998년에 습주를 인수한 것이었다. 당시 이 양조장은 4,000명의 직원과 8억 2,000만 위안의 부채를 떠안고 있어 사실상 파산 직전이었다. 마오타이주 공장이 인수한 후 기술팀과 영업팀을 재정비하며 회생에 성공했다. 2020년에는 습주의 매출이 100억 위안을 돌파했고, 이후 귀주성 국유자산감독관리위원회의 지도 아래 2022년 마오타이그룹에서 완전히 독립하여, 단독 경영 체제로 전환했다. 습주를 20년 넘게 지원하는 동안 다른 프로젝트와의 가장 큰 차이점은, 여전히 장향형 백주를 생산했으며 '마오타이' 브랜드를 사용하지 않았다는 점이었다.

전략적 인내 1: 고태법 양조 고수

시장경쟁 외에도 마오타이를 오랫동안 괴롭혔던 것이 또하나 있다. 전통을 지킬 것인가, 국가 정책을 따라 함께 혁신할 것인가 하는 문제였다.

1960년대부터 1990년대까지 약 40년 동안, 중국 백주업계의 발전 주제는 공업화와 낮은 도수화였다. 양곡 소모를 낮추어 낮은 원가를 실현하기 위해, 주류업계 정상급 엘리트들이 거의 전부 달려들었고, 그 성과가 바로 '액태법 백주' 제조기술을 연구 개발한 것이다.

액태 발효 양조는 고태 발효와 상대적이다. 그 명칭의 뜻을 살펴보면, 조제하는 방법으로 백주를 생산하는 것이다. 친한장은 『현대양조공업총설現代釀酒工業綜述』에서 "현대에 주정을 생산하는 방식으로 양조한 백주를 '액태화 백주'라고 한다"고 한마디로 개괄했다. 그리고 대학 통용교재 『발효공업개론發酵工业概论』에서 더욱 명확하게 말하고 있다. "주정을 생산하는 것과 유사한 방법을 채택하여 생산한 백주이다."

일찍이 1962년에 경공업부에서 '주정을 이용해 백주를 블렌딩하여 제조'하는 것을 발의했고, 슝쯔수는 상해향정창上海香精厂과 합작하여 이를 연구하라는 명을 받았다. 이렇게 탄생한 제품은 1년 뒤 제2회 전국주류품평회에서 10위라는 성적을 거두었다. 평균 득점 82.1점으로, 뜻밖에도 많은 고태 발효 전통 백주보다 높았다.

1966년, 슝쯔수는 산동 임기臨沂의 주류 공장 파일럿 프로젝트에서 액태 주정 90%, 고태 향배 10%로 블렌딩을 진행하여, '천향법串香法'을 발명했다. 이어서 청도의 공장에서 음료 주정을 주원료로 하고 백주의 일부 향료를 배합하여, '조향법调香法'을 발명했다. 이에 이르러, 액태법 백주 기술의 성공을 선포했다.

전통적으로 고태 발효한 백주와 비교해서, 액태법 백주는 두 가지 뚜렷한 이점이 있었다. 첫째는 원료의 다양화로, 전분과 당류가 함유된 식물이면 모두 술이 될 수 있었다. 예를 들면 옥수수, 감자, 마, 고구마, 사탕수수, 비트, 벌꿀 등이다. 따라서 술을 양조하는 데 원료와 지역의 제한을 더이상 받지 않았다. 둘째는 공업화 조제로, 절기의 영향을 받지 않으며, 기술이 간단명료하고, 제조 시간이 대폭 단축되었다. 더욱 중요한 것은 생산원가가 기하급수적으로 낮아졌다는 것이다. 슝쯔수와 함께 액태법 백주를 연구 제조한 선이팡沈怡方은 다음과 같이 총결한 바 있다. "고태법 백주 10톤 생산능력으로 신형 백주 100톤 이상을 만들어낼 수 있다."

 '액태법 백주' 기술이 세상에 나온 이후 '문화대혁명'이 발발하여, 국가 전체가 10년간의 혼란과 동란에 빠져들었다. 1980년대에 이르러서야 백주 산업이 비로소 정상적 궤도로 돌아가게 되었다. 1987년 3월, 국가경제위원회 지도층이 귀양에서 전국양조공업증산절약작업회의를 개최하여, 백주업계에 '4가지 전환'을 제시했다. 도수 높은 백주에서 도수 낮은 백주로 전환, 증류주에서 양조주로 전환, 양곡주에서 과실주로 전환, 보통주에서 우량주로 전환이다.

 회의 요점 기록에는 명확하고도 구체적인 요구사항이 몇 조목 있었다. 예를 들면 "전국 백주 생산품의 최소 3분의 1이 도수를 10도 낮출 것" "40도 이하의 낮은 도수 백주를 대대적으로 신속히 연구제조하여 생산할 것" "식용 주정을 이용하고 블렌딩·조향·숙성 기법으로 제조한 백주의 생산을 가속화할 것" 등이다.

 '귀양 회의'에서 결정한 기조는 이후 중국 백주 산업 20년 발전의 길과 틀에 영향을 끼쳤다. 1987년, 백주의 전국 연간 생산량은 400만 톤이었다. 1994년에 이르러서는 560만 톤에 이르렀으며, 그중 액태법 백주가 약 280만 톤으로 절반을 차지했다.

 1990년대 중반, 전국적으로 세제 개혁이 실시됐다. 그전까지 백주에는 35%의 제품세가 부과되었지만, 세제 개혁 이후 전통 고태법 백주는 판매 수입에 따라 25%의 소비세를 납부해야 했고 액태법 백주는 10%의 소비세만 납부하면 되었다. 이러한 세제 조치는 정책적 유도를 명확히 하여, 액태법 백주와 낮은 도수

백주의 확산을 더욱 촉진했다.

이런 추세에 따라 업계 내에서는 전통 양조 기술을 지키는 것은 낙후된 것으로 인식되었고, 그중 '완고함'의 대명사가 바로 마오타이였다. 이에 대해 지커량은 인터뷰에서 이렇게 밝혔다. "당시 농향형 백주 공장에는 대부분 주정 공장 혹은 주정 작업장이 있어서, 인공 합성한 향정香精을 백주에 블렌딩해 생산능력을 빠르게 키울 수 있었죠. 한번은 북경에서 한 지도자가 마오타이에 참관을 와서, 우리의 주정 작업장을 보고 싶다고 했어요. 그래서 마오타이에는 주정 작업장이 없다고, 우리는 줄곧 고태 발효로 양조하고, 술로 술을 블렌딩하고, 물도 타지 않고 주정도 타지 않는다고 말했더니, 그 지도자는 언짢아하면서 우리가 너무 보수적이라고 했어요."

전략적 인내 2: '품질 최우선' 원칙 고수

"지커량 이 사람 말이야, 다른 건 다 좋은데, 걸음을 성큼성큼 걷지를 못해. 전족이라도 한 것처럼 말이야." 오랜 세월 이후, 지커량은 귀주성의 한 지도자가 자신을 이렇게 평가한 것을 아직도 기억했다.

1990년대 중반, 귀주성은 경제 발전을 꾀했으나, 손에 쥘 수 있는 게 많지 않았다. 당시 "운남에는 담배가 있고, 사천에는 술이 있고, 귀주에는 담배와 술이 있다"고 하여, 이 두 산업에서 뭔가를 크게 해내야 했다. 전국적으로 여러 차례에 걸쳐 진행된 주류 시음 행사에서 '전국적 명주'로 평가된 귀주 백주가 50종에 가까웠다. 따라서 귀주에서는 각 양조 공장이 생산능력을 크게 겨루는 양상이 나타났다.

당시 가장 앞에서 달린 것은 안주安酒와 습주였다. 이들은 1994년 전후에 모두 생산능력 1만 톤을 초과했다. 그중 습주가 선두주자로, 장문인 천궈싱陈国星은 '100리 주랑酒廊'을 세워야 한다고 제안했다. 한 마오타이 토박이는 이렇게 회고했다. "습수에서 인회까지 50킬로미터가 넘는데, 천궈싱은 공장을 마오타이진에까지 지으려고 했어요. 그때 저우카이량과 지커량에게는 압력이 특히 컸지요."

지커량이 내게 말했다. "기업은 효율을 중심으로 운영해야 한다는 주장이 당시에 강하게 울려퍼졌어요. 하지만 나는 꼭 그렇지는 않다고 생각해요. 설령 시장경제에 편입된다고 해도 품질이 여전히 기업 작업의 중심이 되어야 한다는 믿음을 나는 버리

1990년대, 마오타이주 수요 대란으로, 마오타이주를 구매하려고 장사진을 이룬 인파

지 않았어요. 그래야만 장기적인 효율을 얻을 수 있어요. 만약 품질이 떨어진다면, 우리가 그렇게 외치던 수천 수백 개 효율이 무슨 실질적 의미가 있겠어요.

나는 기업이 오래 존속하려면 반드시 '품질 최우선'이 되어야 한다고 보았어요. 그래서 당시 속도와 품질을 함께 발전시켜야만 했던 상황에서 속도보다 품질을 우선시해야 한다고 생각했어요. 생산량과 품질에서도 마찬가지고요, 원가 효율과 품질에 충돌이 발생할 때도 품질을 우선시해야 하는 게 마땅하다고 생각했어요. 작업량에서도 마찬가지고요. 품질이 우선이죠. 품질만 좋다면 제품이 안 팔릴 걱정을 할 필요가 없어요."

마오타이주 판매량 증대를 위해서는 생산능력 향상 외에 또하나의 방법이 있었다. 바로 품질이 아주 좋지는 않은 낮은 도수의 술을 많이 생산하는 것이었다. 마오타이주는 일곱 차례에 거쳐 술을 채취하며, 그중 첫번째 차례에 채취한 술이 차지하는 비율이 7%이고, 그중에서도 단 2%만이 최후 블렌딩에 사용된다. 그래서 이 기주를 이용하기만 하면 양을 끌어올릴 수 있었다. 그러나 저우카이량 등은 이를 받아들이지 않았다.

규모가 우선인 시대에 마오타이 사람들의 '완고함'은 당연히 세상 물정 모르는 것으로 인식되었다. 언젠가 한번은 상부에서 천궈싱을 마오타이주 공장에 공장장으로 보내려고 한다는 소식도 들려왔다.

몇십 년이 지났어도 그때를 회고하면 지커량은 감개무량해했다. 한번은 성에서 열린 산업발전대회에 참가했는데, 발언 차례가 되어 그는 또 "속도보다 품질을 우선시해야 한다"는 관점을 대대적으로 설파했다. 회의가 끝난 뒤 지도자가 그를 한쪽으로 불러 준엄한 얼굴빛으로 한바탕 비판했다. 그는 묵묵히 다 듣고 나서 지도자에게 말했다. "비판은 받아들이겠지만, 제 뜻은 바꿀 수 없습니다. 다만 다음에는 이렇게 공개적으로 말하지 않겠습니다."

최근 한 차례 미디어 인터뷰에서 지커량은 이 일을 회상했다. "도리나 사고의 문제를 정부에 분명히 설명하기만 하면, 그들도 이해해줍니다. 정부의 입장에서 보면 그들이 나를 몇 마디 비판하는 것도 이해할 수 있지요. 그러나 내 입장에서 그게 부당하다고 느낀다면, 나는 여전히 나만의 방식대로 기업을 운영할 겁니다."

지커량과 만나본 사람들은 모두 같은 인상을 받을 것이다. 얼핏 보기에는 따뜻하고 부드러운 사람으로 보이지만, 뼛속 깊이 고집이 있어서, 일단 원칙을 정하면 깰 수 없다는 것이다. '품질 최우선'이라는 원칙 앞에서, 지커량의 이 고집은 모든 마오타이 사람에게도 영향을 주었다.

전략적 인내 3: '초특급 단일품목' 전략 고수

세월이 흐른 뒤 돌아보니, 마오타이의 최종적인 성공은 '네 가지 원칙'을 고수한 덕분이었다. 고태 발효를 유지하고, 높은 도수의 백주를 고집하며, 고가 전략을 지속하고, 하나의 대표 제품에 집중한 것이 그것이다.

2022년, 귀주마오타이주식유한회사는 영업수입 1,241억 위안을 실현했다. 그중 마오타이주의 영업수입이 1,000억 위안을 넘어, 총수입의 85% 이상을 차지한다. 이 비율은 2004년 이후 거의 변동 없이 ±3% 이내이다.

나는 지커량에게 물었다. "마오타이가 이 네 가지 원칙을 고수하기로 한 것은 언제 결정된 것입니까? 그리고 53도 마오타이주를 중심으로 한 제품 구성은 어떻게 결정된 것입니까?"

그는 이렇게 대답했다. "우리는 '둔해서' 남들처럼 빠르게 변화할 수 없었기 때문에, 결국 우리만의 길을 묵묵히 걸어갈 수밖에 없었어요. 그리고 시간이 지나 소비자가 우리에게 무엇을 좋아하는지, 우리가 어떻게 해야 하는지를 알려주었죠."

사실상, 다원화 시도와 마찬가지로, 마오타이 역시 낮은 도수 술에 오랫동안 노력을 기울인 적이 있다. 1985년 지커량이 앞장서서 38도 마오타이주 연구 제조를 추진했고, 1992년에는 43도와 33도 마오타이주도 개발했다.

하지만 시장 판매 결과, 소비자가 가장 좋아하는 제품은 53도 마오타이주임이 입증되었다. 이들에게 '진정한 마오타이주'는 53도였다.

"왜 53도로 정했나요? 우량예, 노주노교, 분주처럼 52도가 아니고요?"

내 질문에 지커량은 종이 위에 공식 하나를 써서 보여주었다. 53.94밀리리터의 알코올에 49.83밀리리터의 순수한 물을 넣으면 총 부피가 103.77밀리리터가 아니라 100밀리리터가 된다. 이는 알코올 도수가 53도일 때 알코올 분자와 물 분자가 가장 안정적으로 결합한다는 것을 증명한다. 따라서 53도 장향형 백주는 맛이 가장 부드럽고 조화로우며, 자극이 거의 없다.[*]

'푸마오'를 중심으로 마오타이주는 자체적인 제품군과 가격 체계를 형성했다. 이는 우량예의 전략과는 완전히 달랐다.

우량예는 다양한 제품군으로 승부했다. 또한 가격대가 매우 폭넓어 1,000위안 대의 고급 제품부터 8~9위안의 저가 제품인 첨장까지 포함하고 있었다. 자매 브랜드의 수는 가장 많을 때는 1,000개를 넘기도 했다. 그중에서도 '푸우'는 가격 체계에서 최상위에 위치한 핵심 제품이었다. 우량예의 제품 구성은 하나의 대표 브랜드를 중심으로 수많은 하위 브랜드가 존재하는 방식이었다. 이 전략의 장점은 폭넓은 소비층을 공략할 수 있어, 단기간 내에 시장을 장악하고 실적을 올리는 데 유리하다는 점이다. 그러나 중장기적으로는 브랜드 가치가 희석될 위험이 있었다. 이러한 전략적 약점은 결국 우량예가 마오타이에 추월당한 중요한 이유 중 하나가 되었다.

이에 비해, 마오타이는 '푸마오'를 중심축으로 삼고, 그 아래에 한장주(2005년), 마오타이왕자주(1999년), 마오타이영빈주(2001년), 마오타이 1935(2022년)만을 배치하여 중고급 백주와 맞서게 했다. 반면, 나머지 시리즈 제품들은 모두 '푸마오' 이상의

---

[*]　일찍이 1970년대 말에 저우헝강은 보고서를 통해 마오타이주를 53도로 결정하는 것이 상당히 과학적이라고 제시했다. 마오타이주는 이 도수에서 에탄올 분자와 물 분자의 결합도가 가장 높다고 했다.(저자 주)

고급 라인업에 배치하여, 제품 구조가 '럭비공 모양'을 이루게 했다.

이 모형의 가장 큰 장점은 마오타이 브랜드에 대한 소비자의 심리적 저지선을 굳게 지킨 것이다.

이는 잭 트라우트Jack Trout가 『포지셔닝Positioning』에서 밝힌 바와 같다. 그는 브랜드 확장의 가장 큰 위험이 "'가장 뛰어난 제품'이라는 인식을 소비자의 마음속에서 깨뜨리는 것"이라고 지적했다. 왜냐하면 "사람들의 마음속에 진정으로 자리잡는 것은 제품 자체가 아니라, 그 제품의 '이름', 즉 제품이 지닌 특성"이기 때문이다.

진년주, 주문제작주, 생초주

마오타이의 럭비공 모양 제품 구성에서 '푸마오' 이상의 시리즈 제품은 각각 진년주, 주문제작주定制酒, 생초주, 24절기주二十四节气酒이다. 이들은 마오타이 브랜드의 가치를 지속적으로 높이는 역할을 했을 뿐만 아니라, 나아가 프리미엄 컬렉터 시장까지 형성시켰다.

일찍이 1986년, 마오타이주 공장은 고급화를 시도한 적이 있다. 저우카이량은 이렇게 회상했다. "한번은 프랑스로 견학을 가서, 보르도 와인 공장에서 여러 가지 진년주를 맛보았죠. 그 와인들은 일반 와인보다 가격이 몇 배, 심지어 열몇 배나 비쌌어요. 그때 문득 이런 생각이 들었습니다. '마오타이주는 왜 숙성된 고급술을 개발하지 않는 걸까?'"

　귀국 후, 저우카이량은 '진품마오타이주珍品茅台酒' 개발을 주도했다. 오래 숙성된 마오타이를 블렌딩하여 만들었으며, 판매가는 150위안에 달했다. 이는 당시 일반 비천마오타이주의 공장 출하 가격인 9.54위안의 15배가 넘는 수준이었다. 또한, 그 포장 디자인은 '아시아의 별亜洲之星' 포장상을 수상하기도 했다.

　지커량에 따르면, 그도 오래전부터 진년주를 만들 생각을 해 왔다. "1987년, 당시 곡물 관리를 담당하던 국무원 부비서장이 공장을 방문해 곡물 수요 조사를 했을 때, 서구처럼 진년주를 개발하면 어떻겠느냐는 제안을 했습니다. 그는 이에 긍정적인 반응을 보였지만, 당시에는 여건이 마련되지 않아 실현할 수 없었어요."

　1991년 초겨울, 지커량은 프랑스 코냑과 영국 잉글랜드를 방문해 브랜디와 위스키의 생산기술을 참관했다. 이 출장에서 그는 마오타이주의 발전에 있어 두 가지 중요한 깨달음을 얻었다. 첫째, 프랑스 정부가 브랜디와 와인을 '법정생산구역AOC'으로 보호하는 방식을 보고, 이후 '마오타이주 원산지 보호' 개념을 제안하는 계기가 되었다. 둘째, 영국과 프랑스의 명주들이 운영하는 숙성주 시스템을 접하면서 큰 영감을 받았다.

　1993년, 마오타이주는 시험적으로 30년, 50년, 80년 숙성 마오타이주를 출시했다. 특히 80년 숙성 마오타이주의 병은 의흥宜興의 채색도기를 사용하고, 외부 상자는 동양东阳의 목각 공예품으로 제작했다. 내부에는 상해조폐공사에서 제작한 금화와 함께 동으로 만든 술잔을 포함하는 등 고급스러운 패키지를 갖추었다.

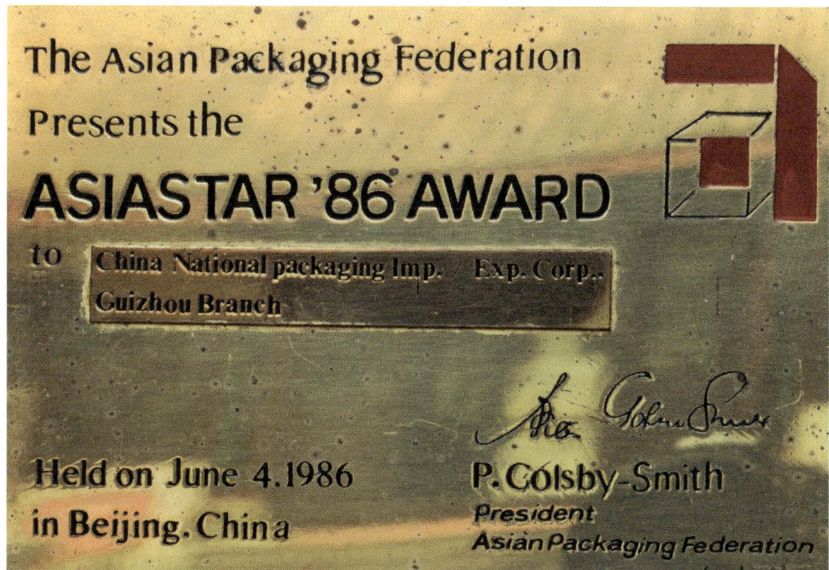

1986년, 아시아의 별 포장상을 수상한 '진품마오타이'

디자이너 마슝뭑熊과 그가 디자인한 마오타이주 병

- 30년 마오타이주
- 50년 마오타이주
- 80년 마오타이주

- 1997년 홍콩 반환 기념주
- 1999년 마카오 반환 기념주
- 2010년 상해엑스포 기념주

- 마마오(말띠 마오타이)
- 양마오(양띠 마오타이)
- 허우마오(원숭이띠 마오타이)

- 입춘
- 우수
- 대서

진년주, 기념주, 생초주, 절기주

1996년에는 보다 대중적인 15년 숙성 마오타이주가 출시되었다.

마오타이주의 숙성 기준은 서양의 브랜디나 위스키와는 전혀 다른 방식으로 운영된다. 브랜디나 위스키의 '숙성 연수'는 해당 연도에 증류되어 숙성된 원액을 의미한다. 반면, 마오타이주의 숙성 연수는 블렌딩 과정에서 해당 연도의 숙성 원액이 포함되었음을 의미한다. 예를 들어, 30년 숙성 마오타이주는 30년 이상 숙성된 원액과 여러 다른 연도의 숙성 원액을 블렌딩하여 만든 것이다.

마오타이는 백주 주문제작의 선구자이기도 했다. 1997년 홍콩 반환을 기념하여 1997병 한정판 기념주를 제작하여, 중국 백주 업계에서 주문 제작의 시작을 알렸다. 2001년부터는 홍콩 국제마오타이우호협회를 위해 전용 백주를 제작하기 시작했으며, 점차 더 많은 소비자들을 대상으로 맞춤 제작 서비스를 확대했다. 고객의 요청에 따라 매년 기업, 단체, 개인을 위한 수십 종의 제품을 맞춤 생산했다. 이후 20여 년 동안, 중화인민공화국 수립 50주년, 북경올림픽, 상해엑스포, 개혁개방 30주년 등 중요한 기념일 혹은 국가적 행사가 있을 때마다 한정판 기념주를 출시했다. 하지만 2019년, 브랜드 관리를 강화하기 위해 맞춤 제작 사업은 중단되었다.

마오타이주에서 생산하는 모든 제품 중 기념주의 가격 상승폭이 가장 컸다. 이는 기념주가 지닌 특별한 의미와 복제할 수 없는 희소성 때문이다. 2019년 서령인사西泠印社 추계 15주년 경매에서, 마오타이의 첫 맞춤형 제품인 '홍콩 반환 1997' 기념주가 경매에 올랐다. 한 상자(12병)의 낙찰가격은 138만 위안으로, 병당 약 11만 5,000위안에 달했다. 이는 원래 가격의 191배나 뛰어오른 것이어서 큰 화제를 모았다.

마오타이의 생초주는 비교적 늦게 출시되었다. 첫번째 제품인 갑오년 말의 해 마오타이 생초주는 2014년에 등장했다. 당시 주류업계는 중앙 8항 규정의 영향을 받아서 조정기에 접어든 상태였으며, 신제품이었던 '마마오马茅(말띠 마오타이)'는 시장에서 큰 주목을 받지 못했다.

그러나 몇 년 후, 시의적절한 테마와 뛰어난 품질 덕분에 생초주는 큰 인기를 끌었고, 매년 출시될 때마다 치열한 구매 경쟁이 벌어지는 소장용 인기 제품으로 자리잡았다. 특히 생초주는 수집 및 투자 가치가 있어, '비천마오타이' 외에 마오타이의 또다른 핵심 제품군으로 자리매김했다. 2차 시장에서도 생초주의 가격 상승폭은 '푸마오'보다 더 높았다.

2023년, 마오타이는 24절기 문화주文化酒를 새롭게 출시했다. 이 제품은 매년 봄·여름·가을·겨울 네 차례 출시되며, 각 절기의 당일에 맞춰 시장에 공급되었다. 또한 '쉰펑디지털월드'에서 생산한 '24절기주 디지털 소장품'과 연계되어, 마오타이가 인터넷 세계에 새롭게 도전하는 계기가 되었다.

진년주, 생초주, 절기주, 그리고 현재 중단된 맞춤형 제품은 마오타이주 공장이 오랜 기간 동안 지속적으로 혁신과 변화를 거듭하며 탄생한 결과물이다. 이러한 제품들은 마오타이뿐만 아니라 중국 백주업계 전반의 기준을 한층 높이는 역할을 했다. 국내 유명 주류기업들 역시 마오타이를 따라 유사한 제품들을 속속 내놓았지만, 업계를 선도하는 마오타이주는 언제나 가장 앞서 나가며 새로운 트렌드를 주도해왔다.

17 '은인'

판매상은 '신'일 뿐만 아니라 '은인'이기도 하다.

—지커량

1998년: 판매회사 창건

마오타이주 역사에서 심각한 판매 위기가 찾아온 시기는 세 차례 있었다. 각각 1989년, 1998년, 2012년이다. 모두 당시의 경제상황 및 국가정책과 밀접한 관련이 있었다. 그러나 마오타이는 이 위기 속에서도 자신의 시장체계와 소비층을 새롭게 재구성하는 데 성공했으며, 위기를 돌파했을 뿐 아니라 새로운 시스템을 구축하는 성과를 이루어냈다.

1998년 춘절, 줄곧 판매 걱정이라고는 해본 적이 없던 마오타이주가 갑자기 판매 부진에 빠졌다. 지커량은 '온통 파리가 날렸다'는 말로 그때의 상황을 표현했다. "1997년 춘절에는 전국의 대리상들이 몰려와 우리 호텔 두 곳이 가득찼어요. 그들에게 술을 공급하기 위해, 저는 춘절 며칠 전부터 체육관에서 지냈을 정도였죠. 그런데 1998년 춘절에는 갑자기 사람이 없었어요. 정말로 아무도 없었어요."

판매는 걱정 없던 마오타이주가 갑자기 왜 이런 곤경을 맞이했을까? 이는 당시의 거시적 경제 환경과 깊은 관련이 있다. '아시아 금융위기'와 '산서 삭주朔州 초대형 가짜 술 사건'은 마오타이뿐만 아니라 중국 백주 산업 전체의 발전 흐름을 크게 바꿔놓았다.

1997년 7월, 태국에서 시작된 금융위기가 아시아 전역을 강타했다. 이 여파는 곧 말레이시아, 싱가포르, 일본, 한국, 중국 등으로 확산되었고, 특히 태국, 인도네시아, 한국 등 국가의 통화 가치가 급락하면서, 수출 기업들이 큰 타격을 입었다. 실업률이 급등하고, 사회경제가 침체되면서, 아시아 경제의 고속 성장 시대가 한순간에 무너졌다.

중국 경제는 상대적으로 이 금융위기의 직접적인 타격을 크게 받지는 않았지만, '산서 삭주 초대형 가짜 술 사건'은 중국 백주 산업 전체에 직격탄을 날렸다.

이후 조사 결과 드러난 바에 따르면, 산서성 문수현文水县 농민 왕칭화王青华가 메탄올 35.2톤을 구입하여, 아내 우옌핑武燕萍과 함께 그중 34톤을 물과 섞어 57.5톤의 가짜 백주를 제조했다. 그리고 이를 왕샤오둥王晓东, 류스춘刘世春, 주융푸朱永福 등 소규모 도매상들에게 판매했다. 이들은 이 백주가 식품위생 기준에 부합하지 않는다는 것을 분명히 알고 있었으면서도, 이윤을 위하여 대량으로 시중에 유통시켰다. 검사 결과, 이 가짜 술의 메탄올 함량은 리터당 361그램으로, 국가 기준(리터당 0.4그램)의 902배를 초과한 것으로 드러났다. 결국 수백 명이 중독 증상을 일으켰으며, 그중 26명이 사망하는 참혹한 결과를 빚었다. 이 사건 이후, 대중은 술을 마시는 것 자체를 두려워하게 되었다.

이로 인해 마오타이 역시 큰 타격을 입었다. 현재도 마오타이주 판매회사에서 근무중인 탕쥔唐军은 그때 어려웠던 시절을 또렷이 기억하고 있다. "다른 주류 공장들은 상황이 급변해도 어느 정도 판매량이 유지됐지만, 마오타이는 단숨에 판매량이 '0'이 되어버렸어요. 당시 마오타이 직원이 5,000명이 넘었는데, 급여를 무슨 수로 지급하겠어요? 가장 심각했던 건 공장 계좌에 돈이 없었다는 거예요. 수수, 밀, 술병, 포장재 같은 건 공급업체에서 외상으로 받을 수 있었지만, 급여는 직원들의 생계와 직결되는 문제잖아요. 당시 제 월급이 500위안 정도였는데, 그해 5월 처음으로 급여를 받지 못했어요."

어쩔 도리가 없었다. 유일한 살길은 정부에 도움을 요청하는 것이었다. 그러나 인회시 정부도 예산이 없었다. 마오타이주 공장 스스로 해결책을 찾으라는 지시가 내려왔다. 은행에서 대출을 받을까? 하지만 비록 마오타이가 '국주'로 불릴 정도로 유명했음에도 불구하고, 은행에서는 마오타이주를 담보로 인정하지 않았다. 결국 공장 경영진은 여러 곳에서 조금씩 자금을 조달하는 방법을 선택했다. 지커량이 팀을 이끌고, 공장 간부들이 돈을 빌리러 준의시의 모든 현을 다녔다. 그 결과, 오직 한 곳에서 돈을 빌릴 수 있었고, 그 돈으로 가까스로 직원들의 그달 급여를 지급할 수 있었다.

위기가 계속되자 일부 경영진은 마오타이주를 급여로 지급하자고 건의하기도 했다. 하지만 이 제안은 브랜드에 심각한 타격을 줄 것이라는 이유로 받아들여지지 않았다. 직원들이 생계를 위해 헐값에 마오타이주를 내다팔 가능성이 높았고, 이는 마오타이의 브랜드 가치를 훼손할 우려가 있었기 때문이다.

그해 상반기 판매량은 700톤에도 미치지 못했다. 연간 판매 목표의 30%에 불과해 직원의 급여를 지급할 수가 없었다. 이 난관을 어떻게 헤쳐나갈 것인가? 오직 변화밖에 없었다. 7월, 마오타이주 공장 역사상 가장 큰 판매 개혁이 시작되려 했다.

"술을 파는 것이 근본이다!" 이를 위해 공장 지도부는 판매회사를 통해 전 직원 가운데 20명을 공개 모집해, 마오타이주 공장 역사상 최초의 판매팀을 꾸리기로 했다. 지원자는 몇 가지 엄격한 조건을 충족해야 했다. 남녀불문, 나이 25~35세, 근무 연한 3년 이상, 학력은 고졸 이상, 남성은 키 165센티미터 이상, 여성은 키 155센티미터 이상이었다.

당시 100여 명이 지원했으며, 많은 직원이 결과를 지켜봤다. 선발된 사람들은 사무동에서 개별 면접을 치렀다. 지커량이 메인 면접관이 되고, 각 부서에서 한 사람씩 나와 면접대에 앉았으며 수백 명의 직원이 참관했다. 면접 참가자들은 모두 발표 원고를 준비했다. 주제는 오직 하나였다. "현재 마오타이가 처한 상황을 어떻게 해결할 것인가?" 또한 참가자들은 현장에서 질문을 무작위로 뽑아 즉석에서 대답해야 했다.

마오타이주 공장 자녀 학교의 한 수학교사가 뽑은 질문은 '시장점유율이란 무엇인가?'였다. 그는 제한된 시간 안에 대답하지 못했다. 지커량은 다른 면접관에게 말했다. "이 사람은 여러 면에서 뛰어나지만, 수학을 배운 사람이면서도 분자와 분모의 개념을 생각해내지 못하고, 응용을 할 줄 모르니, 영업판매원으로 적합하지 않습니다." 면접시험은 사흘 동안 진행되었다. 1차에서 35명을 선발했고, 최종 면접을 거쳐 20명 명단을 확정했다. 최종적으로는 17명만이 '행운아'가 되어 판매회사에 들어갈 수 있었다.

'격려주'를 마시고 술을 팔러 가다

판매회사는 처음에 구체적인 지역을 나누지 않았다. 탕줜은 외부 판매를 맡아, 곤명昆明에 주재하며 운남성 전체를 책임졌다. 명함에는 '서남지역 판매원 탕줜'이라고 찍혀 있었고, 제조공에서 정식 판매원으로 전환되었다. 그러나 처음에는 상황이 매우 안 좋았다. 많은 주류 전문점 사장들이 탕줜 등 판매원을 곱게 보지 않았다. "마오타이가 중국의 명주는 맞지만, 마오타이를 사는 사람이 없어요! 나는 그저 서민들이 마실 수 있는 술을 파는 거예요." 같이 먹고 마시는 건 가능하지만 장사는 논하지 말자는 태도로 나왔다. 일부 판매상은 그간의 정을 봐서 술을 팔겠다고 응낙은 했지만, 조건을 달았다. "술 열 박스는 들여놓을 수 있지만, 누군가 옆에서 판촉을 도와줘야 해요!"

당시 마오타이주를 판매하는 것은 장부상으로만 계산하면 어떻게 해도 돈을 벌 수 없는 구조였다. 53도 비천마오타이의 공장

1999년, 탕쥔이 책임진 운남성 곡정시曲靖市 전국 제1호 마오타이 전문점 내부 모습(상)과 또다른 전문점 개업 현장(하). 전문점 내부 광고에 다음과 같이 쓰여 있다. '나는 만리장성과 황하를 알았을 때, 마오타이주를 알았다.'

출하 가격이 한 병에 168위안이었는데, 최종 소비자가격이 보통 169~170위안이어서, 한 병에 1~2위안밖에 남지 않았다. 당시 전국 도시 지역 주민 1인당 평균 가처분 소득은 5,425.10위안으로, 월평균 약 452위안이었다. 게다가 마오타이주는 외상을 해주지 않아, 반드시 선불 결제 후 출고하는 방식이었으며, 운송비는 판매상이 부담했다. 교통이 불편한 준의 마오타이진에서 (서남 지역을 제외한) 먼 지역으로 운송하면, 운송비만 해도 한 병당 2위안 이상이었다. 그뿐만 아니라 판매 정책상 별다른 혜택도 없었다. 아무런 광고 지원도 없고, 판촉 인력과 사은품도 없었으니…… 어떻게 팔라는 것인가?

사장을 설득해 마오타이주를 들여놓게 하기 위해, 탕쥔은 마오타이의 자매 주류업체들을 연결해주었다. 서로 거래를 성사시킬 수 있도록 도우면, 그에 대한 감사의 표시로 마오타이주를 추가로 구입하게 되는 방식이었다. 또한, 매장에서 직접 판촉 활동을 해야 한다는 요구에 탕쥔이 직접 나섰다. 그는 매장에서 마오타이주를 판매하고 있거나, 그 매장에 판매하기 위해 가는 길에 있거나 했다.

외부 주재 판매원과 공장, 판매상 간의 소통 역시 순조롭지 않았다. 모든 판매원과 판매상 사이에 연락을 유지할 수 있는 것은 판매회사 사무실의 전화뿐이었다(판매원은 한 달에 한 번꼴로 마오타이주 공장에 돌아와 반 달 동안 대기해야 했다). 작업 효율을 높이기 위해, 공장은 10톤 이하의 판매 계약은 판매원이 도장이 찍힌 빈 계약서를 가지고 다니면서 즉석에서 체결할 수 있게 했다. 하지만 10톤 이상의 계약은 공장에 와서 경영진과 직접 면담하고 결정해야 했다.

탕쥔은 판매상을 마오타이주 공장으로 데리고 가 경영진과 직접 면담하게 하고 싶었지만, 현실은 이런 기회를 주지 않았다. 당시 운남에 있던 8개 판매상 중 운남성 당주공사를 제외하고 나머지 7개는 모두 탕쥔이 주재하는 4년 사이에 개발한 곳이었다. 하지만 이 7개 판매상의 연간 판매량은 모두 10톤 이하였고, 기본적으로 매년 판매 목표를 달성하지 못해 해마다 배정받는 물량이 점점 줄고 있었다.

규정에 따르면, 판매 목표를 두 해 연속 달성하지 못하면 '특약판매상'이라는 동판 팻말을 회수해야 했다. 어느 한 판매상의 업적이 매우 저조하고 계약에도 서명하지 않자, 공장 경영진은 탕쥔에게 '특약판매상'이라는 동판 팻말을 회수해 오게 했다. 하지만 탕쥔은 열 번도 넘게 독촉을 받고 나서야 간신히 팻말을 회수해 왔다. 판매상이 돌려주지 않은 게 아니라, 탕쥔이 회수하고 싶지 않아서였다. "상대방이 내 업무를 이해하고 지지해준 게 너무 고마워서 차마 가져올 수 없었어요. 정말 나를 많이 지지해줬거든요. 어쩌다 12병 한 세트를 들여놓으면 오랫동안 팔아야 했는데도요."

판매상의 마음이 움직이지 않았기 때문에, 탕쥔 등 판매원은 무거운 짐을 지고 앞으로 나가야 하는 압박을 느꼈다. 외지에 주재하면서 낮에는 자전거를 타고 이 거리 저 거리 바삐 오갔다. 새로운 주류 전문점을 찾아가기도 했고, 기존 판매상 점포에 가

탕쥔과 함께. 뒤쪽 '마오주의 원천'은 옛날 화마오 양조 작업장으로, 아직까지 사용하고 있다.

서 돕기도 했다. 그 일이 마오타이주와 직접적 관계가 없다 해도 상관없었다. 밤이 되면 판매원은 마오타이주를 가지고 다니며 밥을 사고 함께 술을 마시면서, 오로지 상대방이 마오타이주 납품을 승낙하기만을 바랐다…… "판매상과 그렇게 술을 마시고도 효과가 없는 것을 생각할 때마다 기가 꺾였지만, 그래도 계속 방법을 생각해내서 팔아야만 했어요." 술에 취한 수많은 밤, 탕쥔은 혼자서 말없이 눈물을 흘렸다.

판매원들이 이토록 분발하여 나아가도록 지탱해준 것은 무엇일까? 그것은 신뢰였고, 신념이었으며, 또한 일종의 신앙이었다. 한 달 동안 외지에서 시장을 뛰어다닌 후, 판매원들은 약속된 대로 전국 각지에서 마오타이주 공장으로 돌아와 문제를 보고하고, 함께 머리를 맞대어 다음 단계 판매 전략을 논의했다.

매번 그들이 돌아올 때면, 지커량과 공장 경영진들이 직접 맞이
했다. 각 경영진은 한 테이블씩 자리를 잡고 판매원들에게 환영
인사를 건넸다. "여러분, 정말 수고 많았습니다! 모두 함께 건배
하죠!" 공장에서 보름을 머문 뒤, 판매원들은 다시 새로운 판매
목표와 전략을 품고 시장 최전선으로 나섰다. 출발할 때마다 대
형버스가 이들을 귀양 공항까지 태워다주었고, 지커량과 공장
경영진들이 직접 배웅하며 격려주를 따라주었다. "여러분 잘 부
탁합니다. 돌아오면 다시 함께 축배를 들죠!"

　일선 판매원들이 이와 같이 노력하는데, 경영진이 가만히 있
을 리 없었다. 당시 판매회사의 책임자는 더욱 적극적으로 나섰
다. 한편으로는 집에서 연회를 열어서, 성급 당주공사 지도자 및
각지 주요 판매상을 초대하여 '환난주患难酒'를 함께 나누었고,
다른 한편으로는 직원들에게 고생을 두려워하지 말고 끊임없이
판로를 개척하라고 독려했다. 비용도 아끼지 않고 투자했다. 밥
한 끼로 판매상을 설득하지 못하면 열 끼를 대접했고, 술 10병을
선물해서 부족하면 100병을 선물했다.

　이렇게 포기하지 않고 성의를 다하여 방문하고 숱하게 술잔을
주고받은 가운데, 판매상들은 결국 감동하거나 혹은 부담을 느
껴 마오타이를 시험삼아 판매하기 시작했다. 이런 노력 끝에 마
오타이의 유통망이 점차 자리잡아갔다.

첫번째 판매상은 누구인가

　정성에 감동한 판매상들은, 아마 꿈에도 생각하지 못했을 텐

데, 초반에는 그 '진심'에 대한 대가를 온전히 자기 돈으로 치러야 했다.

운남성 도매시장에서 가장 먼저 마오타이 공식 판매상이 된 곳은 곤명시 반동斑銅 공장이었다. 공장장 차오이샹曹以祥은 1986년부터 마오타이주 공장과 인연이 있었다. 저우카이량은 진품마오타이주의 고급 포장을 디자인하기 위해 반동 공장을 찾아갔고, 동으로 특별 제작한 술잔을 마오타이주 선물용 상자에 함께 넣었다.

장장 12년에 걸친 전략적 협력 동반자로서, 1998년 마오타이주 공장이 자체 유통망을 구축하려 했을 때, 차오이샹은 조금도 머뭇거리지 않고 합류했다. "당시 우리 공장에서 생산하는 반동 공예품은 운남성 각급 정부에서 귀빈에게 선물로 증정하는 물건이었어요. 그 덕분에 몇몇 정부 부처와도 관계가 있었죠. 그래서 우리 반동을 판매하면서 마오타이주도 함께 파는 것은 매우 자연스럽다고 생각했어요."

반동 공장은 약 80평방미터의 공간을 확보하여 마오타이주 전시 구역을 만들었다. 그러나 일이 원하는 대로 흘러가지는 않았다. 첫해에 30만 위안이 넘는 적자를 보았다. 당시 마오타이주 한 병을 팔면 겨우 1~2위안의 마진이 남았다. 여기에 마오타이주를 준의에서 곤명까지 옮기는 운송비와 점포 임대료, 직원 급여 등을 계산하면 손실은 더욱 컸다. 더욱이 '선결제 후출고' 방식으로 운영되는 탓에 자금 부담이 컸고, 재고 처리를 위해 어쩔 수 없이 가격을 낮춰 판매하면서 추가 손실까지 감수해야 했다.

1998년 당시 30만 위안은 결코 작은 금액이 아니었다.

판매력을 더욱 강화하기 위해, 마오타이주 공장은 또한 생각을 바꿔야 했다. 그 대표적인 사례가 1999년 곤명 세계원예박람회 후원이었다. 공장은 180만 위안을 들여 신문광고, 옥외전시광고 등을 대대적으로 진행했고, 100여 명의 판매상을 곤명으로 초청해 세계원예박람회 관련 행사에 참석하도록 했다. 또한 판매 촉진을 위해 공장은 역사상 유일하게 처음으로 선결제 없이 판매상에게 물건을 공급했다.

바로 이 어려운 시기에 선견지명을 가진 몇몇 개인이 마오타이 판매상이 되었다.

중경의 양정杨正이 그중 한 명이다. 그는 원래 중경의 한 전력에너지 기업의 회계사였다. 그는 술자리에서 마오타이주를 마실 때 숙취가 심하지 않다는 걸 깨닫고, 자연스럽게 마오타이주 애호가가 되었다. 원래 다니던 회사가 매각된 후 그는 인생을 바꾸는 중대한 결정을 했다. 대출을 받아서 창업하여 마오타이주 판매상이 된 것이다.

마오타이주 전문점 개업의 흥분과 기쁨이 아직 가라앉기도 전에, 시장 판매 압박이 몰려왔다. 당시 마오타이주 출고가는 이미 한 병당 268위안까지 올랐지만, 시장 유통가는 출고가보다도 낮았다. 기대와 현실의 차이는 초보자인 양정에게 큰 충격을 주었다.

창업 초기에 비용을 절감하기 위해서 양정은 사장, 경리, 창고 관리, 영업, 운전, 배송까지 모든 역할을 혼자 도맡았다. 한 손에 마오타이주 15.3킬로그램 한 상자를 들고 5층까지 쉬지 않고 올라갔으며, 저녁에는 직접 나서서 소비력이 있는 친구나 고객을 자주 초대하여 마오타이주를 시음하게 하고, 그들에게 마오타이의 브랜드, 공정, 문화, 마오타이주의 장점을 설명하며 소비를 유도했다. 그는 자주 과음으로 화장실에서 토하고 다시 나와 또 마셨다……

다행히 마오타이주 공장의 중경 지역 매니저인 탄딩위안譚定远의 협조 아래, 양정은 점차 기본 전략을 정립했다. 첫째는 팀을 강화하고 서비스 품질을 높이며 시장 정보를 파악하는 것이고, 둘째는 자신의 사회적 자원과 인맥을 이용하여 잠재 고객을 초청해 브랜드를 알리는 것이고, 셋째는 유통 시장을 활용하지 않고 소매, 단체 구매, 비즈니스 소비에 집중하는 것이었다. 이렇게 해서 그는 점차 마오타이주 판매망을 구축할 수 있었다.

저우홍周宏이라는 판매상 역시 이런 고난을 겪었다. "어느 해였던가, 마오타이주의 공장 출고 가격이 최종 소매가보다 훨씬 높았어요. 우리가 술을 한 병 팔 때마다 손해를 본다는 뜻이었죠. 그래도 결국 우리는 마오타이를 지지하기로 결정하고, 몇 톤에 달하는 술을 구매했어요. 그리고 오히려 마오타이주 판매가 가장 어려웠던 시기에, 우리는 위기를 기회로 삼아 판매량을 더욱 확대했어요."

폭풍우 속에서 함께하다

마오타이주는 도대체 어떤 매력이 있기에, 판매상이 이렇게까지 희생을 감수하며 함께하는 것일까? 그 이유는 여러 가지가 있겠지만, 가장 중요한 두 가지는 마오타이주 공장의 지원과 마오타이주의 뛰어난 품질이다.

판매 부진으로 거의 모든 판매상이 재정적 압박을 겪게 되자 마오타이주 공장은 다양한 지원책을 마련했다. 예를 들어, 지급 약속 어음을 제공해 물품 대금 지급을 연기할 수 있도록 했으며, 전용 매장에는 일정 금액의 급여 보조금과 인테리어 보조금을 지급해 판매상들의 신뢰를 얻었다.

그러나 판매상들이 끝까지 버틸 수 있었던 가장 큰 원동력은 소비자들의 신뢰였다. 저우훙이 주로 상대했던 고객층은 개인 사업가들이었다. "한 고객은 접대가 잦아서 거의 매일 밤 술을 마셔야 했는데, 마오타이주 가격이 비싸든 말든 오로지 마오타이주만 찾았어요. 마오타이주 판매가 침체기에 접어들었을 때, 그 고객이 한 번에 몇십만 위안어치의 마오타이주를 구매해서 내 창고에 남아 있던 재고를 거의 다 가져간 적도 있어요. 한번은 농담처럼 이렇게 말하더라고요. '내가 마오타이를 마시지 않았다면, 지금쯤 목숨도 없었을 겁니다.' 그게 무슨 말인가 하면, 술을 그렇게 자주, 많이 마시기 때문에, 만약 숙취 없고 품질이 좋은 마오타이주가 아니었다면 몸이 일찌감치 버티지 못했을 거라는 말이죠."

지커량은 판매상들의 헌신을 잘 알고 있었다. 1999년 3월, 마오타이주 공장은 귀양에서 판매상 대회를 열었다. 이 자리에서 지커량은 깊은 감정을 담아 말했다. "판매상은 '신'일 뿐만 아니라 '은인'입니다. 만약 판매상이 기업과 소비자 사이의 다리를

2008년 동북 어느 도로변에 판매상이 내건 광고. "국주 마오타이, 건강을 마시다"

놓지 않는다면, 소비자가 우리의 제품을 끊임없이 구매하지 않을 것이며, 그러면 우리는 급여를 지급할 수 없고, 복지도 제공할 수 없으며, 생산을 발전시킬 수도 없습니다. 어떤 사람은 판매상과 소비자가 '신'이라고 말합니다. 하지만 '신'도 때로는 인간에게 폭풍우를 가져다줍니다. 그러나 '은인'은 우리에게 돈을 보내줍니다." 그는 평소에도 판매상을 가볍게 여기는 직원을 자주 꾸짖었다. "우리 직원들은 판매상이 오면 그들이 또 돈을 벌러 왔다고 말하곤 하는데, 그러면 안 됩니다. 그들이 없으면 우리도 성장할 수 없습니다."

2005년, 북경의 한 판매상이 불행히도 병으로 세상을 떠나자, 지커량은 그를 기리며 「샤오친을 애도하며 哭少勤同志」라는 추모글을 썼다.

장샤오친 张少勤은 1986년 마오타이주 공장이 서원호텔에 '마오타이궁'을 개설할 당시 담당자였다. "그때 나는 유행에 맞지 않는 녹색 군복을 입고 다녔지만, 그대는 이미 대형 호텔의 매니저였지." 이후 장샤오친은 호텔을 그만두고 마오타이주의 북경 지역 1세대 판매상 중 한 명이 되었다. 그가 갑자기 세상을 떠나자, 마오타이주 공장은 즉시 장례식에 직원을 파견했다. 지커량은 밤새 잠을 이루지 못하며 깊은 슬픔 속에서 다음과 같은 글을 썼다. "그대가 흘린 땀과 열정적인 도움 덕분에, 우리는 마침내 파나마 만국박람회 수상 70주년을 기념하며 북경에서 첫번째 전용 매장을 설립할 수 있었지…… 이 몇 년 동안 북경에서 마오타이주 판매량이 꾸준히 증가한 것은 그대 덕분이 아니겠는가! 샤오친! 그대는 세심하게 생각했으면서, 정작 자기 자신은 신경쓰지 않았구나…… 이제 편히 쉬길 바라네!"

같은 해, 마오타이주 공장은 '풍우동주风雨同舟(폭풍우 속에서 함께하다)' '지애국주挚爱国酒(국주를 향한 깊은 사랑)' 등의 명예상을 만들었다. 전자는 판매상에게 수여하는 최고의 영예로, 매년 5~6명에게만 주어지며, 마오타이주 판매에 기여한 공로를 기린다. 후자는 마오타이주를 진심으로 사랑하는 소비자에게 수여되어, 그들의 변함없는 사랑에 감사를 표한다. 차오이샹, 양정, 저우훙 등이 이 두 상을 수상했으며, 그들이 마오타이주에 보여준 헌신은 '폭풍우 속에서 함께한 동반자'라는 의미를 완벽히 보여주는 것이었다.

마오타이주판매유한회사茅台酒销售有限公司 이사장 왕샤오웨이王晓维는 깊은 감회에 젖어 이렇게 말했다. "마오타이주의 판매 시스템 구축 과정은 여러 차례 위기와 시련을 겪었습니다. 그간의 어려움은 외부 사람에게 이루 말하기 어렵습니다. 하지만 결국, 그것은 '함께 신뢰를 쌓아가는 과정'이었습니다."

1990년대 초, 길림성 혼강당주공사浑江糖酒公司(현 길림성 백산방대그룹白山方大集团)에서 마오타이주를 하역하는 장면. 백산방대그룹은 2017년에 '풍우동주' 상을 수상했다.

18　원산지 효과

백주의 미생물을 제대로 연구할 수 있는 사람이 있다면
노벨상을 탈 것이다.

—천타오성 陈驹声 (중국 미생물학의 선구자)

주식시장 상장과 생산량 1만 톤 돌파

2001년 8월 27일, 귀주마오타이가 상해 증권거래소에 상장되었다. 주당 발행가는 31.39위안, 총 발행 주식 수는 2억 5,000만 주였으며, 이를 통해 22억 4,000만 위안을 조달했다. 상장 첫날 개장가는 34.51위안, 시가총액은 약 78억 5,000만 위안이었다.

마오타이는 다른 유명 주류기업들보다 비교적 늦게 자본시장에 진입했다. 분주와 노주노교는 1994년에 이미 상장했고, 고정공주와 우량예도 각각 1996년과 1998년에 상장되었다. 마오타이가 증시에 입성한 해, 회사의 매출은 16억 1,800만 위안이었지만, 우량예의 매출은 이미 47억 4,200만 위안에 달했다. 당시 시가총액 또한 우량예가 마오타이의 두 배 이상인 193억 6,000만 위안을 기록했다.

만약 한 투자자가 2001년에 마오타이 주식을 매입하여, 20년 동안 모든 등락을 무시하고 장기간 보유했다면, 2021년 초 마오타이의 주가는 50배 이상 상승했을 것이다. 연평균 복리 수익률은 21%에 달하며, 이는 '투자의 신' 워런 버핏의 장기 투자 수익률과 맞먹는 수준이다.[*]

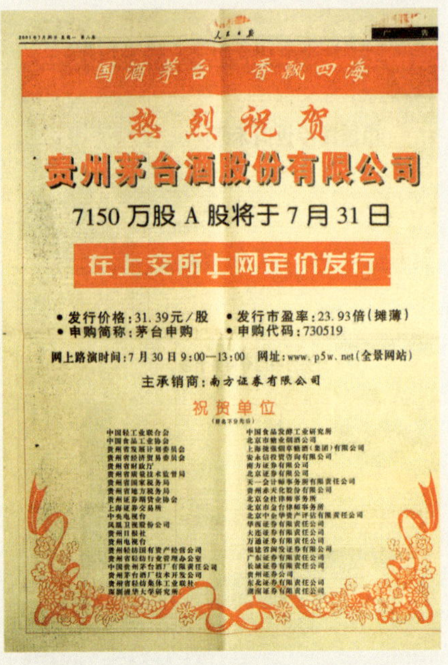

2001년 7월 30일, 귀주마오타이 상장을 예고하는 〈인민일보〉 광고

마오타이가 상장한 지 한 달 후, 적수하 강가에서 연간 1만 톤 규모의 신규 생산시설 건설이 본격적으로 시작되었으며, 추가로 4,000톤의 생산능력을 확보할 것이라고 발표했다. 2년 후인 2003년, 마침내 마오타이는 연간 1만 톤 생산 목표를 달성했다. 이는 1958년에 처음으로 1만 톤 목표를 세운 이후 45년 만에 이루어낸 성과였다.

시장 경쟁에서 마오타이는 초특급 단일품목 전략을 고수했으며, '문화 마오타이' '마오타이, 건강하게 즐기다' 등의 브랜드 메시지를 지속적으로 전파하여, 점차 중국 백주 시장의 절대 강자

---

[*]   1965년부터 2022년까지, 워런 버핏이 관리하는 버크셔 해서웨이의 총 수익은 3.6만 배 뛰었으며, 연평균 복리 수익률은 20.6%이다.(저자 주)

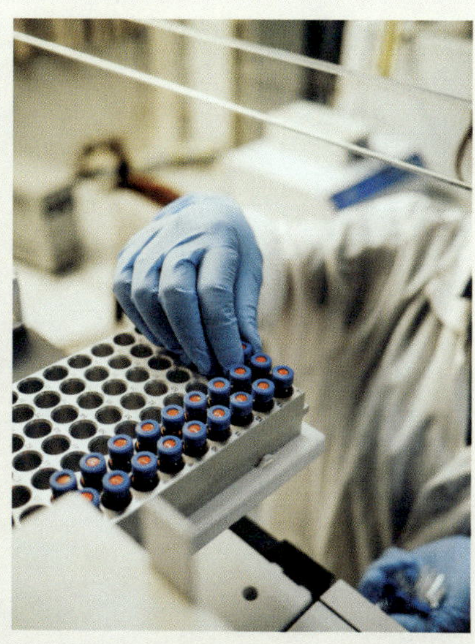

현대화된 포장 작업장(왼쪽)과 스펙트럼 분석 실험실(오른쪽)

로 자리잡았다. 2006년에는 비천마오타이의 시장 소매가격이 우량예를 넘어섰고, 이어 2011년에는 판매 이익에서도 우량예를 추월하며, 중국 백주는 본격적인 '마오타이 시대'로 들어섰다.

21세기 초, 중국 주류 시장에서는 '마오타이 vs. 우량예'의 경쟁, 즉 '마오우전茅五之戰'이 뜨겁게 펼쳐졌다. 10여 년 동안 농향형과 장향형 백주의 대표 주자인 두 브랜드는 중국 중산층 소비자들의 입맛을 사로잡기 위해 치열한 경쟁을 벌였다. 하지만 결과적으로 패자는 없었다. 두 기업은 함께 백주 시장을 키웠고, 중국 전통 음주 문화를 널리 알렸으며, 나란히 시가총액 1조 위안을 돌파한 거대 기업으로 성장했다.

이 시기 마오타이는 두 가지 핵심 전략을 완수했다. 이는 마오

2001년, 완공 이후의 1만 톤 규모 생산시설 일부

오늘날 산을 따라 늘어선 주류창고

타이 경영진의 선견지명과 확고한 추진력을 보여주는 대표적인 사례다. 바로 '원산지 인증'과 '소비자 인식 체계 구축'이다.

난맥상: 집집마다 마오타이주를 양조하다

저우산룽은 한때 마오타이주 시장이 혼란에 빠졌던 상황을 생생히 기억하고 있다.

1980년대부터 인회현에서는 양조 열풍이 조용히 번졌고, 모든 양조장에서 '마오타이주'라는 이름을 사용했다. 심지어 두 개의 향진 기업은 '마오타이양제창茅台醸制厂'과 '마오타이제주창茅台制酒厂'이라는 이름으로 공식 등록하기도 했다. 이후 10여 년 동안 인회현과 주변 지역에서는 '마오타이'라는 이름을 기업 상호로 등록하는 것이 합법적으로 허용되었고, 2000년에 들어서야 관련 규제가 마련되었다. 그뿐만 아니라, 전국 각지의 장향형 백주 제조업체들도 앞다투어 자사 제품을 '마오타이주'라고 내세웠다. 일부는 전통적인 순수 곡물 양조법을 따랐으나, 대부분은 합성 향료를 첨가해 인공적으로 블렌딩한 제품을 내놓았다.

1999년, 국가공상행정관리국国家工商行政管理局은 전국 20여 개 성, 자치구, 직할시의 공상행정관리 부서를 소집하여, 귀양에서 '마오타이 상표 권리 보호 협의회'를 개최했다. 회의 현장에는 각지에서 유통중인 가짜 '마오타이주'와 모방 제품 60여 종을 전시했는데, 길게 늘어선 대형 탁자가 가짜 제품으로 가득찼다.

책을 집필하는 과정에서 만난 인회현 지역 주민들은 가짜 마오타이주를 만드는 사람들을 '군화상军火商(무기 밀매업자)'이라 부르며, 이들 중 일부는 연간 매출이 무려 수억 위안에 달하기도 했다고 말해주었다. 당시 수많은 중소형 양조장이 단속을 피해 성 외부 지역으로 거점을 옮겼으며, 고정된 제조 판매 방식에서 벗어나 이동식 생산 판매 체제로 전환했다. 이들은 제조업체와 유통업체가 서로 결탁해 단속이 심해지면 곧바로 다른 지역으로 이동하는 방식으로 교묘하게 법망을 피해 갔다. 필요할 때마다 원하는 브랜드명으로 제품을 포장해 판매하는 등의 수법도 흔했다.

이러한 마오타이주 시장의 혼란 중에서도 가장 영향이 크고 오랜 기간 지속된 문제는 '라이마오 브랜드의 난립'이었다.

1980년, 라이마오 창시자 라이융추가 정부에 라이마오주 생산을 재개할 것을 건의했다. 귀주성 경공업청이 지커량 등 세 사람을 보내 실태 조사를 진행했는데, 얼마 되지 않아 라이융추가 세상을 떠났다. 1983년, 그의 아들 라이스창이 투자하여 항흥주창 恒兴酒厂을 재건하고, '라이융추'라는 이름을 상표로 등록했다. 이후 10여 년 사이에 라이융추와 두 남동생의 후손을 포함한 라이 집안의 여러 후손들이 속속 라이마오주를 생산했다.

이 기간 동안, 라이 집안과 마오타이주 공장은 여러 차례 라이마오 상표권 쟁탈전을 벌이며 법정에서 맞섰다. 법원은 최종적으로 마오타이주 공장의 손을 들어주었다. 그러나 2007년에 이르러, 마오타이측이 10년 동안 라이마오주를 생산하지 않았다는 이유로, 국가상표국은 해당 상표권을 취소했다. 이로부터 라이마오 상표는 장장 7년에 걸쳐 주인이 없는 상태에 빠졌다. 그러다 2014년, 북경시 고급인민법원의 판결을 거쳐, 라이마오 상표는 마오타이주주식유한회사茅台酒股份有限公司에 정식으로 귀속되었다.

저우산룽이 통계를 내보니, 상표에 주인이 없던 그 몇 년 동안 중국 시장에는 라이마오 공장이 470개 이상 등장했고, 1,000여 종이 넘는 라이마오주가 유통되었다. 가격은 10위안대부터 1,000위안대까지 천차만별이었다. 저우산룽은 이렇게 평가했다. "라이마오주의 범람은 장향형 백주의 인지도를 넓히는 데 일정한 역할을 하기는 했지만, 부작용이 훨씬 커서, 시장에 엄청난 혼란을 조성했어요."

전 세계에서 양조 기업이 가장 많은 마을

거대한 흐름이 일어날 때, 혼란 속에서 기회를 노리는 사람들도 있지만, 진심으로 장향형 백주를 만든 사람과 기업도 적지 않았다. 나와 함께 수당촌에 갔던 라오추도 그런 사람 중 한 명이었다.

라오추는 원래 귀양의 한 사범대학에서 물리학을 가르쳤다. 그의 장모가 왕마오 창시자 왕립부의 손녀였다. 2000년, 라오추는 사직하고 술을 만들기 시작했다. 우선 인회현에서 농지 약 133만 제곱미터를 임대하여 홍잉쯔 수수를 심었고, 2009년에는 마오타이주 공장 작업장 뒤편의 산모퉁이 땅을 사서 주류 공장을 차렸다. 라오추는 일에 대한 열정이 대단했고 연구에도 몰두했다. 그가 술을 증류할 때 사용하는 큰 솥은 두 개의 거대한 사암 덩어리를 직접 깎아 만들었는데, 이는 마오타이진에서 유일무이한 것이었다. 또한 술을 추출하는 과정에서 온도를 정확히 조절하기 위해 센서를 설치했다. 라오추는 연간 600톤의 술을 생산하며, 이 일을 통해 큰 보람을 느끼고 있었다. 2020년에는 딸과 사위가 호주에서 귀국하여 사업을 돕기 시작했다.

마오타이진에는 라오추처럼 술을 양조하는 사람이 한둘이 아니다.

인회시 주류협회 통계에 따르면, 2021년 마오타이진의 호적 등록 인구는 10만 명이며, 장향형 백주를 생산하는 기업만 1,779곳에 달한다. 그중 352곳은 백주 생산허가증을 가지고 있지만, 나머지는 모두 소규모 양조장이다. 장향형 백주 무역에 종사하는 회사는 1만 5,000개에 달한다. 이 수치로 보면, 마오타이진은 전 세계에서 양조 기업이 가장 밀집된 지역이라 해도 과언이 아니다.

라오추가 땅을 매입한 2009년은 마오타이진이 대대적인 변화를 맞이하던 시기였다. 같은 해, 준의에서 마오타이까지 고속도로가 개통되었고, 인회시 정부는 비공업 인구를 중추진으로 이주시킨 뒤, 2,500만 제곱미터 규모의 토지를 마련하여 '명주 산업단지'를 건설했다. 이와 함께 파격적인 투자 유치 정책과 획기적으로 개선된 교통 인프라가 맞물리면서, 장향형 백주 산업에 대한 투자는 한층 가속화되었다. 현지의 뜨거운 열정 외에도, 외부 자본도 장향형 백주 산업에 대거 유입되었다. 1999년, 천진 제약기업 천사력天士力이 마오타이진의 한 오래된 양조장을 인수하여, 이름을 국태주国台酒로 바꾸었다. 같은 해, 북경의 조어대釣鱼台 국빈관도 지역 자본과 손잡고 조어대주업釣鱼台酒业을 세웠다.

판매점이 밀집된 오늘날의 양류만. 마오타이진의 호적 인구는 약 10만 명이며, 장향형 백주를 생산하는 기업은 1,700여 곳, 유통·판매를 담당하는 무역회사는 무려 1만 5,000곳에 달한다.

주류 판매점의 유리문마다 큼직한 광고 문구가 내걸려 있다. '무료시음, 장향백주' '100% 순곡 양조, 직접 생산·판매'

마을 거리를 걸으면 집집마다 입구에 술 저장 용기가 놓여 있는 모습을 볼 수 있다.

2009년, 주류 유통업체 화택华泽그룹이 진주珍酒그룹을 전액 투자해 인수했고, 2011년에는 해항海航그룹이 7억 8,000만 위안을 들여 회주怀酒를 매입했다. 2013년, 한때 '중국 최고 부자'였던 와하하娃哈哈그룹 이사장 쭝칭허우宗庆后가 금장주업金酱酒业과 협력하여, 장향형 백주 사업에 뛰어들었다. 2018년에는 마오타이진과 강 하나를 사이에 둔 사천 고린 수구진이 이름을 모계진茅溪镇으로 바꾸고, 2년 후인 2020년에 200억 위안을 투자하여 장향형 백주 산업 단지를 건설하겠다고 발표했다.

2022년 통계에 따르면, 중국 전체 백주 생산량에서 장향형 백주가 차지하는 비율은 8%이지만, 매출 비중은 26%, 이윤 비중은 무려 45%에 달했다. 이를 통해, 지난 20여 년 동안 지속된 장향형 백주 열풍은 앞으로도 한동안 지속될 것이라고 추측할 수 있다.

"마오타이진을 떠나면 마오타이주를 생산할 수 없다"

전통적인 제조 기술을 기반으로 한 지역 특산품이 지속 가능하고 건강한 생태적 발전을 이루는 방법은 오랜 과제이자 난제다.

내 고향에는 그 유명한 용정차가 있다. 그런데 용정차의 고르지 못한 품질 때문에 혼란이 이어졌다. 차와 술은 모두 천년이 넘는 중국 문화의 정수로, 소식苏轼이 읊었던 "새 불을 지펴 새 차를 음미하고, 시와 술로 청춘을 즐겨보세"라는 시구에서도 그 가치를 엿볼 수 있다. 용정차는 청나라 건륭제가 마셨다는 황실 전설이 있고, 민간에 전해내려오는 10대 덖음 기술, 그리고 중국

10대 명차 중 으뜸이라는 위상을 지닌다. 차 부문의 '마오타이주'라고도 할 수 있겠다. 심지어 중국 유일의 국가급 '중국찻잎박물관中国茶叶博物馆'도 용정 일대에 세워졌을 정도다.

그러나 상업적 운영 측면에서 용정차와 마오타이주는 비교할 수 없을 만큼 큰 차이를 보인다. 용정차는 하나의 제품 종류일 뿐 브랜드가 아니어서, 지금까지도 연 매출 2억 위안을 넘는 용정차 기업이 없다. 2000년 전후, 항주시 정부는 시장 질서를 정리하기 위하여 등급별 명칭을 제정했다. 즉, 용정차 핵심 생산지역에서 덖은 것은 '서호용정西湖龙井', 항주 대도시권에서 생산된 것은 '항주용정杭州龙井', 절강성 내 기타 지역에서 생산된 것은 '절강용정浙江龙井'이다. 그러나 이 규정을 제대로 따르는 차 농가는 거의 없다. 심지어 청명절과 곡우 무렵이면 성 안팎의 찻잎이 대량으로 용정촌으로 들어와, 소비자들은 애당초 원산지를 구분해낼 수 없다.

이러한 '용정차 현상'은 경덕진 자기, 금화金华 햄火腿, 보이차, 오상五常 쌀 등에 이르기까지 거의 모든 전통 농산품과 공예품에서 발생하고 있다.

과거를 돌아보면, 마오타이주도 용정차처럼 범람하여 혼란이 일어난 적이 있었다. 일찍이 소주방 시대에는 화마오, 왕마오, 라이마오가 이미 그 곤경을 깊이 겪었다. 그들은 마오타이진의 무분별한 토착 양조주와 경쟁해야 했을 뿐만 아니라, 사천과 귀주 등 타지역의 '마오타이주'에 대해서는 속수무책이었다. 화련휘와 라이융추는 회고록에서 이에 대해 수차례 한탄하기도 했다.

마오타이주가 뿌리를 바르게 하고 체계를 정립하는 데는 20년 넘는 시간이 걸렸다. 그중 가장 상징적 의미를 지니는 것은 "마오타이진을 떠나면 마오타이주를 생산할 수 없다"는 개념의 정립이었다.

1991년 11월, 지커량은 경공업부에서 조직한 주류기업 대표단과 함께 프랑스로 참관을 갔다. 유럽에서 가장 유명한 브랜디 생산지인 코냑에서 그는 처음으로 '원산지'라는 개념을 접했다. 프랑스 정부는 브랜디와 와인에 대해서 '법정생산지역' 보호 법률을 제정하여, 이곳에서 생산된 것이 아니면 'COGNAC'이라는 명칭을 사용할 수 없게 했다. 즉 코냑의 중국어 음역인 '干邑 gānyì'라고도 할 수 없다는 것이다. 귀국 이후 지커량은 「귀주를 세계 명주의 고장으로 건설하자」라는 글에서 "코냑 지역에서 생산된 브랜디만이 '코냑 브랜디'라고 불릴 수 있고, 그렇지 않으면 사용이 불가능하다. 이로 인해 코냑은 점차 전 세계에서 이름난 세계 명주의 고향이 되었다"라고 적었다.

이 경험 속에서 지커량은 마오타이주의 처지를 떠올렸다. 이후 몇 년 동안, 마오타이주 공장의 연구원들과 체계적인 연구를 진행하여, 결국 "마오타이진을 떠나면 마오타이주를 생산할 수 없다"는 개념을 제정했다.

업계 내에서 이 개념을 확고히 하기 위해, 다음과 같이 체계적으로 근거를 제시했다.

지리 조건: 마오타이진은 사방이 산으로 둘러싸여 있어, 특수한 아열대 기후를 형성하고 있다. 연평균 기온은 17.4도이며, 여

름철 최고 기온은 40도를 넘고, 더운 계절이 반년 이상 지속된다. 겨울에는 기온 변화가 적으며, 최저 기온은 2.7도이다. 연 강수량은 800~1,000밀리미터이다. 일조량은 연간 1,200시간 이상으로 풍부하며, 이는 귀주 고원에서 최고 수준이다. 이처럼 겨울은 따뜻하고 여름은 무더운 기후, 비와 바람이 적은 환경은 양조 미생물의 생성과 번식에 유리하며, 이곳의 양조 환경을 다른 곳에서 복제할 수 없는 주요 원인 중 하나이다.

토양 특징: 마오타이진의 주요 지질구조는 7,000만 년 전에 형성된 자색 사혈암과 역암이다. 토양은 산성과 알칼리성이 적절한 균형을 이루고 있으며, 여러 가지 유익한 성분이 풍부하게 함유되어 있다. 유기질 함량은 약 1%로 용해되기 쉬우며, 염기 포화도가 80~90%에 달해 중성에서 약한 알칼리성을 띠고 있다. 또한, 광물질 양분이 풍부하며, 토양 중 사석砂石과 역석礫石의 함량이 높다. 역석은 풍화와 유수流水 침식 작용에 의해 형성되어 공극도가 커서, 수원이 잘 스며들고 여과되며, 토양층에서 인체에 유익한 성분이 용해되는 데 유리하다. 또한, 이는 술덧과 발효액 내 미량원소의 이동에도 크게 영향을 끼친다.

수질 특징: 적수하는 국가급 희귀 어종 자연보호구역이며, 장강 상류에서 유일하게 산업 오염이 없는 원생태 자연하천이다. 단하지모의 영향을 받아서, 특정 시기에 강물이 각종 유익한 광물질을 풍부하게 함유하여, 양조에 적합한 천연의 우수한 용수로 평가받는다. 적수하 유역에는 마오타이주, 랑주, 습주, 진주, 동주, 노주노교 등 유명한 주조장이 자리잡고 있어 독특한 술 문

"마오타이진을 떠나면 마오타이주를 생산할 수 없다."

화를 형성하였으며, 적수하는 '미주하美酒河'라는 별칭을 가지고 있다. 이는 전 세계에서도 유일무이한 환경이다.

미생물 환경: 독특한 지리조건과 100년 이상의 양조 역사 덕분에, 마오타이진에는 유일무이한 미생물 환경이 조성되었다. 미생물 균군菌群은 국배麴醅와 술덧 발효과정에서 마오타이주의 대표적인 장향 형성에 결정적 작용을 일으킨다. 이 복잡하고 특수한 생태환경은 다른 곳으로 옮기거나 복제할 수 없으며, 이러한 이유로 마오타이진을 벗어나면 같은 품질의 마오타이주를 생산할 수 없다.

마오타이주 연구발전센터를 방문해 조사하던 중, 한 기술자가 매우 '신비한' 디테일을 들려주었다.

마오타이주의 복잡한 향기 중 꽃향기를 띠는 것이 있는데, 과학적 분석 결과 누룩에 있는 '의청매拟青霉'라는 일종의 곰팡이에 의해 만들어진 것으로 밝혀졌다. 그런데 이런 미생물은 오직 마오타이주 핵심 생산지역의 일정 구역에서만 나타난다. 이는 자연환경과 양조환경이 오랜 세월 맞물려 생성된 결과로, "그 구역을 벗어나면 누룩에서 의청매를 더이상 찾아볼 수 없다".

지리조건, 토양, 물, 미생물이 주류 양조에 영향을 미친다는 사실은 마오타이주 공장만의 독창적인 견해는 아니다. 그러나 마오타이는 이런 요소를 과학적이고 체계적으로 분석하여 설득력 있는 논리를 구축하는 데 기여했다.

2001년, 마오타이주 공장은 국가품질검사총국国家质检总局(현 '지리표지제품보호地理标志产品保护')에 마오타이주 원산지 보호를 신청하여, 중국 백주업계 최초로 원산지 보호 범위(현 '국가지리 표지제품보호시범구역国家地理标志产品保护示范区')를 확정했다. 당시 마오타이주 생산지역은 귀주성 인회시 마오타이진 내로 한정되었으며, 남쪽 경계는 마오타이진 관할 염진하 출수구出水口의 소하발전소小河电站까지, 북쪽 경계는 마오타이주 공장 1작업장의 양류만 및 양류만 양차가羊叉街에서 모준공로茅遵公路까지, 동쪽 경계는 모준공로에서 홍전창红砖厂을 거쳐 염진하 남단에 이르는 지역까지, 서쪽으로는 적수하까지였다. 이러한 범위는 약 7.5제곱킬로미터에 달하며, 이 지역 내에서 양조한 제품만 '지리표지 제품전용 표지'를 사용할 수 있도록 규정되었다.

2013년에 이르러, 마오타이주 공장은 국가품질검사총국에 보호 범위 확대를 신청했다. 이에 기존 경계를 남쪽으로 적수하 협곡지대까지 연장하고, 동쪽으로 지동산智动山과 마복계马福溪 주봉까지, 서쪽으로 적수하까지, 남쪽으로 태평촌太平村에서 언당구堰塘沟 경계까지, 북쪽으로 염진하 소하구小河口까지 연장하여 기존 보호구역과 연결했다. 이로 인해 보호 면적은 약 7.53제곱킬로미터 늘어나 총 15.03제곱킬로미터로 확장되었다.

2022년, 마오타이그룹은 '산·물·숲·흙·강·미생물'이라는 생명공동체 개념을 제시하며, 생태 보전의 중요성을 더욱 강조했다.

20여 년간 지속적인 홍보와 과학적 분석을 통해, 오늘날 '마오타이진을 떠나면 마오타이주를 생산할 수 없다'는 개념과 '마오타이주 핵심 생산지역'이라는 인식이 널리 자리잡았다. 그 결과

적수하는 마오타이주가 건강하게 발전할 수 있도록 보호하는 지리적 해자 역할을 하게 되었다.

장향주의 건강한 생태질서

피터 드러커는 1946년 저서 『기업의 개념』에서 기업은 소비자나 유통업체와의 관계만큼이나 지역 사회와의 관계를 중시해야 한다고 강조했다. 그는 "모든 기업은 지역 사회에 속해 있으며, 따라서 사회적 역할과 책임을 다해야 한다"고 말했다.

이러한 개념은 귀주 마오타이주 공장에 더욱 중요한 의미를 가진다. 마오타이주는 단순한 제품을 넘어, 지역의 자연환경과 깊이 연결된 하나의 '생태계'이다. 이는 단순한 생산지가 아니라, '생명, 생산, 경제 활동'이 유기적으로 얽혀 있는 독특한 환경이다. 마오타이주는 마오타이진의 역사적 유산이며, 이론적으로 보면 지역 사회 구성원 모두의 공동 자산이라 할 수 있다. 따라서 마오타이주를 보호하는 행위는 지역 사회의 공동 이익과 조화를 이루어야 한다.

마오타이주 공장이 제안한 원산지 보호 및 핵심 생산지 보호 개념은 독점적이고 배타적인 전략이 아니다. 만약 그러했다면 지역 내 다른 주류기업들과 심각한 갈등을 초래했을 것이다. 오히려 마오타이주 공장은 생태 질서를 기반으로 한 접근 방식을 취했으며, 이를 통해 지역 내 다른 장향주 기업들의 성장을 촉진하고 상호 협력을 이끌어냈다. 이러한 현상이 가능했던 이유는 다음과 같다.

—마오타이주의 양조 기술은 100년 넘게 전승되어왔지만, 이를 표준화하고 '장향형 백주'라는 개념을 정립한 것은 여러 세대에 걸친 마오타이주 장인들의 노력 덕분이다. 이런 의미에서 마오타이주 공장은 마오타이주의 전통을 계승하고 그 가치를 새롭게 정의한 존재로 평가받으며, 지역 사회 또한 이에 대해 공감과 존중을 보인다. 마오타이주 공장은 다른 주류기업과 긍정적인 공생관계를 형성하였으며, 마오타이주 공장에 대한 부정적인 발언을 거의 찾아볼 수 없다.

—마오타이주 공장은 오랜 기간 고급 브랜드 전략과 초특급 단일품목 전략을 고수해왔다. 이로 인해 지역 내 다른 장향주 기업들도 프리미엄 시장에서 경쟁할 수 있는 기반이 마련되었다. 지역 내 중소 주류기업들은 차별화를 통해 자신들만의 시장을 개척할 수 있었고, 자연스럽게 품질 중심의 경쟁 체계가 형성되었다. 그 결과 "우수한 제품이 열등한 제품을 시장에서 밀어내는" 긍정적인 생태가 자리잡았다.

—마오타이주 공장이 오랜 세월 자연환경 보호를 최우선 과제로 삼아온 것은 지역 내 모든 주류기업들에게도 긍정적인 영향을 미쳤다. 오늘날 마오타이진에서는 물과 토양을 보호하고 미생물 생태계를 존중하는 것이 지역 사회 전체의 공통된 가치로 자리잡았다.

중국 백주업계에서 마오타이진을 중심으로 형성된 장향주 생태질서는 독특한 사례로 평가받고 있다. 이를 통해 원래 틈새 시장에 불과했던 장향주가 빠르게 시장을 확장할 수 있었다.

2022년에 이르러, 적수하 유역에서는 마오타이주 이외에도 습주, 랑주, 국태주 등 연 매출 100억 위안이 넘는 대형 장향주 기업들이 나타났고, 그밖에 또한 조어대, 무우无忧, 사십구방肆拾玖坊, 금장金酱, 야랑고夜郎古 등 연간 매출 10억 위안을 넘는 중형 장향주 기업들도 10여 곳에 달한다.

이러한 생태는 또한 지역 경제 성장에도 큰 기여를 했다. 2022년, 인회시의 지역 총생산GDP은 1,706억 위안을 넘어서면서 중국 전체 GDP 상위 100개 현 중 12위에 올랐고, 서남지역에서는 1위를 기록했다.[75] 2023년, CCID 컨설팅과 'CCID 사천'이 공동 발표한 '2023년 중국 500대 진 지역 경제 및 서부 50대 진 리스트'에서 마오타이진은 소주 옥산진玉山镇, 불산佛山 사산진狮山镇과 함께 상위 3위에 올랐고, 서부 지역에서는 1위를 차지했다.[76]

오해받기 쉬운 마오타이

마오타이는 이해하기 쉽지 않은 기업이다. 신비로운 아우라를 지니고 있는 동시에, 어쩌면 당연하게도 수많은 오해를 받고 있다. 이는 사실 중국 백주에 대한 대중의 오해이기도 하다.

내가 이 책을 집필하던 시기에 마오타이 사람들을 난처하게 만든 두 가지 일이 발생했다.

2021년 2월, 중국공정원中国工程院* 에서 신규 원사院士를 추가

---

* 　　중국 공정과학기술계에서 가장 명예롭고 권위 있는 학술기구로, 국무원 직속 기구이다. 1994년 설립되었으며, 중국과학원과 더불어 '양원两院'이라고 일컬

선발했는데, 마오타이그룹 총엔지니어인 왕리王莉가 후보자 명
단에 들어갔다. 이 뉴스는 즉시 여론의 뜨거운 조롱을 불러일으
켰고, '백주의 전설, 원사의 웃음거리'라는 식의 제목이 인터넷
을 도배했다. 결국 왕리의 이름은 조용히 명단에서 사라졌고, 그
렇게 사태는 마무리되었다.

2022년 3월, 국가발전개혁위원회가 국가기업기술센터 평가
결과를 발표했는데, 마오타이주 공장의 '국가기업기술센터' 자
격이 철회되었다. 이 소식은 또 한 차례 마오타이를 향한 대중의
조롱을 불러일으켰다. 이 평가에서는 100점제가 적용되었는데,
총 35개 항목의 수치를 합산한 마오타이의 최종점수는 50.7점으
로, 평가에 참여한 전국 1,744개 기업 중 1,672위를 기록했다.

이 사태를 마주하여, 마오타이주 공장에서는 어떻게 해명해야
할지 몰랐다. 그날, 나는 왕리를 인터뷰하며 이 두 가지 사건에
대해 물었지만, 그녀는 본능적으로 답변을 피했다.

사실을 따져보면, 마오타이에도 억울한 사정이 있다.

20세기 중반 이후 수십 년 동안, 중국 백주는 전통 수공업에서
현대화된 제조업으로 대대적인 전환을 이루어냈으며, 그 과정에
서 뛰어난 인재들이 배출되었고, 찬란한 업적을 남긴 명인들도
많았다. 예를 들면 친한장, 저우헝강, 슝쯔수 등은 모두 현대 화
학공학 및 식품공학을 전공한 전문가들이었다. 지커량 또한 식품
발효를 전공했으며, 이후 수십 년 동안 현장에서 연구에 몰두했

어진다.(역자 주)

다. 왕리 세대에 이르러서는 원료, 생태환경, 미생물 연구 분야에서 더욱 깊이 있는 발전이 있었고, 현대 과학과 산업화의 관점에서 백주를 더 많이 이해하게 되었다. 하지만 대중과 언론은 이에 대한 이해가 부족했고, 여전히 고정관념에 사로잡혀 있었다.

국가기업기술센터 평가 기준을 살펴보면, 100점제의 각 평가 항목 중에서 비중이 가장 높은 것은 '과학기술 연구개발 비용이 제품 판매 수익에서 차지하는 비율'이었다. 해당 항목의 점수는 17점이고, 기본 요구 기준은 3%였다. 그런데 마오타이의 연구개발 비용 비율은 겨우 0.14%밖에 되지 않아, 사실상 17점이 전부 감점되었다. 이외에도 '신제품 판매 수익이 전체 제품 판매 수익에서 차지하는 비율' '신제품 판매 이익이 제품 판매 이익에서 차지하는 비율' 등 항목은 각각 11점이며, 기본 기준은 각각 20%와 15%였다. 그러나 마오타이의 해당 항목 점수는 아주 낮았다.

조사 과정에서 확인한 바에 따르면, 마오타이는 중국 백주의 주요한 특징과 양조 기술 연구에서 업계 선두를 달리고 있다. 2010년 이후 10여 년 동안, 마오타이는 총 60억 위안의 연구개발 비용을 투입하여, 성부급 이상 12개의 연구 혁신 플랫폼을 신설했고, 260여 개의 과학기술 혁신 프로젝트를 추진했다. 또한 43개의 혁신 연구실을 설립하고, 5,000여 개의 개혁 프로젝트를 수행했으며, 발명특허 56건을 획득했고, 39건의 표준 제정 작업을 주도하거나 참여했다.

그러나 안타까운 점은, 대중은 물론 미디어조차도 마오타이 및 중국 백주 산업의 연구개발 현황에 대해 거의 알지 못한다는 것이다. 여전히 '하늘이 빚어내고 손으로 만든다'는 고정관념에 머물러 있으며, 관련 기관 역시 국가기업기술센터를 지정하는 과정에서 이 업계의 특수성을 고려하지 않았거나 고려할 수 없는 상황이다.

마오타이가 연간 1,000억 위안에 달하는 매출의 3%를 연구개발에 투자하는 것은 현실적으로 불가능하며, 매출 증가 또한 신제품 판매 비율의 증가에 의존하지 않는다. 만약 관련 심사평가 기준을 수정하지 않으면, 마오타이주의 기술 부서는 영원히 국가기업기술센터로 지정되지 못할 것이다.

마오타이가 처한 난처한 상황은 이뿐만이 아니다. '과학기술 발전이 곧 국가 발전'이라는 주제가 논의될 때마다, 심지어 가장 권위 있는 학술 포럼에서도 "왜 중국에서 가장 높은 시가총액을 기록한 기업이 반도체나 인공지능 기업이 아니라 백주를 만드는 마오타이인가?"라는 의문이 제기된다.

마오타이의 독특함과 끊임없는 논란이야말로 내가 『마오타이』를 집필하게 된 동기 중 하나였다. 어떤 각도에서 보든 마오타이는 훌륭한 기업이다. 그런데 훌륭한 기업이 왜 늘 오해받는 것일까?

세계적인 경영대학원 강의에서도 마오타이 같은 사례가 분석되는 경우는 드물며, 『초우량 기업의 조건』『성공하는 기업들의 8가지 습관』 등 유명한 경영 서적에서도 언급되는 경우가 드물다. 이는 결국 하나의 낯선 질문을 던진다. 정신적 소비와 지역 문화를 동시에 반영하는 소비재 기업의 핵심 기술 역량과 가치 모델은 어떻게 정의할 수 있을까? 이러한 기업의 지속 가능한 성장은 어떤 생산 및 경쟁 요소를 기반으로 이루어지는가? 그리고 이들의 높은 영업이익률과 기업 가치 뒤에는 어떤 수익 모델과 자본 논리가 존재하는가?

10%는 남겨두어 하늘에 맡기다

왕리는 1994년 마오타이주 공장에 입사했다. 그녀는 서북경공업대학(현재 섬서과학기술대학陝西科技大学) 식품전공을 졸업하고, 기술센터의 기술자에서 시작해 총엔지니어와 총매니저까지 올라갔다.[*] 그녀가 기억하는 첫 출근 날, 공장에서는 한창 기술적인 논쟁이 벌어지고 있었다.

"내가 들어오자마자 마주한 것이 대수분大水分과 소수분小水分 논쟁이었어요. 즉, 술덧의 수분 함량이 많을수록 유리한가, 아니면 적을수록 유리한가를 두고 의견이 엇갈렸죠. 지커량 총경리 측은 '소수분'을 주장했고, 다른 원로 공장장 측은 '대수분'을 주장했어요. 몇 차례의 실험과 이화학적 분석을 거친 끝에, 결국 수분이 적어야 한다는 쪽이 이겼어요. 1996년부터 기술 부서에서 기존의 간단한 지침을 체계적인 표준규범으로 업그레이드하면서, 모든 생산 기준이 체계화되기 시작했죠."

2001년, 마오타이주 공장은 최초의 기술 표준 체계를 완성했

---

[*]　　2023년 8월, 왕리는 리징런李静仁의 뒤를 이어 마오타이그룹 당위원회 부서기 겸 총매니저가 되었다.(저자 주)

고, 이후 5년마다 개정을 거쳐 2022년에는 세번째 버전으로 발전했다. 왕리는 이렇게 말했다. "모든 연구 성과는 반드시 표준으로 전환될 수 있어야 합니다. 그래야만 백주 양조 기술이 진정한 과학의 영역에 들어섰다고 할 수 있지요."

장향주 업계에는 '12987'이라는 양조 공정 암기가 있다. 하지만 지커량과 왕리는 이 표현이 마오타이의 전반적인 기술을 온전히 설명할 수는 없다고 보았다. 마오타이주 공장의 양조 철학에서 중요한 원칙은 다음과 같다. "누룩을 만드는 것이 기초이며, 술을 빚는 것은 근본이고, 블렌딩은 핵심이며, 검사는 품질을 지키는 최후의 보루다." 즉, 모든 양조 과정에서 생애 주기 전반을 철저히 관리하고 정량적 표준화를 이루어야만 진정한 의미에서의 마오타이주를 양조해낼 수 있는 것이다.

왕리 세대의 마오타이 기술 전문가들은 모두 지커량을 스승으로 여겼고, 이들은 양조 미생물과 풍미 형성 연구에서 큰 발전을 이루었다.

일찍이 마오타이 파일럿 프로젝트 시기부터 저우형강 팀은 이미 양조 미생물의 분리 및 동정同定(특정 미생물을 분류하여 확인하는 과정)을 시도했다. 그러나 연구 기술의 한계로 이후 50년 동안 마오타이의 미생물 연구는 '장님이 코끼리 더듬는' 수준에 머물렀다. 그러던 2005년, 마오타이는 중국과학원 미생물연구소와 협력하여 업계 최초의 '백주 미생물 균주 자원은행白酒微生物菌种资源库'을 설립했다. 2012년, 고속 유전체 분석 기술High-throughput sequencing이 도입되면서 연구는 획기적인 전환점을 맞았다. 메타

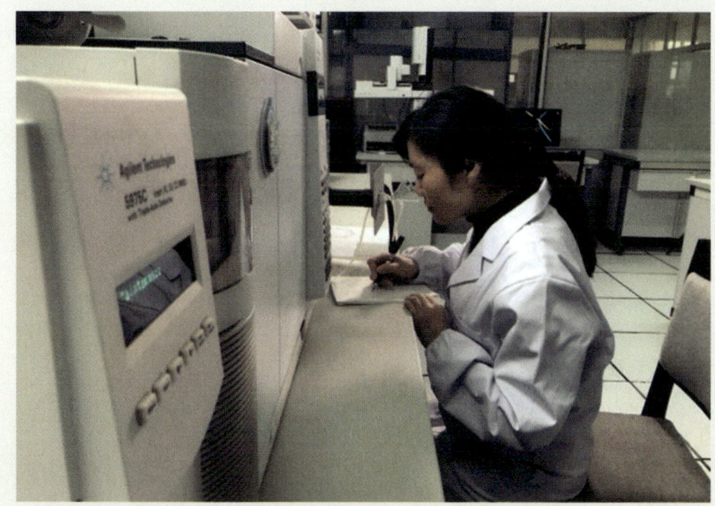

왕리는 정식으로 관련 학문을 전공했으며, 입사 첫날부터 줄곧 기술 분야에서 일해왔다.

전사체학Metatranscriptomics과 메타단백질체학Metaproteomics 등의 첨단 연구 기법이 차례로 도입되면서 미생물 연구는 질적인 도약을 이루었다.

약 20년에 걸친 지속적인 연구 끝에, 마오타이의 연구진은 누룩, 술덧, 그리고 양조 환경에서 채취한 약 9,800개의 샘플을 분석하여 1,940여 종의 미생물을 발견했다. 이 숫자는 현재 업계에 보고된 문헌 중 가장 많은 기록이며, 이는 마오타이주 양조 체계의 복잡성과 다양성을 다시 한번 증명하는 것이기도 하다. 연구진은 분석 과정에서 총 4,184기가바이트에 달하는 생물학적 데이터를 축적했고, 이를 통해 미생물 활동의 규칙을 밝혀냈다. 이를 바탕으로 핵심 공정 단계에서 미생물 생태를 정기적으로 모니터링할 수 있는 체계를 구축하여, 양조 과정에서 발생하는 미생물의 변화를 실시간으로 파악할 수 있게 되었다.

왕리는 1,940여 종 미생물이 수행하는 대사기능을 완전히 규명하는 것은 거대한 프로젝트로, 몇 세대에 걸친 노력이 필요할 테지만, 이 연구에서 얻은 성과는 모든 산업발효 분야에 영향을 미칠 것이라고 말했다. 중국 미생물학의 선구자인 천타오성 교수는 생전에 "백주의 미생물을 제대로 연구할 수 있는 사람이 있다면 노벨상을 탈 것이다"라고 말한 바 있다.

마오타이주 공장에서 본격적으로 풍미 연구를 시작한 것은 2005년이었다. 당시 왕리와 강남대학의 쉬옌徐岩 교수가 주도하여 '마오타이주 풍미 성분 분석' 프로젝트를 시작했다. "백주의 발효 과정에서 발견되는 다양한 미생물을 중심으로 연구를 진행했고, 그중에서도 풍미에 기여하는 주요 화합물을 찾아냈어요. 이를 바탕으로 감각 과학과 풍미 화학의 분석 모델을 구축했죠."

이 연구는 2013년까지 계속되었으며, 왕리의 연구팀은 '풍미 유사도' 평가 모델을 완성했다. 이 모델은 마오타이주의 풍미 안정화에 결정적 역할을 했다. "마오타이주 한 병에 300가지 이상의 풍미 성분이 있어서, 어떤 것은 향에서, 어떤 것은 맛에서 드러나죠. 유사도 평가 모델을 통해 블렌딩된 마오타이주의 품질을 마치 얼굴을 인식하는 것처럼 정확하게 판별할 수 있게 되었어요."

청향형과 농향형 백주와 달리, 장향형 백주는 지금까지도 특정한 주된 향을 정의할 수 없는 상태다. 왕리와 연구진은 "마오타이주의 향은 개별 성분이 아니라 여러 요소가 복합적으로 어우러진 것이라, 앞으로도 오랫동안 풀리지 않는 수수께끼일 것이다"라고 설명했다. 바로 그렇기 때문에, 풍미 유사도 평가 모델은 마오타이주의 관능적感能的 안정성을 유지하는 데 중요한 역할을 한다.

나는 왕리에게 물었다. "그러면 매번 생산되는 마오타이주의 풍미를 100% 동일하게 맞출 수 있나요?"

그녀는 웃으며 답했다. "지금으로서는 10% 여지는 남겨둡니다. 왜냐고요? 마오타이주는 과학이면서 동시에 인간적인 요소가 있거든요. 블렌딩 마스터 한 명 한 명이 각자의 미묘한 감각을 가지고 있어요. 그 10%는 예술적인 영역이고, 하늘에 맡기는 몫이기도 하죠."

반평생 술의 수수께끼를 찾아 헤매었지만, 결국 일부는 하늘에 맡길 수밖에 없다. 마오타이주의 신비로움과 그 깊이가 바로 여기에 있다.

19 고객 마인드 시스템

진정한 광고는 광고를 제작하는 것이 아니라, 소비자와
미디어가 브랜드에 대해 이야기하게 만들어 광고 효과를
얻는 것이다.

—필립 코틀러 Philip Kotler

'마오타이 마니아'는 어떻게 가짜 마오타이를 막았을까

한번은 심천에 강의를 하러 갔다. 몇몇 기업가 출신 수강생이
회식에 나를 초대했는데, 그중 한 명이 마오타이주를 세 병 가져
왔다. 그가 말하길, 자기들은 마오타이를 마실 때 식당에서 사는
경우는 거의 없고, 항상 직접 가져온다고 했다. 콜키지(술 반입
비용)를 내더라도 아깝지 않다는 것이다.

식사가 끝날 때쯤, 그가 갑자기 종업원에게 물었다. "여기 작
은 망치 있나요?" 종업원은 의미심장한 미소를 짓더니 주방에서
작은 칼을 가져다주었다. 그는 즉시 칼등으로 다 마신 술병 주둥
이를 하나하나 두드려 금이 가도록 만들었다.

나는 깜짝 놀라 물었다. "왜 그렇게 하는 거죠?"

그가 말했다. "누군가 빈병을 가져가서 가짜 마오타이를 채우

는 걸 방지하려고요."

이 장면은 나에게 강렬한 인상을 남겼다. 그리고 이후 몇 년 동안 비슷한 상황을 여러 차례 목격했다. 어떤 사람은 그 자리에서 병 주둥이를 깨뜨려버렸고, 어떤 사람은 따로 처리한다고 빈병을 가지고 돌아가기도 했다.

한때 가짜 마오타이주를 만드는 일은 아주 돈이 되는 불법 사업이었다. 한 인터넷 플랫폼에서 마오타이주 술병을 회수한다는 게시글을 본 적이 있다. "30년 숙성 마오타이 술병 한 세트 800위안, 15년 숙성 마오타이 술병 200위안, 일반 비천마오타이 술병 60위안. 상자, 병, 술잔, 위조 방지 라벨 모두 온전하게 있어야 하며, 술잔 하나 모자라면 5위안 감액."

시장에서 매년 도대체 얼마나 많은 가짜 마오타이가 유통되는지는 수수께끼이다.

2011년, 일부 선정적인 미디어는 한 공무원의 말을 조작하여 이렇게 보도했다. "마오타이주 공장의 연간 생산량은 약 2만 톤인데, 2010년 중국 전역에서 소비된 마오타이주는 20만 톤에 달했다. 즉, 시중에 유통되는 마오타이 중 90%가 가짜이다."

이후 "마오타이 중 90%가 가짜"라는 말이 순식간에 각종 매체를 통해 확산되었다. 그러다 몇 달 뒤, 지커량이 직접 나서서 반박했다. 그는 시장에서 유통되는 가짜 마오타이 비율은 결코 5%를 넘지 않는다고 주장했다. "최근 3년간 우리가 자체적으로 조사한 통계와 정부의 단속 데이터를 종합하면, 적발된 가짜 술은 300톤 안팎입니다. 현재 마오타이 연간 판매량이 약 3만 톤임

마오타이 마니아들이 늘어서서 만들어낸 표어

을 감안하면, 가짜 술은 우리 판매량의 1% 정도에 불과합니다. 단속되지 않은 가짜 술과 기타 변수를 고려하더라도, 시장에서 가짜 마오타이가 차지하는 비율은 5%를 넘을 리 없습니다.”

90%와 5%는 차이가 매우 큰데, 지금까지도 명확한 수치가 없다. 다만, 한 대략적인 통계에 따르면, 마오타이를 자주 마시는 사람 중 단 한 번도 가짜 마오타이를 접한 적이 없는 경우는 5%를 넘지 않을 것이라고 한다.

그런데 가짜 마오타이를 적극적으로 저지한 것은 다름 아닌 '마오타이 마니아茅粉'라 불리는 충성도 높은 소비자들이었다.

이 소비자들의 행위는 자신의 이익을 위한 것이 아니었다. 그들이 좋아하는 브랜드의 정통성을 자발적으로 지키려는 것이었다. 이는 마오타이가 단순한 제품을 넘어 소비자들 마음속에서 강한 가치를 형성했음을 의미한다.

　기업의 경영행위에 소비자가 자발적으로 참여하는 현상은 그 브랜드가 소비자의 마음속에서 강렬한 '마인드 에너지'를 형성했다는 신호로 해석된다. 샤오미小米 스마트폰이 처음 출시될 때, 레이쥔雷軍은 샤오미 팬 그룹인 'MIUI 팬 그룹'을 조직하여, 수백 명의 팬을 초청해 제품 설계에 직접 참여하게 했다. 이는 샤오미가 시장을 폭발적으로 장악하는 출발점이 되었다. 테슬라가 중국 시장에 처음 진입했을 때도, 역시 열성 팬들이 자발적으로 수천 킬로미터를 주행하며 자비로 충전소를 설치하기도 했다.

　이런 현상의 발생은 그 브랜드가 '고에너지 성장기'에 접어들었음을 의미하며, 이때의 브랜드 성장세는 웬만한 외부 요인으로 막을 수 없을 정도로 강력하다. 그런데 샤오미나 테슬라와 달리, 마오타이 마니아들이 술병을 부수는 것은 과시하거나 보여주려는 의도가 전혀 없고, 그저 일상적인 소비 습관으로 정착된 것이며, 그렇기 때문에 더욱 강력한 내재적 동기를 가진다고 볼 수 있다.

　마오타이주의 주요 소비층은 기업가, 도시 중년 화이트칼라, 지식인 계층, 그리고 중고급 공무원으로 구성된다. 이들은 전체 인구의 약 10%를 차지하고 있어, 사회적 영향력이 큰 계층에 속한다. 이들은 전형적인 이성적 소비자로, 특정 제품을 쉽게 인정하지 않는다. 그러나 일단 어떤 제품을 신뢰하게 되면, 그 충성도를 바꾸는 것 또한 매우 어렵다.

　소비자 심리학에서는 브랜드에 대한 소비자의 인식이 네 가지 차원으로 형성된다고 본다. 즉, 기능적 인식, 사회적 인식, 감정적 인식, 가치 인식이다. 마오타이주가 어떻게 독자적인 브랜드 인식 체계를 형성했는지, 이 네 가지 측면에서 알아볼 수 있다.

기능적 인식: '머리가 아프지 않다' '간에 무리가 가지 않는다'

중국 전역에서 생산되는 다양한 백주는 각기 다른 향과 맛을 가지고 있으며, 소비자마다 취향이 다르기 때문에 단순히 '향'과 '맛'만으로 우열을 가리기는 어렵다. 제3회 전국주류품평회에서 저우헝강이 '향 유형'을 기준으로 평가한 것도 사실상 명주들 간의 치열한 경쟁을 피하기 위한 전략이었다. 이후 1989년 제5회 전국주류품평회를 끝으로, 주류업계는 유사한 품평회를 영구적으로 중단한다고 발표했다.

바로 이러한 특성 때문에, 백주 브랜드는 마케팅 과정에서 품질 평가나 기능성을 언급하는 경우는 별로 없고, 대부분 역사적 전통과 독창적인 제조 공법을 강조한다.

그러나 2011년 5월, 글로벌 최대 소비자 조사 기관인 닐슨 Nielsen은 「고급 백주 소비자 분석: 중국 주류 시장의 블루오션을 파헤친다」라는 제목의 시장조사 보고서를 발표했다. 북경·상해·광주 세 지역의 고급 소비자를 대상으로 한 설문조사에서 조사원들은 흥미로운 사실을 발견했다. "술자리에서 오피니언 리더는 술의 맛, 역사, 양조기술, 재미있는 일화 등을 얘기하는 것을 좋아한다. 따라서 이러한 요소를 적극적으로 홍보하는 브랜드일수록 자연스럽게 대화 속에 언급될 기회가 많았다. 하지만 놀라웠던 것은, 정작 '일반 소비자'를 움직이는 가장 중요한 요소는 백주의 가장 기본적인 속성, 즉 '머리가 아프지 않다'는 것이었다."

닐슨은 소비자들의 관심 포인트를 등급(급수), 역사적 전통, 인지도, 맛의 우수성, 머리가 아프지 않음으로 나누어 분석했고, 그 결과 다음과 같은 사실을 발견했다. "많은 명주 공장과 상인은 '머리가 아프지 않다'는 것을 좋은 술의 기본 요건 정도로 여겨, 마케팅에서 굳이 강조할 필요가 없다고 생각했다. 그러나 인터뷰에 응한 많은 소비자들이 '머리가 아프지 않은 술'로 유일하게 꼽은 브랜드가 바로 마오타이였다. 다른 브랜드는 대부분 숙취 경험 때문에 영구적으로 배제되었거나, 혹은 '머리가 아프지 않은지는 모르겠다'는 반응이 많았다. 이는 소비자들이 스스로 실험해볼 용기가 없기 때문에 자연스럽게 선택지에서 제외된다는 뜻이었다."

닐슨의 이 분석은 널리 알려지지는 않았지만, 백주 소비의 근본적인 니즈를 정확히 짚어낸 통찰이었다. 사실 "마오타이주를 마시면 머리가 아프지 않다"는 것을 처음으로 언급한 사람은 바로 마오타이의 가장 유명한 초기 소비자인 저우언라이 총리였다. 그는 여러 자리에서 마오타이주에 대해 두 가지를 강조했다. 장정 시절 마오타이로 상처를 소독했다는 것과 많이 마셔도 머리가 아프지 않다는 것이었다.[77] 전자는 감정적 스토리에 해당하고, 후자는 기능적 장점이다.

백주는 기본적으로 사회적 기능을 가진 음료로, 술자리에서 분위기를 형성하고 사람들 간의 관계를 촉진하는 매개체 역할을 한다. 그러나 소비자들이 술을 마실 때 가장 우려하는 심리적 장벽은 바로 건강에 미치는 영향이며, 특히 과음한 다음날은 두통과 구취가 생기기 쉽다는 것이다.

내가 인터뷰를 할 때 왕리는 마오타이주가 '머리가 아프지 않은' 이유를 상세히 설명해주었다. 술을 마시면 머리가 아픈 것은 백주에 포함된 황화물과 알데히드류 등의 불순물이 뇌신경을 자극하고 교란하기 때문이다. 마오타이주의 '3고' 기술, 즉 고온제국·고온증류·고온퇴적발효로 비등점이 낮은 불순물은 양조 과정에서 거의 휘발되고, 3년간 숙성하는 과정에서 알데히드류 불순물이 추가로 제거되며, 게다가 마오타이주는 다른 어떤 물질도 첨가하지 않고 '술로 술을 블렌딩'하기 때문에 순수한 술의 질감을 유지할 수 있다. 이 덕분에 마오타이주는 마실 때 입이 마르지 않고, 마신 뒤에는 머리가 아프지 않고, 또한 몸에서 술 냄새가 심하게 나지도 않는다.

한 가지 재미있는 사실은, 마오타이주 공장은 오랫동안 '머리가 아프지 않음'을 광고 포인트로 삼지 않았다는 점이다. 닐슨 조사에서도 밝혀졌듯, 소비자가 자발적으로 전파했고, 그로 인해 강력한 바이럴 효과를 일으켰다. 특히 고급 소비층 사이에서는 건강과 안전이 모든 상품 소비의 최우선 조건이기 때문에, '머리가 아프지 않다'는 것이 공통된 경험으로 자리잡자, 자연스럽게 더 많은 사람들이 마오타이를 시도하고 추천하는 선순환이 형성되었다.

'머리가 아프지 않음'이 소비자가 직접 경험하고 인식한 특징이라면, '간을 해치지 않는다'는 개념은 마오타이주 공장에서 오랫동안 연구하고 홍보해온 내용이다. 이는 일반적인 상식과 어긋나며, 과학적으로도 증명하기 어려운 위험성이 큰 주장이지만, 지커량 등 마오타이주 관계자들은 이를 마오타이주의 가장 신비로운 특징 중 하나로 여겼다.

1993년 5월, 신화사에서 「국주 마오타이의 새로운 발견: 매일 마셔도 간을 해치지 않는다」라는 제목의 기사를 발표했다. "설령 매일 마오타이주를 마신다고 해도, 매일 150그램 이상을 마셔도, 간에는 아무런 해가 없다."

이 결론은 마오타이주 공장 직원들을 대상으로 한 특별 건강검사를 통해 얻은 것이었다.

건강검사에는 총 40명의 직원(34~54세)이 참여했다. 주류 제조 3작업장과 주류 창고에서 근무하는 직원들로, 업무 특성상 10년 이상 마오타이주를 대량으로 섭취해왔다. 그중 가장 오래 마신 사람은 무려 37년 동안 마셔왔다.

국내외 의학자료에 따르면, 매일 도수 높은 백주 80~120그램을 10년 이상 지속적으로 마실 경우, 90%가 지방간을 앓을 가능성이 높고, 10~35%는 알코올성 간염 또는 간경화 위험이 있다.

그러나 검사를 받은 이 40명의 직원들은 이미 이 기준을 초과하는 음주량을 기록했음에도 불구하고, 준의 지역의 관련 전문가들이 진행한 검사 결과, 기존에 간염을 앓고 있던 1명을 제외한 모든 직원이 건강한 것으로 판정되었다. B형 초음파 및 간기능

검사에서도 간에 아무런 이상이 발견되지 않았다.[78]

지커량의 말에 따르면, 이 건강검사 이후 공장 의료담당자는 검사 범위를 확대하여, 공장 전체에서 매일 150그램 이상 음주하고, 10년 이상의 음주 경력을 가진 직원들을 대상으로 추가적인 간 검사를 진행했다. 그 결과, 신체검사를 받은 236명의 직원 중에서, 기존에 간염을 앓고 있던 직원 1명을 제외한 모든 직원의 간이 정상 상태였고, 간 섬유화 징후도 발견되지 않았다.

이어서 귀양의과대학貴阳医学院의 청밍량程明亮 교수는 '귀주 마오타이 장향주가 간에 미치는 작용 및 영향 연구'라는 연구 과제를 진행했다. 그는 실험 과정에서 마오타이주에는 불균등화 효소Superoxide Dismutase가 포함되어 있으며, 이 물질은 간에서 금속 유단백Metallothionein의 생성을 유도하는 것으로 나타났다고 밝혔다. 이 두 가지 물질은 체내의 과도한 활성산소를 제거하는 역할을 하며, 간의 성상세포토狀細胞를 억제하여 간 섬유화를 방지할 수 있었다.

내가 인터뷰를 진행하는 동안, 지커량은 마오타이주를 마신 이후 건강이 개선된 여러 사례를 흥미진진하게 들려주었다. 특히 위장병, 당뇨병, 헬리코박터 파일로리 감염이 호전된 사례를 강조하며, 이런 경험을 한 사람들 중에는 미디어 편집장, 기업가, 심지어 의료 전문가까지 포함되어 있다고 덧붙였다.

사회적 인식: 최고의 증류주

마오타이주의 전파 역사에서, 1915년 파나마 만국박람회 수상은 중요한 이정표였다. 오늘날까지도 이 사건을 둘러싼 논쟁이 일부 존재하지만, 당시 수상이 가져온 사회적 인지도 효과는 소주방 시대에 이미 나타났다.

1935년 홍군은 마오타이진에서 적수하를 세 번 건넜다. 총정치부에서 발표한 보호 통지에는 "사영기업에서 양조한 마오타이 노주는 품질 좋은 술로, 한순간에 국제 파나마 금상을 획득하여 인민의 영광을 드높였다"고 언급되었다. 나는 이 책을 집필하는 과정에서, 민국 35년(1946년) 〈중앙일보中央日報〉에 실린 마오타이주 광고를 입수했다. 광고 문구에는 이렇게 적혀 있었다. "이 술은 귀주 회사回沙의 옛 샘물과 다양한 곡물을 원료로 양조한 것으로, 서남 지역의 명품 중 하나이며, 미국 파나마 박람회에서 세계 제2위 명주로 선정된 바 있다……"

중화인민공화국 수립 이후, 파나마 만국박람회 수상 이력이 마오타이주의 술병 뒷면 라벨에 쓰였는데, 1955년 상표에는 다음과 같이 적혀 있었다. "귀주 마오타이주는 인회 마오타이진에서 생산되며, 200년 이상의 유구한 역사를 자랑한다. 뛰어난 양조 기술과 부드럽고 향긋한 맛을 갖추었으며, 건강에 유익한 장점이 있어 전국적으로 인기가 높다. 건국 이전, 파나마 박람회에서 세계 명주 2위로 선정된 바 있다……"

오랜 기간 동안 마오타이주는 프랑스 코냑 브랜디, 영국 스코틀랜드 위스키와 더불어 세계 3대 증류 명주로 일컬어졌다. 이러한 명성 덕분에 마오타이주는 '중국 백주의 대표'라는 이미지를 소비자들에게 강하게 각인시켰다. 2000년, 지커량은 '귀주 마오타이는 세계 최고의 증류주'라는 내용의 글을 발표하면서, 이를 뒷받침하는 8가지 근거를 제시했다. 그중 가장 핵심적인 요소는 다음과 같다. "마오타이주는 모든 증류주 중 가장 다양한 성분을 포함하고 있으며, 그 조합이 가장 풍부하고 조화로우며, 볼륨감이 뛰어난 '복합향复合香'을 갖춘 술이다."

2015년 11월, 미국 샌프란시스코시는 파나마 만국박람회 100주년 기념행사를 개최했다. 중국계 시장 에드윈 리Edwin M. Lee, 李孟贤는 매년 11월 12일을 '샌프란시스코 마오타이의 날'로 정한다고 공식 발표하며, 연설에서 이렇게 말했다. "이는 우리가 샌프란시스코의 역사를 돌아볼 소중한 기회입니다. 마오타이주의 여정은 이미 샌프란시스코 역사에서 중요한 일부가 되었습니다."

양조 방식에서 서양 증류주와 중국 백주는 이성철학과 감성철학 같은 선명한 대비를 보인다. 전자는 기술이 비교적 간결하며, 복잡성을 피하고 품질관리가 비교적 쉽다. 후자는 누룩 제조부터 시작해서 '천지와 함께 빚는' 전통적인 양조법을 따른다. 특히 마오타이주 같은 백주는 절기, 지리 조건, 미생물 군집의 영향을 크게 받으며, 그 양조 과정은 동양식 음양철학의 조화를 충분히 펼쳐 보여준다.

소비 트렌드를 살펴보면, 중국 백주가 본토 시장에서 성공한 것은 경제발전 및 중국 문화의식의 각성과 강한 상관관계를 가진다.

20세기 말, 서구 문화가 동양으로 확산되면서, 서양 문화를 대

2017년, 에드윈 리 부부에게 마오타이주를 소개하는 리바오팡李保芳

2015년, 파나마 만국박람회 수상 100주년 해외 경축 행사에서 마오타이주에 큰 관심을
보이는 외국인 귀빈

표하는 와인이 폭발적인 성장세를 보여, 일시적으로 중고급 주류 시장에서 가장 선호하는 주류가 되기도 했다.

그러나 21세기 이후, 경제 번영과 함께 신흥 중산층이 떠오르고, 개혁개방 이후 출생한 세대가 소비자 중심으로 진입하면서, 국가적 자신감이 확산되었고, 이러한 변화 속에서 중국 전통문화가 전면적인 부흥을 맞이했다. 상업세계에서는 '고궁 현상', 새로운 국산 열풍 및 전통복장의 유행 등이 나타났다. 2008년에는 북경에서 올림픽이 개최되었고, 2010년에는 중국이 세계 2위의 경제대국이 되었으며, 2012년에는 국제 무역 및 글로벌 제조업 비중에서 미국을 추월했고, 2019년에는 1인당 GDP가 1만 달러를 돌파했다. 이런 경제적 성취는 중국의 문화와 상품에 대한 자신감을 크게 끌어올렸고, 이와 함께 중국 백주는 압도적인 성장을 이루었다.

다음 대비 수치를 보자. 2010년부터 2022년까지 13년 동안, 중국 백주 산업의 연평균 성장률은 22%에 달했으며, 시장 규모는 6,000억 위안을 돌파했다. 주요 백주 기업의 시가총액은 1,000억 위안을 넘어섰고, 마오타이와 우량예는 1조 위안을 돌파했다. 반면, 와인 산업은 2010년 전국 생산량이 108만 8,800톤이었지만, 2022년에는 26만 8,000톤까지 감소했고, 수입 와인 판매량도 지속적으로 하락했다.

중국 주류 시장에서 백주가 와인을 대체한 것은 문화적 정체성의 회복이자 사회 인식의 전환이라고 볼 수 있다.

감정적 인식: 가장 중요한 순간에 떠올리는 술

1920년대, 프랑스의 한 구호시설에서 태어난 가브리엘 코코 샤넬은 '리틀 블랙 드레스'를 선보였다. 그 심플한 스타일은 당시 유럽 귀부인들의 화려하고 복잡한 스타일과 완전히 달랐다. 샤넬은 파리 여성들에게 이렇게 말했다. "인생은 내게 즐거움을 준 적이 없습니다. 그래서 나는 내 인생을 스스로 창조했어요." 이런 선언은 그녀의 미니멀한 드레스에 강렬하게 투영되었고, 그 가치를 인정하는 순간 샤넬 브랜드의 현대성이 완성되었다.

마오타이주 경영자는 마오타이주를 사치품으로 정의하는 것을 줄곧 거부했다. 그들이 보기에, 마오타이의 대중화는 저렴한 가격만으론 충분하지 않다. 오히려 감성을 자극하는 '의식儀式의 순간'을 통해 더욱 사람들에게 다가갈 수 있을 것 같았다.

인간은 본능적으로 감성에 이끌리는 존재이며, 백주는 감정과 밀접하게 연결된 소비재이다. 동시에 강한 사교적 속성을 지니고 있어, 감정적 인식 측면에서 공감과 유대감을 형성한다.

캐롤린 코스마이어Corolyn Korsmeyer는 저서『음식 철학』에서 미각과 후각이 시각과 청각보다 훨씬 더 육체적인 감각이라고 설명했다. 맛있는 음식과 좋은 술이 만들어내는 쾌감은 쉽게 중독성을 띠며, 사회적 활동 속에서 이러한 경험은 미적 감각과 정체성을 형성하는 하나의 요소가 된다.[79]

먹고 마시는 사교활동의 경우, 사람들이 어떤 음식을 먹고 어떤 술을 마실지 선택하는 과정은 바로 감정적 공감과 사회적 합의의 과정이다. 이는 자연스럽게 화제성을 띠고, 심지어 이 선택하는 행위 자체가 '선택 → 공감 → 배타성'이라는 인지적 과정으로 이어진다.

계획경제 시대에 마오타이주는 주로 정계와 외교계에서 공적인 용도로 소비되었다. 특히 군대에서는 적수하를 세 번 건넌 일과 관련된 강한 역사적 정서 덕분에, 마오타이주는 혁명의 자부심을 담은 상징이 되었다. 거기에 희소성까지 더해져 마오타이주는 가장 중요한 순간에만 등장하는 술이 되었다. 출정식, 개선식, 옛 전우 모임, 그리고 가장 귀한 손님 접대 등이다. 중국은 예로부터 예의를 중시하는 나라로, 이런 감정적 인식은 자연스럽게 위에서 아래로 전파되었고, 이는 또한 오랜 세월 동안 마오타이주가 사랑받은 이유이기도 하다.

바둑 국가대표였던 녜웨이핑聶卫平은 마오타이주 한 병에 얽힌 특별한 기억을 회고한 적이 있다. 1980년대, 중일 바둑계는 해마다 팀 대항전을 개최했다. 이 대회는 여러 특별한 이유로 국민적 관심을 받는 연례 스포츠 이벤트가 되었고, 녜웨이핑과 마사오춘马晓春 같은 선수들은 뛰어난 활약을 펼치며 국가적 영웅으로 떠올랐다.

나는 특별한 마오타이주를 한 병 소장한 적이 있다. 1980년대에 야오방耀邦 아저씨(당시 중공중앙 총서기)가 중일 바둑 대항전에서 연승을 거둔 나를 격려하기 위해 선물해준 것이다. 그러면서 '이 술은 국가가 상으로 주는 것이 아니라 내가 개인적으로 아끼던 것이다'라고 했다. 야오방 아저씨 말에 따르면, 당시

이 술이 두 병 있었는데, 한 병은 내게 주었고, 다른 한 병은 덩샤오핑 邓小平에게 주었다고 했다.[80]

네웨이핑은 그 술을 줄곧 소중하게 보관했다. 그 자신은 또한 열렬한 축구 애호가였다. 2001년 10월 7일, 중국 남자 축구 대표팀이 심양 沈阳 오리하 五里河 체육관에서 오만을 1:0으로 이겨, 처음으로 월드컵 본선 진출을 확정지었다. 당시 네웨이핑은 직접 심양으로 날아가 이 역사적인 경기를 관람했다. 그리고 승리가 확정되자 감격에 북받쳐 그날 밤 그 마오타이주를 꺼내 몇몇 친한 친구와 국가대표 축구 선수들과 축배를 들었다.

2011년, 탁구 세계챔피언 마쓰자키 기미요 松崎キミ代가 당시 저우 총리에게 선물받은 마오타이주를 지커량에게 건네주고 있다.

네웨이핑의 일화처럼 마오타이주와 관련된 특별한 이야기는 적지 않게 나타난다.

시장경제 시대로 진입한 이후, 공무 외 소비의 비중이 점차 높아졌지만, 마오타이주는 시종일관 높은 정가와 고급 브랜드 전략을 고수했다. 그래서 오랫동안 판매량이나 매출에서 1위를 차지하는 주류기업은 아니었지만, 이 기나긴 과정은 신흥 중산층이 성장하는 과정과 함께해왔다. 유일하게 변하지 않은 것이 하나 있다면, 마오타이주가 등장하는 순간들은 언제나 중요하고, 의식과 같은 특별한 의미를 지닌다는 점이다.

나는 지커량에게 물었다. "이렇게 오랜 세월 동안, 어떤 술자리가 가장 인상 깊게 남아 있습니까?" 그는 어느 일화를 들려주었다. 어느 날, 식당에서 밥을 먹는데 옆에서 한 일가족이 회식을 하고 있었다. 아들이 대학에 합격한 것을 축하하는 자리였다. 아버지가 특별히 마오타이주를 한 병 땄다. 옷차림과 주고받는 이야기로 보아 평범한 노동자 가정이라는 것을 알 수 있었다. 할아버지부터 손자까지 3대가 둘러앉아 있었다. 마오타이주 한 병을 조심스럽게 손에서 손으로 전하며 작은 술잔에 한 모금씩 따랐고, 그 자리에는 기쁨과 웃음이 가득찼다. "나는 그 광경을 한참 바라보았어요. 내게도 즐거운 시간이 되어주었죠. 눈가가 약간 촉촉해지기까지 했어요. 그 가족은 마오타이주를 자주 마실 수 있는 게 아니었을 텐데, 하지만 그들의 가장 자랑스럽고 소중한 순간에 선택받은 것이 마오타이주였잖아요. 내가 평생 술을 빚어온 의의가 바로 여기에 있지요."

지커량의 대답은 매우 뜻밖이었다. 하지만 곰곰이 생각해보면, 그것이야말로 마오타이 사람들이 지향하는 이상일지도 모른다.

강렬한 감정적 가치를 지닌 상품은 사용 빈도만으로 평가되지 않는다. 오히려 그것이 등장하는 상황 및 그 순간에 불러일으키는 감정적 공명이 더욱 중요한 기준이 된다. 그런 의미에서 마오타이주는 하나의 의식과도 같은 상징이 되었다. 가장 중요한 순간에 떠오르고, 가장 소중한 사람과 함께 나누는 술.

어느 가정의 옛 사진. 1970~1980년대에 중국 가정에서 마오타이주는 가장 자랑스럽고 가장 특별한 시간에 선택하는 술이 되곤 했다.

가치 상승의 인식: 오래 묵을수록 향이 나고, 오래 묵을수록 비싸진다

대부분의 명품은 두 가지 공통점이 있다. 전승성과 가치 상승성이다.

"파텍 필립을 소유할 수 있는 사람은 없다. 우리는 단지 다음 세대를 위해 보관할 뿐이다." 파텍 필립의 이 광고 카피는 사실 시간에 대한 암시를 담고 있다. 시간이란 지나가는 것이 아니라, 이어지는 것이며, 인생 또한 마찬가지다. 다음 세대, 그리고 그 다음 세대까지 연결시켜줄 수 있는 '기억의 물건'은 사실 많지 않다. 파텍 필립이 그런 것 중 하나라면, 당신은 이를 악물고 이 시계를 소유하고 싶어질 것이다.

모든 제품 중에서 술만큼 '시간의 선물'로 적합한 것은 드물다. 술은 상하지도 않고, 오래 묵을수록 향이 깊어진다. 중국 술의 역사에서 소흥 황주는 천년 동안 전해져온 풍습이 있다. 그곳 사람들은 자녀가 태어나면 좋은 술을 빚어 땅속에 묻어둔다. 아들을 위해 빚은 술을 '장원홍状元红'이라 하고, 딸을 위해 빚은 술을 '여아홍女儿红'이라 하며, 자녀가 장성해 혼인할 때 꺼내어 축하주로 사용한다. 이야말로 가장 값지고 의미 있는 선물이었다. 위진魏晋시대 문헌에도 이와 관련한 기록이 있다.[81]

마오타이주 역시 1990년대에 진년주를 출시하며 본격적으로 '시간을 파는 사업'에 뛰어들었다. 2014년에는 12지신 시리즈인 생초주를 선보이며 매년 하나씩 새로운 한정판을 출시했고, 이는 시장에서 뜨거운 반응을 얻었다.

2007년 전후로 마오타이주 수집 시장이 조용히 형성되기 시작했다. 이 책을 집필할 때, 나는 마오타이 애호가 모임인 '마오여우취안茅友圈'의 창립자 위훙산余洪山을 인터뷰했다.

위훙산은 '바링허우(80后)'*로, 그의 아버지는 북경에서 오래된 술을 수집하고 거래하는 작은 사업을 해왔다. 그는 20살 무렵 이 업계에 뛰어들었고, 2007년부터는 본격적으로 오래된 마오타이주의 수집과 판매에 집중했는데, 연매출이 10억 위안에 달했다. 2022년 3월, 그는 귀양에서 1,000제곱미터 규모의 '마오여우취안 문화수장관茅友圈文化收藏馆'을 설립했다.

나는 이 문화수장관을 방문해보았다. 1980년산 오성표 마오타이는 병당 5만 5,000위안, 1990년산 철제 뚜껑 마오타이는 병당 2만 7,000위안, 2000년산 비천마오타이는 병당 9,500위안, 2010년산 비천마오타이는 병당 4,700위안이었다. 이 가격을 기준으로 보면, 마오타이노주는 10년마다 1~1.2배 정도 가치가 상승하며, 연평균 복합 가율이 8~10%이다. 또한 문화수장관에는 개성적이거나 기념적인 의미를 지닌 마오타이주도 진열되어 있었다. 그중 8병 세트로 구성된 '연경팔경燕京八景'은 6만 3,000위안, 36병 세트로 출시된 엑스포 기념주는 60만 위안이었다. 생 초주의 가격 역시 해마다 올라, 2014년 말의 해 마오타이는 병당 2만 500위안, 2016년 원숭이의 해 마오타이는 병당 6,500위안이었다.

---

* 　　중국에서 1980~1989년 사이에 태어난 사람을 일컫는 말이다. 이 시기에 산아제한 정책을 집행하기 시작하여, 한 자녀를 일컫는 대명사가 되었으며, 또한 중국이 개혁개방을 추진한 이후 태어난 1세대이기도 하다.(역자 주)

2021년 6월 18일, 영국 런던 소더비스 경매에서 1974년산 해바라기표 마오타이 한 상자가 100만 프랑(한화 약 18억 원)에 낙찰되었다.

이 가격 흐름을 보면 지난 40년 동안 마오타이주는 꾸준한 가치 상승을 이어왔다. 마오타이주는 일종의 '경화'처럼 금융적 속성을 지니고 있다는 것도 알 수 있다. 마오타이주를 '액체 화폐'라고 부르는 사람들도 있다. 또한 많은 '마오타이 마니아'가 해마다 새 술을 사고, 묵은 술을 마시면서 스스로를 위한 보상으로 삼는다.

문화수장관에서 술을 고르던 한 여성을 만났는데, 그녀는 2007년산 비천마오타이를 병당 5,700위안에 몇 상자 구입했고,

1996년산 철제 뚜껑 마오타이를 2만 3,000위안에 한 병 구입했다. 그해에 태어난 딸을 위한 선물이라고 했다.

위홍산의 말에 따르면, 이는 마오타이노주 소비자의 가장 전형적인 구매 방식이다. 고급 연회에서 사용하거나 기념 선물로 주기 위해 구매한다. 이들은 투자 목적으로 마오타이주를 사들이는 것이 아니라, 일상적인 소비를 통해 인플레이션의 영향을 줄이려는 경향이 있다. 술을 직접 마시는 즐거움과 가치 상승에 대한 기대가 공존할 때, 마오타이주는 건전하고 지속 가능한 소비형 수집품이 될 수 있다.

20. 시간과 자본

어떤 기업을 제대로 이해하고, 그 미래를 정확히 예측할 수
있다면, 안전 마진Margin of Safety을 확보할 필요가 없다.

—워런 버핏

마오지수: 테마, 현상, 혹은 신념

영국의 디아지오Diageo는 세계 최대의 주류 회사다. 1997년, 그
랜드 메트로폴리탄Grand Metropolitan과 기네스Guinness가 합병해 탄
생했다. 증류주, 와인, 맥주 등 3대 주류 카테고리를 아우르며,
전 세계 180여 개 국가와 지역에서 사업을 펼치고 있다.

디아지오는 유럽 및 미국의 유명한 주류 브랜드를 200개 이상
보유하고 있으며, 세계 7대 대표적인 증류주 브랜드 중 3개를 차
지하고 있다. 주요 브랜드로는 세계 1위와 2위를 차지하는 스코
틀랜드 위스키 브랜드 조니 워커Johnnie Walker와 J&B, 세계 1위
보드카 브랜드 스미노프Smirnoff, 세계 1위 리큐어 브랜드 베일리
스Baileys, 세계 1위 테킬라 브랜드 호세쿠엘보 골드 앤드 실버Jose
Cuervo Gold & Silver, 세계 1위 흑맥주 브랜드 기네스, 세계 2위 럼 브

랜드 캡틴 모건Captain Morgan 등이 있다.

2017년 4월, 귀주마오타이의 시가총액이 디아지오를 넘어서면서, 마오타이는 전 세계에서 시가총액이 가장 높은 증류주 회사가 되었다. 매출과 수익성을 비교해보면, 2018년 귀주마오타이는 736억 위안(한화 약 14조 원)의 매출을 기록했고, 순이익은 352억 위안(한화 약 6.7조 원)으로, 순이윤률이 47.83%에 달했다. 반면, 같은 회계연도에 디아지오는 121.63억 파운드(한화 약 22조 원)의 매출과 31.6억 파운드(한화 약 6조 원)의 순이익으로, 순이윤률 25.98%를 기록했다.

5년 뒤인 2023년 4월, 귀주마오타이의 시가총액이 2.29조 위안이 되어, 디아지오의 약 세 배가 되었다.

2022년 중국 기업 시가총액 순위에서 귀주마오타이는 텐센트에 이어 2위를 차지하며, 알리바바, 중국공상은행, 중국건설은행, 중국이동을 앞섰다. 또한, 상해와 심천 두 증시에서 시가총액 1위를 기록했으며, 현재 주가가 1,000위안을 넘어선 유일한 종목이다.

2020년 9월, 중국 최대 금융 데이터 분석 기업인 윈드Wind는 새로운 개념의 지수인 '마오지수'를 발표했다. 이 지수는 소비, 제약, 첨단 제조업 등에서 강한 성장성과 기술력을 보유한 상해·심천 증시 상장사 30곳을 포함했으며, 이후 몇 년 동안 '마오지수'는 상해·심천 300지수와 함께 기관투자자들이 우량주를 평가하는 주요 지표로 자리잡았다. 한편, 개인 투자자들은 높은 성장 가능성을 가진 기업들에 '마오'라는 별칭을 붙이는 것을 좋아했다. 예를 들면, 닝더시대寧德时代, CATL는 '닝마오寧茅', 편자황片仔癀은 '중약마오中药茅', 하이캉웨이스海康威视, HIKVISION는 '안팡마오安防茅'라고 불렸다.

중국 투자시장에서 이런 대우를 받는 기업은 이제껏 없었다. 이는 양날의 검으로, 한편으로는 찬사를 받지만, 다른 한편으로는 비판의 대상이 되기도 했다.

귀주마오타이는 단순한 '테마주'나 '현상'이 아니라, 어떤 이들에게는 일종의 '신념'과도 같은 존재였다. 이를 둘러싼 논란은 종종 백주 산업을 넘어 마오타이 자체를 초월하는 사회적·시대적 의미를 지녔다. 어떤 이들은 귀주마오타이를 '증시의 닻'이라 부르며, 가치투자 철학을 대표하는 중국의 상징으로 여겼다. 반면, 또다른 이들은 이를 집단이 만들어낸 '거대한 거품'이자 거대 자본이 개미투자자의 농작물을 베어가는 '하얀 낫'이라고 보았다. 또한, 일부는 마오타이의 높은 시가총액을 미국 기술주와 비교하며 이를 일종의 난처함 혹은 수치로 받아들이기도 했다.

2012년: 이중 충격의 위기

마오타이에 관한 이 모든 것은 2012년에 시작되었다.

이해, 귀주마오타이는 매우 인상적인 실적을 발표했다. 기주 생산량은 4.3만 톤으로 전년 대비 8.33% 증가, 영업수입은 약 265억 위안으로 43.8% 증가, 순이익은 133억 위안으로 51.9% 증가를 기록했다.

순이익 증가 속도가 영업수익 증가 속도를 초과하고, 영업수입 증가 속도가 생산량 증가 속도를 초과하는, 그야말로 이상적인 성장 곡선을 보여주었다.

2012년 초, 마오타이주는 비천마오타이의 공장 출고가를 619위안에서 819위안으로 단번에 인상했다. 이는 사상 최대 폭의 가격 인상이었다. 그럼에도 불구하고 시장 수요는 여전히 왕성하여, 유통업체들의 소매가 역시 2,000위안에서 2,300위안으로 동반 상승했다.

그러나 같은 해 말, 마오타이는 창립 이래 최대 위기 중 하나를 맞았다. 어떤 의미에서는 가장 혹독한 시련이기도 했다.

위기는 두 가지 측면에서 발생했다. 하나는 정책적 요인이었고, 다른 하나는 업계 내부의 문제였다.

2012년 12월 4일, 중국공산당 중앙정치국 회의에서 '제18기 중앙정치국 업무 기풍 개선 및 대중과의 밀접한 연계를 위한 8개 조항'을 심의 통과시켰다. 바로 '중앙 8항 규정'으로, 간소함과 절약을 강조하며 공무원의 고급 소비 장소 출입을 엄격히 금지한 것이다. 이후 각 지방 기율위원회가 강력한 단속을 시행하면서 고급 소비 시장과 고가 담배·주류의 소비가 일시에 줄어들었고, 항주 서호西湖 주변의 30개 고급 클럽이 전면 폐쇄되었다. 기업계에서 가장 먼저 타격을 입은 상장사는 상악정湘鄂情이었다. 상악정은 고급 요식업체의 선두주자로, 모든 지점이 정부 기관 밀집 지역의 핵심 상권에 위치해 있었다. 중앙 8항 규정이 발표된 후, 하룻밤 사이에 고객이 끊기면서 1년 만에 8개 매장이 문을 닫았고, 회사는 5억 6,400만 위안의 막대한 손실을 입었다.

이 과정에서 마오타이주는 '초점 중의 초점'이 되었다. 많은 사람들이 보기에 마오타이주는 고급 주류의 대명사였기 때문이다. 마오타이주의 전체 판매량에서 공무 소비가 차지하는 비중에 대한 정확한 통계는 없었지만, 시장에서는 대략 35~40%에 이를 것으로 추정했다.

정책 변화로 인해 상황이 급변하는 와중에 업계 내부에서도 예상치 못한 악재가 터졌다.

2012년 11월 19일, 상해의 한 검사 기관이 주귀주에서 기준치보다 2.6배 높은 가소제DBP 성분을 검출하면서, 여론이 신속히 들끓어올랐다.

이중 충격이 겹치면서 이후 1년간 고급 백주 시장은 폭락했다. 소매가 기준으로 비천마오타이는 2,000위안 대에서 850위안까지 곤두박질쳤다. 이는 유통업체들이 더이상 수익을 낼 수 없으며, 심지어 한 병 팔 때마다 손해를 볼 수도 있음을 의미했다.

이와 동시에 자본시장에서도 백주 업종이 일제히 급락했다. 마오타이, 우량예, 노주노교 등의 주가는 약 35% 하락했고, 분주와 양하는 각각 46%와 58% 떨어졌다. 백주 상장사 14곳의 시가총액이 2,500억 위안 이상 증발했다.

마오타이주를 가장 긍정적으로 본 사람은 누구인가

혹독한 겨울이 닥쳐오면, 어떤 사람은 절망을 보고 어떤 사람은 희망을 본다.

비관적인 분위기가 짙었던 2012년 연말, 뜻밖에도 마오타이주를 가장 긍정적으로 본 사람은 자본시장의 투자자들이었다. 그 중 가장 널리 알려진 사람이 심천의 투자자 린위안林园과 단빈但 斌이었다.

린위안은 2003년에 귀주마오타이의 주식을 매입하기 시작했다. 그는 조용하고 성실한 투자자로, 마오타이의 주주총회에 거의 매년 참석했고, 마오타이진 현지를 탐방한 적도 있다. 어느 해 마오타이 투자자 만찬에 참가했을 때, 지커량이 술을 권했지만 린위안은 술을 마시지 않기 때문에 사양했다. 그러나 지커량은 린위안의 술잔에 술이 있는 것을 보고 술잔을 들어 단숨에 마셔버리며 '좋은 것을 낭비할 수 없다'고 말했다. 이를 통해 린위안은 마오타이 사람의 독특한 면모를 엿보았다.

2012년 위기가 왔을 때, 린위안은 마오타이 주식을 여전히 굳게 지켰다. 비천마오타이가 819위안의 가격으로 팔릴 수만 있다면 회사의 수익은 보장되며, 다른 요소는 영향을 끼치지 못한다고 생각했다. "마오타이 시장가격이 2,000위안이든 1,000위안이든 그것은 마오타이의 주가와는 관계없습니다. 주주는 단지 819위안의 출고가에서 발생하는 이익을 누리면 될 뿐입니다. 마오타이 유통업자들은 매월 계획에 따라서 물량을 배정받지, 원한다고 해서 그만큼 들여올 수 있는 것이 아닙니다. 이런 의미에서, 마오타이는 하루면 1년 치 대금을 충분히 거둘 수 있습니다. 마오타이는 출고가 기준으로 항상 공급이 수요를 따라가지 못하기 때문입니다."

한편, 단빈은 여론시장에서 '마오타이 수호자' 역할을 맡았다.

내가 단빈을 알게 된 것은 2010년 전후였다. 그는 중국 투자업계에서 유명한 인물로, 웨이보에 1,000만 명이 넘는 팔로워를 보유하고 있었다. 그는 평소 책 읽는 것을 좋아하고, 가장 존경하는 인물은 워런 버핏이다. 2003년, 그는 이미 귀주마오타이의 주식을 사들이기 시작했다. 당시 주가는 23위안이었으며, 회사의 시가총액은 약 80억 위안에 불과했다.[82]

2017년, 단빈은 블로그에 다음과 같이 썼다. "왜 우리는 이렇게 마오타이를 긍정적으로 보는가? 그것은 액체 황금처럼 소중하기 때문이다! 금광은 언젠가는 결국 고갈될 수 있지만, 중국인의 백주 문화가 바뀌지만 않는다면, 현지의 붉은 수수와 적수하 물로 빚어진, 원가가 지극히 낮은 마오타이주는 마치 영구기관처럼 끊임없이 현금 흐름을 창출할 것이다."

2012년 12월 10일, 중앙 8항 규정이 발표된 지 일주일 만에, 단빈은 자신의 웨이보에 마오타이를 긍정적으로 평가하는 첫번째 글을 올렸다. "마오타이를 믿어라! 마오타이 품질을 믿어야 한다. 백주업계의 마진율이 이렇게 높은데, 특히 마오타이는 근본적으로 이익을 추구하는 기업이 아니다. 상식을 믿어야 한다! 플라스틱 가소제 논란은 주귀주에서 시작되어 마오타이에서 끝났다. 과거는 과거이고, 중화민족 백주의 역사는 길고 길다! 민족 브랜드는 영원히 지속될 것이다!" 이후 4년간 단빈은 이와 유사한 글을 3,000편 이상 써서, 중국에서 가장 유명한 '마오타이 옹호자'가 되었다.

린위안, 단빈과 마찬가지로 당시 마오타이를 강력히 지지했던 또다른 인물로 북경의 사모펀드 투자자 둥바오전董宝珍이 있다. 그는 2013년 2월 「귀주마오타이의 성장은 소득 수준에 의해 견인되며, 멈추지 않을 것이다」라는 글을 발표했다. 그의 계산에 따르면, 1981년부터 2012년까지 마오타이주의 소매가격과 국민 1인당 월평균 임금 사이에는 일정한 비례 관계가 있으며, 특히 1997년 이후로는 기본적으로 35% 안팎에서 유지되었다. 즉, 국민 평균 10일 치 수입이면 마오타이주 한 병을 살 수 있었다는 의미였다.

당시 중국 증시에서 독특한 논쟁과 내기가 벌어졌다. 투자자 양타오扬韬가 「투자의 논리」라는 글에서 "귀주마오타이의 성장 동력은 3공 소비*에서 나온 것이다. 정부의 강력한 규제로 인해 귀주마오타이는 성장 동력을 잃게 될 것이다"라고 주장했다. 반면, 둥바오전은 인터넷에서 양타오와 논쟁을 벌이며 다음과 같이 주장했다. "귀주마오타이의 성장을 지탱하는 것은 중국의 '예의상 선물을 주고받는 문화'와 정신적 소비의 확산이다. 3공 소비가 사라져도 마오타이주는 여전히 그 자체의 매력으로 다른 소비층을 끌어들일 것이다."

둥바오전과 양타오의 입장은 당시 시장의 두 관점을 대변했고, 논쟁은 점점 격화되다가, 결국 엉뚱하게도 '행위예술'까지 연출하게 되었다. 당시 귀주마오타이의 시가총액은 2,000억 위안이

---

* 　　3공三公 소비: 중국 정부 기관의 공공 접대·출장·공용차 운영 등에 쓰이는 예산으로, 과거 고급 주류 소비의 중요한 부분을 차지했다.(역자 주)

었는데, 양타오는 장차 1,000억 위안 이하로 떨어질 것이라고 예상했고, 둥바오전은 1,500억 위안 이하로는 절대로 떨어지지 않을 것이라며, 만약 그 이하로 떨어진다면 자신이 나체로 달리기를 하겠다고 선언했다. 그러나 2013년 9월 17일, 귀주마오타이 주가가 하루 만에 5.58% 폭락하며 시가총액이 1469.52억 위안까지 떨어졌다. 나흘 뒤, 둥바오전은 북경 교외의 한 숲에서 나체로 달렸고, 그 장면을 찍은 두 장의 사진을 인터넷에 올렸다.

주가 폭락으로 인해 나체로 달린 둥바오전은 주식시장의 우스갯거리가 되었고, 그가 보유한 마오타이 주식의 가치는 무려 70%가 감소했다. 그러나 그는 포기하지 않았다. 계속해서 온라인에서 논쟁을 이어가며 10만 자가 넘는 글을 썼고, 직접 실태를 조사하기 위해 조수와 함께 마오타이 전문 판매점 80곳을 방문했다. 그는 현장에서 다음과 같은 사실을 확인했다. "마오타이주를 다른 중국 백주와 함께 놓았을 때, 가격 차이가 300위안 이내이면 대부분의 사람들이 마오타이주를 선택한다. 백주업계 전반의 가격 하락은 마오타이 판매량 증가에 오히려 유리하다."[83]

이들 '마오타이 강세론자'는 나중에 투자시장에서 엄청난 이익을 보았다.

'바오팡 서기'와 '세 가지 1'

2015년 8월, 리바오팡이 마오타이그룹 신임 당위원회 서기로 임명되었다.

그는 직업 생애의 마지막 몇 년을 마오타이에서 보내게 될 줄

은 생각하지도 못했다고 회상했다. 1958년에 태어난 그는 귀주재
경대학貴州財经学院 공업경제학과를 졸업하고, 육반수시六盘水市에
서 20년간 근무하며 상무부시장常务副市长까지 지냈다. 나중에 귀
양으로 옮겨 성 개발투자회사의 총경리를 맡았고, 이어 성 경제
및 정보화 위원회 주임으로 임명되었다. 그러다 2015년, 76세의
지커량이 은퇴하면서 리바오팡이 '공수'되어 마오타이로 내려오
게 되었다.

마오타이와 오랜 기간 협력해온 브랜드 전문가 가오쑹高嵩은
영국 〈파이낸셜 타임스〉 중국어판에서 기자로 일한 경험이 있
다. 그는 리바오팡을 세밀하게 관찰한 후 이렇게 평가했다. "그
는 다른 사람의 발언을 들을 때, 미간을 잘 찌푸리곤 한다. 고개
를 기울여 생각하다가, 관심이 가는 부분이 나오면 바로 끼어들
어 질문을 던진다. 짧은 몇 마디로 핵심을 찌르는 스타일이다.
그의 말을 듣다보면, 거시적인 경제에 대한 체계적인 훈련을 받
아왔다는 것을 느낄 수 있다. 숫자에 민감하고, 문제의 본질과
방향을 빠르게 짚어낸다. 그래서 그의 말에는 항상 실질적인 내
용이 있고, 듣는 사람의 궁금증을 시원하게 해소해준다."[84]

리바오팡이 부임했을 당시 마오타이 주가는 190위안 선에서
등락을 거듭했고, 시중 소매가는 800위안까지 떨어져 있었다.
2015년 12월 말, 마오타이주 공장은 연중 가장 중요한 전국 대리
점 회의를 개최했다. 리바오팡이 공식 석상에 처음 등장한 자리
였다. 일부 대리점주들은 더는 버티지 못할 상황이었고, 어떤 이
들은 아예 판매 권한을 헐값에 넘기겠다고 공개적으로 선언하기

도 했다. 그때 리바오팡은 단호하게 말했다. "안목이 있는 대리점주라면, 지금 당장 공급량 확대를 신청해야 합니다. 1년 뒤에 다시 저를 찾아와도 추가 물량은 절대 드리지 않을 겁니다."*

리바오팡의 이 말은 곧바로 시장에서 현실이 되었다. 2016년 초부터 마오타이 시장가격은 급반등하기 시작해, 불과 3년 만에 800위안에서 2,700위안 이상으로 뛰어올랐다. 귀주마오타이 주식 또한 2018년 초 700위안까지 상승했다. 이후 2020년 3월부터 2021년 3월까지, 귀주마오타이는 또 가파른 상승세를 이어갔다. 총 시가총액은 1.3조 위안에서 한때 3.27조 위안까지 폭등했다. 즉, 둥바오전이 나체로 달린 2013년 9월부터 마오타이가 최고점에 도달하기까지 8년 동안, 시장 소매가는 3배 넘게 올랐고, 주가는 무려 22배 상승했다.

리바오팡은 2020년 3월 퇴직했으며, 마오타이에서 근무한 기간은 5년이 채 되지 않는다. 하지만 그는 재임 기간 동안 마오타이를 이끌며 '세 가지 1'을 실현했다. 즉, 주가 1,000위안 돌파, 영업수입 1,000억 위안 돌파, 시가총액 1조 위안 돌파이다.

리바오팡의 임기 중, 마오타이에서는 대대적인 부패 척결이

---

* 　　　비천마오타이의 가격 결정 시스템은 매우 독특하다. 공장 출하 가격, 시장 권장 가격, 최종 소매가격으로 나뉘며, 이중 공장 출하 가격과 권장 가격은 제조사에서 조정하지만, 소매가격은 시장 수요와 공급에 따라 자유롭게 변동한다. 2012년 9월, 비천마오타이의 병당 공장 출하 가격은 619위안에서 819위안으로 인상되었으며, 2018년 1월에는 969위안으로 추가 인상되었다. 이후 6년간 가격이 유지되다가, 2023년 11월 1,169위안으로 다시 인상되었다.(저자 주)

이루어졌다. 2019년 5월, 전 당위원회 부서기이자 이사장을 지낸 위안런궈袁仁国가 부패 혐의로 조사를 받았다. 1975년에 입사한 지식청년으로 마오타이주 시장 개척에 지대한 공을 세웠으나, 결국 뇌물수수 혐의로 무기징역을 선고받았다. 이러한 상황에서 리바오팡은 당시 총경리 리징런, 기율위원회 서기 쥐마차이랑卓玛才让 등과 함께 정상적인 생산 및 경영 활동을 보장하는 가운데 '혼란에서 안정으로'라는 기조 아래 경영 쇄신과 관리 체계 개편을 단행했다.

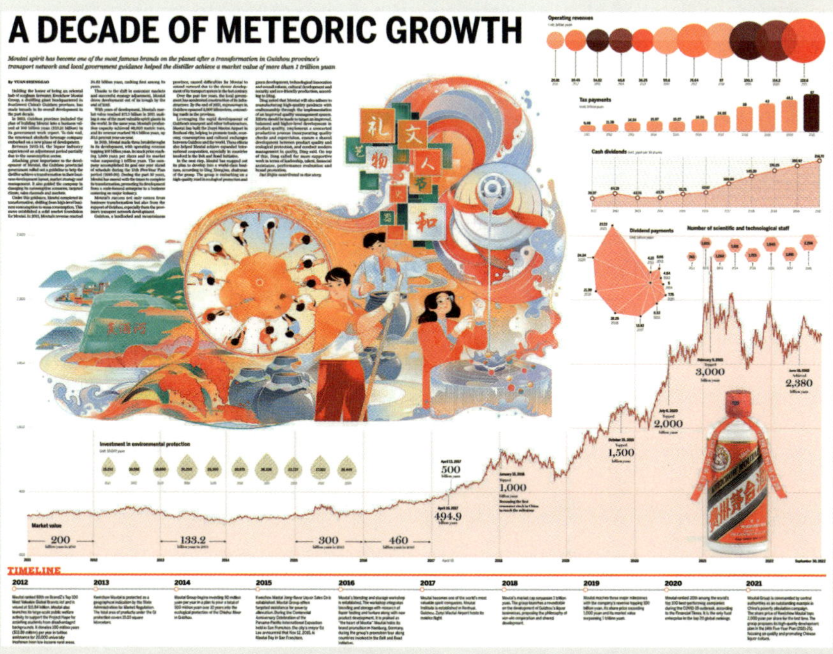

2022년 10월, 〈중국일보中国日报〉는 「마오타이 10년」 특집 기사를 게재하며, 지난 10년 간 마오타이의 시가총액 및 매출 변화, 환경보호 투자, 연구개발 인력 규모 등의 변화를 정리했다.

내가 마오타이를 조사하던 중, 많은 사람들이 리바오팡의 공로로 손꼽은 일 중 하나는 바로 '국주' 분쟁을 잠재우고 경쟁사들과 협력 관계를 구축한 일이었다.

마오타이는 2001년 9월 처음으로 국가공상행정관리총국 상표국에 '국주 마오타이国酒茅台'라는 상표등록을 신청했다. 그러나 이후 17년 동안 총 11차례 신청했음에도 모두 반려되었다. 기나긴 세월 속에서, 산서 분주는 마오타이의 '국주' 사용에 대해 지속적으로 이의를 제기하며 반발했다. 2018년 7월 말, 마오타이는 결국 북경 지식재산권 법원에 소송을 제기해, 국가상표평가위원회를 상대로 등록 불허 결정을 철회하라고 요구했다. 또한 우량예, 분주 등 31개 기업을 제3자로 지정하며 강경 대응을 예고했다.

그러나 소송을 제기한 지 얼마 되지 않아, 마오타이 경영진은 거듭 토론과 검토를 거쳐, 소송을 철회하기로 결정했다. 가오쑹은 당시 상황을 다음과 같이 기록했다.

2018년 가을, 나는 리바오팡 서기를 따라 섬서 서봉주에서 주관한 주류업계 포럼에 참석했다. 그는 연설에서 여러 차례 업계 협력 강화를 강조했다. 동시에 주최측의 실적을 일일이 평가하면서, 우량예, 분주 등 경쟁사의 강점까지 언급했다. 듣는 이들은 매우 편안한 분위기 속에서 그의 말에 공감했다. 그날 저녁, 그는 커다란 술잔을 들고 주류업계 대표들과 건배했다. 그날 마신 술은 마오타이가 아니라, 서봉이었다.[85]

2022년, 귀양에서 인터뷰중인 리바오팡

이 포럼이 열린 지 얼마 지나지 않아, 마오타이는 '국주 마오타이' 상표등록 신청을 철회한다는 공식 성명을 발표했다. 리바오팡은 또한 분주, 우량예 등의 대표들에게 친필 서한을 보내, 과거의 갈등을 내려놓고 함께 미래를 열어가자는 뜻을 전했다.

2019년 6월 29일, 염진하 강변에 있던 '국주문'의 '국주' 글자가 철거되었다. 이어 한 달 안에 전국의 모든 마오타이 판매점에서 '국주 마오타이' 간판이 철거되고, '귀주마오타이'로 바뀌었다.

마오타이의 이 같은 결정은 경쟁보다는 조화를 추구하는 정신을 보여주었다. 노자는 『도덕경』에서 이렇게 말했다. "하늘의 도는 다투지 않으면서도 이기고, 말하지 않으면서도 응하며, 부르지 않아도 저절로 온다." 마오타이가 '국주'라는 타이틀을 포기한 것은 단순한 양보가 아니라, 백주 산업 전체가 본연의 가치

를 되찾고, 품질과 서비스 혁신을 통한 경쟁으로 나아가는 계기
가 되었다.

저우카이량과 지커량 등이 마오타이와 평생을 같이한 모습을
보여주었다면, 리바오팡은 자신을 '과객過客'이라고 불렀다. 퇴
임을 앞둔 어느 경영 회의에서 그는 이렇게 말했다. "나는 마오
타이에서 단지 한 명의 '과객'일 뿐입니다. 내가 떠나는 날이 오
면, 조금도 주저하지 않고 떠날 것입니다. 내려놓고, 잊고, 그리
고 홀로 서는 법을 배울 것입니다."

장기주의의 가치 포인트

2020년, 전 세계 경제는 코로나19 대유행의 충격을 받아 대부
분의 국가가 경제적 위기에 직면했다. 상업 분야 곳곳에 한숨과
절망이 가득한 상황이었다. 영국 〈파이낸셜 타임스〉는 '코로나
기간 전 세계에서 가장 우수한 실적을 올린 100대 기업'을 발표
했다. 이 명단에서 귀주마오타이는 20위를 기록하며, 상위 20위
에 진입한 유일한 식품기업이자, 보기 드문 실물 경제 기반 기업
으로 자리매김했다.

가장 높은 저항력을 보여준 실물 경제 기업으로는 애플(IT),
엔비디아(반도체), 애브비(바이오제약), 테슬라와 아우디(자동
차) 등이 있다. 이들은 마오타이와 함께 오늘날 가치 투자의 대
표적인 사례로 평가받고 있다.

가치 투자 이론은 벤저민 그레이엄이 제창한 것으로, 그의 가
장 충실하고 성공적인 제자인 워런 버핏이 이를 실천하며 널리

알렸다. 이 이론의 핵심은 투자자가 기업의 본질적 가치를 파악하고, 그 안전 마진을 고려하여 장기적으로 보유함으로써 성장 혜택을 공유하는 것이다.

기업의 투자가치에 대해 워런 버핏은 이렇게 말한 바 있다. "투자할 때 우리는 자신을 기업분석가로 여긴다. 시장분석가도 아니고, 거시경제 분석가도 아니고, 증권분석가는 더더욱 아니다. 투자자는 우수한 기업을 선별할 수 있는 능력을 갖춰야 하고, 동시에 시장의 감정적 변동으로부터 독립적인 사고와 행동을 유지해야 한다. 그래야 성공을 거둘 수 있다."[86]

가치투자의 가장 큰 적은 비이성적인 시장 변동성이다. 자본시장에서 기업의 주가는 단순히 기업의 본질적 가치만으로 결정되지 않으며, 외부 환경과 시장 심리에 의해 큰 영향을 받을 수 있다. 예를 들어, 1974년 미국에서는 '워터게이트 사건'과 에너지 위기로 인해 경제가 심각한 침체를 겪었고, 이에 따라 월스트리트 증시가 폭락했다. 줄곧 안정적인 실적을 기록하던 코카콜라의 주가는 한때 68%나 하락했다. 2008년 금융위기 당시에도 코카콜라 주가는 최대 50% 가까이 폭락했다.

신경제 분야에서도 이런 현상은 드물지 않게 보인다. 2020년 9월, 코로나19의 충격 속에서 애플의 주가는 12거래일 동안 22.6% 급락하며 시가총액이 5,000억 달러 이상 증발했다. 2022년 하반기에는 에너지 위기와 미국 연방준비제도의 금리 인상 영향으로 테슬라 주가가 한때 60% 폭락했다.

만약 투자의 신이 로마신화의 야누스라면, 이성과 비이성은 바로 그 두 얼굴이다. 미국과 비교할 때, 중국 증시는 감정과 테마에 의해 크게 좌우되는 개인 투자자 중심의 시장이다. 오랜 기간 동안 가치투자자들이 이곳에서 그들의 이론을 실천하기 어려웠던 이유이기도 하다. 바로 이러한 배경 속에서 귀주마오타이가 린위안과 단빈 등의 투자자들에게 발견되었고, 이후 가장 설득력 있는 투자 대상으로 자리잡았다.

가치투자 이론의 틀에서 마오타이를 분석해보면, 장기주의와 관련된 세 가지 핵심 가치를 발견할 수 있다.

첫째는 문화적 가치이다. 중국의 독특한 백주 제조기술과 음용문화는 마오타이 등 백주 브랜드에 강력한 정신적 소비 시장을 형성했고, 이는 곧 무형의 문화적 진입 장벽으로 작용하여, 다국적 기업들의 도전을 효과적으로 차단하는 역할을 한다. 마케팅 측면에서 볼 때, 백주 시장은 외부 변수가 적은 내수 시장 중심의 경쟁 구도라고 할 수 있다.

문화 소비의 관점에서, 단빈은 마오타이주의 비즈니스 모델이 200년 이상 지속될 가능성이 크다고 보았다. "만약 귀주마오타이가 매년 2%씩 가격을 인상한다고 하면, 200년 후 연간 6만 톤을 판매할 경우 약 2.8조 위안의 이익을 창출할 것이다. 더욱이 귀주마오타이는 1951년 이후 연평균 11%의 복리로 가격이 상승해왔다. 향후 200년 동안 11%의 성장률은 다소 과할 수 있지만, 5%의 복리 증가율로 계산해도 200년 후 예상 이익은 4.669조 위안에 이를 것이다."[87]

그다음은 시간적 가치이다. '술은 오래 묵을수록 향이 깊어진다'는 소비자 인식은 백주기업이 보유한 재고를 자산으로 원활하게 전환할 수 있도록 한다. 이는 다른 업계에서는 찾아보기 힘든 독특한 특성이다. 린위안은 2003년 마오타이 주식을 매입하기 전, 직접 마오타이진을 방문하여 조사를 진행했다. 당시 마오타이의 시가총액은 약 90억 위안이었으나, 창고에 보관된 숙성백주의 가치는 300억 위안에 달했다. 이로 인해 그는 마오타이의 기업 가치가 심각하게 저평가되었다고 판단했다.

내가 마오타이에서 조사·연구한 3년 동안, 마오타이주와 마오타이 장향 시리즈 술의 연간 판매량은 약 6만 톤에 달했고, 창고에 보관된 양은 약 27만 톤이었다. 이는 앞으로도 오랜 시간 동안 흔들리기 어려운 '시간 자산'으로 자리잡을 것이다.

마지막으로는 브랜드 가치이다. 소주방 시대부터 마오타이주는 판매 가격이 가장 높은 백주로, 100여 년에 걸쳐 다양한 브랜드 스토리를 쌓아왔다. 그 결과, 방대한 중산층과 고액 자산가 고객층을 보유하게 되었다.

하지만 2020년 이후 3년 동안, 거시경제 환경과 코로나19 방역 조치의 영향으로 중국 소비 시장과 주식 시장은 침체를 겪었다. 귀주마오타이의 시가총액도 3조 위안에서 2.2조 위안으로 하락하며 다시 한번 박스권 조정 국면에 들어갔다. 이에 따라 10년 전과 비슷한 논쟁이 다시 불거졌고, 비관론자들은 매도에 나섰으며, 낙관론자들은 계속 보유하면서 각자의 입장을 고수했다. 펀드 투자자들의 움직임을 보면, 2,300개 이상의 펀드가 귀주마오타이를 포트폴리오에 편입하고 있으며, 그중 60% 이상이 대

2018년, 호주에 진출한 '문화 마오타이' 광고 포스터

2020년, 탄자니아에 진출한 '문화 마오타이' 광고 포스터

2022년, 영국 〈파이낸셜 타임스〉에 실린 마오타이 전면광고

2019년 춘절, 대만 〈왕보旺报〉에 실린 마오타이 전면광고

2022년 중양절, 홍콩 〈대공보〉에 실린 마오타이 전면광고

2016년, 〈파이낸셜 타임스〉(독일판)에 실린 마오타이주 전면광고

형·중형 소비 관련 펀드와 혼합형 펀드다.

가치는 본질적으로 최대공약수와 같다. 현실에 기반한 예측이기 때문에, 예측이 충분히 안정적이고 장기적일수록 투자 수익은 더욱 커질 것이다. 이런 관점에서 보면, 마오타이에 대한 투자는 단순한 투자 그 이상으로, 안정성과 핵심 자산으로서의 의미를 가진다.

결국, 어떤 투자든 최종적인 심판자는 시간이 될 것이다.

21　마오타이의 젊음과 과학정신

마오타이주의 아름다움을 과학으로 발견하고,

그 아름다움의 비밀을 과학으로 설명하며,

더 아름다운 마오타이주와 더 나은 삶을 과학으로

추구한다.

—마오타이그룹

i 마오타이: 젊은 세대를 사로잡다

2022년 3월, 'i 마오타이' 앱이 출시되었다.

전 세계적으로 가장 큰 시장 점유율을 차지하는 주류는 증류주로, 전체 시장의 45%를 차지한다. 그다음은 맥주(34%), 와인(11%) 순이다. 2010년 이후 소비 트렌드에 변화가 생기면서, 독주 소비량은 3% 감소한 반면, 맥주와 와인의 소비는 증가했다.

중국을 대표하는 최고급 증류주 브랜드인 마오타이주는 오랫동안 "적게 마시고, 좋은 술을 마시자少喝酒, 喝好酒"는 철학을 강조해왔다. 기존의 성숙한 소비층에서는 이미 확고한 입지를 다졌지만, 새로운 과제는 젊은 세대에게 어떻게 브랜드를 각인시키고 소비 습관을 만들어갈 것인가이다.

2022년 3월 28일, 귀주마오타이는 6개월 동안 준비한 디지털 마케팅 앱 'i 마오타이'를 3월 31일 정식 출시한다고 발표했다. 출시 하루 전, 애플 앱스토어 쇼핑 카테고리에서 1위를 차지하며, 가장 많이 다운로드되고 가장 핫한 앱이 되었다.

출시 첫날인 3월 31일 오전 9시, 'i 마오타이'는 주류 예약 판매를 시작했다. 앱은 단숨에 새로운 '핫템'으로 떠올랐고, 한 시간 만에 220만 명 이상이 접속했으며, 네 가지 제품의 구매 신청 건수가 622만 건을 기록했다.

같은 날 저녁 6시, 최종 구매 신청 결과가 발표되었다. 진품 마오타이주는 병당 4,599위안, 3,526병 판매, 신청자 약 140만 2,000명으로 당첨 확률이 0.25%였고, 호랑이띠 기념 마오타이주는 병당 2,499위안, 8,934병 판매, 신청자 220만 6,000명으로 당첨 확률이 0.40%였으며, 마오타이 1935는 병당 1,188위안, 1만 3,492병 판매, 신청자 136만 7,000명으로 당첨 확률이 0.99%였다.

소셜미디어에서는 낮은 당첨 확률 외에도 또하나의 큰 화제가 있었다. 바로 "얼마나 벌 수 있나?" 하는 것이었다. 네티즌들은 "i 마오타이 앱에서 어떤 마오타이를 사야 가장 이득인가?" "어떤 마오타이가 가장 가치 있는가?" 같은 정보를 공유하며 투자 전략을 세웠다. 실제로 'i 마오타이'에서 판매된 네 가지 제품의 공식 판매 가격과 시장 유통 가격의 차이가 거의 공개적으로 알려졌다. 귀주마오타이주 임인년 호랑이띠 기념 500ml와 귀주마오타이주 임인년 375ml×2병 세트가 가장 높은 이윤을 기록했으며, 병당 약 1,300위안(한화 약 24만 원) 정도의 차익을 남길 수 있었다. 반면, 진품마오타이와 마오타이 1935의 이윤은 상대적으로 적어 병당 약 500위안(한화 약 9만 원) 수준이었다.

출시 3개월 만인 6월 30일 기준으로, 'i 마오타이' 가입자는 2,000만 명을 돌파했고, 하루 활성 이용자 수는 400만 명에 달해, 그야말로 2022년을 대표하는 인기 앱이 되었다. 같은 해 연말까지 총 56억 위안(한화 약 1조 400억 원) 규모의 매출을 기록하며 엄청난 성공을 거뒀다.[*]

'i 마오타이'는 단순한 판매 플랫폼이 아니라, 젊은 소비자들이 마오타이를 경험하고 소통할 수 있는 장을 만들어냈다. 앱에서는 단순한 주류 구매 신청뿐만 아니라, 술에 대한 지식과 재미있는 콘텐츠를 제공하며 사용자와 적극적으로 소통했다. 마오타이는 이 앱을 통해 브랜드를 미래지향적으로 확장하려는 강한 의지를 보여줬다.

2022년 6월, 마오타이를 다시 방문했을 때, 마오타이국제호텔 로비 한쪽에 아이스크림 전문점이 생긴 것을 발견했다. 함께 간 홍보팀 직원이 말하길, 마오타이가 중국 유제품 브랜드 '멍뉴蒙牛'와 협력해 마오타이 아이스크림을 출시했다고 했다. 오리지널 맛과 바닐라맛 두 가지가 있었는데, 호기심에 두 개를 사서 맛을 보니 은은한 마오타이 특유의 장향과 우유의 고소한 향이 어우

---

[*]　　2023년 11월 말까지, 'i 마오타이' 가입자는 5,000만 명을 넘어섰고, 월 활성 이용자 수는 1,200명을 유지했으며, 플랫폼 매출액은 250억 위안을 돌파했다.(저자 주)

러져 있었다. 그후 2023년 3월에는 술병 모양의 아이스크림을 출시해, 티몰天猫 마켓에서 온라인 판매를 시작했다.

2023년 1월 1일, 마오타이와 중국 IT 기업 '왕이网易'가 공동 개발한 '쉰펑디지털월드' 앱이 출시되었다. 첫날 55만 명 이상이 가입했고, 애플 앱스토어 다운로드 1위를 기록하며 또 한번 'i 마오타이' 출시 당시의 폭발적인 반응을 재현했다.

'마오주의 원천'이라는 가상세계에서, 사용자들은 항흥·영화·성의 3대 소주방과 수원·광장 유적지를 탐험할 수 있고, 다른 사용자가 끊임없이 움직이는 모습도 볼 수 있다. 이 세계 안에는 다양한 역할이 있다. 예를 들면 양조 마스터, 수수 연구원, 환경보호 자원봉사자 등이다. 또한, '24절기주 디지털 소장품'이 출시됐고, 매년 24절기가 올 때마다 일주일간의 양조 대회도 열린다. 사용자들은 매일 임무를 수행하여 '양조 가치'를 획득할 수 있다. 이 미션에는 수수 수확, 환경 정리, 물품 배송, 마오타이주 지식 퀴즈 등이 있다. '양조 가치' 순위가 높은 플레이어는 디지털 소장품을 획득할 수 있으며, 실제 절기주로 바꿀 수 있는 자격을 얻는다.

'i 마오타이' 앱, 마오타이 아이스크림, '쉰펑디지털월드'의 연이은 출시는 마오타이가 젊은 세대와 더욱 가까워지려는 대담한 시도이며, 동시에 마오타이 경영진은 이 같은 새로운 프로젝트를 통해 '산업 지능화'를 도입하고, 공장의 경쟁력을 재구성하려는 목표를 가지고 있다. 이를 위해 클라우드 컴퓨팅, 콜드체인 물류, 사물인터넷IoT 센싱 기술 등을 마오타이의 생산 및 운영에

줄을 서서 마오타이 아이스크림을 구매하려는 인파. 그중 젊은 소비자도 적지 않다.

적극적으로 적용하고 있다.

2023년 9월, 마오타이는 중국 대표 커피 브랜드 루이싱瑞幸, Luckin 커피와 협력해 '장향 라떼'를 출시했다. 마오타이 특유의 향이 느껴지는 이 라떼는 1억 5,000명 이상의 등록 사용자를 보유한 루이싱 커피의 8,000여 개 매장에서 단숨에 대박을 터뜨렸다. 출시 직후, 주문이 폭주하면서 루이싱의 모바일 주문 시스템이 일시적으로 다운될 정도였다. '장향 라떼'는 순식간에 중국 소셜미디어 핫 키워드에 오르며, 수많은 사람들이 SNS에 인증샷을 올리고 공유하는 '바이럴 열풍'을 일으켰다. 출시 첫날인 2023년 9월 4일, 단 하루 만에 542만 잔이 팔리며 매출 1억 위안(한화 약 185억 원)을 기록했다.

'i 마오타이'와 '장향 라떼', 이 두 가지 사례를 통해, 우리는 마오타이가 강력한 브랜드 파워를 지닌 기업임을 확인할 수 있다.

또한 젊은 세대, 특히 Z세대를 향한 마오타이의 전략은 중국 백주의 미래에 대한 기대감을 더욱 높이고 있다.

'천시를 받들고, 미래를 높이다'

2022년 3월 20일, 농력農曆[*] 춘분. 옛날 사람들은 춘분을 봄기운의 딱 한가운데라고 여겨 이날 태양신에게 제사를 지냈다. 절강 지역에서는 춘분에 술을 빚어 항아리에 봉인하는 '춘분봉탄春分封坛' 전통도 전해진다. 바로 이날, 제1회 춘분 포럼 '중국 백주의 과학기술 및 생태발전 대회'가 마오타이그룹에서 개최되었다. 주제는 '천시를 받들고, 미래를 높이다'였다.

마오타이의 한 임원은 감회에 젖은 목소리로 이렇게 말했다. "춘분은 자연이 음과 양의 조화를 이루는 시기이며, 그 핵심은 '균형'입니다. 춘분 포럼을 개최하는 것도 바로 '봄의 희망과 균형'이라는 의미를 담고 있습니다. '천시를 받들고, 미래를 높이다'라는 말은 백주가 자연의 흐름을 따르는 전통과, 그 속에 담긴 생태적 비밀을 존중하는 태도를 의미합니다. 전통을 해석하고 계승하는 끊임없는 혁신 속에서, 우리는 백주 산업과 함께 미래를 향해 나아가야 합니다."

2022년은 마오타이주 공장이 설립된 지 정확히 70주년이 되는

---

[*] 중국어 '農曆'은 주로 '음력'이라고 옮기지만, 여기서는 원문대로 '농력'이라고 옮겼다. '춘분'은 24절기의 하나로, 24절기는 고대에 음력의 단점을 보완하기 위해 태양의 움직임을 중심으로 정한 것이므로, '음력'이라고 옮기면 적절하지 않기 때문이다. (역자 주)

해였다. 마오타이 관계자는 마오타이가 끊임없는 과학적 탐구를 이어왔으며, 여전히 풀어야 할 중요한 과제가 많다고 강조했다.

첫째, 어떤 생태 시스템이 양조에 가장 적합한가? '산·물·숲·흙·강·미생물'이 조화를 이루는 생명공동체는 어떻게 구축해야 하는가?

둘째, 적수하와 그 주변 생태계를 어떻게 평가해야 하는가?

셋째, 마오타이의 생태적 다양성과 안정성을 어떻게 유지할 것인가? 시간이 지나도 변하지 않는 마오타이 특유의 맛을 어떻게 지킬 수 있을까?

넷째, 우리는 미생물을 어느 정도까지 이해하며, 한 발 더 나아가 조절할 수 있을까?

다섯째, 전통 양조법 중 무엇을 계승하고 무엇을 혁신해야, 전통을 존중하면서도 현대적 발전을 도모할 수 있을까?

여섯째, 사람들이 우리가 빚은 술을 더 건강하고, 더 편안하게 즐길 수 있는 방법은 무엇일까?

이날 포럼에는 중국 백주업계의 저명한 전문가들, 마오타이의 고위 임원들, 그리고 특별 초청을 받은 지커량 등이 참석했다. 위의 여섯 가지 질문은 몇 세대에 걸쳐 백주업계가 끊임없이 탐구해온 숙제이자, 앞으로도 답을 찾아가야 할 미래의 과제이다. 그 답은 어디에 있을까? 어쩌면 바람 속에, 어쩌면 길 위에, 아니면, 우리가 아직 닿지 못한 어딘가에 있을 것이다.

포럼 한쪽에서 그 이야기를 들으며, 나도 모르게 깊은 감회에 젖었다.

이 책을 집필하는 과정에서, 겉보기에는 과학적 요소가 거의 없어 보이는 전통적인 이 산업에 대해 나는 조금씩 이해하기 시작했고, 이제 웬만큼 '백주 전문가'라고 할 수 있을 정도가 되었다.

나는 첫째 줄 소파에 앉아 있던 지커량을 유심히 관찰했다. 그의 뒷모습만으로는 당시의 심정을 읽을 수 없었지만, 나는 이렇게 생각했다. 마오타이의 과학적 원리를 처음으로 탐구하고 해석했던 1세대 연구자 중 한 사람으로서, 그는 이 전통이 확고하게 계승되고 더욱 정교해지는 모습을 보며 안도와 기쁨을 느꼈을 것이다.

춘분 포럼이 열리는 동시에, 마오타이주 공장에서는 과학기술 혁신 및 인재 양성 회의도 개최되었다. 이는 2012년 제1회 과학기술 대회 이후 10년 만에 열린 두번째 회의였다. 이번 회의에서는 마오타이주 양조의 다섯 가지 핵심 체계를 처음으로 발표하며, "마오타이는 과학인가, 현학인가?"와 같은 네 가지 주요 질문에 대해 체계적인 답을 제시했다. 또한, 단계적인 인재 육성 계획과 향후 10년간의 과학기술 혁신 로드맵을 발표했다.

마오타이가 과학기술 혁신 대회를 다시 연 것은 전략적 의도를 명확히 드러낸 것이다. 과학기술의 발전과 인재 육성을 통해 마오타이의 미래를 구축하겠다는 뜻이다. 마오타이의 한 임원은 이렇게 말했다. "양조 미생물은 마오타이의 가장 중요한 비밀이며, 마오타이주 생산의 모든 과정에 스며들어 있는 '비밀 중의 비밀'입니다. 마오타이 유전자의 가장 큰 특징은 바로 마오타이주를 발효시키는 미생물 군집의 구조이며, 이 유전자가 변하면 마오타이는 더이상 마오타이가 아닙니다."

코카콜라와 애플 사이를 걷다

기업 역사와 사례 연구자로서, 나는 마오타이주에 대한 조사와 집필을 더 넓은 상업적 변혁의 배경 속에서 해석하려고 노력했다. 마오타이주의 독특함은 나를 매료시켰고, 그 성장 과정에서 드러나는 법칙들은 내 사고를 더욱 확장시켰다.

전 세계 소비재 시장에서 연매출 100억 달러를 넘는 기업은 100개도 되지 않는다. 그중에서도 단일 제품이 연매출 100억 달러를 초과하는 경우는 더욱 희귀하며, 대부분은 해당 연도의 '메가 히트 상품'이다. 예를 들어, 2022년에는 토요타의 코롤라와 RAV4, 테슬라의 모델 Y, 포드의 F-150 랩터, BYD의 송宋 시리즈, 화웨이의 메이트 30, 삼성 갤럭시 시리즈가 이 목표를 달성했다.

그러나 단일 제품이 여러 해 연속으로 연매출 100억 달러를 초과하는 것은 극한의 도전에 가깝다. 전 세계를 통틀어 이 난관을 넘어선 제품은 오직 코카콜라, 펩시콜라, 애플 아이폰, 그리고 마오타이주뿐이다.

이 제품들은 모두 단일품목 전략을 취하고 있지만, 접근 방식은 다르다. 코카콜라와 펩시콜라는 저렴한 가격을 기반으로 브랜드의 장기적 가치를 키우는 전략을 택했고, 애플은 고가 전략을 통해 지속적인 혁신을 경쟁력의 원천으로 삼았다.

2022년, 코카콜라의 전 세계 매출은 430억 달러, 영업이익은 109억 달러였다. 매일 전 세계에서 16억 병이 판매되며, 연간 약 6,000억 병이 팔린다. 병당 평균 매출은 약 0.64달러다.

같은 해 애플 아이폰의 전 세계 매출은 1,648억 달러로, 스마트폰 시장 전체 매출의 44%를 차지했다. 영업이익은 998억 달러로, 스마트폰 업계 전체 이익의 75%에 달했다. 전 세계 스마트폰 평균 가격이 322달러인 반면, 애플 아이폰의 평균 판매 가격은 825달러였다.

단일 제품의 기술 전략을 살펴보면, 코카콜라와 애플은 완전히 다른 길을 걷고 있다. 코카콜라는 1886년 탄생 이후 줄곧 같은 레시피를 유지해온 반면, 애플은 거의 매년 신제품을 출시하며 끊임없이 변화를 거듭하고 있다.

100년 후에도 이 두 기업이 여전히 존재한다면, 코카콜라는 여전히 코카콜라일 가능성이 높지만, 애플은 지금과 완전히 다른 모습일 것이다. 애플이 직면한 가장 큰 도전은 '미래에도 인류가 여전히 스마트폰이라는 제품을 사용할 것인가'라는 근본적인 질문일지도 모른다.

마오타이주는 코카콜라와 애플의 가운데를 걷고 있다.

제품 전략 측면에서는 코카콜라와 닮아, 한번 정해진 배합 방식은 변하지 않고 영원히 유지된다. 반면, 가격 전략에서는 애플과 유사하다. 동종 업계보다 훨씬 높은 가격을 유지하며, 전체 산업의 수익 기준선을 끌어올렸다.

1988년, 워런 버핏은 13억 달러를 투자해 코카콜라 주식을 매입한 뒤, 지금까지 단 한 주도 매도하지 않았다. 2021년, 그는 이 투자에서만 6억 6,700만 달러의 배당 수익을 얻었다. "왜 이렇게 오랫동안 코카콜라를 신뢰하십니까?"라는 질문에, 버핏은 담담하게 답했다. "코카콜라는 '주기'와 무관하기 때문입니다."

경기 변동이 크든 작든, 경제·산업·기술 주기의 변화는 기업의 성쇠를 가르며 거센 파도를 일으킨다. 하지만 코카콜라는 그 흐름을 평탄하게 만든다. 경기가 좋을 때도 사람들은 코카콜라를 마시고, 불경기에도 여전히 마신다.

이런 '주기 저항적' 제품은 결코 흔치 않다. 마오타이주는 그 몇 안 되는 사례 중 하나일지도 모른다. 불경기일 때는 "술로 근심을 달랜다借酒消愁". "어떻게 근심을 해소할까? 오직 두강뿐이네何以解忧, 唯有杜康"라 하며 술잔을 기울이는 것이다. 경기가 좋을 때는 "술잔을 들어 서로 축하한다举杯相庆". "인생을 즐길 때는 마음껏 즐겨야 하니, 금술잔을 헛되이 달빛 아래 두지 말라人生得意须尽欢, 莫使金樽空对月"며 잔을 부딪친다.

좀더 깊이 들어가 분석해보면, 코카콜라와 마오타이주는 몇 가지 유사한 특징이 있다.

첫째, 비非기술 기반 제품이라는 점이다. 코카콜라는 1886년 탄생한 이후로 단 한 번도 배합법을 바꾼 적이 없다. 마오타이주 역시 오랜 세월을 거쳐 양조 기술이 완전히 정립되었다. 다만, 코카콜라는 핵심 레시피를 철저히 비밀에 부쳐 금고에 보관하는 반면, 마오타이주의 '12987' 전통 양조법은 완전히 공개되어 있다.

둘째, 원재료 비용이 인플레이션의 영향을 거의 받지 않는다. 코카콜라의 핵심 성분은 물, 설탕, 카페인이며, 마오타이주의 주원료는 물, 수수, 밀이다. 이 원재료들은 공급이 안정적이며, 가격 변동성이 크지 않다. 따라서 원가 상승에 대한 부담이 상대적으로 적다.

셋째, 둘은 모두 강렬한 '국가 문화' 속성을 띠고 있다. 코카콜라는 미국 신대륙의 즐거운 문화를 대표하고, 마오타이주는 중국 백주 문화의 상징이다. 이들의 인기는 국력과 국운을 반영하는 지표이기도 하다.

'1만 개의 미뢰가 한순간에 맹렬히 깨어나다'

그날 양류만의 제조 1작업장에서 생산 과정을 조사한 후, 옆에 있던 벽돌 건물을 지나게 되었다. 그곳은 100년이 넘은 '영화소주방'의 유적이었다. 지금도 여전히 사용중인 이곳은 조용했고, 술 발효조 12개가 가지런히 늘어서 있었다. 마치 세월을 온몸으로 견뎌온 장인들이 묵묵히 서 있는 듯했다. 고요한 공기 속에 미세한 발효 향이 감돌았고, 왕립부, 정이싱, 왕사오빈, 그리고 '장 중대장' 같은 옛 장인들의 모습이 아련한 안개처럼 떠올랐다.

이어서 나는 차를 몰아 1960년대에 지어진 오래된 술창고로 향했다. 현재 남아 있는 몇 안 되는 오래된 저장고 중 하나였다. 창문은 좁고, 실내는 어두웠다. 그 안에 수백 개의 도자기 술항아리가 줄지어 있었고, 갓 담긴 마오타이주가 가득했다.

앞으로 3년 동안, 햇빛이 닿지 않는 그곳에서 이 액체는 세상과 단절된 채 조용히 숙성될 것이다. 술은 시간에 순응하면서도, 동시에 시간과 싸운다. 둘의 관계는 긴장감과 복잡함이 공존한다. 이는 아주 오래되고 신비로운 과정이다. 수수, 밀, 그리고 물이었던 원재료는 점차 하나가 되어, 날카로운 칼날이 되고, 총알이 되고, 공격 본능이 강한 전사로 변해간다.

마오타이의 세계에서는, 한 잔의 술을 빚는 과정이 단순한 기술이면서도 동시에 추상적인 예술 창조와 같다. 그것은 전통과 데이터에 기반하지만, 어쩌면 일종의 천부적 예술이라고 해야 할지도 모른다.

마오타이를 사랑하는 이들에게 이 술은 강렬한 유혹을 가진다. 하지만 그 매력을 명확하게 설명하기는 어렵다. 한 번이라도 이 장향에 매료되면, 다시 돌아가기 어렵다. 인간의 모든 노력은

2023년, 마오타이 대학에서 3학년 학생들과의 인터뷰. 마오타이주 공장이 2017년 출자하여 설립한 이 본과 대학은 매년 1,000여 명의 학생을 모집하며, 전국 주류기업으로 인재를 파견하고 있다.

결국 자기 자신을 깨우는 과정이어야 한다. 한 잔의 마오타이와 그 안에 담긴 힘은 영원을 향하는 것이 아니다. 오히려 그것은 유한한 생명과, 우리가 사는 평범한 혹은 무의미한 일상을 비추는 거울과 같다. 사람들은 지루하고 평범한 일상에서 벗어나길 원한다. 그리고 독한 술은 그 탈출을 돕는 강력한 도구가 된다. 그것은 이성에서 감성으로 가는 통로이며, 아주 짧은 순간에 인간을 이성의 경계 밖으로 밀어내어 통제와 무질서 사이에서 흔들리게 만든다. 이런 경험은 말로 설명하기 어렵지만, 한번 빠지면 계속해서 찾게 되는 묘한 중독성이 있다.

처음 마오타이를 접했을 때, 나는 그것이 익숙하면서도 낯설게 느껴졌다. 어떤 신비한 힘이 나를 끌어당겼고, 나는 한 걸음씩 점점 더 가까이 다가갔다.

오래된 문서 보관소의 누렇게 바랜 종이들, 이곳저곳에 남아 있는 유적, 그리고 사람들의 단편적인 이야기들. 조각난 퍼즐처럼 흩어진 역사들은 조용한 속삭임처럼 점차 형태를 갖춰갔다. 나는 마오타이에게 '말할 기회'를 주고 싶었다. 그 술이 지나온 시대의 곡절과 영광을 말하게 하고, 그 술을 빚었던 사람들의 기쁨과 슬픔을 말하게 하고 싶었다. 그들은 수수와 밀처럼 보잘것없어 보일지 몰라도, 그 안에는 인간이 스스로를 증명하고 자연을 정복하려 했던 자부심이 담겨 있다.

이 순간, 나는 한 잔의 마오타이를 마셨다. 장향이 온몸을 감싸며 스며들고, 사람과 술이 하나가 된다.

흥이 오르는 김에, 마오타이 마시는 법에 대한 작은 팁을 하나

공유하려 한다. 제조 2작업장의 펑페이칭이 내게 가르쳐준 비법이다. 그는 30년 동안 술을 빚어왔고, 마오타이가 숙성되는 일곱 번의 과정에서 각 단계마다 미묘하게 달라지는 향과 맛을 구별할 수 있다.

투박한 그의 말을 내가 조금 더 부드럽게 다듬어보았다.

사람의 혀에는 1만 개의 미뢰가 있습니다. 혀끝은 단맛을, 혀뿌리는 쓴맛을, 혀 양옆은 신맛을 느낍니다. 마오타이를 처음 마실 때는 천천히, 그러나 충분한 양을 입안 가득 머금어야 합니다. 이때 1만 개의 미뢰가 한순간에 맹렬히 깨어나는 것을 느낄 수 있을 겁니다.

마오타이주 공장 탐방중, 제조 2작업장에서 펑페이칭과 함께

(01) 중화민국 시대 라이마오의 마오형병: 이 모양은 다른 술병과 확연히 구분되었고, 마오타이주 병의 기본 모양이 되었다.

(02) 1950년대 말부터 1960년대 초까지: 이 시기 마오타이주 병은 백자로 제작되었고, 코르크로 밀봉했다. 수공으로 만들었기 때문에 병 입구 방향이 일치하지 않았고, 병 몸체의 면지가 파손되어, 마치 오래된 병이 땅을 뚫고 나온 것 같았다.

(03) 1960년대 미국으로 수출된 마오타이주: 병 몸체의 마오타이주 라벨 위에 미국 라벨을 덮어 붙였고, 병뚜껑에는 미국 세관 검인이 붙여졌다. 이 술은 중미 외교의 첨병이라고 할 수 있다.

(04) 1970년대 일본으로 수출된 '해바라기표 마오타이': 1971년부터 1974년까지, '비천'이 '해바라기' 상표로 잠시 대체되었다. 이 술의 겉포장 상자에는 이백의 시 「월하독작」이 인쇄되어 있었다. 초기 마오타이 문화주라고 할 수 있다.

(05) 1972년, 닉슨 중국 방문 때 사용한 술: 30년 묵은 마오타이를 블렌딩했으며, 왕화의 기억에 따르면, "그토록 오래 묵고 순정한 술은 향이 비할 데 없었다"고 한다.

(06) 1980년대 '홍성마오타이': 상당 기간 동안 내수용은 '홍성'이었고, 수출용은 '비천'이었다.

술병에 담긴 마오타이 역사

(07) 1985년 생산 지역 이전 실험공장에서 생산된 술: 마오타이주 공장의 두 차례 생산 지역 이전 실험은 모두 실패로 끝났다. 그중 두번째 실험에서 생산된 술을 '진주'라고 했다.

(08) 2010년 상해엑스포 기념주: 마오타이는 중국 백주 주문제작의 선도자이다. 모든 마오타이주 중에서 기념주는 기념이라는 특성과 다시 만들 수 없는 희귀성이 있어서 가격 상승폭이 가장 컸다.

(09) 2022년 마오타이의 연간 매출은 1,500억 위안을 돌파했다. 전 세계적으로 이와 같은 '초특급 단일품목'은 코카콜라, 펩시, 아이폰, 마오타이뿐이다.

마오타이주 시음 6단계

마오타이주를 제대로 감상하려면 먼저 맑은 물로 입안을 헹궈 깨끗하게 한 뒤, 다음 여섯 단계를 따라가며 장향의 아름다움을 경험한다.

1. 빛깔 보기

잔을 들어 빛에 비춰 술의 색과 맑기를 살핀다. 긴 발효와 숙성 과정을 거치기 때문에 약간의 황색을 띠는 것은 정상이다. 마오타이주는 맑고 투명하며, 호박빛처럼 영롱하고 빛난다.

2. 향 맡기

잔을 들어 코앞 1~3센티미터 정도에서 고르게 숨을 들이마신다. 첫 향에서는 장향·숙성향·누룩향이 퍼지고, 깊게 맡으면 꽃향·과일향·곡물향·숙성향·구운 향 등 복합적인 향이 느껴진다. 다 마신 뒤 빈 잔의 향을 다시 맡아보면 여전히 진한 향이 오랫동안 감돈다.

3. 잔 흔들기

술잔을 45도 기울여 천천히 돌려 술이 잔의 내벽에 고르게 묻도록 한다. 이후 잔을 바로 세우면 잔 벽에 고운 술막이 드리워지고, 3분간 두어도 술방울이 떨어지지 않는다. 숙성 기간이 길수록 술의 장력張力이 강해져 이 현상이 더욱 뚜렷하다.

4. 조금씩 머금기

첫 모금은 천천히, 그러나 충분히 머금어 혀 전체에 술이 퍼지도록 한다. 혀끝에는 단맛, 혀 양옆에는 신맛, 혀 뿌리에는 쓴맛, 목구멍에서는 약간의 매운맛이 느껴진다. 전체적으로 부드럽고 진하며, 끝맛은 은은하게 달고 다섯 가지 맛이 고루 어우러진다.

5. 천천히 삼키기

술을 삼키면 목으로 매끄럽게 흘러들어가며, 진하고 풍부한 질감이 느껴진다. 가볍게 숨을 내쉴 때 코로 퍼져 나오는 향과 입안에 맴도는 향이 어우러져 긴 여운을 남긴다. 마오타이주는 편안한 단맛, 섬세한 과일 산미, 은근한 쓴맛이 조화를 이루며 독특하고 잊을 수 없는 맛의 경험을 선사한다.

6. 여운 즐기기

조용히 여운을 음미하며 빈 잔의 향을 맡아본다. 마오타이주는 900종이 넘는 향 성분을 지닌, 가장 풍부한 향을 가진 술이다. 마오타이주 특유의 장향은 전향前香과 후향後香의 조합으로 이루어지는데, 전향은 저비점의 알코올·에스터·알데히드류에서, 후향은 고비점의 산성 물질에서 비롯된다. 이러한 독특한 '기질'은 그 어떤 다른 향형으로도 대체할 수 없다.

　빈 잔에 남는 향의 지속 시간은 장향주 품질을 가늠하는 기준이 된다. 24시간 이상이면 합격, 48시간 이상이면 우수, 72시간 이상이면 탁월, 96시간 이상이면 최고급이다.

(이 방법은 우샤오보가 국가급 양조 대가인 지커량, 왕강 등의 경험을 종합해 정리한 것이다.)

후기

어떤 역사를 기록한다는 것은 곧 사실을 새롭게 구성하고 해석하는 일이다. 저자의 모든 열정은 세밀한 고증과 철저한 조사 속에 담겨 있다. 때때로 한 가지 세부적인 요소가 진실로 향하는 길을 열어주기도 하지만, 다음 순간 또다른 요소는 전혀 다른 가능성을 암시하기도 한다. 세심한 독자라면 그 안에서 연구의 고단함과 동시에 발견의 즐거움을 느낄 수 있을 것이다.

존 버거John Berger의 말처럼, 역사 속 이야기는 특정한 사상이나 습관의 틀에 갇히지 않는다. 그것은 시공간을 초월하는 발걸음에 의해 형성된다. 충분히 광활한 시공간 속에서 사실은 이야기의 의미를 만들어내며, 동시에 독자와 역사 사이의 공감과 갈망을 통해 더욱 깊어진다.

이 책을 집필하면서 나는 마오타이주에 대한 새로운 인식을 얻게 되었으며, 전통 기술 기반의 기업이 현대 산업으로 나아가는 과정에 대해 많은 생각을 하게 되었다. 나는 이 과정이 현대 중국의 상업 문명에 시사하는 바가 크다고 믿는다. 한 나라의 문화는 사람들의 일상 속에 녹아들 때 비로소 전통의 가치를 실현할 수 있으며, 세대를 넘어 이어질 수 있기 때문이다.

먼저, 마오타이주 공장에서 이 책의 집필을 제안해준 것에 깊

2023년 중양절. 원고 완성을 하루 앞두고 마지막 마오타이진 방문

이 감사드린다. 공장은 모든 문서 기록을 개방해주었고, 충분한 창작의 자유를 허락해주었다. 이 과정은 결코 단순하지 않았지만, 동시에 무척 즐거운 경험이었다. 한번은 1980년대에 지어진 오래된 건물로 안내받은 적이 있다. 그곳에서 한 양조사는 마오타이주 한 병을 꺼내 내게 권했다. 그 술은 이미 옅은 호박빛을 띠고 있었고, 잔에 따르자 뜻밖에도 술잔보다 약간 더 높게 봉긋하게 올라왔다. 손바닥에 한 방울 떨어뜨려 문지른 뒤 향을 맡아보니, 짙고도 깊은 장향이 오래도록 퍼졌다. 그 술은 무려 60년 이상 숙성된 오래된 술이라고 했다. 입에 머금었을 때의 그 오묘함을 글로는 도저히 온전히 표현할 수 없다.

마오타이주의 역대 경영진이 나의 인터뷰 요청에 응해준 것에도 감사드린다. 퇴직한 저우카이량, 지커량, 리바오팡, 리징런,

쥐마차이랑 선생과 왕리, 가오산高山, 돤젠화段建桦, 왕샤오웨이 등 현직 임원들께 깊이 감사드린다. 특히 그룹 사무실 주임인 왕 덩파王登发 선생은 내게 집필 요청을 보내주셨고, 홍보부의 왕싱 타오王幸韬 선생과 함께 모든 인터뷰 일정을 세심하게 조율해주셨 다. 또한, 홍보부의 딩나丁娜, 리쉬안李璇, 우딩룽吴定龙, 왕첸王黔 과 전략발전부의 저우쉐周雪, 그룹 노동조합의 야오후이姚辉, 누 룩 제조 7작업장의 치야오祁耀, 청년단 위원회 웨이자자魏佳佳, 그 룹 사무실의 옌마오이严茂毅, 주식회사 사무실의 마쥔룽马俊龙 등 여러 관계자분들의 도움을 받았다. 그들이 아니었다면 이 책은 완성되지 못했을 것이다. 특히 수석 블렌딩 마스터 왕강과 수석 양조 마스터(누룩 제조) 런진쑤, 그리고 많은 현장 마오타이 직원 분들의 인터뷰 참여에도 감사드린다. 그들의 장인 정신과 공장에 대한 뜨거운 애정은 내게 깊은 인상을 남겼다.

또한, 마오타이 연구자들과 마오타이진의 여러 분들께도 감사 를 전한다. 저우산룽, 주웨밍朱跃明, 왕훙빈汪洪彬, 중리钟丽, 추푸 창邱福强, 류링페이刘凌菲 등 많은 분들의 연구와 조언이 큰 도움이 되었다. 과거에도 여러 저자가 마오타이에 관한 책을 출간하였 고, 나는 그 책들에서 많은 영감과 자료를 얻을 수 있었다. 후텅胡 腾, 판퉁서우范同寿, 뤄스샹罗仕湘 선생께도 감사의 마음을 전한다.

이 책에는 200여 장의 사진과 그림이 실려 있으며, 이는 텍스 트와 함께 또하나의 이야기 흐름을 구성하고 있다. 역사적인 사 진과 실물 자료를 제공해준 가오쑹, 위훙산, 바오천양鲍晨阳 선 생께 감사드린다. 또한, 오랜 세월 마오타이 브랜드의 스토리텔

링을 맡아온 '진스 미디어今时传媒'는 본서의 사진 자료 지원에 큰 기여를 해주었다. 이 책의 이미지 사용을 허가해준 마오타이그룹과 경당국주박물관京糖国酒博物馆, 그리고 이 책의 일러스트를 맡아준 정샤오첸郑晓倩 선생께도 깊이 감사드린다. 사진 촬영을 도와준 자오헝샹赵恒翔 선생께도 특별히 감사의 말씀을 전한다.

이 책의 프로젝트를 총괄한 야오치지姚弃疾, 위루팡郁璐芳 선생, 창작 보조를 맡아준 어우자진欧家锦 선생, 그리고 편집을 맡아준 셴자리宣佳丽, 첸샤오시钱晓曦 선생께 감사드린다. 또한, 중신中信 출판사의 황웨이이黄维益, 쉬리나徐丽娜, 저우즈강周志刚, 푸잉웨付颖玥 편집자들의 꼼꼼한 편집과 교정 작업에도 깊은 감사를 드린다. 이 책에 혹시라도 오류가 있다면, 그 책임은 전적으로 나에게 있다.

여기서 마오타이주에 대한 나의 집필 여정을 마무리한다. 그러나 분명한 것은, 이 이야기는 내 삶 속에서 앞으로도 여러 번 다시 마주할 것이라는 점이다.

우샤오보

계묘년(2023년) 곡우, 항주에서 초고 완성
중양절, 마오타이진에서 최종 원고 완성

감수의 말

『마오타이』 한국어판의 감수를 맡게 되어 영광입니다.

이 뜻깊은 기회를 주신 교유당(싱긋) 출판사 신정민 대표께 깊이 감사드리며, 중국 현지에서 자문과 자료 검증에 큰 도움을 주신 대한전통주(요녕) 유한공사 大韓传统酒(辽宁)有限公司 안시연 安施沿 법인장님께도 진심어린 감사를 전합니다.

이 책은 단순히 한 기업의 성공담을 다룬 기록이 아닙니다. 한 잔의 술이 어떻게 한 나라의 역사와 함께 호흡하며, 문화와 가치의 상징으로 자리잡았는지를 보여주는 살아 있는 증언입니다.

저에게 "중국을 상징하는 단 하나를 선택하라"고 한다면, 저는 주저 없이 마오타이주를 꼽겠습니다. 마오타이는 단순한 기호식품이 아니라, 시대의 격랑 속에서도 전통을 지키고 품질을 완성해온 집념의 결정체입니다.

정치적 격변, 산업 구조의 변화, 시장 환경의 급변 등 한 나라의 양조 산업이 겪을 수 있는 거의 모든 리스크를 경험해온 실전형 증류주 기업. 그렇기에 지금의 화려함은 우연이 아니라 축적의 결과이며, 수백수천 명 구성원의 묵묵한 시간 위에 세워진 필연이라 생각합니다.

보이지 않는 곳에서 이어진 수많은 실패와 실험, 시행착오 속에서 기준을 세우고 스스로를 단련해온 과정은 깊은 존경을 자아냅니다. 마오타이의 역사는 '완성된 결과'가 아니라 끊임없이 만들어가는 '과정'의 역사이기 때문입니다.

한국에서 고량주를 만드는 사람으로서 이 책은 제게 살아 있는 교과서이자 자극이며, 부러움이기도 합니다. 한국에서 고량주를 빚는 일은 아직 개척의 역사에 가깝습니다.

원료 선택, 발효 방식, 증류 균형, 숙성 방향성까지 모든 과정이 실험과 도전의 연속입니다. 그러나 저는 확신합니다. 한 나라의 토양과 물, 그리고 사람의 손에서 태어난 술은 결국 그 나라의 얼굴이 된다는 것을.

마오타이의 발자취를 따라가다보면, 위대한 국주는 하루아침에 만들어지지 않는다는 사실을 다시금 깨닫게 됩니다. 시간, 철학, 집념, 그리고 포기하지 않는 태도가 축적될 때 비로소 '국가를 대표하는 술'이 탄생합니다.

이 책을 통해 독자 여러분께서 마오타이의 과거와 현재를 넘어, 앞으로 펼쳐질 새로운 역사까지 함께 상상해보시길 바랍니다. 그리고 언젠가 한국에서도 우리 땅의 곡식과 양조 철학으로 빚어낸 멋진 '국주'가 세계 속에 당당히 서는 날이 오기를 기대합니다.

2026년 2월 19일
주식회사 한국고량주 농업회사법인 대표
양원준

미주

1) 童书业,『中国瓷器小史』, 北京人民出版社, 2019年.

2) 禹明先,「美酒河探源」,『赤水河流域历史文化研究论文集(一)』, 四川大学出版社, 2018年.

3) 〔宋〕李心传,『建炎以来系年要录』.

4) 张祥光,「赤水河疏浚与川盐(仁岸)入黔」,『赤水河流域历史文化研究论文集(一)』, 四川大学出版社, 2018年.

5) 罗德·菲利普斯,『酒：一部文化史』, 格致出版社, 2019年.

6) 五粮液史话编写组,『五粮液史话』, 巴蜀书社, 1987年.

7) 尼采,『悲剧的诞生』, 商务印书馆, 2017年..

8) 尼采,『瞧, 这个人』, 商务印书馆, 2016年.

9) 坂口謹一郎,『日本的酒』, 四川人民出版社, 2013年..

10) 郭沫若,『李白与杜甫』, 北京联合出版公司, 2021年.

11) 『贵州文史资料选辑』（第三辑）, 贵州人民出版社, 1979年.

12) 『文史资料选辑』（第十九辑）, 中国文史出版社, 1989年.

13) 华问渠,「贵州成义茅酒(华茅)纪略」,『贵州文史资料选辑』(第四辑), 贵州人民出版社, 1980年.

14) 위와 동일.

15) 袁泽光,『中央红军过仁怀』, 中央文献出版社, 2012年.

16) 위와 동일.

17) 「赤水河边寻觅红军脚步」,『现代快报』, 2006年 10月 12日 T8版.

18) 『贵州社会科学』编辑部、贵州省博物馆,『红军长征在贵州史料选辑』, 1983年.

19) 聂荣臻等,『伟大的转折：遵义会议五十周年回忆录专辑』, 贵州人民出版社, 1984年.

20) 耿飚,『耿飚回忆录』, 中华书局, 2009年.

21) 李志民,『李志民回忆录』, 解放军出版社, 1993年.

22) 成仿吾,『长征回忆录』, 人民出版社, 2006年.

23) 高爽,「红军总政治部张贴布告保护茅台酒须公买公卖不得损坏设备」, 中国共产党新闻网, 2016年7月12日, http://dangshi.people.com.cn/n

1/2016/0712/c85037- 28547140.html

24) 刘统，『红军长征记：原始记录』，生活·读书·新知三联书店，2019年.

25) 成仿吾，『长征回忆录』，人民出版社，2006年.

26) 肖劲光，『肖劲光回忆录』，解放军出版社，1987年.

27) 周山荣、龙先绪，『贵州商业古镇茅台』，贵州人民出版社，2006年.

28) 秦含章，「希望所有的人民都能感受到茅台酒的好处」，『世界之醉』，2003—2004年合订本.

29) 다큐멘터리 〈周恩来外交风云〉，中央新闻纪录电影制片厂，1998年.

30) 刘良，「与酒相伴的许世友」，『四川党史』，2001年 02期.

31) 熊伯涛，『熊伯涛回忆录』，解放军出版社，2004年.

32) 丁亮春，「诗酒传情 共谱佳篇：记陈毅元帅与黄炎培先生的一段交往故事」，〈中国统一战线〉，2001年 09期.

33) 华问渠，「贵州成义茅酒(华茅)纪略」，『贵州文史资料选辑』(第四辑)，贵州人民出版社，1980年.

34) 赖永初，「我创制"赖茅"茅台酒的经过」，『文史资料选辑』(第十九辑)，中国文史出版社，1989年.

35) 위와 동일.

36) 위와 동일.

37) 위와 동일.

38) 위와 동일.

39) 「时代呼唤张謇精神」，人民政协网，2019年 12月 6日，http://www.rmzxb.com.cn/ c/2019-12-06/2480860.shtml

40) 「方心芳—我国现代工业微生物学的开拓者」，〈光明日报〉，2006年 12月 7日，https://www.cas.cn/xw/cmsm/200612/t20061207_2696402.shtml

41) 赖永初，「我创制"赖茅"茅台酒的经过」，『文史资料选辑』（第十九辑），中国文史出版社，1989年.

42) 이상 모두, 王文清，『汾酒源流』，山西经济出版社，2017年.

43) 『我们的周总理』编辑组，『我们的周总理』，中央文献出版社，1990年.

44) 秦含章，「希望所有的人民都能感受到茅台酒的好处」，〈世界之醉〉，2003—2004年合订本.

45) 王鹤滨，『走近伟人：毛泽东的保健医生兼秘书的难忘回忆』，长征出版社，2011年.

46) 熊向晖，『我的情报与外交生涯』，中共党史出版社，1999年.

47) 季克良、郭坤亮，『周恩来与国酒茅台』，世界知识出版社，2005年.

48) 吕茂廷，『茅酒沧桑曲』，贵州民族出版社，1994年.

49) 汤铭新，『国酒茅台誉满全球：老外交官话茅台』，南海出版社，2006年.

50) 위와 동일.

51) 季克良，『季克良：我与茅台五十年』，贵州人民出版社，2017年.

52) 顾保孜，「红色将帅与酒的故事」，〈湘潮〉，2005年第 11期.

53) 胡腾，『茅台为什么这么牛』，贵州人民出版社，2011年.

54) 茅台酒厂，『茅台酒厂志』，科学出版社，1991年.

55) 罗仕湘、姚辉，『品味茅台』，中国文史出版社，2015年.

56) 芳草后，『打开尘封的记忆：忆我的父亲周林』，南京大学出版社，2012年.

57) 匡荣归，「我来了」，『红旗歌谣』，红旗杂志社，1959年.

58) 刘洪森、田克勤，「毛泽东为什么要提出赶超战略」，『党的文献』，
2009年 第4期.

59) 中共中央党史研究室第二研究部，『〈中国共产党历史〉第二卷注释集』，
中共党史出版社，2012年.

60) 胡腾，『茅台为什么这么牛』，贵州人民出版社，2011年.

61) 위와 동일.

62) 「贵州省茅台酒酒厂试点规划报告」，1964年 10月，茅台酒厂档案室.

63) 钟国辉，『白酒情怀：论文、书信、回忆』，天津科学技术出版社，2017年.

64) 王立，「周恩来与尼克松杯酒论茅台」，『品味茅台』，中国文史出版社，
2015年.

65) 위와 동일.

66) 「三省共护赤水河」，〈人民日报〉，2018年 7月 24日.

67) 邹开良，『国酒心』，人民出版社，2006年.

68) 위와 동일.

69) 贾斯迪妮·皮卡蒂，『可可·香奈儿的传奇一生』，广西科学技术出版社，
2011年.

70) 「天津的这瓶"老酒"是如何酿出来的？」，公众号"天津广播"，2020年 9月
20日.

71) 邹开良，『国酒心』，人民出版社，2006年.

72) 胡腾，『茅台为什么这么牛』，贵州人民出版社，2011年.

73) 邹开良，『国酒心』，人民出版社，2006年.

74) 위와 동일.

75) 「品牌赋能，酱酒飘香—仁懷持续提升中国酱香白酒核心产区效应」，〈贵州日报〉，2023年 9月 11日.

76) 「百强镇引领镇域经济高质量发展」，https://xueqiu.com/7842369805/259036246

77) 季克良、郭坤亮，『周恩来与国酒茅台』，世界知识出版社，2005年.

78) 〈新华社〉，1993年 5月 28日，李新彦、周晓农.

79) 卡罗琳·考斯梅尔，『味觉』，中国友谊出版公司，2001年.

80) 胡腾，《茅台为什么这么牛》，贵州人民出版社，2011年.

81) 예:〔晋〕嵇含，『南方草木状』.

82) 但斌，『时间的玫瑰』，中信出版社，2018年.

83) 董宝珍，『价值投资之茅台大博弈』，机械工业出版社，2020年.

84) 高嵩，「背影里的保芳书记」，个人笔记.

85) 위와 동일.

86) 巴菲特，『巴菲特致股东的信』，机械工业出版社，2019年.

87) 但斌，『时间的玫瑰』，中信出版社，2018年.

지은이 **우샤오보** 吳曉波

재정경제 분야 전문 작가이자 칼럼니스트로 '우샤오보 채널'을 운영하고 재경 도서 브랜드 '블루라이언蓝狮子'의 공동 창립자이다. 오랜 기간 중국 기업사를 연구해왔다. 저서로는 『대패』(전2권) 『격동의 30년』 『격동의 10년: 큰 바다, 큰 물고기』 『텐센트』 등이 있으며 다수의 베스트셀러를 출간했다. 그의 저서는 〈아시아 위클리〉에서 두 차례 '올해의 10대 도서'로 선정되었다. 본 책 『마오타이』 역시 출간 후 베스트셀러에 오르며 큰 반향을 일으켰다.

옮긴이 **홍승직** 洪承直

순천향대 중국학과 교수. 고려대 중문과를 졸업하고 동 대학원에서 석사·박사 학위를 취득했다. 순천향대 공자아카데미 원장, 인문학진흥원장, SCH미디어랩스 학장 등을 역임했다. 각종 중국 문헌의 번역에 힘쓰고 있으며, 한국인에게 적절한 중국어문학 교육에 관심을 가지고 연구와 강의를 진행중이다. 심신 수련을 위해 태극권을 수련하고, 태극권 보급에도 힘쓰고 있다. 저서 및 역서로『연연당 수필』『일본 문화를 바라보는 창, 우키요에』『처음 읽는 논어』『처음 읽는 맹자』『처음 읽는 대학·중용』『한자어 이야기』『이탁오 평전』『중국 물질문화사』『아버지 노릇』『용재수필』『분서』『유종원집』등이 있다.

감수자 **양원준** 梁源埈

생물공학 양조학, 식품영양학 석사 학위를 취득했다. 현재 한국고량주협회 회장, 한국고량주연구소 소장, 한중주류수출입위원회 회장, 중국 대한전통주(요녕)유한공사 양조 총괄, 청풍수수(고량주 원료) 농장을 운영하고 있다.

2019년 중국 백주 제조 기술자격 획득 (호남/야다)

2019년 중국 누룩 제조 기술자격 획득 (흑룡/싱후)

2020년 종자관리사 획득 (국립종자원)

2020년 국가 고량주 R&D 책임연구원 (국립농업과학원, 국립식량과학원 공동연구)

2022년 고량주 명인 선정 (한국무형문화예술교류협회)

2025년 한국 백주품주사 자격시험 개설 (주무부 : 식약처)

마오타이

초판 1쇄 인쇄 2026년 4월 6일
초판 1쇄 발행 2026년 4월 16일

지은이 우샤오보
옮긴이 홍승직
감수자 양원준

기획 노승현 | **편집** 이원주 이희연 이고호 | **디자인** 고희주 | **마케팅** 김다정 박재원
브랜딩 함유지 이송이 박민재 김하연 신은서 이준희 조다현
미디어콘텐츠 함근아 김은솔 박다솔
저작권 박지영 형소진 주은수 오서영 조경은
제작 강신은 김동욱 이순호 | **제작처** 천광문화사

펴낸곳 (주)교유당 | **펴낸이** 신정민
출판등록 2019년 5월 24일 제406-2019-000052호

주소 10881 경기도 파주시 회동길 210
문의전화 031.955.8891(마케팅) | 031.955.2680(편집) | 031.955.8855(팩스)
전자우편 gyoyudang@munhak.com

홈페이지 www.gyoyudang.com
인스타그램 @thinkgoods | **트위터** @think_papers | **페이스북** @thinkgoods

ISBN 979-11-24128-48-0 03910